Sebastião Helvécio

Médico, professor, parlamentar, constituinte mineiro, secretário de Estado, gestor público, conselheiro, cidadão. O caminho percorrido pelo Conselheiro Sebastião Helvecio é pautado por seu olhar visionário, por perseguir o novo que carrega a semente da evolução, por enxergar à frente de seu tempo, por seu idealismo e crença em uma sociedade melhor. A edição da presente obra é bastante oportuna, porque reúne temas relacionados com as competências constitucionais dos tribunais de contas em ligação direta com o homenageado, Conselheiro Sebastião Helvecio, que, no período de sua atuação no Tribunal de Contas do Estado de Minas Gerais (TCEMG), se dedicou e mostrou caminhos com percursos melhores para a gestão pública da administração municipal, estadual e federal. Trata-se de obra obrigatória sobre o "controle externo" das contas públicas.

CONTROLE EXTERNO NO SÉCULO XXI

Homenagem a Sebastião Helvecio –
conselheiro, educador e cidadão do mundo

CLÁUDIO COUTO TERRÃO
DURVAL ÂNGELO ANDRADE
Coordenadores

Prefácio
Mauri Torres

CONTROLE EXTERNO NO SÉCULO XXI

Homenagem a Sebastião Helvecio –
conselheiro, educador e cidadão do mundo

Belo Horizonte

FÓRUM
CONHECIMENTO JURÍDICO

2022

© 2022 Editora Fórum Ltda.

É proibida a reprodução total ou parcial desta obra, por qualquer meio eletrônico, inclusive por processos xerográficos, sem autorização expressa do Editor.

Conselho Editorial

Adilson Abreu Dallari
Alécia Paolucci Nogueira Bicalho
Alexandre Coutinho Pagliarini
André Ramos Tavares
Carlos Ayres Britto
Carlos Mário da Silva Velloso
Cármen Lúcia Antunes Rocha
Cesar Augusto Guimarães Pereira
Clovis Beznos
Cristiana Fortini
Dinorá Adelaide Musetti Grotti
Diogo de Figueiredo Moreira Neto (in memoriam)
Egon Bockmann Moreira
Emerson Gabardo
Fabrício Motta
Fernando Rossi
Flávio Henrique Unes Pereira

Floriano de Azevedo Marques Neto
Gustavo Justino de Oliveira
Inês Virgínia Prado Soares
Jorge Ulisses Jacoby Fernandes
Juarez Freitas
Luciano Ferraz
Lúcio Delfino
Marcia Carla Pereira Ribeiro
Márcio Cammarosano
Marcos Ehrhardt Jr.
Maria Sylvia Zanella Di Pietro
Ney José de Freitas
Oswaldo Othon de Pontes Saraiva Filho
Paulo Modesto
Romeu Felipe Bacellar Filho
Sérgio Guerra
Walber de Moura Agra

FÓRUM
CONHECIMENTO JURÍDICO

Luís Cláudio Rodrigues Ferreira
Presidente e Editor

Coordenação editorial: Leonardo Eustáquio Siqueira Araújo
Aline Sobreira de Oliveira

Rua Paulo Ribeiro Bastos, 211 – Jardim Atlântico – CEP 31710-430
Belo Horizonte – Minas Gerais – Tel.: (31) 2121.4900
www.editoraforum.com.br – editoraforum@editoraforum.com.br

Técnica. Empenho. Zelo. Esses foram alguns dos cuidados aplicados na edição desta obra. No entanto, podem ocorrer erros de impressão, digitação ou mesmo restar alguma dúvida conceitual. Caso se constate algo assim, solicitamos a gentileza de nos comunicar através do e-mail editorial@editoraforum.com.br para que possamos esclarecer, no que couber. A sua contribuição é muito importante para mantermos a excelência editorial. A Editora Fórum agradece a sua contribuição.

Dados Internacionais de Catalogação na Publicação (CIP) de acordo com ISBD

C764	Controle externo no século XXI: homenagem a Sebastião Helvecio - Conselheiro, educador e cidadão do mundo / coordenado por Cláudio Couto Terrão, Durval Ângelo Andrade. – Belo Horizonte : Fórum, 2022. 354 p. : il. ; 14,5cm x 21,5cm. Inclui bibliografia. ISBN: 978-65-5518-338-2 1. Direito. 2. Direito Público. 3. Direito Financeiro. 4. Direito Econômico. 5. Direito Constitucional. 6. Direito Administrativo. I. Terrão, Cláudio Couto. II. Andrade, Durval Ângelo. III. Título.
2022-309	CDD: 341 CDU: 342

Elaborado por Vagner Rodolfo da Silva – CRB-8/9410

Informação bibliográfica deste livro, conforme a NBR 6023:2018 da Associação Brasileira de Normas Técnicas (ABNT):

TERRÃO, Cláudio Couto; ANDRADE, Durval Ângelo (Coords.). *Controle externo no século XXI*: homenagem a Sebastião Helvecio – Conselheiro, educador e cidadão do mundo. Belo Horizonte: Fórum, 2022. 354 p. ISBN 978-65-5518-338-2.

Dedico esta obra à Valéria Maria Pereira e Silva, razão do meu despertar feliz para um dia de jornada e motivação para retornar ao lar ao final deste para desfrutar da sua doce companhia em cada diálogo inteligente e instigante.

Dedico também aos meus filhos Fernanda, Linus e Renata, exemplos vivos de unidade na diversidade. No caso concreto, um agradecimento especial à articulista Renata, que, com a generosidade do seu olhar, ousou traçar o perfil de "Sebastião Helvecio", ultrapassando a figura do homem público.

Dedico, com emoção, às minhas netas Lívia e Giovanna, florescer de um jardim especial que enfeita o meu coração.

Dedico, com carinho, aos conselheiros, conselheiros substitutos, membros do Ministério Público junto ao Tribunal de Contas e aos servidores que, mesmo em tempos de pandemia, não esmoreceram e, ao contrário, se reinventaram para oferecer um controle externo atuante, efetivo, eficaz e eficiente. Realço especialmente aos servidores do meu gabinete na figura de Raquel de Oliveira Miranda Simões, que, ao longo dos últimos 12 anos, coordenou de maneira exemplar os trabalhos ali realizados.

Sebastião Helvecio

A avaliação de políticas públicas não é uma extensão ou uma variante da auditoria operacional (...). O avaliador adota uma postura intelectual específica: ele não é auditor, controlador ou juiz. A INTOSAI define avaliação como examinar o valor de um ou de uma política. A finalidade de uma avaliação é, portanto, ajudar a conhecer o impacto socioeconômico geral de uma política pública em relação aos seus objetivos, a fim de ajudar a melhorar sua relevância e utilidade. A avaliação de política pública é um instrumento estruturante da democracia. Para avançar nesta direção temos de incentivar o intercâmbio de boas práticas e capacitação.

(Pierre Moscovicci *in* Painel Instituto Rui Barbosa no VI Encontro dos Tribunais de Contas do Brasil, 20 de novembro de 2020)

SUMÁRIO

PREFÁCIO
Conselheiro Mauri Torres 15

APRESENTAÇÃO
Cláudio Couto Terrão, Durval Ângelo Andrade 17

UM CONSELHEIRO DA CIDADANIA
Durval Ângelo 23

O POLÍTICO CONTEMPORÂNEO DO FUTURO
Paulo Roberto Cardoso 37
        Introdução 37
1   A trajetória de Sebastião Helvecio 38
2   A vida parlamentar de Sebastião Helvecio 40
3   Hiato e retorno 41
        Considerações finais 42
        Referências 44

IMPERATIVOS DE UMA VIDA A SERVIÇO DA EDUCAÇÃO PARA CIDADANIA: KANT E SEBASTIÃO HELVECIO, IDEALISTAS DA AÇÃO DE EDUCAR
Ricardo Henrique Carvalho Salgado, Rodrigo Marzano Antunes Miranda 45
1   De início 45
2   Respeito a Kant e respeito a Sebastião Helvecio 49
3   Crítica de Kant, uma crítica também helveciana 51
4   A boa ação kantiana, também a boa ação helveciana ... 52
5   Educar para a cidadania, ideal kantiano, ideal sebastiano 54
6   Cidadania em Kant: inspiração de Sebastião Helvecio na obra de Joaquim Carlos Salgado 56
7   Em lugar de fim: o continuar do educar para cidadania 60
        Referências 62

LEGADO DE UM CONSELHEIRO DE CONTAS INOVADOR
Raquel de Oliveira Miranda Simões 65

MODERNIZAÇÃO DO CONTROLE EXTERNO: A EXITOSA
POLÍTICA DE INFORMAÇÕES ESTRATÉGICAS E DE
FISCALIZAÇÃO INTEGRADA (SURICATO) DO TRIBUNAL DE
CONTAS DO ESTADO DE MINAS GERAIS (TCEMG)
Gilberto Pinto Monteiro Diniz 79
1 Retomada da ideia de modernização 79
1.1 Projeções da modernização do controle externo a cargo do Tribunal de Contas 80
2 A modernização procedimental do controle externo no âmbito do Tribunal de Contas do Estado de Minas Gerais (TCEMG).. 83
2.1 Política de Informações Estratégicas e de Fiscalização Integrada – Suricato 85
3 Conclusão 89
  Referências 90

DEMOCRACIA E TECNOLOGIA: INTELIGÊNCIA ARTIFICIAL
APLICADA AO CONTROLE DE CONTAS PÚBLICAS
Durval Ângelo Andrade, Edilene Lobo 91

A ATUAÇÃO DO CONTROLE EXTERNO NA POLÍTICA PÚBLICA
DA EDUCAÇÃO
Cezar Miola 99
  Introdução 99
1 Os tribunais de contas e a atuação indutora na área da política pública da educação 103
2 Atuação do sistema dos tribunais de contas 104
3 Fiscalização nos temas de alimentação e transporte escolar 104
4 Levantamentos sobre acesso e aprendizagem dos estudantes ... 105
5 Busca Ativa Escolar 106
6 Acordos de cooperação interinstitucionais 106
7 Monitoramento do Plano Nacional de Educação e dos planos subnacionais 106
8 A associação dos membros dos tribunais de contas do Brasil e o Instituto Rui Barbosa 107
9 Comitê Técnico da Educação do Instituto Rui Barbosa (CTE-IRB) 108
10 Parcerias com o Interdisciplinaridade e Evidências no Debate Educacional (Iede) 109

11	Memorando de entendimento com CNMP e UNICEF	109
12	Acordos de cooperação com o Instituto Articule – GAEPEs estaduais e GAEPE Brasil	110
	Conclusão	111
	Referências	112

SEBASTIÃO HELVECIO E A LEI KANDIR
Onofre Alves Batista Júnior 115

1	A Lei Kandir e a desoneração das exportações: a origem da quebra dos estados exportadores de *commodities*	115
2	As teses fantasiosas da União que propunham o fim da compensação	119
3	O acordo da ADO nº 25	121
4	Conclusão	123

PARA SAIR DA ENCRUZILHADA FISCAL
Raul Velloso 125

O CONTROLE DAS CONTRATAÇÕES PÚBLICAS PELOS TRIBUNAIS DE CONTAS A PARTIR DA LEI Nº 14.133/2021
Benjamin Zymler, Francisco Sérgio Maia Alves 135

1	Introdução	135
2	Os tribunais de contas e a nova Lei de Licitações	136
3	Da recente decisão do TCU questionando a constitucionalidade de alguns dispositivos da nova Lei de Licitações	150
4	Considerações finais	153
	Referências	154

A EFETIVIDADE DA LEI COMPLEMENTAR Nº 123/2006
Bruno Quick Lourenço de Lima 155

SEBASTIÃO HELVECIO, CIDADÃO DO MUNDO
Edilberto Carlos Pontes Lima 161

AS QUESTÕES SOCIOAMBIENTAIS E OS TRIBUNAIS DE CONTAS
Júlio Assis Corrêa Pinheiro 169

O CONTROLE DA EFETIVIDADE DAS POLÍTICAS PÚBLICAS
Cláudio Couto Terrão 185

1	Introdução	185
2	Considerações sintéticas sobre controle das políticas públicas	187
3	Problemas pragmáticos sobre controle de efetividade de política pública no Brasil	195
4	Sobre a mudança de paradigma pretendida	198
5	Críticas conclusivas	200
	Referências	202

SEBASTIÃO HELVECIO E A NACIONALIZAÇÃO DO IEGM
Sidney Estanislau Beraldo 205

SEBASTIÃO HELVECIO E O MINISTÉRIO PÚBLICO DE CONTAS
Elke Andrade Soares de Moura 209

TRIBUNAL DE CONTAS: DESAFIOS NO PÓS-PANDEMIA DE COVID-19
Ivan Lelis Bonilha 219

	Introdução	219
1	Perspectivas para o Tribunal de Contas do século XXI anteriores à crise sanitária	220
2	A pandemia de COVID-19 e os desafios pós-pandemia	223
3	Respostas do sistema de contas à luz da Carta de João Pessoa	227

O CONTROLE EXTERNO E O COMBATE À CORRUPÇÃO
João Antônio da Silva Filho 231

	Algumas palavras sobre Sebastião Helvecio	231
1	Introdução	232
2	O fenômeno da corrupção no Brasil	234
3	Combate à corrupção e fortalecimento institucional	236
4	O papel do controle externo no combate à corrupção	238
5	Conclusão	241
	Referências	241

A IMPLANTAÇÃO DAS NORMAS BRASILEIRAS DE AUDITORIA DO SETOR PÚBLICO
Inaldo da Paixão Santos Araújo 243

1	Da auditoria	243
2	Dos tribunais de contas	244
3	Da auditoria e do controle público	245
4	Da breve história da auditoria e da sua classificação	245
5	Da natureza da auditoria	246
6	Da nova contabilidade pública à nova auditoria pública	248

7	Das normas de auditoria	250
8	Das normas de auditoria e de Sebastião Helvecio	257
	Referências	260

O CONTROLE EXTERNO DO SÉCULO XXI – OU CONTEMPORÂNEO – VISLUMBRA O BEM-ESTAR E VALORIZA A CIDADANIA: UMA AMOSTRA DE COMO O SISTEMA TRIBUNAIS DE CONTAS DO BRASIL AVANÇA EM SEU MISTER CONSTITUCIONAL

Fábio Túlio Filgueiras Nogueira		263
1	A importância dos pioneiros	270

SEBASTIÃO HELVECIO, O MEU PAI

Renata Ramos de Castro ... 271

PALAVRAS DIRIGIDAS AO CONSELHEIRO SEBASTIÃO HELVECIO

CONSELHEIRO WANDERLEY ÁVILA	283
CONSELHEIRO JOSÉ ALVES VIANA	285
CONSELHEIRO SUBSTITUTO HAMILTON COELHO	287
CONSELHEIRO JOSÉ DE RIBAMAR CALDAS FURTADO	291
CONSELHEIRO ESTILAC MARTINS RODRIGUES XAVIER	295
CONSELHEIRA LILIAN DE ALMEIDA VELOSO NUNES MARTINS	297
CONSELHEIRO ADIRCÉLIO DE MORAES FERREIRA JÚNIOR	301
CONSELHEIRA DULCINÉA BENÍCIO DE ARAÚJO	305
CONSELHEIRO DOMINGOS AUGUSTO TAUFNER	309
CONSELHEIRO JOAQUIM ALVES DE CASTRO NETO	311
EX-GOVERNADOR FERNANDO PIMENTEL	313
DR. JAIR SANTANA	315
HOMENAGEM AO CONSELHEIRO SEBASTIÃO HELVECIO / NOVEMBRO DE 2021	317
POSFÁCIO	323
NOTAS TAQUIGRÁFICAS DA 28ª SESSÃO ORDINÁRIA DO TRIBUNAL PLENO DO TCE/MG – DIA 24.11.2021	327
SOBRE OS AUTORES	351

PREFÁCIO

Coube a mim a distinta honraria de tecer breves preliminares acerca deste livro, *Controle externo no século XXI: homenagem a Sebastião Helvecio – conselheiro, educador e cidadão*, no qual estão inseridas merecidas homenagens ao nosso amigo, conselheiro, educador e cidadão do mundo Sebastião Helvecio.

Presenciamos, nos dias atuais, profundas mudanças de paradigmas na gestão pública, notadamente nos quesitos transparência e participação popular, que visam à prestação de serviço público de qualidade, eficiente e que produza resultados efetivos. Acrescente-se a esse fenômeno a importância das novas tecnologias de informação e da comunicação em rede. Nesse contexto, percebe-se que essa transformação na elaboração e execução de políticas públicas para atendimento das necessidades públicas nos remete a uma atuação dos órgãos de controle externo mais dialógica, pedagógica e assertiva, com um olhar mais nítido e abrangente em relação aos entes federados.

A edição da presente obra é bastante oportuna, porque reúne temas relacionados com a diversidade de assuntos inseridos nas competências constitucionais dos tribunais de contas. Nessa linha de diagnóstico da gestão da coisa pública e da ação controladora, não poderia deixar de fazer uma ligação direta com o homenageado, Conselheiro Sebastião Helvecio, que, no período de sua atuação no Tribunal de Contas do Estado de Minas Gerais (TCEMG), se dedicou e mostrou caminhos com percursos melhores para a administração pública municipal, estadual e federal, principalmente nos seguintes assuntos: dívida pública, efetividade nas compras regionais sustentáveis, inovação tecnológica no setor público, normas de auditoria no setor público, avaliação de políticas públicas, federalismo fiscal cooperativo, indicadores de gestão fiscal e modernização das atividades de controle externo.

Dessa forma, este livro tem como objetivo mostrar o importante legado deixado pela atuação do Conselheiro Sebastião Helvecio para o sistema de controle externo brasileiro e, também, para as entidades fiscalizadoras internacionais.

Para além disso, esta obra também nos apresenta um homem que se destacou por seu olhar visionário, por perseguir o novo que carrega a semente da evolução, por enxergar à frente de seu tempo, por seu idealismo e crença em uma sociedade melhor. Seja como cidadão engajado nos grandes debates públicos, seja como médico, professor, constituinte, parlamentar ou conselheiro, Sebastião Helvecio sempre primou pelo espírito democrático, por seu compromisso com a ética e pela sensibilidade para com as dores e reais necessidades das pessoas.

Nosso homenageado tem sido, sobretudo, um "homem público", que traduz em sua trajetória de vida os muitos significados que a expressão abarca. Alguém cujas atividades tiveram grande notoriedade, mas também uma pessoa devotada às questões de interesse público. Em outra linha, aquele que assume a tarefa de retratar e inspirar os anseios de uma comunidade; ou, ainda, o homem público "estadista", que não é somente quem governa um país, mas também aquele que se distingue pela competência nas grandes questões de Estado.

Finalizo esta síntese do conteúdo desta brilhante obra enaltecendo o excelente trabalho dos organizadores do livro – conselheiros Durval Ângelo Andrade e Cláudio Couto Terrão –, bem como a qualidade dos autores, reconhecidos em vários âmbitos do conhecimento brasileiro e que se dedicaram na escrita dos excelentes artigos. Em uma diversidade de olhares, eles nos apresentam Sebastião Helvecio em suas muitas faces, ou seja, em diferentes momentos e aspectos da sua atuação. Justa e merecida homenagem.

"Tudo vale a pena quando a alma não é pequena."
(Fernando Pessoa)

Conselheiro Mauri Torres
Presidente do TCEMG

APRESENTAÇÃO

AMANTE DA ESPERANÇA

Sebastião Helvecio
Conselheiro, educador e cidadão do mundo

(...) *mesmo no tempo mais sombrio temos o direito de esperar alguma iluminação, e que tal iluminação pode bem* provir, menos das teorias e conceitos, e mais da luz incerta, bruxuleante e frequentemente fraca que alguns homens e mulheres, nas suas vidas e obras, farão brilhar em quase todas as circunstâncias e irradiarão pelo tempo que lhes foi dado na Terra. Olhos tão habituados às sombras, como os nossos, dificilmente conseguirão dizer se sua luz era de uma vela ou a de um sol resplandecente. Mas tal avaliação objetiva me parece uma questão de importância secundária que pode ser seguramente legada à posteridade.

(Hannah Arendt – prefácio do livro *Homens em tempos sombrios*)[1]

A autora da obra citada acima não se considerava filósofa, muito menos filósofa política. Classificava-se como uma "teórica política". Filósofa ou teórica, o fato é que a brilhante Hannah Arendt (1906-1975) foi, com certeza, uma das maiores "pensadoras" de seu tempo. E assim o foi, não somente pela lucidez, sagacidade e profundidade das suas reflexões, mas, especialmente, por sua atitude intelectual, de provocar o pensamento em seus alunos e na sociedade em geral. Por essa "luz" que irradiava e, também, por sua etnia judaica, foi perseguida pelo nazismo, também ela vítima dos tempos sombrios que denunciava. Como a própria Arendt afirmaria depois, "não há pensamento perigoso; pensar é perigoso por si mesmo".[2] E perigoso, sobretudo, para as elites dominantes.

O instigante livro *Homens em tempos sombrios* [1968][3] (2010) foi escrito ao longo de 12 anos, consistindo em uma compilação de artigos e ensaios da autora publicada "no impulso do momento ou da oportunidade",[4] como ela mesma classificaria posteriormente. Nele, Arendt destaca personalidades que "resplandeceram" em tempos escuros da humanidade, expoentes que, mesmo em épocas de guerras, intolerância, preconceitos, atrocidades, lutas fratricidas pelo poder e de horror descomedido em injustiças, tortura e assassinatos de opositores, souberam "pensar" e viveram além de seus tempos, em diferentes séculos.

Entre esses "feixes de luz", ela aponta os filósofos Lessing, Rosa Luxemburgo, Karl Jaspers, Isak Dinesen e Walter Benjamin, o escritor Hermann Broch, o pensador Waldemar Gurian, os poetas Randall Jarrell e Bertolt Brecht e o papa João XXIII. Sobretudo, Arendt fala de homens e mulheres que não se deixaram condicionar por padrões, lógicas e pensamentos dominantes de sua época, mas ousaram e viveram suas próprias experiências e itinerários de vida, expressando em suas obras e reflexões, bem como em palavras e ações, um tempo novo, diferente e criativo; "seres pensantes" que não viveram nas trevas nem se deixaram

---

[1] ARENDT, Hannah. *Homens em tempos sombrios*. Prefácio. São Paulo: Editora Schwarcz, 2010.
[2] VIDA ativa: o espírito de Hannah Arendt. Direção de Ada Ushpiz. Canadá. Israel. 2016. 125 min.
[3] Ano da publicação original da obra.
[4] ARENDT, Hannah. *Homens em tempos sombrios*. Prefácio. São Paulo: Editora Schwarcz, 2010.

paralisar pelas calamidades morais, mas, pelo contrário, buscaram a luz e souberam guiar muitos outros nesse mesmo caminho; pessoas que, acima de tudo, jamais deixaram de alimentar "a chama incerta, bruxuleante e frequentemente fraca".

Ao aceitar o desafio de organizar a obra comemorativa *Controle externo no século XXI: homenagem a Sebastião Helvecio – conselheiro, educador e cidadão*, sentimos necessidade de revisitar Hannah Arendt. O pensamento da filósofa nos guia nesta tarefa, principalmente porque também o nosso homenageado se inclui nesse seleto rol de homens e mulheres de lucidez e coragem, que privilegiam o pensamento como força motriz em um salto para o futuro.

A vida de Sebastião Helvecio merece uma abordagem dessa grandeza e por diferentes motivos. Cidadão na verdadeira acepção desse conceito, ele viveu e vive além dos limites do seu tempo histórico, desde quando era um jovem estudante e, com dois amigos, fundou em Juiz de Fora, na Zona da Mata mineira, um curso pré-vestibular (ZAS) que marcou época nos anos 1960 e 1970. Na mesma época, participou de outra inovação importante: a criação de um programa de aulas pela TV, na emissora local TV Industrial. Consta que o modelo de curso pela televisão idealizado por Helvecio foi precursor e inspirador do Telecurso 2º Grau.

As mesmas determinação e genialidade estão presentes na sua brilhante trajetória acadêmica. Aprovado em primeiro lugar na Faculdade de Medicina, em 1964, foi um aluno irrequieto num tempo em que universidade era para poucos e, na maioria esmagadora, para os filhos da elite. O que não dizer, então, da sua carreira de sucesso como professor na Universidade Federal de Juiz de Fora (UFJF), onde se tornou um catedrático respeitado e admirado? Quantos caminhos não iluminou com a "luz incerta, bruxuleante e frequentemente fraca" do pensamento!

Entretanto, foi, talvez, na política, mais precisamente nos "anos de chumbo" da ditadura no Brasil, que Sebastião Helvecio fez brilhar mais forte a sua "chama" no exercício da sua atividade plena de cidadania. E é também em Hannah Arendt que buscamos a melhor tradução para sua intervenção nessa trilha: "A política trata da convivência entre diferentes. Os homens se organizam politicamente para certas coisas em comum, essenciais num caos absoluto, ou a partir do caos absoluto das diferenças".[5] Foi assim, convivendo, respeitando e valorizando as

---

[5] ARENDT, Hannah. *O que é Política?* Rio de Janeiro: Bertrand, 2004. p. 2.

diferenças, inclusive dos adversários, que ele exerceu com maestria as funções de vice-prefeito de Juiz de Fora, secretário em governos e deputado estadual de grande destaque em Minas. Homem de diálogo entre os opostos, sempre buscou a superação e a construção a partir do "caos", e sua atuação na Constituinte Estadual mineira, há 30 anos, foi sinal claro dessa crença e busca essencial.

Por sua vez, como conselheiro de Contas em Minas Gerais por 12 anos, mostrou sua face futurista e a preocupação com o coletivo e com a necessidade de se aprofundar na democracia por meio do uso das novas tecnologias e da participação social. Sebastião Helvecio tem a plena consciência de que "o poder nunca é propriedade de um indivíduo; pertence a um grupo e existe somente enquanto o grupo se conserva unido",[6] como afirma Hannah Arendt. E foi essa visão que norteou sua ação no Instituto Rui Barbosa (IRB) e na Associação dos Membros dos Tribunais de Contas do Brasil (Atricon), com grande reconhecimento.

Vem dessa concepção da construção coletiva e plural, da riqueza da diversidade e do "pensamento" como ação transformadora o grande sentido deste livro. Aqui, a trajetória e a obra de Sebastião Helvecio são apresentadas por olhares diversos, com dezenas de depoimentos de conselheiros de tribunais de contas, representando o conjunto desses órgãos no Brasil. Por sua vez, servidores dos tribunais, com seus artigos e relatos, trazem um olhar de dentro do sistema de controle, reconhecendo não somente o conselheiro, mas o educador e o cidadão do mundo. Já os depoimentos de políticos – com ou sem mandatos – destacam o homem público, a qualidade de seu trabalho, seu espírito democrático e a convivência gratificante com Sebastião.

Contamos, ainda, com testemunhos especiais de professores, acadêmicos, intelectuais e profissionais do direito, que trazem um olhar de fora, da sociedade, sobre Sebastião Helvecio. Em suas palavras, identifico uma nota de alívio e outra de gratidão, por constatarem que ainda persistem as "luzes bruxuleantes" na esfera pública do nosso Brasil. Como tão bem retratou Hannah Arendt, ao receber o Prêmio Lessing da Cidade Livre de Hamburgo: "A história conheceu muitos períodos de tempos sombrios, em que o âmbito público se obscureceu e o mundo se tornou tão dúbio que as pessoas deixaram de pedir qualquer coisa à política, além de que mostre a devida consideração pelos seus interesses vitais e liberdade pessoal". Obrigado, Sebastião, por ser luz em meio ao obscurantismo.

---

[6] ARENDT, Hannah. *Origens do totalitarismo*. Trad. Roberto Raposo. São Paulo: Companhia das Letras, 1989. p. 289.

Sobretudo, procuramos apresentar nestas páginas um olhar afetivo e amoroso. Como nos ensina a filósofa, "os antigos consideravam os amigos indispensáveis à vida humana, e na verdade uma vida sem amigos não era realmente digna de ser vivida (...) nossos verdadeiros amigos são em geral as pessoas a quem revelamos sem hesitar nossa felicidade e que esperamos que compartilhem de nosso regozijo".[7] Por isso, mais do que ensaios, artigos ou testemunhos, trazemos aqui uma parte do coração e da alma dos amigos e familiares de Sebastião Helvecio.

Por fim, na condição de organizadores desta obra, não podemos deixar de ressaltar seu pano de fundo e objetivo maior: a reflexão; o perigoso ato de pensar. E, neste ponto, discordamos, com alegria, de Hannah Arendt, quando afirmou: "Vivemos tempos sombrios, onde os piores perderam o medo e os melhores perderam a esperança".[8] Não, minha cara filósofa. Ainda há pessoas que só têm medo do próprio medo: são "amantes" da esperança. Sebastião Helvecio é prova disso.

É como aprendemos no grande livro: "E não é só. Nós nos gloriamos também nas tribulações, sabendo que a tribulação produz a perseverança, a perseverança a virtude comprovada, a virtude comprovada a esperança. E a esperança não decepciona (...)" (Rm 5, 3-5).

Cláudio Couto Terrão
Durval Ângelo Andrade

---

[7] ARENDT, Hannah. *Homens em tempos sombrios*. Prefácio. São Paulo: Editora Schwarcz, 2010.
[8] *Idem. Ibidem.*

UM CONSELHEIRO DA CIDADANIA

DURVAL ÂNGELO

> *Se você não trouxesse o cidadão para legitimar a Constituinte mineira, as transformações não aconteceriam. Esta coloração deu uma vida muito grande ao processo Constituinte. Foi um momento muito rico e criativo.*[1]

Em 2 de dezembro de 1720, a Capitania de São Paulo e Minas do Ouro foi desmembrada pela Coroa Portuguesa, sendo criada a Capitania de Minas, que se tornou conhecida como Minas Gerais. No entanto, a história do território é muito mais antiga, é claro, e até anterior à invasão portuguesa no Brasil. Uma história marcada por dor e exploração, mas também por uma profunda diversidade de culturas, sempre sob um signo de rebeldia, resistência e sonhos de uma vida melhor para os que aqui viviam e aqueles que chegavam, embalados por mitos e esperança.

Em um resgate dessa história, não podemos deixar de destacar a bravura e a coragem dos povos originários, que resistiram à invasão dos seus territórios e ao processo violento de escravização. Pertenciam, em sua maioria, ao grupo jê ou tapuias,[2] a exemplo dos aimorés, os botocudos, os cataguás e os puris, entre outros. Seus mitos e lendas,

---

[1] Entrevista concedida à TV Assembleia de Minas Gerais, em 20.09.2019, na celebração dos 30 anos da Constituição Mineira. As citações seguintes de Sebastião Helvecio foram retiradas da mesma entrevista.
[2] Termo de origem tupi que, durante o período inicial de colonização do Brasil, designava os indígenas que não falavam a língua tupi antiga.

como a da serra do Sabarabuçu,[3] alimentaram a cobiça dos "brancos", bem como motivaram a invasão desenfreada dos seus territórios.

Dos povos negros, que trouxeram da África seus conhecimentos em mineração e metalurgia,[4] vieram também a beleza de suas danças e religiões e a nobreza da luta por liberdade. E Minas formou-se, também, com centenas de lutas dos quilombolas. Luta por direitos, que antagoniza com a dureza sangrenta da escravidão.

Minas Gerais, por seus sertões e pela distância dos olhares vigilantes da Inquisição católica, foi, ainda, um "porto seguro" para criptojudeus[5] e cristãos novos que se afastavam de Lisboa. Aqui, eles vislumbraram um lugar onde poderiam manter suas culturas, tradições e fé na lei mosaica. De novo, o signo da liberdade movia essa gente, bem como a possibilidade da riqueza fácil, que era, na maioria das vezes, ilusória.

Desses povos insubmissos e libertários, surgiu aquele novo território no sertão do Brasil. Assim, os 300 anos da Capitania de Minas só se realizam na compreensão do universo dessas três culturas. Cada uma, a seu modo próprio, criou a história que se construiu a partir de 1720.

Carregam os mesmos ideais de insubmissão os movimentos contra a "derrama"[6] e a exploração da Coroa Portuguesa, como em 1720, na Revolta de Vila Rica,[7] em Cachoeira do Campo, e em 1789,

---

[3] Descrita pelos indígenas do século XVI como "serra resplandecente", a serra do Sabarabuçu – em tupi-guarani, "pedra reluzente grande" (itaberá+buçu) – motivou a lenda de que seria toda constituída de ouro ou de prata. A formação rochosa que hoje tem o nome de Serra da Piedade, situada em Caeté/MG, foi confundida, no século seguinte, com a chamada Serra das Esmeraldas, destino da bandeira de Fernão Dias. Tempos mais tarde, constatou-se que o que reluzia na serra era o minério de ferro.

[4] Segundo Souza e Reis (2006): "Ao que parece, muitas técnicas, senão a maior parte delas, usadas e indispensáveis nas várias etapas do processo minerátorio – extração, remoção e beneficiamento – foram trazidas pelos escravos africanos, como bateia, canoas e carumbé. Cumpre lembrar que o processo de fundição do minério aurífero e de ferro, com utilização de fornalhas e foles, já era conhecido e usual no continente africano, como na África Central, hoje Zimbabwe, antes de 1500". SOUZA, Tânia Maria F.; REIS, Liana. *Técnicas Mineratórias e Escravidão nas Minas Gerais dos Séculos XVIII e XIX*: uma análise comparativa introdutória. 2006. Anais do XII Seminário sobre a Economia Mineira. Cedeplar, Universidade Federal de Minas Gerais. Disponível em: https://diamantina.cedeplar.ufmg.br/portal/download/diamantina-2006/D06A018.pdf. Acesso em: 27 nov. 2021.

[5] Aqueles que praticavam secretamente a religião judaica.

[6] Dispositivo fiscal aplicado em Minas Gerais, no Brasil Colônia, para garantir a arrecadação do "quinto" em atraso, que totalizava 1,5 tonelada de ouro por ano. O quinto era a retenção de 20% de todo o ouro extraído em Minas Gerais, em pó, folhetas ou pepitas, que eram direcionados diretamente à Coroa Portuguesa.

[7] A Revolta de Vila Rica, também conhecida como Revolta de Filipe dos Santos, foi um movimento social de caráter nativista que ocorreu em 1720 na Vila Rica de Nossa Senhora

com a Inconfidência Mineira. Assim, o dístico em latim *"libertas quae sera tamen"*, retirado do primeiro Écloga de Virgílio, não expressava somente o grito da elite da mineração e da burocracia da capitania, mas carregava também a violência contra os indígenas, com seu mito da "Terra Sem Males",[8] a rebeldia dos negros que sonhavam com seu retorno à "Mãe África" e as utopias do paraíso que os seguidores da Torá[9] traziam em suas valiosas tradições de fé.

Mais do que um adágio de Virgílio, que hoje domina o triângulo da nossa bandeira de Minas, a frase representa um ideal, uma missão que demarca o papel de Minas na história do Brasil. Não sem motivos, no estertor da ditadura militar e empresarial que sangrou o país, interrompeu um ciclo de desenvolvimento e democracia e violou direitos fundamentais, um velho político, ex-governador de Minas Gerais, Tancredo de Almeida Neves, certa vez, proclamou: "O novo nome de Minas é liberdade" – frase que o homenageado deste livro gosta sempre de repetir.

E Minas é ainda a das revoltas liberais de 1842 contra o capitalismo e o autoritarismo do governo do Império, que geraram grande repressão e violência. Como bem retratou Teófilo Otoni, no seu mito de fundar uma nova Filadélfia[10] na América do Sul, especificamente no Brasil, no semiárido mineiro: "Ao rei tudo, menos a honra".

---

do Pilar do Ouro Preto (atual Ouro Preto, Minas Gerais). Teve como causas o aumento da exploração colonial; a criação das casas de fundição no Brasil, que tornou obrigatória a cobrança do "quinto" (imposto de 20% sobre todo o ouro encontrado no Brasil); a proibição, por Portugal, da circulação do ouro em pó a fim de dificultar a sonegação do imposto; e as severas punições aplicadas a quem não pagasse os impostos devidos à metrópole. Os revoltosos reivindicavam o fim das casas de fundição, redução de impostos e tributo e o fim dos monopólios de fumo, sal, aguardente e gado. Foi liderada por Filipe dos Santos, com a participação, principalmente, de pessoas mais pobres e da classe média de Vila Rica. Os rebeldes pegaram em armas e ocuparam alguns pontos de Vila Rica. Após chamar os revoltosos para negociar, o governador ordenou a prisão de todos os que participaram da revolta. Filipe dos Santos foi condenado e executado, e as casas de muitos revoltosos foram queimadas pelas tropas do governo. Entre suas consequências, está a separação da Capitania de São Paulo de Minas Gerais.

[8] Na mitologia guarani, a terra sem males (em tupi, *yby marã e'yma*) faz referência ao mito de uma terra de felicidade, lazer eterno, imortalidade, onde não há guerras, fome, doenças e necessidade de trabalhar.

[9] Texto que conta desde a história da criação do mundo até a entrada do povo judeu na terra de Israel. Consiste em um guia prático para os judeus, com 613 mandamentos. O termo "torá" significa ensinamento.

[10] Nascido na cidade mineira do Serro, em 27 de novembro de 1807, Teófilo Otoni, após encerrar sua carreira política, dedicou-se a um projeto para desbravar e colonizar a região do Mucuri. Em 1847, fundou a Companhia de Comércio e Navegação do Mucuri. Uma de suas aspirações era fundar uma cidade que se tornasse o centro propulsor e distribuidor do progresso no Norte de Minas Gerais. Em 1851, Teófilo Ottoni fundou no Rio de Janeiro a "Companhia Mucuri" com o propósito de organizar o transporte fluvial e terrestre, bem

Poderíamos falar ainda que Minas é a da greve dos operários, em 1906[11] – considerada a primeira greve geral do país – e a da mobilização dos anos 1930,[12] unindo-se a outros estados brasileiros contra o poder das elites paulistas. Destaco, também, a Minas do "Manifesto dos

---

como explorar a região. Organizou o encontro de duas expedições: uma saindo do Alto dos Bois, levando a incumbência de localizar o rio Todos os Santos – que tinha a fama de ser prodígio em ouro e diamantes – e segui-lo até sua desembocadura no Mucuri; e outra que, partindo de Santa Clara, se dirigia para o mesmo local. Em um ponto a cerca de 200 quilômetros de Santa Clara, os expedicionários avistaram uma planície com bom clima e terra fértil. Consta que Teófilo Otoni afirmou: "Aqui farei a minha Filadélfia!". O nome foi escolhido em virtude da grande e rápida prosperidade alcançada pela cidade norte-americana do mesmo nome. No aniversário da Independência do Brasil, em 7 de setembro de 1853, Otoni inaugurou a Filadélfia mineira como centro das colônias do Mucuri. Em 1857, Filadélfia foi elevada a distrito e freguesia da comarca de Minas Novas. Em 1876, a freguesia foi elevada à categoria de cidade, com o nome de Teófilo Otoni, em homenagem a seu fundador, vindo a ser instalada oficialmente em 1881. Fonte: IBGE. Brasil. Minas. *Teófilo Otoni*. História. Disponível em: https://cidades.ibge.gov.br/brasil/mg/teofilo-otoni/historico. Acesso em: 28 nov. 2021.

[11] Ainda no início do século XX, imigrantes italianos abandonaram o trabalho nas fazendas de café do interior paulista para trabalhar em fábricas na capital. Passaram a atuar contra as precárias condições de trabalho nas fábricas, a utilização massiva de mão de obra infantil e as jornadas laborais de mais de 13 horas e, em diversas cidades, se juntaram a ativistas libertários brasileiros, mas também espanhóis e portugueses emigrados, para fundar sindicatos e organizações de trabalhadores que compunham o movimento operário. A primeira greve geral, realizada em 1906, foi combatida com energia pelo então secretário da Segurança Pública, Washington Luís. O movimento, denominado anarcossindicalista, articulava no Brasil diferentes iniciativas para fazer frente à exploração imbricada no projeto desenvolvimentista das elites agrárias e urbanas e da classe política a estas vinculada. Além dos sindicatos, também foram fundadas creches, escolas de educação libertária, gráficas e jornais. Um dos objetivos era propagar entre as classes exploradas de operários urbanos e trabalhadores rurais a greve geral como estratégia de luta, não só por melhores condições de vida, mas também como forma de emancipação da dominação das classes dominantes. Fonte: Wikipedia. Disponível em: https://pt.wikipedia.org/wiki/Greve_geral_de_1917. Acesso em: 28 nov. 2021.

[12] Referimo-nos, especialmente, às mobilizações relacionadas à Revolução de 1930, movimento armado, liderado pelos estados de Minas Gerais, Paraíba e Rio Grande do Sul, que culminou no golpe de Estado que depôs o presidente da República Washington Luís, em 24 de outubro de 1930, impediu a posse do presidente eleito Júlio Prestes e pôs fim à República Velha. Um dos principais motivos da chamada Revolução de 30 foi o rompimento, pelas lideranças da oligarquia paulista, da aliança com os mineiros, conhecida como política do café com leite. Conforme a aliança, em 1929, o então presidente, Washington Luís, deveria apoiar para seu sucessor um candidato de Minas Gerais, estando entre as possibilidades o presidente de Minas Gerais, Antônio Carlos Ribeiro de Andrada, o vice-presidente da República, que era o mineiro Fernando de Melo Viana, ou outro líder político mineiro. Washington Luís, no entanto, indicou o paulista Júlio Prestes. Em reação, Antônio Carlos apoiou a candidatura oposicionista do gaúcho Getúlio Vargas. Em 1º de março de 1930, foram realizadas as eleições que deram a vitória ao candidato governista. Ele, porém, não tomou posse, devido ao golpe de Estado desencadeado em 3 de outubro de 1930. Júlio Prestes foi exilado e Getúlio Vargas assumiu a chefia do "Governo Provisório" em 3 de novembro de 1930.

Mineiros"[13] contra a ditadura sangrenta de Getúlio Vargas, divulgado em 24 de outubro de 1943: "Se lutamos contra o fascismo, ao lado das Nações Unidas, para que a liberdade e a democracia sejam restituídas a todos os povos, certamente, não pedíamos demais, reclamando para nós mesmos os direitos e as garantias que as caracterizam".[14]

Em consonância com a tradição do Estado, de luta por liberdade, independência e autonomia, a Assembleia Legislativa de Minas Gerais (ALMG) foi a primeira do Brasil a iniciar sua Constituinte estadual[15] durante o processo de redemocratização do país, assim como também foi a primeira a promulgar a sua Constituição Cidadã.[16] Entre os 77

---

[13] Divulgado por membros da elite liberal de Minas Gerais, o manifesto defendia o fim da ditadura do Estado Novo e a redemocratização do país. Dentre seus 92 signatários, incluíam-se Virgílio de Melo Franco, Pedro Aleixo, Milton Campos, Artur Bernardes, Afonso Arinos de Melo Franco, Adauto Lúcio Cardoso, Adolfo Bergamini, Afonso Pena Jr., Alaor Prata, Bilac Pinto, Daniel de Carvalho, José de Magalhães Pinto, Mário Brant e Odilon Braga. Com a instauração da ditadura do Estado Novo, setores liberais, ainda que não tivessem sofrido a violenta perseguição destinada aos setores de esquerda, também se viram impossibilitados de agir sobre os destinos políticos da nação. Essa situação só começou a se modificar quando o governo brasileiro optou por apoiar os Aliados na Segunda Guerra Mundial. A contradição entre as posturas externa e interna foi logo apontada pelos setores de oposição, que aproveitaram a oportunidade para romper o longo silêncio a que haviam sido obrigados. Em agosto de 1943, representantes de Minas Gerais no Congresso Jurídico Nacional manifestaram-se a favor da redemocratização. Em seguida, membros da elite mineira realizaram sucessivas reuniões no Rio de Janeiro e em Belo Horizonte, decidindo divulgar um manifesto público que explicitasse suas aspirações democráticas. Devido à censura à imprensa, o Manifesto dos Mineiros, a princípio intitulado Manifesto ao Povo Mineiro, foi inicialmente impresso clandestinamente (50 mil exemplares) em uma gráfica de Barbacena e distribuído de mão em mão ou jogado por baixo das portas das residências, em virtude da censura à imprensa, ainda vigente. Tratou-se da primeira manifestação aberta contra a ditadura, assinada por indivíduos pertencentes a famílias de grande tradição social e política em Minas Gerais, a qual abriu caminho para que outros documentos da mesma natureza viessem a público, como a Carta aos Brasileiros, divulgada por Armando de Sales Oliveira em dezembro de 1943, quando ainda se encontrava no exílio, e a Declaração de Princípios do I Congresso Brasileiro de Escritores, de janeiro de 1945. Fonte: Fundação Getúlio Vargas. *A Era Vargas*: dos anos 20 a 1945. Manifesto dos Mineiros. Disponível em: https://cpdoc.fgv.br/producao/dossies/AEraVargas1/anos37-45/QuedaDeVargas/ManifestoDosMineiros. Acesso em: 28 nov. 2021.

[14] *Trecho do manifesto.* Disponível em: http://www.dhnet.org.br/direitos/anthistbr/estadonovo/mineiros_1943.htm. Acesso em: 28 nov. 2021.

[15] Em 19 de setembro de 1987, foi nomeada pela presidência da ALMG a Comissão Preparatória dos Trabalhos da IV Assembleia Constituinte. Em 7 de outubro de 1988, foi instalada a Assembleia Constituinte do Estado, composta pelos deputados eleitos em 1986. Para o processo de elaboração do projeto da Constituição, foram realizadas 19 audiências públicas temáticas, visitadas 17 cidades mineiras e colhidas cerca de 10 mil sugestões. Fonte: Assembleia Legislativa de Minas Gerais. Disponível em: https://sites.almg.gov.br/30anos-constituicao-minas/index.html. Acesso em: 28 nov. 2021.

[16] Entre os dias 24 e 30 de agosto de 1989, o Plenário da ALMG votou em 2º turno o projeto da Constituição Estadual e, no dia 14 de setembro, foi aprovada a redação final. Fonte: Assembleia Legislativa de Minas Gerais. Disponível em: https://sites.almg.gov.br/30anos-constituicao-minas/index.html. Acesso em: 28 nov. 2021.

parlamentares constituintes mineiros, estava alguém muito especial: o nosso homenageado neste livro, Sebastião Helvecio Ramos de Castro, médico de Juiz de Fora, professor universitário e militante das lutas por democracia, especialmente nos "anos de chumbo" e no movimento Diretas Já.

Desse então deputado, juntamente com mais nove médicos e um grupo de cinco sindicalistas de esquerda, veio – antes da implantação do SUS – a defesa de que fosse estabelecido na Constituição estadual que "a verba da Saúde Pública não poderia ser inferior ao que o governo gastasse em obras nas estradas estaduais".

Foi ele também quem se empenhou para que, diferentemente da Constituição Federal, o texto da Constituição mineira enfatizasse o planejamento das ações de governo, com a criação do Plano Mineiro de Desenvolvimento Integrado (PMDI), que prevê as ações em Minas por 28 anos, durante sete governos estaduais. "A palavra desenvolvimento aparece 53 vezes no texto constitucional", destaca.

Em sua atuação na constituinte, Helvecio valorizou, especialmente, a cidadania como um dos valores maiores da nova Constituição estadual, conforme destacado na epígrafe deste texto e como ele mesmo recorda, entusiasmado.

> Pela primeira vez, fizemos audiências da Assembleia pelo interior de Minas, para debater e fazer sugestões. Nos debates, chegamos a ter duas mil pessoas presentes, com centenas de emendas populares, com mais de 10 mil assinaturas. Com um destaque: éramos procurados também por cidadãos comuns que queriam participar do processo constituinte.

Ao defender e valorizar a manifestação da vontade popular, ele expressa sua grande luta pela democracia e, como exemplo, refere-se à emenda aprovada pela Assembleia Legislativa em 2001, que inseriu no artigo 14 da Constituição estadual a obrigatoriedade de um referendo para a venda das estatais de energia e saneamento do Estado.

> A soberania popular, está bem claro, é feita pelo povo e por seus representantes, de maneira prevista na lei. A inclusão da obrigatoriedade do referendo para se vender a Cemig é salutar na defesa do patrimônio do povo de Minas. O referendo é a manifestação direta da vontade popular, que é a detentora de todo o poder.

Refletir sobre a trajetória de Sebastião Helvecio é, sobretudo, falar de cidadania, valor pelo qual ele tem imenso apreço. Cidadania que, em sua acepção original e radical, nos vem das cidades-estados gregas, particularmente de Atenas. Já nos ensinavam os filósofos que ser cidadão é ter poder.

Conforme estabelece o artigo 14 da Constituição Federal de 1988, a soberania popular será exercida pelo sufrágio universal e pelo voto direto e secreto, com valor igual para todos, e, nos termos da lei, mediante: *I. plebiscito; II. referendo; III. iniciativa popular.* Mas ser cidadão é muito mais que votar.

Ainda que seja fundamental, o voto representa somente "um degrau da escada". Lembremos que o eleito é um representante, um procurador das causas populares, e não o dono. O que – sem qualquer referência a um dos candidatos nas próximas eleições – nos remete a um famoso dito popular mineiro: "O que engorda o gado é o olho do dono".

Na democracia real e efetiva, o dono é o povo. Sebastião Helvecio aprendeu bem essa lição dos gregos antigos, como bom discípulo do filósofo, cientista e médico Aristóteles, "o estagirita". Mais ainda: Helvecio carrega consigo o princípio educativo do ideal grego da paideia: de que a formação de um cidadão perfeito e completo só se realiza na pólis, uma vez que o ser humano é um animal da pólis; um animal político.

No conceito de origem grega, a paideia[17] é entendida como a busca do sentido de uma teoria consciente da educação e do agir do homem em sociedade. O tema torna-se uma questão central no mundo constituído pela prática social dos homens e recebe um fundamento racional a partir do século IV a.C. Platão e Aristóteles se dedicam a justificar racionalmente a existência social do homem. A educação ética e política está na essência da paideia. A educação é assumida como ação consciente e, na pólis do séc. IV a.C., o conceito de paideia supera a vinculação limitada à instrução da criança para abranger toda a reflexão sobre a formação do homem para a vida racional na "pólis".

A paideia aplica-se, assim, à vida adulta, à formação e à cultura, à sociedade e ao universo espiritual da condição humana. Sócrates apresenta uma paideia avançada com relação à paideia sofista e às concepções da paideia antiga, de cunho aristocrático e de formas ecléticoreligiosas. Ele amplia a reflexão racional sobre o papel do Estado na ação educativa e provoca uma nova reflexão filosófica, que

---

[17] Conceito adaptado do texto *O que é pandeia?*, do *site* do Grupo de Estudos e Pesquisas em Filosofia da Educação Paideia, da Faculdade de Educação da Unicamp. Disponível em: https://www.paideia.fe.unicamp.br/sobre-o-paideia/o-que-e-paideia. Acesso em: 28 nov. 2021.

diz respeito também à virtude, à ética e ao autodomínio. Apresenta a conduta moral como a que brota do interior do indivíduo, e não como mera sujeição coercitiva à lei ou ao Estado.

A reflexão evolui de uma paideia centrada no Estado, como preconizavam os sofistas, para uma paideia interior, ética, derivada da consciência da natureza moral do homem. Assim, se, na tradição clássica da Grécia, a educação nascia colada à paideia política, a paideia ético-socrática funda-se no ideal de liberdade e projeta um estado ideal de "homens livres" e virtuosos. A filosofia, a educação e a própria paideia seriam formas de expressão da natureza racional do homem, centradas nas exigências da "pólis" e nas "determinações" nascidas da consciência ética, que conforma os homens num universo e num conjunto de trabalho coletivo. À virtude política acrescenta-se a reflexão sobre o fim, o sentido e a intencionalidade da existência. O homem nasceu para essa paideia, cuja finalidade e natureza de seu ser é a consubstanciação dessa forma de vida interior, de cultura e da "sabedoria" que nasce de sua "práxis" humana e política.

Vem dos gregos, também, a profunda convicção de Sebastião Helvecio na democracia participativa e direta, que, em toda a sua vida pública, não apenas defendeu, mas colocou em prática. Ele tem clareza, porém, de que os tempos atuais são de intolerância, tempos em que as sementes do ódio começam a brotar, com o patrocínio de teses fascistas. Assim, nosso homenageado nos fala das dores e aflições que a democracia vive hoje em nosso país.

> A democracia é um ser vivo, que exige cuidados permanentes. As democracias morrem pelas mãos dos regimes autoritários, e sempre quando alguém quer fazer prevalecer a sua ideia, sem respeitar a decisão da maioria e os direitos da minoria. O regime democrático tem esta virtude pouco percebida, segundo a qual a maioria não pode massacrar a minoria. A grande qualidade da democracia é a exigência do respeito pelos diferentes. Respeito que é também ver com distanciamento; e é poder ver o outro com o olhar dele. Este, talvez, seja o grande problema da democracia hoje: a intolerância, o não reconhecimento de que o outro tem o direito a uma visão deferente da sua. Não é por pensar e agir diferente que ele deve ser tratado como um inimigo. A essência do humano é reconhecer as diferenças. A grande condição humana para o progresso, o desenvolvimento e até a evolução – inclusive nos exemplos da própria natureza – é a diversidade.

Também o filósofo Emmanuel Levinas, em suas lições de que a filosofia primeira é a ética, já alertava, como Sebastião Helvecio, que precisamos ser interpelados pelo rosto do outro como expressão do sentido último do humano. Eis aí a razão de ser de uma sociedade democrática: um mundo onde caibam todos os mundos.

Destaco, ainda, olhar sensível e consciente de Sebastião Helvecio na compreensão de que os direitos humanos são a efetivação das políticas públicas, como ele mesmo expressou em 24 de novembro de 2021, em seu discurso de despedida no Tribunal de Contas de Minas Gerais (TCEMG), por ocasião de sua aposentadoria: "O nome de Minas são os direitos humanos".

Ressalte-se que o artigo 1º da Constituição Federal estabelece como dois dos cinco fundamentos do Estado Democrático de Direito a cidadania e a dignidade da pessoa humana. Essas são a razão de ser até dos órgãos de controle, como o TCEMG, como sempre alerta Sebastião Helvecio. Os dois princípios são duas faces de uma mesma moeda: a dos direitos humanos. Sebastião Helvecio tinha consciência disso quando participou da elaboração da Constituição mineira, assim como sabia dos riscos de que as violações dos direitos humanos prosseguissem naquela sociedade que despertava de um letárgico período autoritário.

> Uma crítica que recebíamos, na época, é que a nossa Constituição foi muito detalhista, com muitos artigos. Tínhamos saído de um contexto histórico do regime militar e havia setores que não queriam que aqueles direitos (humanos) ficassem expressos na Constituição. Graças a Deus, assim foi, porque, mesmo escritos e expressos, há quem insista em não respeitar esses direitos inerentes à pessoa humana. Acho que foi uma grande conquista a Constituição de Minas, cuja essência pode ser sintetizada em uma frase muito simples e breve: "o povo tem direito a um governo bom e honesto". Se nós tivermos um governo bom e honesto, o papel da governança pública, para a efetivação dos direitos humanos, está atendido.

São muitas as premissas que marcam a trajetória de Sebastião Helvecio, seja como parlamentar, seja nos 12 anos como conselheiro de Contas e na presidência do TCEMG, seja na presidência do Instituto Rui Barbosa (IRB), que, há mais de 50 anos, tem sido a "casa do pensamento" do sistema de controle externo no Brasil. Nesses órgãos, imprimiu e imprime toda a sua energia, inteligência e capacidade para efetivar o princípio de cidadania que sempre vivenciou em sua história de vida. Ensinamentos que trouxe de berço, da vivência familiar, da universidade, da militância política e também do exercício de diversos cargos públicos. Para ele, como já dito, a efetivação de políticas públicas nas áreas de saúde, educação, assistência social e meio ambiente é a garantia dos direitos humanos, sempre tendo claras as balizas do planejamento das ações governamentais no combate aos desperdícios e à corrupção.

Como um homem da ciência – neste momento em que ela é tão negada no Brasil –, Sebastião Helvecio leva sempre uma visão de futuro, investindo no uso de novas tecnologias e, especialmente, na ferramenta da inteligência artificial, tudo com um objetivo que ele sempre explicita: a construção de uma sociedade mais justa, livre e fraterna para que as pessoas sejam mais felizes e valorizem suas instituições democráticas.

Foi na difícil trilha dos órgãos de controle externo que Sebastião Helvecio criou em Minas, junto com outros conselheiros e servidores do TCEMG, o projeto "Suricato: política de fiscalização integrada",[18] assim batizado pelo "olhar de vigilância e atenção" característico desse animal. Trata-se de um instrumento de controle em um estado com mais de 22 milhões de pessoas, com cerca de 1,3 milhão de servidores públicos, e para um tribunal com mais de 16 mil órgãos jurisdicionados. O sucesso foi tão grande que outros estados copiaram e aperfeiçoaram essa importante ferramenta de defesa da sociedade contra a corrupção e o mau uso dos recursos públicos.

Foi dele também a iniciativa de criação da TV TCE como um mecanismo de transparência e de prestação de contas à população mineira. As sessões das câmaras e do Pleno do TCE-MG passaram a ser transmitidas ao vivo, e os jurisdicionados podem acompanhar o trabalho do seu Tribunal de Contas em todo o estado. Nada mais coerente, pois não se faz cidadania sem transparência, sem se abrir ao primeiro e único interessado por suas instituições: o povo.

No IRB, além das muitas portas que conseguiu abrir mundo afora, com intercâmbios e o reconhecimento dos chamados órgãos de controle externo subnacionais, uma das grandes contribuições de Sebastião Helvecio foi a implantação do Índice de Efetividade da Gestão Municipal (IEG-M). Trata-se de um instrumento fundamental para medir e mensurar o grau de aderência da gestão municipal a determinados

---

[18] O Projeto Suricato consiste na institucionalização de uma política de fiscalização integrada, voltada para melhor aproveitamento dos dados e das informações disponíveis no Tribunal e em fontes externas, para incremento da ação de controle, respondendo às demandas e às ofertas atuais no que se refere às novas tecnologias de informação e de comunicação. A principal ferramenta a ser utilizada pela fiscalização integrada são as malhas eletrônicas de fiscalização, que possibilitarão o cruzamento de dados dos sistemas informacionais do Tribunal com os sistemas de organizações parceiras, bem como o intercâmbio de outras informações úteis à fiscalização. Fonte: Instituto Rui Barbosa (IRB). *Ferramenta "Suricato" do TCE-MG é considerada "melhor detetive" do mundo por site espanhol*. Disponível em: https://irbcontas.org.br/suricato-tcemg/. Acesso em: 28 nov. 2021.

processos e ao controle de políticas públicas. O IEG-MG instituiu uma ação efetiva de controle em todos os municípios do Brasil, relativamente a sete áreas: educação, saúde, gestão fiscal, planejamento, meio ambiente, defesa civil e governança em tecnologia de informação. Os processos de controle são inquiridos a partir de questionários respondidos pelos municípios.

Acima de tudo, nosso homenageado é um homem atento às demandas da contemporaneidade, na qual a cidadania ativa não se concretiza sem o uso dessas novas tecnologias trazidas pela inteligência artificial. A solução dos problemas das cidades, desde o trânsito até as políticas de receitas, planejamento e áreas sociais, precisa se apropriar desses instrumentos. E, nesse sentido, é precioso o alerta que Sebastião Helvecio sempre faz em suas palestras no Brasil e no exterior, onde já tive oportunidade de assistir: "Não podemos ser reféns de modelos, políticas de armazenamento de dados e tecnologias importados, centralizados na Califórnia". Acrescenta, ainda, que os dados coletados e armazenados pelos órgãos de controle externo do Brasil são sensíveis e estratégicos e, em suas conferências, provoca: "O desafio é construirmos balizas que sejam nossas".

Por outro lado, Sebastião Helvecio, como atento leitor do filósofo Byung-Chul Han[19] – que conheci por suas indicações – pondera que tais tecnologias também apresentam riscos, pois controlam a vida dos cidadãos e acabam manipulando a democracia nas sociedades. Os exemplos são vários, dos Estados Unidos ao Brasil, passando pela China e o Leste Europeu. O referido filósofo alerta que vivemos, hoje, um panóptico digital, no qual, como presos, somos constantemente vigiados pelo "Grande Irmão", em que o vestir, o consumir e até o "ser" passam a ser controlados. Vivemos a "sociedade do controle".

Urge pensar o futuro com os desafios que ele apresenta e com os quais nos provoca, motiva e faz caminhar, sempre. Sebastião Helvecio sabe disso e, felizmente, sua aposentadoria não significará um jubilamento, no sentido de total desligamento das atividades. Ele continuará com o seu trabalho em prol do sistema de controle externo no Brasil, agora fazendo parte de um grupo de notáveis pensadores, criado pelo Tribunal de Contas da União (TCU) para refletir sobre o

---

[19] O filósofo e escritor sul-coreano Byung-Chul Han é especialista em estudos culturais e se tornou um dos pensadores mais reconhecidos, hoje. Sua obra aborda fenômenos atuais, a exemplo da tecnologia, a cultura do trabalho desmedido e os efeitos da globalização do capitalismo. Dentre seus livros mais conhecidos, estão: *Sociedade do Cansaço*, *Agonia do Eros* e *Topologia da Violência e Psicopatia: neoliberalismo e novas formas de poder*.

futuro do controle externo no Brasil e sua interlocução com a sociedade civil. Também manterá a atuação no IRB, onde, nos próximos dois anos, continuará como vice-presidente. Bom para nós, que ainda teremos por muito tempo as balizas desse "mestre", profundo conhecedor do passado e do presente e conectado com o futuro, que o preocupa e impele:

> Nós avançamos muito nas últimas décadas. O nível de demanda dos cidadãos de hoje é completamente diferente de 30 ou 50 anos atrás. Este momento que atravessamos faz parte de uma realidade pendular, em que a sociedade vai alternando as suas escolhas. Todos nós que ocupamos qualquer tipo de liderança temos a obrigação de aprender a escutar. O que mais está faltando neste tempo de redes sociais – em que as pessoas se comunicam com 15 ou 20 palavras, não escutam o outro e até repudiam o que não lhes parece igual – é ouvir o diferente. O que me lembra o início da Constituinte Mineira, há mais de 30 anos, com um Estado enorme, com mais de 20 milhões de habitantes. A Assembleia Legislativa de Minas aprendeu muito nesse processo, porque soube "auscultar" o povo e entender os anseios das pessoas.

Ele tem razão. Cidadania nada mais é do que o exercício desse poder obediencial, em que aquele que exerce cargo de mando de poder, que foi investido de um cargo público, tem que ser "aquele que mais ouve". Como nos ensina a rebeldia dos indígenas e camponeses do Sudoeste do México, na província de Chiapas: "Os que mandam devem mandar, obedecendo".[20] Poder obediencial que tem no seu radical latino sua autoexplicação e o sentido fundamental para a democracia: *ob* (em frente, oposição, fora, o outro); *audire* (ouvir). Na democracia, o poder-serviço será sempre o poder "obediencial", que ouve, considera e valoriza o outro, a sociedade. Sebastião Helvecio nos trouxe essa grande lição de vida.

Assim, ainda sob os efeitos da comemoração dos 300 anos da criação político-administrativa da capitania de Minas Gerais[21] e sendo ele um verdadeiro mineiro "da gema", ofereço-lhe e a seus familiares

---

[20] No estado de Chiapas, um dos mais pobres do México, vários camponeses de procedência indígena organizaram, em 1994, o Exército Zapatista de Libertação Nacional. Conquistando a simpatia de uma expressiva parcela da população camponesa do México, o movimento luta pela ampliação de direito dos camponeses, o fim do NAFTA (Tratado de Livre Comércio da América do Norte), a soberania do país frente à interferência norte-americana, a autodeterminação de seu povo e por uma profunda transformação política, social e econômica. O movimento dos Chiapas ganhou destaque nas manchetes do mundo inteiro, demonstrando as desigualdades e os problemas históricos dos camponeses mexicanos.

[21] Fundada em 12 de setembro 1720, a Capitania de Minas Gerais completou 300 anos em 2020.

este poema do padre agostiniano e amigo, o grande poeta Paulo Gabriel Blanco, que tem o provocativo título de MINAS NO CORAÇÃO, *três séculos da Capitania de Minas*:

Terra de luz
Terra de Minas!
Entre as montanhas a paixão pelo mar
E a liberdade!

No ventre ferido
o fascínio do ouro rasgou a carne frágil
nos olhos acesos dos negros a chama crepita
quilombo de paz na dança sagrada da vida!

Aleijadinho intuiu o mistério na voz dos profetas
corpos talhados no ferro e no fogo
na solidão das Gerais.
"Grande sertão" da alma
desafiando a morte.
É a fé que resiste no santuário da Serra.
A eternidade no tempo!

Trezentos anos de luta deixaram feridos
e abriram caminhos.
No Morro Vermelho
o povo rompeu os grilhões de um passado opressor.
Urge de novo
negar-se à obediência servil que ceifa os sonhos.
Conspirar é preciso na noite tão longa
Independência já!

Com o pó das estrelas se tece o futuro
porque o sangue dos mártires
fecunda este chão.

Bandeira de paz foi Minas Gerais
novo estandarte para alimentar a utopia das Minas será.

Informação bibliográfica deste texto, conforme a NBR 6023:2018 da Associação Brasileira de Normas Técnicas (ABNT):

ÂNGELO, Durval. Um conselheiro da cidadania. *In*: TERRÃO, Cláudio Couto; ANDRADE, Durval Ângelo (Coords.). *Controle externo no século XXI*: homenagem a Sebastião Helvecio - Conselheiro, educador e cidadão do mundo. Belo Horizonte: Fórum, 2022. p. 23-36. ISBN 978-65-5518-338-2.

O POLÍTICO CONTEMPORÂNEO DO FUTURO

PAULO ROBERTO CARDOSO

> *O homem público tem de ter coragem, se não tiver, pode até ser homem, mas não será homem público.*
> (Ulysses Guimarães, 1989)

> *Mineiros! O primeiro compromisso de Minas é com a liberdade. Liberdade é o outro nome de Minas.*
> (Tancredo Neves, 1982)

Introdução

Coragem, paixão e liberdade constituem o outro nome da política para nós mineiros. Pedem-me um depoimento sobre a trajetória política vitoriosa de Sebastião Helvecio, grande desafio que a providência e o destino me proporcionaram, o de testemunhar uma vigorosa, segura e lúcida trajetória política de um homem público, politicamente nascido e forjado em tempos de duras lutas e enfrentamentos que exigiam a um só tempo a sóbria razão política e iluminista e, ao mesmo tempo, a paixão sem a qual, no dizer de Hegel, nada de grandioso se faz.

As epígrafes, com as quais iniciamos esta breve reflexão, por si só atestam do diálogo entre dois finos esgrimistas, verdadeiros gigantes políticos que marcaram de forma indelével o processo político de transição democrática no Brasil: Ulysses Guimarães e Tancredo Neves. Sob essa liderança e inspiração política, nasce e surge, no cenário político municipal, em Juiz de Fora, a outrora Manchester mineira, o homem público Sebastião Helvecio.

Por seus mestres, já se constata na origem um privilegiado e seletivo DNA político, preparado para os desafios a que são submetidos aqueles predestinados ao sacerdócio da construção do bem comum – nos dizeres do Padre Antonio Viera, ao mais severo e implacável dos tribunais: o juízo dos homens.

> A quarta consideração de ser mais temeroso o juízo dos homens, que o juízo de Deus, é porque Deus julga o que conhece, os homens julgam o que não conhecem. Um dos maiores rigores do dia do Juízo, é que os mesmos Demônios haverão de ser ali nossos acusadores; mas eu antes me quisera ver acusado por Demônios, que ver-me julgado por homens. O Demônio no dia do Juízo há de nos acusar de todas as nossas obras, há de nos acusar de todas as nossas palavras: mas em chegando aos pensamentos há de tapar a boca o Demônio, porque os pecados de pensamento são reservados só a Deus. Eis aqui até onde chega o Demônio quando acusa; e o homem quando julga. Julga-vos as obras, julga-vos as palavras, e até o mais íntimo pensamento vós julga, e vos condena. A tal temeridade de juízo? Que julgue o homem as obras, que vê, que julgue as palavras, que ouve, seja embora; mas que queira julgar os pensamentos, aonde não chega com algum sentido do corpo, nem com alguma potência da alma! Está é uma das mais graves razões, porque o juízo dos homens é mais para temer, que o juízo de Deus; Deus julga os pensamentos, mas conhece-os, o homem não pode conhecer pensamentos e julga-os (VIERA, 1944, p. 70-71, tradução nossa).

Assim, impregnado de coragem e resiliência, Sebastião Helvecio, descendente de imigrantes bascos, radicados às margens do bucólico Rio das Flores, em São José das Três Ilhas, distrito de Belmiro Braga, foi moldado com a tenacidade e determinação próprias aos seus bravos e combativos ascendentes bascos, temperados nos elementos célebres e próprios aos políticos da outrora Manchester mineira, desde sempre, escolados no refinado e pedagógico ambiente de formação política da corte no Rio de Janeiro, tão próxima aos nativos juiz-foranos.

1 A trajetória de Sebastião Helvecio

Estudante de medicina na Universidade Federal de Juiz de Fora (UFJF), na qual haveria de tornar-se consagrado professor, Sebastião Helvecio iniciou, de forma bem-sucedida, sua trajetória como empresário no ramo educacional através de um cursinho preparatório para vestibulares. Sempre sensível às necessidades dos mais carentes nas periferias, nunca hesitou em conceder bolsas de estudos, por meio das quais, não raras as vezes, encontramos profissionais bem-sucedidos a nos confidenciar ter sido aquela a oportunidade de suas vidas.

Tendo feito sua residência médica na França, teve ali, naqueles anos, a oportunidade de aproximar-se das ricas fontes do iluminismo francês, mas, para além dos círculos do pensamento político francês, marcou nele, de forma definitiva, o contato com o pensamento de Immanuel Kant. Por intermédio do contato com a obra do grande pensador da ilustração, consolidou-se a vocação de apaixonado educador, que haveria de ser sua principal marca ao longo da vida pública. Educador político, político educador, *Ecce homo*. Médico obstetra, por suas generosas mãos nasceram sucessivas gerações de crianças juizforanas, mas, ainda assim, em seu ofício médico, foi aristotelicamente parindo com suas mãos não apenas vidas, mas educando-as para a vida do espírito.

Vivemos o final da década de 1970, os sombrios anos de chumbo do regime de exceção, nos quais falar ou calar-se, posicionar-se ou omitir-se poderia significar o viver ou morrer. Como bem expressou o então líder do Movimento Democrático Brasileiro (MDB), o deputado federal Alencar Furtado (1977), em um pronunciamento corajoso, em cadeia nacional, que custou a cassação de seu mandado: "Para que não haja no Brasil lares em pranto; para que as mulheres não enviúvem de maridos vivos, quem sabe, ou mortos, talvez – viúvas do quem sabe e do talvez; para que não tenhamos filhos de pais vivos ou mortos, órfãos do quem sabe e do talvez".[1] Nesse cenário conflagrado, schmittiano, de amigos e inimigos, Sebastião Helvecio é convidado pelo então jovem e sagaz chefe político do velho e bravo MDB, Silvio Abreu Júnior, na Zona da Mata Mineira, a ingressar na luta política, na resistência democrática. Pela primeira vez, esse basco mineiro torna conhecidas suas virtudes públicas, assentadas na coragem e destemor, ao aceitar o convite e armar-se para o bom combate, lançado nas duras lutas e disputas partidárias no município, em um diretório municipal do MDB, integrado por heroicos políticos – como já citado, Silvio Abreu, Tarcísio Delgado, José de Castro e Itamar Franco –, em duras batalhas partidárias internas pelo controle político do histórico diretório municipal do MDB.

Candidato a prefeito na sublegenda do MDB, foi fator decisivo na vitória política e eleitoral (Sebastião Helvecio jamais reduziu a política à sua exclusiva expressão eleitoral), simbolizada na conquista

---

[1] Discurso de Alencar Furtado, em 1977, durante o programa partidário do MDB em uma cadeia de rádio nacional.

do poder local nas célebres e decisivas eleições de 1982, que assinalou a virada democrática em Minas Gerais e, com ela, as bases primordiais da transição democrática que resultaria na Nova República.

Esse movimento de ingresso na política de Helvecio resultou em sua transferência para Belo Horizonte, onde vem a convite integrar o governo de Tancredo Neves, assumindo a direção do Instituto Mineiro de Assistência aos Municípios (IMAM), privilegiada posição na qual, de imediato, hasteia alto a bandeira municipalista. Nessa posição, Helvecio mapeia o microcosmo político mineiro na vastidão mosaica de suas comunas, e municípios e distritos passam a constituir o seu universo de estudo, de pesquisa e de ação política. Age com acurado senso científico e observador, marca do intelectual que sempre aliou, dialeticamente, reflexão e ação em sua militância política, desde a primeira hora de sua vitoriosa trajetória. Já nesse momento, projetava-se a liderança política contemporânea do futuro, que é o hoje, o agora e aqui. Assim, naquele momento, nos primórdios de sua história política, como Viera, escrevia também ele sua história do futuro.

2 A vida parlamentar de Sebastião Helvecio

Pelo destino e mão da providência, aliados ao seu duro trabalho, ao seu mourejar, pelas sinuosas e desafiadoras estradas de Minas, rasgando seus vales e montanhas, chega Helvecio, em 1986, vitorioso e legitimado pelo voto livre dos mineiros, como deputado constituinte estadual à Assembleia Legislativa de Minas Gerais (ALMG). Não estava absolutamente destinado ao anonimato; logo, pontifica, por sua inteligência, cultura e lhaneza no trato, e avulta-se naquela casa junto aos seus pares, tendo como norte de sua ação político-partidária os valores adquiridos e cultivados na dura resistência democrática. Viveu, participou e contribuiu para as finas tecituras que conduziram a transição democrática e a reconstitucionalização do Brasil e de Minas Gerais, quer como líder da bancada do MDB, já então Partido do Movimento Democrático Brasileiro (PMDB), majoritário naquela casa, quer como um dos autores da Constituição Mineira de 1989, resgatando os compromissos aos quais se devotara naqueles anos.

Do parlamento, é convocado a integrar o governo Newton Cardoso, que emergiu vitorioso das eleições de 1986 na condição de secretário estadual da Saúde, posição na qual, em meio a muitos projetos e realizações, houve a revitalização e empoderamento da Fundação Ezequiel Dias (FUNED), transformada em centro de excelência em pesquisa e produção de fármacos, com reconhecimento internacional. Deve-se destacar, todavia, a criação do Hemominas, por Helvecio idealizado e por meio do qual se colocou fim à mais perversa de todas as especulações e monetização de que se tratava os famigerados bancos de sangue, verdadeiros sanguessugas a mercadejar com o sangue dos mineiros.

3 Hiato e retorno

Durante um período sabático, jejuno, da política, Helvecio dedicou-se ao aperfeiçoamento intelectual, doutorando-se em direito com uma tese resultante de uma pesquisa em planejamento de políticas públicas, com ênfase em saúde pública. Nesse período, elege-se também vice-prefeito de Juiz de Fora, em aliança política com seu adversário partidário do passado, atestando nessa aliança com Tarcísio Delgado ser ele um homem público, com a visão clara de que a política não é definitivamente guerra entre amigos e inimigos. Com isso, demonstrou com clareza que política, se feita com paixão, é necessariamente feita também com razão. Dessa aliança resultou uma das mais progressistas e realizadoras gestões municipais de Juiz de Fora.

A cidade, que fora, no passado, Esparta (sede do comando da região militar), torna-se, então, a Atenas (gestão voltada a grandes realizações na educação pública). Dessa conciliação pragmática, vitoriosa e realizadora, Helvecio é reconduzido ao parlamento mineiro na década de 1990. No exercício do novo mandato parlamentar, o então deputado Sebastião Helvecio, sempre atento às lições do passado e aos homens públicos que fizeram e fazem história, através de proposição de concessão de cidadania mineira, aprovada por seus pares, registrou penhor de gratidão ao mais mineiro dos homens públicos nascidos fora de Minas, fazendo do paraibano-pernambucano Thales Bezerra de Albuquerque Ramalho cidadão mineiro – este fora o discreto e, não por vezes, anônimo o fino ourives da transição democrática e da eleição de Tancredo de Almeida Neves à presidência da República e do advento da Nova República. Colocava, assim, Sebastião Helvecio a sua legível assinatura no ato de justiça histórica através do reconhecimento de Minas Gerais e de seu povo a esse mineiro adotivo que encerrou sua vida pública no Tribunal de Contas da União.

Mais uma vez, sua atuação e liderança resultam na eleição e indicação de seus pares para a vaga de conselheiro no Tribunal de Contas do Estado, onde inaugurou uma nova página em sua trajetória de homem público. Longe de ter significado o Tribunal de Contas o descanso de suas lutas e o repouso, significou, ao contrário, o desafio de repensar e reformar o sistema dos tribunais de contas; logo, logrou eleger-se, com apoio majoritário de seus pares por todo o Brasil, presidente do Instituto Rui Barbosa (IRB), braço pedagógico dos tribunais de contas do Brasil, posição na qual logrou ainda internacionalizar os tribunais de contas, conectando-os às agências e aos órgãos de controle no plano externo.

Como presidente da Corte de Contas de Minas Gerais, formulou e implantou o Suricato. Esse projeto, reconhecido e premiado nacional e internacionalmente, foi inaugurado sob sua presidência, representando não apenas uma iniciativa hesitosa, em termos de inovação, através do uso das tecnologias da informação, do *big data* e da análise de dados, na missão constitucional do Tribunal de Contas, mas também, e talvez de forma imperceptível, significou a superação de uma das mais letais e perigosas cisões nas relações do Estado e sociedade no Brasil. A demonização promovida, deliberadamente ou não, contra os órgãos e a atividade de inteligência, assim como contra os órgãos e as atividades de controle, foi, por meio dessa iniciativa, desmistificada e superada com coragem e inteligência.

Sem favor ou excesso, podemos afirmar que, nessa iniciativa, consagrou-se Sebastião Helvecio o patrono da inteligência de controle no Brasil. Inteligência e controle externo, juntos, tornaram o Suricato o instrumento pelo qual o sistema de tribunais de contas garante não apenas o caráter pedagógico de sua missão, como também dotado de condições que o garantem como o guardião da moralidade no trato dos dinheiros públicos, função que torna o sistema de tribunais de contas um dos pilares do Estado Democrático de Direito.

Não menos relevante foi a criação dos critérios de avaliação de políticas públicas, pelos quais o controle de contas transcende o controle meramente formal e, já agora, analisa a eficácia e a efetividade das políticas públicas em todos os níveis da federação, contribuindo decisivamente para o aperfeiçoamento do planejamento, execução e gestão na vida pública brasileira. A qualidade dos gastos públicos, a relação custo-benefício e a qualidade de gastos e investimentos garantem ao cidadão a condição de cidadania plena, que transcende a condição de mero contribuinte.

Considerações finais

Em derradeiro, temos o privilégio de testemunhar uma nova etapa que se descortina nessa história do futuro de Sebastião Helvecio, agora, distinguido com o convite para integrar o Centro de Estudos Estratégicos do Tribunal de Contas da União, de onde, temos certeza, continuará pensando as arquiteturas institucionais capazes de vencer e superar as dramáticas cisões contemporâneas. Para tanto, as virtudes éticas, aristotélicas, tomistas, o fazem, a par de um iluminista convicto, um apóstolo dos direitos e garantias fundamentais.

Sua trajetória política atesta que sempre teve como norte a realização plena do conceito cristão de pessoa humana, sempre conservando e elevando, na processualidade dialético-histórica da *persona* grega, da pessoa romana de direito, da pessoa humana, do medievo cristão ao *cytoen*, o cidadão livre, consciente de sua liberdade, da ilustração, do iluminismo e das revoluções francesa, americana e da gloriosa revolução inglesa, eventos que abalaram a história e nos legaram os Estados racionais constitucionais e os direitos fundamentais, já agora, não apenas declarados, como positivados e universalizados.

Este é o legado que Helvecio, voraz leitor de Aristóteles, Platão, Kant, Hegel e Spinoza, não desonrou e não desmereceu. Encontra-se, portanto, devidamente aprestado para enfrentar o desafio político de uma sociedade do espetáculo, na qual a imagem é a mediação. E o que acontece quando a mediação se dá pelo ridículo? Surge uma cultura na qual o ridículo passa a ser o que se considera normal, tornando-se na sua imediatidade midiática o veneno contra o qual cumpre combater o bom combate. Para tanto, aí está o lúcido, profético e genial magistério de Joaquim Carlos Salgado (2000, p. 87-88):

> A par da violência vermelha e da violência branca, esta caracterizada pela fome, ignorância etc., há um outro tipo pouco conhecido: a violência da palavra. Ela é a forma de impedir o pensar livre, sem o qual não há o agir livre. O modo pelo qual ela se exerce é o sistema de comunicação, embora se faça presente também nas comunicações pessoais assistemáticas ou decorrentes de sistema sócio-jurídico. Essa forma de violência que conduz o modo de pensar ou a consciência dos indivíduos, tira ao homem o exercício livre do pensar, pois que este é posto como formula acabada, com pretensão de validade inquestionável, por força da autoridade presumida do sistema. Temos exemplos no rádio e na televisão, tanto no processo de conhecimento do espectador para comprar determinados produtos, como para "escolher" um presidente da república. De tal forma essa violência se exerce, que mesmo os que dispõem de informações, capacidade crítica e formação para encontrar debaixo da intenção manifesta das informações significados diversos que lhe podem proporcionar o exercício da liberdade, que em primeiro lugar ocorre no seu plano mais elementar: dizer "não", estão a ela sujeitos. Com efeito,

o poder de dizer não, poder *conservado* como direito nas sociedades democráticas modernas, convive com o que lhe oferece alimento, mas que também é o seu próprio algoz, o sistema de informações, que não oferece apenas elementos de intelecção, com os quais o informem para que possa decidir, mas atua eficazmente na própria decisão controlando a vontade e a decisão, de tal modo que dificilmente se pode romper com o sim proposto pelo sistema. Eis porque a liberdade aparece sempre em primeiro lugar como negação. O escravo que nega ou diz não ao senhor, o empregado que diz não ao patrão e assim sucessivamente: poder dizer "não".

Assim, em conclusão, ao amigo, ao líder, ao mestre Sebastião Helvecio, basco, mineiro, juiz-forano, não diremos adeus, diremos, sim, até breve.

Referências

SALGADO, Joaquim Carlos. Semiótica estrutural e transcendentalidade do discurso sobre a justiça. *Revista da Faculdade de Direito da UFMG*, Belo Horizonte, n. 37, 2000, p. 79-101.

VIEIRA, Padre Antonio. *Sermão da segunda dominga do advento*. São Paulo: Editora Anchieta, 1944.

Informação bibliográfica deste texto, conforme a NBR 6023:2018 da Associação Brasileira de Normas Técnicas (ABNT):

CARDOSO, Paulo Roberto. O político contemporâneo do futuro. *In*: TERRÃO, Cláudio Couto; ANDRADE, Durval Ângelo (Coords.). *Controle externo no século XXI*: homenagem a Sebastião Helvecio - Conselheiro, educador e cidadão do mundo. Belo Horizonte: Fórum, 2022. p. 37-44. ISBN 978-65-5518-338-2.

IMPERATIVOS DE UMA VIDA A SERVIÇO DA EDUCAÇÃO PARA CIDADANIA: KANT E SEBASTIÃO HELVECIO, IDEALISTAS DA AÇÃO DE EDUCAR

RICARDO HENRIQUE CARVALHO SALGADO
RODRIGO MARZANO ANTUNES MIRANDA

> *Pois aqui está a minha vida.*
> *Pronta para ser usada.*
> *Vida que não guarda*
> *nem se esquiva, assustada.*
> *Vida sempre a serviço*
> *da vida.*
> *Para servir ao que vale*
> *a pena e o preço do amor*
> *(...)*
> (*A Vida Verdadeira*, Thiago de Mello*)

1 De início

Dadas as contribuições da pedagogia idealista kantiana, alçamos imperativos da vida de Sebastião Helvecio Ramos de Castro[1] para a

---

[1] Médico, bacharel em Direito e professor universitário. É doutor em Saúde Coletiva pela UERJ/UFJF, tendo defendido tese em 20.04.07. Foi presidente do Departamento de Pediatria da Sociedade de Medicina e Cirurgia de Juiz de Fora (1979/81). Título de Especialista em Didática do Ensino superior, conferido pela Universidade Federal de Juiz de Fora. Título de Especialista em Pediatria, conferido pela Sociedade Brasileira de Pediatria. Pós-Graduação

estruturação de uma educação cidadã e, nessa perspectiva, pontuaremos que o ato educativo é instrumento para a formação do sujeito-cidadão.[2]

A cidadania efetiva-se em uma série de direitos, deveres e atitudes em relação ao cidadão, aquele que estabeleceu um acordo com seus pares para a utilização de serviços em troca de pagamentos e participação na administração comum, munido de clareza.[3]

O elemento-chave da pedagogia idealista seria a educação para a emancipação dos indivíduos[4] – a autonomia sendo o "fio condutor" –, ou seja, valendo-se de seu próprio entendimento como instrumento de compreensão de ideias e opiniões.[5] Autonomia nos remete à ideia livre e, sobre a origem da noção de *ideia*, o professor Ricardo Salgado ensina que:

> Essa experiência do saber para além do sensível, que leva a razão a contradições e a um conhecimento aparente, origina a ideia. Como não se vale dos elementos da sensibilidade, a ideia não tem valor constitutivo para o conhecimento: apenas dita regras ao sujeito. Por buscar o incondicionado, e este se apresentar na forma de um conhecimento aparente, e não verdadeiro, KANT chega aos postulados da razão, desenvolvidos na Dialética Transcendental da Crítica da Razão Pura. Dentre eles está a ideia de liberdade, concebida como causa independente da causalidade natural, enfim, *causa sui*, operando a passagem do uso teórico da razão

---

em Controle Externo e Avaliação da Gestão Pública, pela Pontifícia Universidade Católica. Presidente do Departamento de Pediatria da Sociedade de Medicina e Cirurgia de Juiz de Fora). Professor adjunto de Pediatria da Universidade Federal de Juiz de Fora (UFJF).

[2] Cf. PINSKY, Jaime. *Cidadania e educação*. São Paulo: Contexto. 1998.

[3] HOWARD, Caygill. *Dicionario Kant*. Tradução de Álvaro Cabral. Rio de Janeiro: Jorge Zahar, 2000. p. 57.

[4] Com base no pensamento de Immanuel Kant (1724-1804), de que educação e melhoramento humano são noções que se implicam necessariamente. Isso significa que não se pode conceber, desde a posição kantiana, uma proposta pedagógica cujo cume não desemboque na construção de si do sujeito como instância racional teórico-prática. Parte-se, pela leitura imanente da opera kantiana, da necessidade da admissão da unidade da razão, para se desdobrarem os argumentos que pretendem justificar a posição da pedagogia como o cumprimento do ideal de esclarecimento moderno, o qual articula em seu bojo o desenvolvimento do indivíduo, seja do ponto de vista teórico-especulativo, seja daquele moral. Ao fim e ao cabo, a proposta da educação coincide com a proposta do esclarecimento, que, por sua vez, nada mais é que aquela da autoconstrução do sujeito como senhor de si mesmo, como horizonte aberto em permanente aprimoramento. Cf. LIMA FILHO, José Edmar. Esclarecimento e educação em Kant: a autonomia como projeto de melhoramento humano. *Trans/Form/Ação*, Marília, v. 42, n. 2, p. 59-84, abr./jun. 2019. Disponível em: https://www.scielo.br/j/trans/a/b5LGjhyvFjRQFqFHhtK8TLB/?lang=pt#. Acesso: 5 dez. 2021.

[5] Cf. SALGADO, Ricardo Henrique Carvalho; OLIVEIRA, Paulo César Pinto. Kant e Radbruch: Do Dualismo "Ser e Dever Ser" ao Tribalismo. *Anais do XXI Encontro Nacional do CONPEDI*, 2. ed., 2012, p. 7 ss.

para o seu uso prático, pois não há agora a preocupação com o conhecer, mas sim com o agir, mediante a autodeterminação de si.[6]

Todo sistema educacional é baseado em uma concepção de homem e de mundo, com os aspectos filosóficos que dão seus significados e fins; portanto, a filosofia (enquanto esclarecimento) teria uma estreita ligação com a pedagogia, uma vez que reflete sobre o humano – uma formação "espelho", que reflita na vida. Assim, Sebastião Helvecio se fez educador, passo a passo em cada espaço por onde passou.

Desafiamo-nos analisar a teoria do filósofo Immanuel Kant e da vida dedicada de Sebastião Helvecio,[7] denominada também de idealismo, no caso kantiano transcendental, visto que ambos tratam a educação na perspectiva da construção da autonomia e da liberdade, sendo o atributo moral para o cumprimento do dever. Assim, discute-se se esse conjunto de elementos seria suficiente para garantir a cidadania como consequência educação – esclarecimento.[8]

Kant propõe uma educação para a autonomia; depois, para a promoção humana – como protagonista de sua própria história.[9] A autonomia seria um instrumento para a construção ontológica do sujeito; ou seja, a educação para a autonomia, na concepção kantiana, teria a maestria de construir de fato um sujeito zeloso para o bem comum, como a proposta político-educacional do iluminismo – a defesa da emancipação, o exercício da cidadania e da moralidade –, desejo apropriado por Sebastião Helvecio[10] em toda a sua atuação pública, vocacionado de fato.[11]

---

[6] SALGADO, Ricardo Henrique Carvalho; OLIVEIRA, Paulo César Pinto. Kant e Radbruch: Do Dualismo "Ser e Dever Ser" ao Tribalismo. *Anais do XXI Encontro Nacional do CONPEDI*, 2. ed., 2012, p. 7.

[7] Foi diretor-geral do Instituto Mineiro de Assistência aos Municípios (IMAM) (1983/86), secretário de Estado da Saúde (1989/90), signatário da Lei Estadual nº 10.057, de 1989, que implantou a Fundação Hemominas, e vice-prefeito de Juiz de Fora (2001/04).

[8] Cf. PAULO NETO, Alberto. Educação, Moralidade e Cidadania na Filosofia Prática de Immanuel Kant: Um Estudo a Partir da Obra Über Pädagogik. 7-29p. *Revista Pólemos*, Brasília, vol. 1, n. 2, dezembro. Disponível em: http://seer.bce.unb.br/index.php/polemos/article/view/7245. Acesso em: 24 nov. 2021.

[9] Cf. HÖFFE, O. *Immanuel Kant*. Barcelona: Editorial Herder, 1986.

[10] Que se elegeu deputado estadual, cargo que ocupou por seis legislaturas consecutivas, a partir de 1987, renunciando em setembro de 2009 para assumir o de conselheiro do Tribunal de Contas. Na ALMG, foi 4º secretário da Mesa (1993/94). Na 15ª legislatura, foi presidente das comissões especiais criadas para analisar as Propostas de Emendas à Constituição nº 45, 51 e 53/2003, da Comissão Especial do Transporte de Automóveis (2003) e da Comissão Especial dos Centros de Convenções, Feiras e Exposições (2006), além de relator do Plano Plurianual de Ação Governamental (PPAG) 2003/07 e da Lei de Diretrizes Orçamentárias (LDO) de 2004, 2005 e 2007. As principais regiões de atuação política são Zona da Mata, Rio

Partindo da distinção entre saber e pensar, Kant afirma que os indivíduos podem admitir ideias que possibilitem, no plano prático, uma vida com sentido – é assim que a cidadania estaria inserida nesse contexto? A fórmula kantiana – "agir de tal maneira que o motivo, o princípio que o leva a agir, queira que seja uma lei universal" – bastaria para que a ação cidadã fosse de fato assumida pelo humano.[12]

O processo educativo sempre esteve encarregado de difundir os valores em torno dos quais se estrutura a sociedade onde está inserido. Considerando que as máximas liberais não comportam ação efetiva, a autonomia torna-se capaz de garantir a cidadania.

Amparados pelas obras kantianas *Fundamentos da metafísica dos costumes* – resposta fugaz à pergunta "o que é o iluminismo?" – e *Crítica da razão prática*, direta e indiretamente, relacionamos o desenrolar da vida de Sebastião Helvecio com o idealismo kantiano por ele absorvido: educar para cidadania – idealista do esclarecimento de fato e ação.[13]

Doce, Sul e Central. Os municípios de maior votação foram Juiz de Fora, Além Paraíba, Rio Pomba, Bicas, Peçanha, Piranga, Antônio Carlos, Santo Antônio do Aventureiro, Miradouro e Vieiras. Legislaturas: 11ª – 1987-1991 – Efetivo (afastado de 24.10.1989 a 01.02.1990 – Ocupar cargo – secretário de Estado da Saúde); 12ª – 1991-1995 – Efetivo; 13ª – 1995-1999 – Efetivo; 14ª – 1999-2003 – de 16.01.2003 a 31.01.2003 (ocupando vaga aberta pelo afastamento de Elbe Brandão); 15ª – 2003-2007 – Efetivo; e 16ª – 2007-2011 – Efetivo – de 01.02.2007 a 22.09.2009 (renúncia em 23.09.2009 – eleito conselheiro do Tribunal de Contas).

[11] CODATO, Luciano. Kant e o fim da Ontologia. *UNIFESP*, Rio de Janeiro: ANALYTICA, v. 13, n. 1, 2009, p. 39-64.

[12] Kant aborda o imperativo categórico em *Metafísica da Moral*, de 1797: "Existe... só um imperativo categórico, que é este: Aja apenas segundo a máxima que você gostaria de ver transformada em lei universal". Nesse excerto, Kant orienta que uma ação precisa ser baseada em princípios que um sujeito desejaria ver aplicados universalmente. Por que "imperativo categórico"? Imperativo, porque é um dever moral. Categórico, porque atinge a todos, sem exceção. Ao introduzir a ética em sua obra filosófica, Kant desenvolve uma nova versão da antiga Regra de Ouro, máxima ditada pelos famosos mestres da humanidade: "Faça para os outros o que você gostaria que fizessem a você". Kant ampliou a regra para algo como: "Faça para os outros o que gostaria que todos fizessem para todos". Com essa mudança, o autor contribui para a anulação do conflito entre pessoas com ideias diferentes a respeito do que gostariam que se fizesse a elas. Kant buscava enfrentar o "relativismo moral", uma moralidade circunstancial generalizada na atualidade. Para o autor, a noção do "certo" depende da situação ou do contexto. Ele não concordava com a doutrina do utilitarismo, ou seja, a de que "os fins justificam os meios". Como um sujeito pode nortear suas ações com base nos resultados se até mesmo os planos mais bem traçados podem ser desvirtuados? O resultado do que é feito, muitas vezes, não é absolutamente o que se pretendia; portanto, é um desvirtuamento moral basear os julgamentos nos resultados. Então, como agir com segurança? Segundo Kant, para ser mais objetivo, um sujeito precisa agir, não segundo os fins, mas segundo princípios universais. Princípios universais, e não regras circunstanciais.

[13] *Cf.* KANT, Immanuel. *Resposta à Pergunta:* Que é o iluminismo? (1784). Tradução: Artur Morão. Disponível: http://www.lusosofia.net/textos/kant_o_iluminismo_1784.pdf. Acesso em: 24 nov. 2021.

Compreender as ideias e práticas em questão possibilita-nos análises e questionamentos constantes, sem tentar esgotar a questão em busca de uma resposta definitiva, pois tanto os questionamentos kantianos quanto o fim de mais um ciclo de Sebastião Helvecio, com sua aposentadoria do cargo de conselheiro,[14] revelam o ideal de educar para cidadania.

Primeiro tratamos de conceitos estruturantes da temática, pertencendo a esta os debates sobre educação, cidadania, Kant e sua teoria; logo após, apresentam-se as relações que se estabelecem a partir dos conceitos dados para verificar se a hipótese se confirma, descritivamente refletidas nas ações de vida de Sebastião Helvecio: escolhas para educar o cidadão, com grande competência e fugaz energia, que nos parece o tempo inteiro ser de um "jovem" idealista por princípio, assim como Kant.

2 Respeito a Kant e respeito a Sebastião Helvecio

(...)
Ainda que o gesto me doa,
não encolho a mão: avanço

---

[14] Aquele que orienta, indica, sugere, recomenda, troca ideias, opiniões ou que se reúne para debater assuntos com o objetivo de chegar a um consenso. Mas quais habilidades um conselheiro precisa ter e qual o papel dele dentro de um Estado? Sebastião dirimiu essa pergunta na prática e diz com suas ações que o conselheiro deve ter um perfil mediador, conciliador e agregador, e ser reconhecido pelos demais como alguém que tenha boa comunicação e que se preocupa em integrar os demais. Ser cooperativo e saber perceber as necessidades de cada um também é importante – é responsável pela interface com outros órgãos de governança, com a finalidade de abordar as questões da sociedade, da operacionalidade e finalidade do Estado. Em sua trajetória, deixa claro que o objetivo do conselho é incentivar a integração e o esclarecimento e fomentar a discussão destes três temas: promover a comunicação; acompanhar a educação das novas gerações; e apoiar na construção da carreira de cada um. Nem todos os integrantes da sociedade são hábeis em todos os papéis que um conselheiro precisa desempenhar, por isso, além de ser reconhecido como liderança e ser "eleito" pelos demais, ele precisa ser capacitado e desenvolvido para todas essas responsabilidades. Esse trabalho pode ser feito por meio de mentoria com viés comportamental, que o habilita a exercer esse papel para que tenha condições de lidar com assuntos necessários, com conversas corajosas e, muitas vezes, difíceis. Quanto à forma de educar: para a cidadania, decide sobre a formatação do seu conselho por meio de combinações que farão parte de um protocolo estatal, o qual formalizará a governança cidadã e corporativa. Nesse fórum, também são elaborados códigos de conduta nos quais também é desenhado o planejamento estratégico. É importante lembrar que o conselheiro é alguém que volta seu olhar para as pessoas e trabalha para o crescimento individual e do grupo social. Ter essa compreensão e a habilidade de mediar conflitos é fundamental na hora de se eleger um conselheiro. Tal iluminação, com toda certeza, levou Sebastião Helvecio a trilhar esse caminho.

levando um ramo de sol.
Mesmo enrolada de pó,
dentro da noite mais fria,
a vida que vai comigo
é fogo:
está sempre acesa.
(...)*

O filósofo que aconselha a ousar saber julga as afirmações infundadas e naturais de nosso entendimento, propondo sua crítica. Participante do período iluminista, Kant acompanhou um mundo onde o homem se deslumbrou com a possibilidade de conhecer, envolvido em novos valores e questões, ser um ser em (re)construção; assim, o contexto vivido por Kant refletia que uma nova perspectiva sobre a sociedade é a razão principal para invocar outra compreensão da realidade e promover a liberdade.

Para Kant, as questões humanas fundamentais seriam a metafísica (*o que posso saber?*), a moral (*o que devo fazer?*) e a religiosa (*o que posso esperar?*). Todas elas dependem de uma quarta: "*O que é o homem?*".[15] Sebastião Helvecio, um iluminista à frente de seu tempo.[16]

A filosofia kantiana não segue os caminhos da ontologia, da ética ou da política. A grande questão filosófica reside na teoria do conhecimento que sustenta tudo o mais. Conhecer todos os limites do conhecimento puro – *a priori*, fora de toda experiência – era o problema crucial kantiano.

Embora Kant não tenha sido historicamente um dos fundadores da filosofia ocidental moderna, sua contribuição superou quantitativa e qualitativamente a de todas as grandes figuras que o precederam com a revolução. Produziu alterando parâmetros, paradigmas, metodologias, conceitos e até alterando o próprio eixo do objeto filosófico.[17]

Essa mudança se constituiu na revolução copernicana (Kant) que propõe a ideia de que o conhecimento implica não apenas o conhecido, mas também o conhecedor; depende não apenas das características do objeto, mas também da estrutura do sujeito que conhece.

---

[15] *Cf.* HERRERO, F. Javier. *Religião e história em Kant.* Trad. José A. Ceschin. São Paulo: Loyola, 1991.

[16] Tendo inclusive estudado e feito sua residência médica em Paris, pelo idos de 1970, o que, de certa forma, o vincula aos ideais revolucionários da intelectualidade francesa.

[17] CODATO, Luciano. Kant e o fim da Ontologia. *UNIFESP*, Rio de Janeiro: ANALYTICA, vol. 13, n. 1, 2009, p. 39-64.

Esses problemas são retomados na modernidade, sendo seus polos representados por conceitos como: sujeito e objeto; razão e experiência; formal e dialético; ética e estética.

3 Crítica de Kant, uma crítica também helveciana

O agir não pode atender aos anseios dos sentidos, pois, se o fizer, não será livre. Nesse sentido, o professor Giorgio Del Vecchio leciona que:

> Na *Crítica da razão prática*, Kant refuta, antes de tudo mais, os sistemas de moral fundados sobre a utilidade (eudemonismo). Nega que a tendência para a felicidade seja a regra suprema da conduta, pois é elemento variável. A moral distingue-se radicalmente do útil e do prazer. Se se atuou com mira na utilidade, a ação perde logo o caráter moral. A moral é independente e superior à utilidade. Ela comanda em nós de modo absoluto; é como uma voz sublime que impõe o respeito, que nos admoesta invencivelmente, mesmo quando desejaríamos calá-la e não a escutar. A moral quer que nossos atos tenham carácter universal.[18]

Kant foi o primeiro a analisar a natureza do entendimento humano. Assim, ele respondeu, em sua *Crítica da razão pura*, se uma "razão pura" independente da experiência é possível e, na *Crítica da razão prática*, ele tentou recuperar as realidades da metafísica que destruiu no processo anterior.[19]

De forma crítica, etimológica, seria tudo o que decide e julga, principalmente o que o próprio julgamento julga. É submeter nosso conhecimento, valores e crenças ao tribunal da razão – até a própria razão se julga; por uma razão que não é examinada, peca contra a razão.

A chamada crítica kantiana estabeleceu limites à razão humana ao afirmar que só podemos conhecer o que nós mesmos criamos. Sebastião inova e busca estabelecer esses mesmos limites em sua atuação fiscalizadora, tendo como foco limitar o erro humano, tornando muito mais clara a maneira de encontrar e relacionar dados com o Projeto Suricato.[20]

---

[18] VECCHIO, Giorgio Del. *Lições de Filosofia do Direito*: Kant. Trad. António José Brandão. 5. ed. Coimbra: Arménio Amado, 1979. p. 133.

[19] FIGUEIREDO, Vinicius de. *Kant & A crítica da razão pura*. Rio de Janeiro: Jorge Zahar Editor, 2005.

[20] O Projeto Suricato, idealizado e implantado pelo Conselheiro Sebastião Helvecio, é a institucionalização de uma política de fiscalização integrada voltada para melhor aproveitamento dos dados e das informações disponíveis no tribunal e em fontes externas

4 A boa ação kantiana, também a boa ação helveciana

> (...)
> Vem da terra dos barrancos
> o jeito doce e violento
> da minha vida: esse gosto
> da água negra transparente.
>
> A vida vai no meu peito,
> mas é quem vai me levando:
> tição ardente velando,
> girassol na escuridão.
>
> Carrego um grito que cresce
> cada vez mais na garganta,
> cravando seu travo triste
> na verdade do meu canto.
> (...)*

Dizer que o homem é moral não significa que ele seja bom por natureza, nem mau, mas que ele é bom e mau ao mesmo tempo, visto que o homem é capaz de dedicação extraordinária e barbárie. Sebastião Helvecio opta pela dedicação: na ALMG, participou como presidente da Comissão Especial da Reforma Tributária (de 23.04.2008 a 19.06.2008), da Comissão Especial para Emitir Parecer sobre o Veto Total à Proposição de Lei nº 18.682, da Comissão Especial para Emitir Parecer sobre os Vetos Parciais às Proposições de Lei nº 18.876, 18.877 e 18.947, e da Comissão de Proposta de Emenda à Constituição nº 50/2009. Como vice-presidente, participou de duas comissões de ética e decoro parlamentar (de 06.09.2007 até sua renúncia). Foi também palestrista em simpósios nacionais e internacionais, bem como autor de inúmeros trabalhos publicados.

---

para incremento da ação de controle, respondendo às demandas e às ofertas atuais no que se refere às novas tecnologias de informação e de comunicação. A principal ferramenta a ser utilizada pela fiscalização integrada são as malhas eletrônicas de fiscalização, que possibilitarão o cruzamento de dados dos sistemas informacionais do tribunal com os sistemas de organizações parceiras, bem como o intercâmbio de outras informações úteis à fiscalização. A Comissão Permanente Fiscalização Integrada, integrante da estrutura organizacional do tribunal, vinculada à Secretaria Executiva e criada pela Resolução Delegada nº 001/2011, será responsável pela implementação e execução das ações de fiscalização integrada.

As indagações éticas kantianas surgem de sua reação contra os dogmáticos e de sua intenção de construir com materiais não sujeitos à crítica. Kant busca uma ética e uma moral universais baseadas apenas na racionalidade, não recorrendo, portanto, à experiência ou à cultura. Na sua incansável ação pedagógica, Sebastião Helvecio inovou kantianamente, com a capacitação de servidores em análise de dados, *big data* e índice de avaliação de políticas públicas – um conjunto de instrumentos racionais, pelos quais é possível que seja grande incentivador de critérios objetivos, isso na vanguarda da Escola de Contas.

O ponto de partida kantiano seria o conceito de boa vontade, oriundo da ética racional, sem que seja uma inclinação natural, sendo a única coisa que tem valor absoluto, pois de onde deriva o conceito de dever e constitui condição indispensável do próprio fato do ser humano ser digno de felicidade.

Observa-se que a supressão das interferências socioculturais sugeridas pela ética kantiana possibilitaria a construção de "valores absolutos" racionalmente estruturados, que se afastariam da utopia própria dos valores universais promovidos pela lógica humanitária dos direitos humanos.

O elemento principal do sistema kantiano seria uma crença na superioridade de um princípio ético dirigente sobre todas as outras faculdades do homem, como julgamentos fixos e inerentes à natureza do "ser racional".

Agir para alcançar a felicidade, como afirmava Aristóteles, não seria ético para Kant, pois, se a natureza quisesse que o homem fosse feliz, não o tornaria racional. A lei da razão deve ser necessária e universal como as leis da natureza. Universal e necessário, para Sebastião Helvecio, sempre foi educar para a cidadania e contribuir efetivamente nas instituições, tendo-as como ferramentas, pois, em 2013, foi eleito presidente do Instituto Rui Barbosa (IRB), associação civil de estudos e pesquisas dos tribunais de contas do Brasil (2014/15), sendo reeleito para novo mandato de dois anos (2015/16) – membro do Comitê Executivo de Saúde do Estado de Minas Gerais.

Sebastião Helvecio tomou posse como conselheiro no dia 23 de setembro de 2009. Ele foi o escolhido pela Assembleia Legislativa de Minas Gerais e nomeado pelo governador Aécio Neves para substituir o Conselheiro Simão Pedro Toledo, falecido em 02.05.2009. No tribunal, ele foi corregedor (2011-12), vice-presidente (2013-14) e assumiu a presidência em fevereiro de 2015 para um mandato de dois anos.

A ética também tem uma parte empírica (antropologia prática) e uma parte racional, que pode ser chamada de moral. E Kant tenta elaborar uma filosofia moral pura, purificada de tudo o que pode ser empírico, ou seja, de uma teoria moralmente válida não só para o ser humano, mas para todos os seres racionais.[21]

A consciência moral percebe que o valor ético de uma ação não está nos seus resultados, mas na vontade que a origina, sendo moral apenas aquela que resulta do cumprimento do dever.

5 Educar para a cidadania, ideal kantiano, ideal sebastiano

(...)
Canto molhado e barrento
de menino do Amazonas
que viu a vida crescer
no centro da terra firme.
Que sabe a vinda da chuva
pelo estremecer dos verdes
e sabe ler os recados
que chegam na asa do vento.
Mas sabe também o tempo
da febre e o gosto da fome.

Nas águas da minha infância
perdi o medo entre os rebojos.
Por isso avanço cantando
(...)*

Educação são processos formativos que se realizam nas práticas sociais relacionadas às diferentes manifestações da convivência humana. A partir dessa definição, observa-se que a educação ocorre, formal e informalmente, em todos os espaços sociais, inclusive os políticos, nos quais os valores são formados, discutidos e transcendidos.

Kant e Sebastião Helvecio propõem para a educação dois sentidos: um social, a partir da transmissão de conhecimentos, normas, valores, crenças, usos e costumes entre as gerações; e o segundo, do ponto de vista individual, a educação como desenvolvimento de competências

---

[21] *Cf.* BECKENKAMP, J. Sobre a moralidade do direito em Kant. *Ethica*, Florianópolis, v. 8, n. 1, 2009.

e potencialidades de cada um visando ao aprimoramento da personalidade.

Em relação aos problemas educacionais e à questão dos valores, exige uma reflexão da ação educativa e uma possível reformulação, afirmando que, se a educação visa ao homem, qual sentido terá se não for voltada para a promoção humana. Dentre os valores debatidos na prática educativa, é fundamental que os espaços de discussão sobre cidadania sejam privilegiados.

A autonomia, constituída por meio da educação, permite que se construa um sujeito mais ou menos livre, já que a liberdade não é uma propriedade que se possui ou não, mas que se possui em maior ou menor extensão.

É caracterizada por uma série de direitos, deveres e atitudes em relação ao cidadão, e esses posicionamentos e a razão de ser são estruturados e debatidos por meios educativos para a formação de sujeitos politizados.[22]

A cidadania teve, durante muito tempo, o sentido de pertença a um Estado, enquanto hoje reúne direitos e deveres civis.

A cidadania moderna expõe-se como um conjunto de direitos que possibilita à pessoa participar ativamente do governo de seu país. Quem não se educa participando para melhor tomada de decisão é excluído da vida e das tomadas de decisão do seu grupo social, exprimindo, assim, uma situação não só política, mas, também, jurídica.

No liberalismo, havia uma compreensão individualista do papel do cidadão, enquanto, na tradição aristotélica, uma compreensão ético-comunitária.

A partir disso, é possível observar certa evolução da concepção de cidadania que amplia o espaço do indivíduo e do Estado, tornando-os complementares, portanto, sujeitos ao e no Estado do qual fazem parte. Este trabalho considera a cidadania na concepção aristotélico-republicana, como a ação de um sujeito integrado pertencente a uma comunidade ético-cultural que se determina, a partir da decisão de seus cidadãos-membros, para o benefício comum.[23]

---

[22] Não se pode esquecer de que a ideia de cidadania foi inspirada em institutos do mundo greco-romano, como democracia, soberania e liberdade. Ainda assim, o mesmo autor pondera sobre a diferença entre a cidadania antiga e a moderna, sem continuidade entre as duas.

[23] Cf. SALGADO, Joaquim Carlos. *A ideia de justiça em Kant*: seu fundamento na liberdade e na igualdade. 3. ed. Belo Horizonte: Del Rey, 2012.

6 Cidadania em Kant: inspiração de Sebastião Helvecio na obra de Joaquim Carlos Salgado[24]

(...)
Estou no centro do rio
estou no meio da praça.
Piso firme no meu chão
sei que estou no meu lugar,
como a panela no fogo
e a estrela na escuridão.

O que passou não conta?, indagarão
as bocas desprovidas.
Não deixa de valer nunca.
que passou ensina
com sua garra e seu mel.

---

[24] Joaquim Carlos Salgado estudou com Henrique Cláudio de Lima Vaz, sacerdote jesuíta mineiro, e é considerado um de seus mais inspirados discípulos. A partir da obra e do magistério do Padre Vaz, Salgado inovou substancialmente os estudos jusfilosóficos no Brasil, introduzindo de modo gradual, na Faculdade de Direito da UFMG, estudos kantianos e hegelianos. Em uma primeira fase, de fundamentação do grupo de jusfilósofos mineiros, centrou suas atividades de orientação em Kant e no vasto temário da hermenêutica; em uma segunda fase, de desenvolvimento da Escola Jusfilosófica Mineira, gradualmente caminhou para orientar trabalhos de matriz hegelianista e agregou o temário da história e da filosofia do Estado. A fase de fundamentação tem como marco a obra *A idéia de justiça em Kant*, publicada pela Editora UFMG, de Belo Horizonte (primeira edição, 1986; segunda edição, 1995), em que Salgado estabeleceu o plano de sua teoria da justiça, centrada, no período da metafísica do objeto, no valor da igualdade e agregando no período da metafísica do sujeito, cujo filósofo por excelência é Immanuel Kant, o valor da liberdade. A fase de desenvolvimento da Escola tem como marcos três obras. De início, *A idéia de justiça em Hegel*, publicada pela Editora Loyola (1996), em que está alicerçada sua concepção de filosofia contemporânea como metafísica especulativa e se agrega o valor de trabalho à ideia de justiça. Posteriormente, lança sua *A idéia de justiça no mundo contemporâneo; fundamento e aplicação do Direito como maximum ético* (pela Editora Del Rey, em 2006), na qual desenvolve aspectos de sua concepção de Estado poiético e do Direito como *maximum* ético, recuperando o legado do direito romano (e da jurística romana) e consolidando a vinculação de seu pensamento à corrente majoritária da jusfilosofia brasileira, o Culturalismo Jurídico de Miguel Reale, de quem fora colaborador no Instituto Brasileiro de Filosofia. A mais recente obra de Salgado colhe os frutos de sua atividade de investigação sobre justiça: *Ideia de justiça no período clássico ou a metafísica do objeto: a igualdade*, publicada, em 2018, pela Editora Del Rey. Em trinta anos de investigação e magistério, Salgado orientou mais de três dezenas de intelectuais, entre mestres e doutores, consolidando uma longeva colaboração com jusfilósofos da USP, especialmente Miguel Reale, Celso Lafer e Tércio Sampaio Ferraz Júnior, e contribuindo decisivamente para que a UFMG seja reconhecida como um dos mais importantes centros de investigação jusfilosófica do Brasil.

> *Por isso é que agora vou assim*
> *no meu caminho. Publicamente andando*
> *Não, não tenho caminho novo.*
> *O que tenho de novo*
> *é o jeito de caminhar.*
> *Aprendi*
> *(o que o caminho me ensinou)*
> *a caminhar cantando*
> *como convém*
> *a mim*
> *e aos que vão comigo.*
> *Pois já não vou mais sozinho.*
> *(...)**

Para Kant, o homem está sujeito às leis da natureza e, ao mesmo tempo, da liberdade. Ele seria capaz de se perceber como a causa dos fenômenos existentes, entendendo que a razão humana é livre e determinante, chamada de liberdade transcendental.

Logo, existe a ideia de liberdade individual combinada por uma concepção de moralidade à qual a razão do "ser pensante" deve estar subordinada pela construção de valores.

Apenas um posicionamento afastado da racionalidade poderia, para Kant, justificar a inércia do sujeito diante de sua capacidade de esclarecimento. O "sujeito kantiano" deve ser concebido como emancipado, uma vez que o ideal de subjetividade seria confundido com o da emancipação e da realização da liberdade; portanto, esta deve ser a posição do sujeito perante o mundo.

Kant considera a autonomia como um critério ético; portanto, seria imprescindível ao indivíduo o desejo de usar a razão livremente para realizar uma atividade moral em que possa, de fato, buscar o bem comum, sendo este atributo de boa vontade impulsionado pela ética racional.[25] Assim Sebastião Helvecio, no cultivo progressivo e

---

[25] O direito é concebido por Salgado como uma totalidade ética, histórica e fenomenicamente orientada, e constitui o último momento do processo ético. Isso acontece justamente porque, na perspectiva de uma *reflexão filosófica* sobre a realidade, o direito se mostra como uma totalidade ética que se desenvolve no curso da história e tem expressão fenomênica como realização ética plena, como o último momento do processo ético. É nessa plenitude processual da eticidade que realiza a liberdade em suas duas formas de expressão: na forma subjetivada, através do direito do sujeito; e na forma objetivada do direito, como norma. Cf. SALGADO, Joaquim Carlos. *A Ideia de Justiça no Mundo Contemporâneo*: Fundamentação e Aplicação do Direito como *Maximum* Ético. Belo Horizonte, MG: Del Rey, 2007.

sistemático, no imperativo categórico que se aprimora no contato com a obra, que o faz leitor e amigo.

A cidadania kantiana seria pautada pelos eixos da moralidade, autonomia e liberdade. Se, nessa perspectiva, a educação é pensada, é preciso pensá-la como uma educação para a autonomia, e não para a aprendizagem, estimulando o pensamento livre baseado na racionalidade e alimentado pela experiência para que o sujeito construa seu saber emancipado. A liberdade propriamente dita é a liberdade positiva da autonomia, a mesma autonomia que é a "faculdade de não obedecer a outra lei externa a não ser aquela a que eu possa ter dado a minha aprovação".[26]

Muitas são as discussões sobre a revolução copernicana (Kant) no que diz respeito ao saber, uma vez que o filósofo estudado muda o olhar do objeto para o sujeito, apresentando o saber como um ato pleno de subjetividade. Concluindo, essa mesma revolução ocorre na moralidade, uma vez que o dever não é condicional.[27]

A ação educativa kantiana deve ser pensada sob a ótica do sujeito para viabilizar sua emancipação, e não sob a ótica do objeto (mercado, sociedade), mas também norteada por uma moral constituída de universalidade e disciplina, vislumbrando o bem comum.

Quando a inteligência se esforça para alcançar verdades universais, ela se transforma em razão, e esta é uma escolha revolucionária e subversiva cujos efeitos são muito difundidos. Pois bem, espera-se que o sujeito, a partir de sua autonomia, seja capaz de responder a modelos contrários à ideia de bem comum, visto que tal olhar é essencial para atuar de forma cívica, sendo um imperativo categórico.[28]

O livre-arbítrio surge quando a razão nos fornece a "regra de conduta" – o que devemos ou não devemos fazer –, porque Kant concebeu a liberdade transcendental como o livre-arbítrio ou o prático,

---

[26] SALGADO, Joaquim Carlos. *A ideia de justiça em Kant*: seu fundamento na liberdade e na igualdade. 3. ed. Belo Horizonte: Del Rey, 2012. p. 182.

[27] OLIVEIRA, Clara M. C. B de; TROTTA, Wellington. A liberdade como fundamento do pensamento político-jurídico kantiano. *Revista de Ciência Política*, n. 36, jul./ago. Disponível em: http://www.achegas.net/numero/36/claratrott_36.pdf. Acesso: 24 nov. 2021.

[28] Salgado encerra sua abordagem da introdução posta pelo primeiro momento da ideia de justiça dizendo que o Estado Democrático de Direito precisa ser entendido como o ponto de chegada de um processo histórico da própria eticidade ocidental, dentro de um marco de compreensão no qual essa eticidade se desenvolve segundo uma dialética cujos polos são o poder e a liberdade, entre o Estado e o direito. *Cf.* SALGADO, Joaquim Carlos. *A Ideia de Justiça no Mundo Contemporâneo*: Fundamentação e Aplicação do Direito como *Maximum* Ético. Belo Horizonte, MG: Del Rey, 2007.

resultando em que devemos entender por prática, o que isso tem a ver com moralidade e lei.

O postulado da imortalidade da alma, proposto por Kant, traz a alternativa para que a busca por uma lei moral efetiva não seja tomada por uma consternação avassaladora – incluindo a proposição cidadã do bem comum.

A vontade humana é verdadeiramente moral quando regida por imperativos categóricos, assim chamados de incondicional e absoluto – realizando ações por dever. A autonomia seria um instrumento para o cumprimento do dever de cidadão.[29]

Kant, diretamente relacionado à moralidade, é pautado pela autonomia e livre de motivações sensíveis ou estranhas. Como ser racional, o homem seria dotado de livre-arbítrio e capaz de permitir a moralidade.

Ser crítico é aquele que possui posições independentes e refletidas, capaz de pensar por si mesmo e não aceitar o que se estabelece como verdadeiro, necessitando examinar livremente e com base.[30] A teoria educacional kantiana defende uma proposta de liberdade e autonomia moral que se manifesta, entre outras coisas, no anseio pelo que saber e saber como elementos que teriam uma afinidade intrínseca com o exercício da liberdade. Postura também adotada por Sebastião Helvecio em suas posições como juiz de Contas do Estado de Minas Gerais:

> É importante destacar que o dinheiro arrecadado pelo Estado vem do esforço e do trabalho de todos. Por isso, exerça você também o seu papel, seja um cidadão consciente e participe efetivamente do controle social. Afinal, atuar na formulação e acompanhar a execução dos planos do Governo e das políticas públicas é um dever de todos![31]

Desse modo, desde Kant, em relação ao iluminismo, seu mais expressivo representante a respeito da liberdade como valor essencial, é natural que a concepção de liberdade converse com a ótica de construção do sujeito, sendo esta dirigida por um sujeito que exerce sua liberdade de forma racional e reflexiva dentro da sociedade.

---

[29] *Cf.* PINSKY, Jaime. *Cidadania e educação.* São Paulo: Contexto, 1998.
[30] *Cf.* MAYOS, Gonçal. El criticismo de Kant. *In:* MAYOS, Gonçal. *Macrifilosofía de la modernidad.* Sevilla: dLibro, 2012.
[31] TRIBUNAL DE CONTAS DO ESTADO DE MINAS GERAIS. *Contas do Governador Exercício de 2010*: O governo investiu no cidadão. E o TCEMG na cidadania. Relator: Conselheiro Sebastião Helvecio Ramos de Castro. 2012. p. 7.

7 Em lugar de fim: o continuar do educar para cidadania

> *(...)*
> *Aqui tenho a minha vida:*
> *feita à imagem do menino*
> *que continua varando*
> *os campos gerais*
> *e que reparte o seu canto*
> *como o seu avô*
> *repartia o cacau*
> *e fazia da colheita*
> *uma ilha do bom socorro.*
>
> *Feita à imagem do menino*
> *mas a semelhança do homem:*
> *com tudo que ele tem de primavera*
> *de valente esperança e rebeldia.*
>
> *Vida, casa encantada,*
> *onde eu moro e mora em mim,*
> *te quero assim verdadeira*
> *cheirando a manga e jasmim.*
> *Que me sejas deslumbrada*
> *como ternura de moça*
> *rolando sobre o capim.*
> *(...)**

Como todo fenômeno de conhecer a possibilidade de uma educação para a cidadania decorre das categorias, *a priori*, dos sujeitos (conceitos) e da condição espaçotemporal em que o fenômeno ocorre, a concepção de cidadania como qualidade educacional ocorrerá a partir das categorias, *a priori*, que o sujeito possui, e estas, por sua vez, condicionarão padrões de vivências dados em certos limites do espaço-tempo.

Se a teoria kantiana do conhecimento sugere que a experiência e a razão são complementares para a estruturação de conceitos, não se pode atestar a educação formal única e exclusivamente à vocação para a orientação cívica – conceito moderno de cidadania que nos impõe um compromisso que se inicia na pertença e integração do sujeito para o bem comum, alimentando, assim, a própria moral (provisoriamente) instituída.

De fato, é necessário estruturar experiências mais amplas, baseadas em práticas politizadas e debates sobre o bem comum e a cidadania, bem como a promulgação destes como valores, não só sociais, mas humanitários, tanto na educação formal quanto informal.[32]

Nos é plenamente possível pensar o homem como uma inteligência escrava e aprisionada em um determinismo, sujeito a pressões e costumes sociais, criado para o fanatismo e o desejo, abrindo mão da liberdade.

Não é preciso educar apenas para estar em sociedade, mas para formar um sujeito que, a partir da autonomia constituída por meio do esclarecimento subjetivo, seja capaz de exercer uma prática cívica mais consciente e pensativa.

A educação visa transformar o ser humano em um ser que usa sua inclinação natural para a liberdade como forma de realizar a ação moral. Isso ocorreria devido ao processo disciplinar para formar o caráter do indivíduo, sendo o caráter a força que o aluno impõe aos impulsos, apetites e inclinações para o cumprimento de ações morais.[33]

Na perspectiva de futuro, temos a vida merecida de Sebastião Helvecio:

(...)
Vida, toalha limpa
vida posta na mesa,
vida brasa vigilante
vida pedra e espuma
alçapão de amapolas,
sol dentro do mar,
estrume e rosa do amor:
a vida.
*Há que merecê-la**

---

[32] Cf. HOFFE, Otfried. *Introducián a la philosophie pratique de Kant*: la moral, le droit et la religion. 2. ed. Paris: Vrin En: Nodari, P C (2009). A teoria dos dois mundos e o conceito de liberdade em Kant. Caxias do Sul: Educs. 1993; ROHDEN, Valério. O criticismo kantiano. *In*: RESENDE, Antônio (Org.). *Curso de filosofia*: para professores e alunos de segundo grau e de graduação. 8. ed. Rio de Janeiro: Jorge Zahar/SEAF, 1998.

[33] Cf. HOWARD, Caygill. *Dicionario Kant*. Tradução de Álvaro Cabral. Rio de Janeiro: Jorge Zahar, 2000. p. 108.

Muito obrigado Sebastião Helvecio pelo agora e pelo que virá. Como prescreve o magistério de Joaquim Carlos Salgado: Kant dizia que a liberdade era a totalidade (o alfa e o ômega) do direito, portanto, está presente em tudo, no início como causa e, no fim, como efeito. Se, para Kant, a liberdade era um direito natural e diferia do direito positivo, importa que, em sua concepção, o direito não existe por si e para si, mas para a liberdade. Quem se submete à liberdade tem uma pretensão clara: construir um Estado, e este só pode ser o *guardião do direito*;[34] logo, um Estado ético por essência.[35] Sua vida pública não acaba na aposentadoria do cargo de Conselheiro do Tribunal de Contas e, oxalá, poderemos com você aprender – agora em outros espaços – e continuará "guardião fiel" dos direitos fundamentais. Como preleciona Joaquim Carlos Salgado a partir do estudo sistemático do direito romano, este cuida das coisas e das pessoas. Sebastião Helvecio, coerente com seu compromisso humanista, em reação à razão instrumental, que coisifica os homens (pessoas) em suas relações, é totalmente ético ao priorizar os homens (pessoas) em relação às coisas: kantianamente, educador, idealista de ação cidadã por excelência.

Referências

BECKENKAMP, J. Sobre a moralidade do direito em Kant. *Ethica*, Florianópolis, v. 8, n. 1, 2009.

BENDA, Julien. *O pensamento vivo de Kant*. Tradução: Wilson Veloso. São Paulo: Martins/ EDUSP, 1976.

BOBBIO, Norberto. *Direito e Estado no Pensamento de Emanuel Kant*. 4. ed. Brasília: Universidade de Brasília, 1997.

CARMO, Erinaldo Ferreira; ANDRADE NETO, Mário Queiroz de. *Cidadão do mundo*: os novos paradigmas da cidadania global. Recife: UFPE, 2003.

---

[34] Cf. SALGADO (2007), Maximum, p. 13. Cfe. SALGADO, Joaquim Carlos. *A Idéia de Justiça em Hegel (1996)*. 2ª edição. Capítulo VII – Direito e Estado: O Estado como Guardião do Direito, §65º - O contrato social, p. 286, para além da remissão do autor no texto, note-se: "A liberdade é o α e o ω da filosofia do direito de Kant; o contrato social é obra da vontade dos homens e tem uma finalidade: criar a ordem jurídica. A ordem jurídica, por sua vez, como fruto da vontade dos homens, tem uma finalidade: cuidar da sua liberdade. O conceito nasce da liberdade para a liberdade. Disso resulta a importante consequência: *o direito não existe por si e para si, mas para a liberdade*. Superar a 'liberdade selvagem' – 'o que não é renunciar à liberdade inata externa' – por uma liberdade dependente da lei que decorre da própria vontade de quem a ela se submete é *construir um Estado, cuja finalidade é guardar o direito*".

[35] Cf. SALGADO, Joaquim Carlos. O Estado ético e o Estado poiético. *Revista do Tribunal de Contas de Minas Gerais*, Belo Horizonte, v. 27, n. 2, p. 47-62, 1998.

CENCI, Angelo (Org.). *Temas sobre Kant*: metafísica, estética e filosofia política. Porto Alegre: EDIPURS, 2000. (Coleção Filosofia 106).

CODATO, Luciano. Kant e o fim da Ontologia. *UNIFESP*, Rio de Janeiro: ANALYTICA, v. 13, n. 1, 2009, p. 39-64.

FIGUEIREDO, Vinicius de. *Kant & A crítica da razão pura*. Rio de Janeiro: Jorge Zahar Editor, 2005.

FILHO, José Edmar Lima. Esclarecimento e educação em Kant: a autonomia como projeto de melhoramento humano. *Trans/Form/Ação*, Marília, v. 42, n. 2, p. 59-84, abr./jun. 2019. Disponível em: https://www.scielo.br/j/trans/a/b5LGjhyvFjRQFqFHhtK8TLB/?lang=pt #. Acesso em: 5 dez. 2021.

HERRERO, F. Javier. *Religião e história em Kant*. Trad. José A. Ceschin. São Paulo: Loyola, 1991.

HÖFFE, O. *Immanuel Kant*. Barcelona: Editorial Herder, 1986.

HOFFE, Otfried. *Introdución a la philosophie pratique de Kant*: la moral, le droit et la religion. 2. ed. Paris: Vrin, 1993.

HOWARD, Caygill. *Dicionário Kant*. Tradução de Álvaro Cabral. Rio de Janeiro: Jorge Zahar, 2000.

KANT, Immanuel. *A metafísica dos costumes*. Trad. Edson Bini. Bauru, SP: EDIPRO, 2003.

KANT, Immanuel. *Resposta à Pergunta:* Que é o iluminismo? (1784). Tradução: Artur Morão. Disponível em: http://www.lusosofia.net/textos/kant_o_iluminismo_1784.pdf. Acesso em: 24 nov. 2021.

MARTÍN-CALERO, José Luiz Colomer. *La teoría de la justicia de Immanuel Kant*. Madrid: Centro de Estudios Contirucionales, 1995.

MAYOS, Gonçal. El criticismo de Kant. *In*: MAYOS, Gonçal. *Macrifilosofía de la modernidad*. Sevilla: dLibro, 2012.

NODARI, P. C. *A teoria dos dois mundos e o conceito de liberdade em Kant*. Caxias do Sul: Educs, 2009.

OLIVEIRA, Clara M. C. B. de; TROTTA, Wellington. A liberdade como fundamento do pensamento político-jurídico kantiano. *Revista de Ciência Política*, n. 36, jul./ago. Disponível em: http://www.achegas.net/numero/36/claratrott_36.pdf. Acesso em: 24 nov. 2021.

PAULO NETO, Alberto. Educação, Moralidade e Cidadania na Filosofia Prática de Immanuel Kant: Um Estudo a Partir da Obra Über Pädagogik. 7-29 p. *Revista Pólemos*, Brasília, v. 1, n. 2, dez. Disponível em: http://seer.bce.unb.br/index.php/polemos/article/view/7245. Acesso em: 24 nov. 2021.

PINSKY, Jaime. *Cidadania e educação*. São Paulo: Contexto, 1998.

ROHDEN, Valério. O criticismo kantiano. *In*: RESENDE, Antônio (Org.). *Curso de filosofia*: para professores e alunos de segundo grau e de graduação. 8. ed. Rio de Janeiro: Jorge Zahar/SEAF, 1998.

SALGADO, Joaquim Carlos. *A ideia de justiça em Kant*: seu fundamento na liberdade e na igualdade. 3 ed. Belo Horizonte: Del Rey, 2012.

SALGADO, Joaquim Carlos. *A Ideia de Justiça no Mundo Contemporâneo*: Fundamentação e Aplicação do Direito como *Maximum* Ético. Belo Horizonte/MG: Del Rey, 2007.

SALGADO, Joaquim Carlos. O Estado ético e o Estado poiético. *Revista do Tribunal de Contas de Minas Gerais*, Belo Horizonte, v. 27, n. 2, p. 47-62, 1998.

SALGADO, Ricardo Henrique Carvalho; OLIVEIRA, Paulo César Pinto. Kant e Radbruch: Do Dualismo "Ser e Dever Ser" ao Tribalismo. *Anais do XXI Encontro Nacional do CONPEDI*, 2. ed., 2012.

SAVATER, Fernando. *Kant*. (Encuentros – La aventura del pensamiento). Vídeo. Direção: Elíseo Alvarez. Produção: Camila O'Donnell. Tranquilo Producciones. Buenos Ayres/Argentina. Disponível em: http://www.youtube.com/watch?v=jNPRlhJlj2A. Acesso em: 24 nov. 2021.

TRIBUNAL DE CONTAS DO ESTADO DE MINAS GERAIS. *Contas do Governador Exercício de 2010*: O governo investiu no cidadão. E o TCEMG na cidadania. Relator: Conselheiro Sebastião Helvecio Ramos de Castro. 2012.

VECCHIO, Giorgio Del. *Lições de Filosofia do Direito:* Kant. Trad. António José Brandão. 5. ed. Coimbra: Arménio Amado, 1979.

Informação bibliográfica deste texto, conforme a NBR 6023:2018 da Associação Brasileira de Normas Técnicas (ABNT):

SALGADO, Ricardo Henrique Carvalho; MIRANDA, Rodrigo Marzano Antunes. Imperativos de uma vida a serviço da educação para cidadania: Kant e Sebastião Helvecio, idealistas da ação de educar. *In*: TERRÃO, Cláudio Couto; ANDRADE, Durval Ângelo (Coords.). *Controle externo no século XXI*: homenagem a Sebastião Helvecio - Conselheiro, educador e cidadão do mundo. Belo Horizonte: Fórum, 2022. p. 45-64. ISBN 978-65-5518-338-2.

LEGADO DE UM CONSELHEIRO DE CONTAS INOVADOR

RAQUEL DE OLIVEIRA MIRANDA SIMÕES

> *No final das contas, não são os anos de sua vida que contam. É a vida em seus anos.*
> (Abraham Lincoln)

O Conselheiro Sebastião Helvecio tomou posse no Tribunal de Contas do Estado de Minas Gerais (TCEMG), em setembro de 2009, no equinócio da primavera, como ele já disse. Durante esse fenômeno, os raios solares incidem com maior intensidade na região equatorial da Terra, produzindo equiparação na distribuição da luminosidade entre os dois hemisférios e fazendo com que o dia e a noite tenham exatamente a mesma duração. Do latim *aequus* (igual) e *nox* (noite), equinócio significa noites iguais, sendo, em algumas culturas, período sagrado, porque há equilíbrio perfeito entre o dia e a noite, o sol e a lua, o masculino e o feminino. Representa equilíbrio e unicidade!

Para nós do Tribunal de Minas, que auspicioso! Que promissor! Sabíamos da sua incrível trajetória pública até então – o empenho pela redemocratização do Brasil, a Constituinte mineira, a criação da Fundação Hemominas – e também da sua formação acadêmica até aquele momento, tão rica e diversa – médico, especialista em Didática do Ensino Superior, bacharel em Direito, doutor em Saúde Coletiva.

Vislumbramos rapidamente o homem público disciplinado, dedicado e estudioso e, aos poucos, conhecemos o ávido leitor de teóricos das mais diferentes áreas do pensamento. Logo, o Conselheiro ingressou na Escola de Contas Professor Antônio Aleixo do TCEMG para cursar a especialização Controle Externo e Avaliação da Gestão Pública.[1] Para ele, a capacitação e o conhecimento são prerrogativas do agente público no dever de cumprir bem suas atribuições e responsabilidades.

Também no início daquele 2010, já designado relator das Contas Governamentais do Estado, o Conselheiro anunciou que, obedecendo ao Regimento Interno do TCEMG, faria o acompanhamento das ações governamentais para, a seguir, elaborar o voto do parecer prévio. Organizou reuniões presenciais entre representantes de unidades do Poder Executivo e técnicos do tribunal, além do Encontro de Abertura com a presença também de secretários de Estado, todas registradas em atas. A nova dinâmica proporcionou benefícios como celeridade nos procedimentos, ajustes pelo Executivo dos apontamentos técnicos concomitantemente à execução orçamentária e, principalmente, a efetividade do controle, evitando-se inúmeras diligências e instruções.

Mais de uma vez, o Conselheiro Sebastião Helvecio afirmou comungar com o ideário do Ministro do Tribunal de Contas da União (TCU) Ubiratan Diniz de Aguiar, que, ao justificar a necessidade de o Tribunal de Contas estar mais próximo de seus jurisdicionados, disse: "Proximidade não é promiscuidade"! E a nós da equipe de seu gabinete explicava que os serviços públicos necessitam se transformar para atender as necessidades cada vez mais diversificadas dos cidadãos, porque novas demandas sociais surgem de modo veloz.

Revelou-se a nós um estudioso dedicado também às humanidades. À época, citava as ideias do premiado economista Amartya Sen,[2] que reafirma ser impossível mudar o passado, mas viável que moldemos o futuro, por meio de escolhas baseadas na razão, donde se faz necessário "estrutura avaliatória apropriada" e "instituições que atuem para promover nossos objetivos e comprometimentos valorativos", além de normas de comportamento adequadas.

Íamos assim testemunhando as ideias firmes e inspiradoras do Conselheiro na relatoria das Contas Governamentais de 2010, quando encomendou e coordenou estudo para diagnóstico e prognóstico da dívida pública em razão de reiteradas recomendações do tribunal acerca de sua representatividade e comprometimento orçamentário e financeiro a fim de buscar alternativas possíveis para o controle de sua evolução.

---

[1] Pós-graduação *latu sensu* ministrada em parceria com a Universidade Católica de Minas Gerais.

[2] SEN, Amartya. *Desenvolvimento como liberdade*. Tradução: Laura Teixeira Mota. Revisão técnica: Ricardo Doninelli. São Paulo: Companhia das Letras, 2010. p. 318.

O estudo chamou atenção para os riscos que as condições do acordo da dívida com a União à época trariam para as finanças do Estado, bem como para o peso que poderiam representar seus encargos no conjunto de suas receitas/despesas, concluindo que, após 2028, o Governo de Minas Gerais seria obrigado a destinar, anualmente, 38,7% de sua RLR para liquidar a dívida com a União, se mantido o prazo de dez anos para o refinanciamento do resíduo desse débito, como prevê o contrato de fevereiro de 1998, sustentado pela Lei nº 9.496, de 11 de setembro de 1997. Mais, em 2028, o teto de 13% da RLR do Estado para pagamento dos encargos da dívida deixaria de vigorar, podendo esse percentual ser aumentado para, assim, garantir sua plena quitação até 2038.

Uma das recomendações do relator foi para que o Governo do Estado, juntamente com outras unidades da federação também em situação desfavorável, se empenhasse a fim de modificar o indexador de correção da dívida, o IGP-DI, para outro mais favorável, sugerindo a substituição pelo IPCA, com o qual seriam expressivos os ganhos em termos de redução dos encargos.

Naquela altura, a equipe do seu gabinete já havíamos descoberto, com admiração, o extraordinário poder de criação e execução do Conselheiro, mas ainda nos surpreendíamos com sua dedicação ímpar! O Conselheiro levou à Assembleia Legislativa de Minas a proposta acerca da necessidade premente de alteração do indexador da dívida; depois, foi ao Colégio dos Poderes Legislativos Nacionais até chegar ao Congresso Nacional.

A sugestão apresentada no parecer prévio emitido pelo TCEMG é a mesma adotada no projeto de lei que culminou na Lei Complementar nº 151, de 5 de agosto de 2015, e altera as condições contratuais referentes à dívida pública da União com todos os estados brasileiros.

Tão gratificante perceber o seu compromisso com as gerações futuras! O Conselheiro ensinava: "Sendo o controle o guardião do erário, já se infere a íntima relação entre as atividades de controle da administração pública e a necessidade de garantir um futuro de qualidade às gerações futuras". Indicou-nos a leitura de Innerarity, que alerta sobre o malefício da banalização do futuro: "Boa parte dos nossos mal estares e da nossa pouca racionalidade coletiva provém de que as sociedades democráticas não mantêm boas relações com o futuro".[3]

---

[3] INNERARITY, Daniel. *O futuro e os seus inimigos*. Alfragide, Portugal: Ed. Teorema, 2011. p. 9.

Ainda em 2010, o Conselheiro apresentou o projeto da Política de Fiscalização Integrada – Suricato[4] ao tribunal, que o implantou[5] com recursos próprios – como o Conselheiro sempre gosta de enfatizar, humanos e financeiros. O objetivo, subsidiar a definição de estratégias de intervenção fiscalizatória, baseadas em dados, de forma mais assertiva, consistente e contemporânea ao ato fiscalizado.

Foi necessário investir na mudança cultural da casa para valorizar os dados e informações como importante ativo institucional. Certamente se destaca o investimento na parceria entre o TCEMG e a Secretaria de Estado de Fazenda[6] para o acesso à base da Nota Fiscal Eletrônica (NFe), de modo ainda não experimentado por nenhum órgão de controle externo brasileiro. Esse acesso às compras realizadas pelos jurisdicionados do TCEMG, em todo o território nacional, possibilita a identificação, em tempo quase real, do comprador, do vendedor, do valor pago, do produto adquirido, da quantidade, da data, além de outras informações estratégicas para o controle externo.

Quem conhece o Conselheiro Sebastião Helvecio reconhece seu engajamento na ampliação das parcerias institucionais, o que faz com mestria; mas o que aqui se destaca, para nós, é a confiança – a qual o Conselheiro sempre honrou – que os seus pares nele depositam. A convivência harmônica que sempre promoveu, a sua lealdade, o seu posicionamento em defesa da instituição justificam a crença na sua capacidade. Também, nos doze anos em que esteve no tribunal, o Conselheiro soube reconhecer o papel, a jornada e o legado de cada um dos seus pares.

Um dos nossos desafios era compreender que a característica de inovação do Suricato não é o objeto de sua pesquisa. A inovação aqui se dá por meio da atividade de inteligência e de fiscalização integrada, na busca da informação estratégica, através de meios apropriados para obtenção, análise e disseminação de conhecimentos sobre fatos e situações que possam impactar a ação de fiscalização desenvolvida pelo controle externo e o processo decisório.

No gabinete do Conselheiro Sebastião Helvecio, nesse tempo, a pesquisa, a produção de textos e a leitura crítica e significativa, que

---

[4] Nome inspirado nesses mangustos, em razão da sua organização em equipe e presença constante de um sentinela para proteção da espécie.
[5] Resoluções nº 10 e 11, 22.06.2011; e 12, 05.09.2012.
[6] MINAS GERAIS. Secretaria de Estado de Fazenda e Tribunal de Contas. Convênio n. 1910001626, firmado entre o Estado, por intermédio da Secretaria de Estado de Fazenda, e o TCEMG, em 08 fevereiro de 2010. Alterado pelo Termo Aditivo n. 1910001626, Processo n. 0129572-1190-2009-3, de 29 abril de 2011.

articula conhecimentos prévios e novos para construir significados também novos, já estavam incorporadas à rotina de trabalho.

No Suricato, uma das principais ferramentas de tecnologia da informação (TI) são as malhas eletrônicas de fiscalização, constituídas de algoritmos formados a partir do cruzamento de dados entre sistemas informacionais do tribunal, com sistemas de organizações parceiras, bem como com outras informações úteis à fiscalização.

O TCEMG formatou a Malha Eletrônica de Fiscalização de Compra Pública nº 01/2013 para acompanhar as aquisições de medicamentos,[7] cujos resultados evidenciaram inconsistências que permitiram identificar eventos passíveis de fiscalização. Após, houve proposição das primeiras vinte representações, cujos relatórios foram apresentados pelo Suricato. Em 2014, foram obtidos os primeiros resultados da consolidação da Política de Fiscalização Integrada – Suricato e do uso de *big data*, com imposição de multa e devolução de recursos públicos em razão de irregularidades na aquisição antieconômica de medicamentos.

Acredita o Conselheiro que compras públicas representam mais do que simples aquisição de bem ou serviço, e, sim, política pública capaz de gerar externalidades positivas, como fomento à economia, geração de empregos e desenvolvimento regional e nacional. Daí a necessidade de se priorizar a qualidade dos gastos, seus impactos, evitando o desperdício e combatendo a corrupção.

O TCEMG é o primeiro do Brasil a trabalhar com construção de malha eletrônica a partir do cruzamento de dados e informações internos e externos com a base da NFe,[8] o que possibilitou o estudo do impacto das aquisições públicas dos 853 municípios mineiros de microempresas (ME) e empresas de pequeno porte (EPP), as quais detêm tratamento simplificado, diferenciado e favorecido na legislação brasileira.[9]

Em 2011, o Conselheiro vislumbrou potencial do TCEMG para fomentar e acompanhar a *performance* dessas aquisições. Depois, por intermédio do Instituto Rui Barbosa (IRB),[10] em ação nacional, deu-se importante parceria entre o Serviço Brasileiro de Apoio às Micro e

---

[7] Aprovada pela Portaria nº 058/Pres./2013, 05.06.2013.
[8] Total acumulado (2013-2021) de NF-e constante no banco de dados de acesso do TCEMG: 27.644.970 notas válidas. Valor total: R$210.995.364.475,08 de saída e R$21.818.191.929,83 de entrada.
[9] Convênio nº 012/2011, celebrado entre TCEMG e Sebrae/MG. Objeto: cooperação técnica para o desenvolvimento de procedimentos e ações que possam contribuir para a divulgação da LC nº 123/2006. Assinatura: 28.11.2011. Sem ônus.
[10] Associação civil criada, em 1973, para promover o desenvolvimento e aperfeiçoamento dos serviços prestados pelos TCs mediante produção do conhecimento, pesquisa e capacitação.

Pequenas Empresa (Sebrae) e os TCs brasileiros, a qual resultou na capacitação dirigida a milhares de jurisdicionados para dar efetividade ao Estatuto das Micro e Pequenas Empresas, além de outras ações. "Penso em um contexto maior, que é a aproximação dos Tribunais de Contas com a sociedade civil organizada. Para o cidadão comum é importante que ele passe a se inteirar e a conhecer como o controle exercido pelos Tribunais de Contas interfere na sua vida e no seu dia a dia" – era o entendimento do Conselheiro.

No biênio 2013-2014, em face da Lei Complementar nº 123/2006 e da decisão estratégica em aferir a efetividade dessa política pública, com vistas ao fomento do desenvolvimento local, o mapeamento e o acompanhamento das compras públicas demonstraram que a ação conjunta resultou em acréscimo nominal de 901,37 milhões de reais, ou 60,44%, nas compras públicas de MEs e EPPs situadas na circunscrição da unidade jurisdicionada.

Como presidente do TCEMG,[11] o Conselheiro intensificou os investimentos em TI para atender, principalmente, o Suricato, com destaque para aquisição de solução de *business intelligence* (tecnologia de apoio à fiscalização integrada e ao suporte de decisões orientadas por dados, com ênfase na geração de relatórios); de Exadata, para melhoria da capacidade de armazenamento e processamento; de *softwares* de visualização e equipamentos de vídeo *wall*; mais o aparelhamento de laboratório de TI para testes.

Também foi revista a posição hierárquica do Suricato na estrutura organizacional em função de suas atribuições, sua característica estratégica e necessidade de disseminação da nova cultura às demais unidades técnicas. Passou a constituir uma diretoria, Centro de Fiscalização Integrada e Inteligência, composta de quatro coordenadorias de fiscalização, fazendo a integração com as diretorias técnicas, além do laboratório de análise de dados.

O Conselheiro dizia sempre que o principal eixo para mudanças institucionais são as pessoas; por isso, a identificação de perfis adequados para as novas atribuições e a capacitação de servidores para recepção da tecnologia e dos novos procedimentos de trabalho foram investimentos constantes nesse período.

Apontou para nós ser fundamental também construir base teórica sobre a doutrina da atividade de inteligência para o controle externo, tendo em vista não somente a baixa oferta de literatura, mas

---

[11] O Conselheiro Sebastião Helvecio presidiu o TCEMG no biênio 2015-2016.

a necessidade de disseminação do conhecimento sobre as tecnologias de captura, análise e demonstração de dados, levando em consideração que o modelo organizacional estático dificulta a comunicação entre as unidades institucionais, acarretando retrabalho e manutenção da lógica com foco exclusivo no exame da conformidade.

Em 2016, o Suricato foi reconhecido pelo 13º Prêmio Innovare[12] como prática transformadora, criativa, inédita e de alcance social, apta a contribuir para o aprimoramento da justiça no Brasil. Foi apresentado, juntamente com o sistema Focus do TCEMG, em Luxemburgo, a convite do Tribunal de Contas Europeu,[13] em setembro de 2017. O artigo *O uso de big data no monitoramento de compras públicas pelo TCEMG*[14] foi vencedor do concurso internacional promovido pelo Novo Banco de Desenvolvimento aos países do Brics (Brasil, Rússia, Índia, China e África do Sul) em abril de 2019. O trabalho *Inovação e tecnologia no controle externo: Política de Fiscalização Integrada Suricato do TCEMG*[15] foi o grande vencedor do Prêmio Conip 2020 de Excelência em Inovação no Judiciário e Controle, na categoria Órgãos de Controle. Também em 2020, a prática Suricato foi reconhecida como *melhor detetive* do mundo pelo *blog* espanhol *Levante El Mercantil Valenciano*, já tendo sido recomendado pela Agência Valenciana Antifraude (AVAF) para utilização pelos órgãos que combatem o enriquecimento ilícito na Espanha.

O TCEMG tornou-se referência nos procedimentos de fiscalização com uso de dados e recebeu a visita de vários tribunais de contas brasileiros e de outros órgãos e instituições que buscavam conhecer as instalações e a atividade de inteligência e inovação desenvolvida pelo Suricato.

Ao término de sua gestão na presidência da casa, um sonho grande do Conselheiro se realizou: a inauguração da Central Suricato de Fiscalização Integrada, Inteligência e Inovação, moderna edificação adequada às atuais tecnologias e às mudanças organizacionais para execução das atividades de controle externo.

---

[12] Referência na seleção e premiação de práticas de excelência que contribuem para o desenvolvimento da justiça brasileira; desde 2004, participam da comissão julgadora ministros do STF, STJ, TST, desembargadores, promotores, juízes, defensores e advogados.

[13] Encontro Técnico *New Technologies and AuditData*, de 25 a 29.09.2017.

[14] Autoria Sebastião Helvecio, Raquel Simões, Wesley Matheus de Oliveira e Marília Carvalho, tratando de experiência do Suricato a partir de pesquisa realizada no âmbito do curso de Análise de Dados voltada para o controle externo. A premiação ocorreu em Shangai, China, em 26.04.2019.

[15] De autoria do Conselheiro Sebastião Helvecio e da analista de controle externo Raquel Simões.

São três andares[16] que abrigam respectivamente as diretorias de TI, do Suricato, e de fiscalização. O Suricato abriga a Sala de Situação, inédita no país no âmbito do controle externo, para monitoramento, tratamento e visualização de dados e informações; além do laboratório de TI, destinado à criação, estudo e desenvolvimento de produtos; Sala de Ideias e Inovação, para disseminação da cultura da inovação; e Sala Ágora, para treinamento e capacitação.

É de se enfatizar que o Conselheiro Sebastião Helvecio sempre destaca a liderança de cada um dos presidentes do TCEMG que o antecedera e apoiara na consolidação do Suricato e não se cansa de repetir que as ações idealizadas e implementadas são "resultado do trabalho de muitos".

Gosta de repetir que, seguramente, o Suricato é o presente promissor, e não o futuro, que apresenta oportunidades de melhoria dos serviços prestados pelos tribunais de contas a fim de que denotem impacto social e contribuam para melhorar a vida dos cidadãos, reais beneficiários do controle externo.

O Conselheiro encontrou na metáfora da dança das canetas uma forma de ressaltar o poder da decisão na administração pública, além de invocar a responsabilidade de se saber o que tal decisão pode gerar hoje e amanhã. Uma assinatura, diz, determina ações capazes de impactar a vida do cidadão, positiva ou negativamente.

Como presidente do tribunal, colocou em prática os mecanismos de liderança, estratégia e controle, bem definidos no referencial Governança no Setor Público,[17] do qual é grande entusiasta, de modo a propiciar a avaliação, direção e monitoramento de sua gestão, sob quatro grandes pilares: fiscalização em tempo real; foco na inteligência; seleção na constituição de processos; e entrega de resultados para a sociedade.

Lembrando que, simultaneamente, o Conselheiro presidiu o IRB, onde promoveu significativas reformas no estatuto, como o ingresso das receitas e o organograma, possibilitando a inscrição e participação efetiva de todos os TCs do país. Lá, sua gestão foi transformadora também, porque ampliou parcerias e internacionalizou o instituto, inclusive promovendo a atualização da auditoria, de competência dos TCs, em conformidade com as normas internacionais de controle externo.

---

[16] Centro de Tecnologia da Informação Conselheiro Flávio Régis Xavier de Moura e Castro; Centro de Fiscalização Integrada, Inteligência e Inovação – Suricato Conselheira Adriene Andrade; e Centro de Gestão Técnica do Controle Externo.

[17] BRASIL. Tribunal de Contas da União. *Referencial para avaliação de governança em políticas públicas*. Brasília: TCU, 2014. Disponível em: https://portal.tcu.gov.br/referencial-para-avaliacao-de-governanca-em-politicas-publicas.htm.

Muito evidente que o Conselheiro trouxe consigo um plano de trabalho, o qual foi apresentando e realizando desde sua chegada ao tribunal; afinal, ele sabe que, em apenas dois anos e um mandato da presidência, não seria possível executar todos os projetos.

O planejamento é um marco da atuação do Conselheiro, que fixou, com clareza e precisão, suas metas e objetivos, todos alinhados aos planos estratégicos da casa. Dada a coerência com a cadeia de valor do tribunal e a aderência às atividades finalísticas de controle externo, tais projetos foram naturalmente incluídos no portfólio do TCEMG.

Sob o aspecto de sustentação da gestão, para que as áreas estratégicas e as finalísticas desempenhem eficazmente suas funções, investiu na capacitação, principalmente por meio da Escola de Contas, visando ao desenvolvimento das competências necessárias para aprimoramento contínuo do desempenho institucional, bem como das ações pedagógicas direcionadas aos jurisdicionados e à sociedade.[18]

Inovou mais uma vez o Conselheiro ao desenhar o projeto pedagógico para o curso de análise de dados[19] em resposta à necessidade de enfrentamento do crescente leque de oportunidades de atuação do controle e ao fato de que as massas de dados e informações disponíveis interna e externamente ao tribunal impulsionavam sobremaneira o uso de novas metodologias e ferramentas de TI. Essa especialização se tornou referência para o TCU e outros órgãos de controle externo. Incansável, como já sabíamos, o Conselheiro ingressou novamente na Escola de Contas como aluno da nova pós-graduação.

Em 2015, já havia regulamentado[20] a pesquisa no âmbito do TCEMG, o que possibilitou efetiva operacionalização do Núcleo de Estudo e Pesquisa para o Controle Externo (NEPEC).[21] Posteriormente, todas as pesquisas realizadas foram registradas no Diretório dos Grupos de Pesquisa (DGP) do Conselho Nacional de Desenvolvimento Científico e Tecnológico (CNPQ), órgão vinculado ao Ministério da Ciência, Tecnologia, Inovações e Comunicações.

Encantava-nos sua liderança criativa, que motivou todos a seu redor. O Conselheiro idealizou o Programa de Inovação do TCEMG,

---

[18] No primeiro ano de presidência, foram capacitados 1.761 servidores, 6.398 jurisdicionados e 1.825 participantes externos, totalizando 9.984.

[19] Especialização em *Análise de Dados aplicada ao Controle Externo*, pós-graduação *latu sensu*, lançada pelo Edital nº 10, de 25.11.2016.

[20] Portaria nº 71/PRES./2015.

[21] Quatro pesquisas destinadas à produção e sistematização de conhecimentos relevantes para aprimoramento das ações de controle. Hoje a cargo da Coordenadoria de Pós-Graduação (Resolução nº 9/2021).

fundamentado nos princípios da inovação aberta, com o objetivo de promover novas ideias e soluções, agregando valor às atividades de orientação e fiscalização; e o Dia da Inovação TCEMG Ada Lovelace, como meio de incentivar a inovação e o crescimento tecnológico e científico.

Do lado da gestão pública, continuou a trabalhar intensamente para a institucionalização de unidade que contribuísse efetivamente para avaliar e produzir conhecimento na área de programas e políticas públicas. A inauguração do Núcleo de Avaliação de Programas e Políticas Públicas[22] e a regulamentação de suas atividades em 2020 demonstram o empenho do Conselheiro pelo aprimoramento da gestão com qualidade e impacto na realidade existente, para além do controle formal dos gastos.

Merece destaque o Índice de Efetividade da Gestão Municipal (IEGM) adotado pelo tribunal, cuja finalidade é mensurar e divulgar a efetividade das políticas públicas; posteriormente, foi disseminado para todo o Brasil por mediação do IRB. Nos mesmos moldes, o Conselheiro iniciou a operacionalização e regulamentação do Índice de Efetividade da Gestão Estadual (IEGE) de modo a permitir a mesma avaliação sobre a qualidade dos meios empregados pelo estado de Minas Gerais. Ambos os indicadores propiciam mecanismos para a fiscalização das ações governamentais, fortalecem a transparência e o controle social, na medida em que disponibilizam para o gestor e para a sociedade informações sobre a gestão pública.

Para reduzir estoque e racionalizar a geração de novos processos, cumprindo as metas institucionais, deu ênfase à entrada de processos no tribunal e aos procedimentos de pós-deliberação. A Unidade de Triagem Documental, instalada na porta de entrada, formada por equipe multidisciplinar, realizava a análise técnica imediata dos documentos recebidos e procedia ao devido encaminhamento.

Numa visão gerencial de ponta a ponta do processo de trabalho, foi criada a Coordenadoria de Pós-Deliberação[23] para padronizar e automatizar os procedimentos de pós-deliberação, entendendo a necessidade da qualificação do monitoramento das deliberações e da sua entrega à sociedade.

O relacionamento com o público externo foi marcado por inúmeros convênios e parcerias. Acredita o Conselheiro, em linha com o economista

---

[22] Resoluções nº 4 e 11, de 2020.
[23] Resolução nº 2/2015.

Acemoglu,[24] que "o pluralismo, pedra angular das instituições políticas inclusivas, requer que o poder político tenha ampla distribuição pela sociedade". A integração como forma de promoção do engajamento entre órgãos e instituições públicas e privadas, com pontos de vista e abordagens diferentes, enriquece o intercâmbio de experiências e traz melhores resultados.

Na gestão da comunicação, contribuiu efetivamente para sua ampliação com a criação da TV TCE na internet, importante meio de divulgação das informações, decisões e serviços prestados pelo tribunal, que se tornou imprescindível, durante a pandemia, para a transmissão ao vivo das sessões plenárias.

O Conselheiro inaugurou também o Memorial do TCEMG Conselheiro Eduardo Carone Costa,[25] de interesse cultural, com destaque para a exposição *Casa dos Contos*, cuja narrativa é fonte de conhecimentos sobre a história do controle externo brasileiro desde os tempos de Portugal. Lançou a Cápsula do Tempo,[26] que contém documentos e registros do TCEMG e deverá ser aberta após 80 anos para servir de testemunho de uma época.

A governança e a gestão em TI foram representativas na presidência do Conselheiro. Mediante o direcionamento das ações, visando potencializar os resultados do controle externo em todas as suas dimensões, soluções foram propostas e efetivamente implementadas. O tribunal assumiu o desenvolvimento e a manutenção do Sistema Integrado de Gestão de Pessoas e Folha de Pagamento (SIGESP), que até então ficava a cargo de prestadores externos de serviços com elevado custo.

Foram regulamentados e implementados a Política de Segurança da Informação e o Plano de Segurança de TI; desenvolvidas soluções informatizadas, como automação do processo da natureza Consulta (desde a pergunta do interessado até a resposta do tribunal, idealização e desenvolvimento do sistema Focus), ferramenta de produção de

---

[24] ACEMOGLU, Daron; ROBINSON, James. *Por que as nações fracassam*: as origens do poder, da prosperidade e da pobreza. Rio de Janeiro: Elsevier, 2012.
[25] Em 09.10.2015, em comemoração aos 80 anos do TCEMG, o presidente lançou também a pedra fundamental do Centro de Integração da Fiscalização e de Gestão de Informações Estratégicas – Suricato.
[26] Lançada na mesma comemoração citada, contém um *pencard* com vídeo institucional, Diário Oficial de Contas, Revista do Tribunal, Relatório de Atividades 2014, Relatório de Atividades 1º e 2º semestres 2015, projeto de construção do prédio do Suricato; jornais *O Tempo* e *Estado de Minas*, Informativo do TCEMG e impressão do Diário Oficial de Contas com texto sobre o Lançamento da Pedra Fundamental.

documentos da área finalística, criação da Mina de Dados (janela do Suricato que oferece ao usuário, de modo organizado, informações estratégicas de diversas fontes, perfil do jurisdicionado e do gestor, indicadores de gestão e dados orçamentários, legislação específica e mídias, as quais qualificam as análises e deliberações do Tribunal); Sistema Pauta Eletrônica, para conferir maior celeridade à marcação, geração e controle de pautas, votos, julgamentos, acórdãos e notas taquigráficas.

Ressalta-se que, sob os aspectos orçamentário e financeiro, o biênio foi marcado pela redução de gastos baseada nos princípios constitucionais da eficiência e economicidade. Os números da execução orçamentária, conforme gráfico abaixo, revelam tanto o esforço na contenção de gastos quanto a priorização dos investimentos para melhoria e qualificação dos serviços prestados.

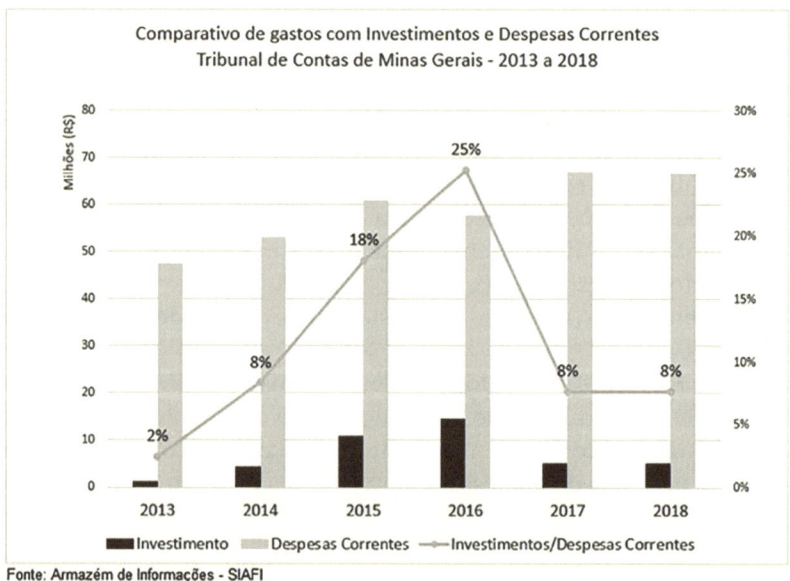

Comparativo de gastos com Investimentos e Despesas Correntes Tribunal de Contas de Minas Gerais - 2013 a 2018

Fonte: Armazém de Informações - SIAFI

Merece destaque o crescimento dos investimentos nos exercícios de 2015 e 2016, alavancado principalmente pelos recursos destinados à instalação e operacionalização da Central Suricato no âmbito da Política de Fiscalização Integrada.

Para melhoria da eficiência da máquina, a redução de despesas que compõem o grupo Outras Despesas Correntes foi condição inexorável para qualificar os investimentos e fundamentalmente deslocar energia para as atividades dinamizadoras da fiscalização e capacitação. O gráfico confirma esse propósito e atesta sensível redução de tais despesas em 2016, relativamente a 2015, e o aumento do investimento.

Concorreu para redução e qualificação das despesas de custeio a criação do Comitê de Gestão Orçamentária e Financeira do Tribunal,[27] formado por representantes de unidades estratégicas da casa, inspirado no modelo de Centro de Governo (CG)[28] para apoiar o decisor. Enquanto as unidades de direção atuavam setorialmente, o comitê trabalhava na totalidade da gestão dos recursos por meio da qualificação da despesa, prevenindo riscos e corrigindo desvios. O sucesso de sua implantação garantiu a continuidade do modelo nas gestões subsequentes.

Também se destaca a firme gestão dos contratos da casa: revisados procedimentos, regras de negócio e fluxo do processo, promovidas adequações no Sistema de Gerenciamento de Contratos (Sigecon), elaborados normativos e Guia de Procedimentos e Boas Práticas.

De modo geral, a cultura das organizações públicas consiste no estabelecimento de relação direta entre corte de gastos e menor qualidade ou quantidade de serviços prestados à sociedade; no entanto, o Conselheiro quebrou esse paradigma. Em suas palavras, "o princípio da eficiência não pode ter uma interpretação simplista que o reduza a mera ideia de economicidade, ao contrário, o que se deseja do gestor público é a qualidade do gasto, o compromisso com resultados e consequentemente com a efetividade".

Empenhado em conferir maior autonomia orçamentária e financeira para o tribunal, criou o fundo (Funcontas TCEMG),[29] que confere, de forma complementar, um instrumento de gestão orçamentária e financeira, com maior vantagem na execução, tendo em vista definição das possibilidades de arrecadação de receitas e vinculação abrangente de suas aplicações, de forma atemporal, visando principalmente ao desenvolvimento das atividades finalísticas.

Também o tema da sustentabilidade foi tratado na gestão 2015-2016. Sensível aos Objetivos de Desenvolvimento Sustentável (ODS)

---

[27] Portaria nº 23/2015.
[28] OECD (2018), Centre Stage II: The Organisation and Functions of the Centre of Government in OECD countries. Disponível em: https://www.oecd.org/gov/centre-stage-2.pdf; OECD (2014), Centre Stage: Driving Better Policies from the Centre of Government. Disponível em: https://www.oecd.org/gov/Centre-Stage-Report.pdf; IDB (2014), Governing to Deliver: Reinventing the Center of Government in Latin America and the Caribbean. Disponível em: https://publications.iadb.org/publications/english/document/Governing-to-Deliver-Reinventing-the-Center-of-Government-in-Latin-America-and-the-Caribbean.pdf.
[29] Projeto de Lei nº 1.916/2015, transformado na Lei nº 2.2478, de 02.01.2017.

e à Agenda Ambiental na Administração Pública (A3P) do Ministério do Meio Ambiente, o Conselheiro trabalhou para reduzir o consumo de energia elétrica, papel, copos plásticos e outros. Houve redução de 781.763 kW/h no consumo médio de energia elétrica do TCEMG em 23 meses; 58% das cópias impressas e 64% da aquisição de materiais elétricos foram reduzidos; abolida a compra de copos de plástico, o que economizou recursos financeiros e impediu o descarte no meio ambiente; e desativação de centenas de lâmpadas fluorescentes.

Tais medidas de economia e qualificação dos gastos possibilitaram ao Conselheiro devolver ao Poder Executivo, ao final de 2016, o valor de R$124,2 milhões. A simbologia desse ato inédito representou um marco de sua administração. "Fazer mais com menos", repetia.

Decisiva a sua contribuição na negociação pela revisão do índice do limite máximo com despesas,[30] fixado inicialmente em 0,77% para o Tribunal de Contas e 2,23% para a Assembleia Legislativa, em relação à Receita Corrente Líquida. Depois, o índice do tribunal alcançou, a partir de 2013, 1%, o que proporcionou à casa a execução tranquila de sua política de pessoal até os dias de hoje, inclusive a realização do concurso público para recomposição dos quadros de pessoal.

Na sessão histórica[31] de sua despedida, o Conselheiro mostrou sua inquietude constante com o porvir ao nos revelar: "(...) o meu sonho é que cada um dos nossos 33 Tribunais de Contas apresente um programa de avaliação de políticas públicas em 2022, quando o Brasil sediará o Congresso Internacional das Entidades Fiscalizadoras Superiores (Incosai) e todo o espírito investigativo de auditores do mundo estará voltado para o país".

Ficam as marcas de sua dedicação ao ideal de um controle externo mais efetivo para o cidadão, do seu respeito ao princípio federativo e de seu comprometimento com o aperfeiçoamento da democracia.

Informação bibliográfica deste texto, conforme a NBR 6023:2018 da Associação Brasileira de Normas Técnicas (ABNT):

SIMÕES, Raquel de Oliveira Miranda. Legado de um conselheiro de contas inovador. In: TERRÃO, Cláudio Couto; ANDRADE, Durval Ângelo (Coords.). Controle externo no século XXI: homenagem a Sebastião Helvecio - Conselheiro, educador e cidadão do mundo. Belo Horizonte: Fórum, 2022. p. 65-78. ISBN 978-65-5518-338-2.

---

[30] Previsto no art. 20, II, "a", da Lei de Responsabilidade Fiscal.
[31] Sessão plenária de 02.11.2021.

MODERNIZAÇÃO DO CONTROLE EXTERNO: A EXITOSA POLÍTICA DE INFORMAÇÕES ESTRATÉGICAS E DE FISCALIZAÇÃO INTEGRADA (SURICATO) DO TRIBUNAL DE CONTAS DO ESTADO DE MINAS GERAIS (TCEMG)

GILBERTO PINTO MONTEIRO DINIZ

> *Há um tempo em que é preciso abandonar as roupas usadas, que já tem a forma do nosso corpo, e esquecer os caminhos que nos levam sempre aos mesmos lugares. É o tempo da travessia: e, se não ousarmos fazê-la, teremos ficado, para sempre, à margem de nós mesmos.*
> (Fernando Teixeira de Andrade)

1 Retomada da ideia de modernização

O substantivo feminino modernização deriva do adjetivo moderno, que foi introduzido pelo latim pós-clássico (*modernus*), cujo significado, em sua literalidade, é atual, pertencente aos nossos dias (ABBAGNANO, 2012, p. 791).

Nesse sentido, conforme o léxico, modernização é a ação ou mesmo o efeito dessa ação, de tornar algo moderno, isto é, adaptado aos usos e costumes do tempo presente ou atual (KOOGAN; HOUAISS, 1999, p. 1.090).

O emprego dos termos moderno e modernização está envolto em seculares polêmicas filosóficas e religiosas. Há quem vê o moderno e, por conseguinte, o processo de modernização como abertura e liberdade de espírito, conhecimento de fatos mais recentemente descobertos ou de ideias mais recentemente formuladas, ou seja, de forma louvável ou positiva. Por outro lado, há quem os considere como superficialidade, preocupação com a moda, amor à mudança pela mudança, tendência a se deixar levar, sem julgamento e sem inteligência do passado, pelas impressões do momento, isto é, de forma pejorativa (LALANDE, 1967, p. 647).

A modernização, portanto, pode ser analisada por distintas perspectivas. O nosso propósito é examiná-la como ação positiva ou louvável. Equivale a dizer como processo de recepção, adaptação, formulação e implantação de ideias inovadoras e que sejam benfazejas para tornar a consecução das atribuições inerentes à função de controle externo a cargo do Tribunal de Contas mais consentânea com a atualidade, com a eficiência, eficácia e efetividade, que devem nortear as ações dos órgãos e entidades públicas, bem assim, por conseguinte, com o constante crescimento quantitativo e qualitativo das necessidades de todos os membros da sociedade.

1.1 Projeções da modernização do controle externo a cargo do Tribunal de Contas

A modernização não significa transformação obrigatória – ou mesmo abandono – daquilo que já existe. A modernização, em verdade, materializa-se por meio de um processo durante o qual aquilo que for comprovadamente eficiente, eficaz e efetivo deve ser mantido até que existam fundamentos sérios e convincentes para proceder à sua modificação ou substituição (DROMI, 2005, p. 8).

A modernização do controle externo a cargo do Tribunal de Contas, como já tivemos a oportunidade de assentar, é condição *sine qua non* para um controle estratégico das contas públicas pelo Tribunal de Contas, cujo principal objetivo é proteger o interesse público e social na gestão dos bens e recursos públicos.

O controle estratégico de contas públicas é o que sabe o que fazer e como fazer. É dizer, fiscalização da atividade financeira pública feita pelo Tribunal de Contas no presente, observados os parâmetros e normas constitucionais e legais, de forma a garantir que maior parcela possível dos recursos públicos seja alocada para efetivar os direitos fundamentais plasmados na Constituição, sob a forma de prestações estatais e de serviços públicos de qualidade ao cidadão. E essa fiscalização deve ser levada a efeito com os olhos voltados para as perspectivas do futuro, mediante ações que não se descurem de padrões e experiências do passado, máxime com o auxílio da inteligência artificial, de modo a encontrar semelhanças entre operações, procedimentos, informações e dados de diferentes classes para aumentar a eficiência, eficácia e efetividade das ações do controle externo (DINIZ, 2015, p. 178-179).

Nesse contexto, o Tribunal de Contas, visando atingir um controle estratégico das contas públicas, deve efetivar, sobretudo, as seguintes ações: 1) buscar permanentemente a modernização e o aprimoramento de sua organização estrutural, de seus processos de trabalho e de seu corpo de servidores e julgadores; 2) antever e identificar variáveis e cenários tendentes a interferir na efetividade de sua atuação, com vistas a enfrentá-los e minimizar a imprevisibilidade da ocorrência de fatos futuros que possam comprometer sua atuação; 3) buscar parceria com outros órgãos ou entidades públicas, incluídos outros órgãos de controle, e organizações para criar rede de informações estratégicas, visando obter dados para nortear suas ações de fiscalização; 4) aproveitar as oportunidades, como as trazidas pelas tecnologias da informação e da comunicação (TIC), para tornar suas ações eficientes, eficazes e efetivas, bem como para municiar a sociedade e a administração pública de informações de fácil entendimento sobre a gestão pública e, dessa forma, fomentar o controle social, forte aliado do controle externo das contas públicas; 5) capacitar gestores e servidores públicos, notadamente os integrantes do sistema de controle interno da administração pública, que tem como uma de suas finalidades a atribuição de apoiar o controle externo no exercício de sua missão institucional.

Dentro do contexto delineado, a modernização do controle externo a cargo do Tribunal de Contas deve ser processada em diferentes dimensões, dentre as quais destacamos a substancial, a material e a procedimental.

A dimensão substancial diz respeito ao alcance do controle, como, por exemplo, controle de legalidade ou de conformidade (exame da adequação de um ato ou procedimento de natureza administrativa, econômica e financeira às normas de regência), controle de gestão (análise dos atos, planos e programas de um órgão ou entidade em relação ao cumprimento dos objetivos propostos, à avaliação da estratégia utilizada, à luz dos critérios de eficiência, eficácia e efetividade), que tem sido levado a efeito por meio de auditorias (operacionais, financeiras).

A dimensão material, como é intuitivo, refere-se às matérias sujeitas ao controle externo, as quais devem se compatibilizar com a dinamicidade da realidade social circundante, seja alterando o enfoque do controle das políticas, como em educação, saúde, seguridade e segurança pública, seja mediante a reformulação de matérias já existentes, seja pela inclusão de novas matérias, como as relacionadas ao meio ambiente, aos sistemas tecnológicos e informatizados dos jurisdicionados.

A dimensão procedimental, por sua vez, também como é possível intuir, refere-se à materialização dos procedimentos, modos ou métodos utilizados para executar, auxiliar e complementar o controle externo a cargo do Tribunal de Contas.

Como determinantes na modernização do controle externo, não se pode deixar de registrar que, a partir das últimas décadas do século XX, aceleraram-se e entrelaçaram-se duas revoluções silenciosas: a revolução técnica da rede mundial de computadores (internet) e a revolução do conhecimento na sociedade da informação.

Esse estado de coisas provocou crescente desenvolvimento nos domínios das tecnologias da informação e da comunicação (TIC), a chamada quarta revolução industrial ou a indústria 4.0, o que permitiu demarcar pelo menos quatro fases sucessivas de transformação das sociedades modernas: a) utilização de ferramentas computadorizadas de tratamento e armazenamento de informação, o que possibilita conexão, interação e gestão mais eficiente, eficaz, efetiva e rápida de informação desmaterializada; b) disseminação do uso de computador pessoal (PC), o que aumenta e facilita o acesso à informação; c) conexão à rede mundial de computadores (internet), verdadeira via da informação desmaterializada, em que a pessoa pode ter ligação a partir de sua própria casa ou de um simples telefone móvel, num mundo cada vez mais globalizado na partilha de informação; d) criação de redes sociais, o que garante rápida circulação de informação e informação em tempo real, põe em contato um universo que, sendo global, eliminou distâncias, sem necessidade de contato físico entre os seus membros (OTERO, 2013, p. 484).

Nessa ordem de ideias, nosso objetivo é apresentar aspectos sobre a modernização dos procedimentos utilizados pelo Tribunal de Contas do Estado de Minas Gerais (TCEMG) relacionados à utilização de ferramentas das tecnologias da informação e da comunicação (TIC), com destaque para a Política de Informações Estratégicas e de Fiscalização Integrada – Suricato.

O uso de ferramentas das TIC, com efeito, é de fundamental importância para os tribunais de contas a fim de aprimorar, tornar mais célere e modernizar o exercício do controle, bem como para induzir e facilitar a atuação do controle social, até mesmo porque a administrativa pública também vem se adaptando aos tempos modernos e se tornando cada vez mais tecnológica e eletrônica.

Esse aspecto ganha contornos exponenciais e superlativos em se tratando do TCEMG, que tem a grave missão de fiscalizar a atividade financeira de 853 municípios, distribuídos por uma área territorial equivalente a 586.513,993 km². A vasta extensão do território de Minas Gerais, segundo estado em quantidade de habitantes do país, resulta na localização de municípios que distam mais de 800 km de Belo Horizonte (como Salto da Divisa, 827 km; e Carneirinho, 822 km), onde está instalado o TCEMG. Ademais, compete-lhe fiscalizar a atividade financeira do estado, que tem o terceiro maior produto interno bruto (PIB) no rol dos entes federados brasileiros (IBGE, 2020). O TCEMG tem a responsabilidade de fiscalizar a atividade financeira de, aproximadamente, 8.985 unidades jurisdicionadas.[1]

2 A modernização procedimental do controle externo no âmbito do Tribunal de Contas do Estado de Minas Gerais (TCEMG)

Em virtude dessas peculiaridades das Alterosas,[2] o TCEMG, há tempos, procura se valer do auxílio e da complementariedade das ferramentas das TIC para tornar os seus procedimentos de trabalho e as suas ações de fiscalização mais eficientes, eficazes e efetivas. Nesse sentido, o TCEMG, a partir de meados da década de 1990, deu um salto expressivo com o intuito de informatizar seus procedimentos e suas ações de fiscalização, com amplo envolvimento e sinergia entre conselheiros e servidores. A título de exemplo, foram adquiridos mais de 300 microcomputadores e 40 *notebooks* para serem utilizados em ações de fiscalização externas e foram feitos cabeamento estruturado, com utilização de fibra óptica, com 1.300 pontos, e treinamento de 1.400 servidores em microinformática.

Esse processo de estruturação rendeu bons frutos, com o desenvolvimento de sistemas concebidos, basicamente, pelos servidores

---

[1] Segundo dados repassados pelo Suricato.
[2] O estado de Minas Gerais, em razão de seu relevo facetado por cadeias de montanhas, é também conhecido como as *Alterosas*. A Serra do Espinhaço, por exemplo, é a única cordilheira brasileira, tendo recebido essa denominação por lembrar uma gigantesca coluna vertebral.

do TCEMG. Exemplificando, por meio da Portaria nº 48/PRES./1996, de 3 de janeiro de 1996, editada pelo então presidente do TCEMG, Conselheiro Flávio Regis Xavier de Moura e Castro, foi aprovado o Manual de Instalação e Utilização do Sistema Informatizado de Parecer Prévio (SIPP). Isso possibilitou que as contas anuais de prefeito municipal, a partir do exercício financeiro de 1995, fossem prestadas, preferencialmente, por meio de dados e informações armazenados em disquete (disco flexível de mídia magnética removível largamente utilizado à época, com capacidade para armazenar dados), e não mais somente por meio de documentos em papel. Também em 1996, o TCEMG colocou em funcionamento o Sistema Gerenciador de Administração de Processos (SGAP), atual Sistema de Gestão e Administração de Processos (SGAP). Na transição para o século XXI, com a edição da Resolução nº 02, de 13 de dezembro de 2000, o TCEMG aprovou a implantação, a partir de 1º de janeiro de 2001, do Sistema Informatizado de Apoio ao Controle Externo (SIACE), para remessa, via internet e por meio de disquete ou CD-ROM, de prestações de contas anuais, dos atos de pessoal, das informações necessárias à fiscalização contábil, financeira, orçamentária, operacional, patrimonial e da gestão fiscal.

Em âmbito nacional, o ponto de viragem ou marco da modernização do controle externo e da integração entre os tribunais de contas brasileiros é o Programa de Modernização do Sistema de Controle Externo nos Estados, Distrito Federal e Municípios Brasileiros (Promoex).

A idealização do Promoex tem como embasamento o diagnóstico consubstanciado no relatório final da pesquisa de campo apresentado ao Ministério do Planejamento, Orçamento e Gestão (MPOG), em 2002, pela Fundação Instituto de Administração (FIA), que é conveniada à Faculdade de Economia, Administração e Contabilidade da Universidade de São Paulo (FEAC/USP). A pesquisa teve como objetivos o entendimento e o diagnóstico dos tribunais de contas brasileiros para serem propostas ações integradas visando ao desenvolvimento organizacional deles. Nesse relatório, foram apontados problemas e oportunidades de melhoria na atuação dos tribunais de contas brasileiros a fim de que eles pudessem promover a adequada fiscalização do cumprimento das normas estabelecidas pela Lei Complementar nº 101, de 4 de maio de 2000, mais conhecida como Lei de Responsabilidade Fiscal (LRF) (MAZZON; NOGUEIRA, 2002, p. 1-3).

O Promoex consolidou-se com a celebração de convênio entre os tribunais de contas e a União, por intermédio do Ministério do Planejamento, Orçamento e Gestão (MPOG), com o objetivo de modernizar e integrar todos os órgãos de controle externo brasileiros, com subvenção do Banco Interamericano de Desenvolvimento (BID). O Promoex foi executado de 2006 a 2013 pelo MPOG e pelos tribunais de contas, com a colaboração da Associação dos Membros dos Tribunais de Contas do Brasil (ATRICON) e do Instituto Rui Barbosa (IRB).

Dentre as principais diretrizes do Promoex, constava a efetivação de ações diretamente relacionadas às TIC. Tais diretrizes consistiam em promover ou efetivar, com destaques nas alíneas *i* e *j*: a) maior intercâmbio e colaboração entre os tribunais de contas e destes com os Poderes e órgãos governamentais; b) ações de articulação com o cidadão e a sociedade organizada (controle social); c) projeto de Lei Processual de âmbito nacional e de normas de auditoria; d) incremento no número de auditorias operacionais; e) capacitação de pessoal próprio e das unidades jurisdicionadas; f) redesenho dos métodos e processos de trabalho; g) planejamento estratégico (elaborar/revisar); h) capacitação gerencial dos membros e servidores; i) *plano estratégico de TI*; j) *revisão do parque tecnológico*; k) política de recursos humanos; l) desenvolvimento da atuação das escolas de contas (VIEIRA, 2012, p. 8).

Eis alguns dos resultados alcançados pelo Promoex: a) redução de assimetrias entre os tribunais de contas; b) interação e cooperação entre os tribunais de contas; c) capacitação nacional em auditoria operacional; d) identificação e harmonização da maioria dos pontos de controle da LRF; e) criação do Portal do Controle Externo; f) elaboração de proposta de Lei Processual Nacional para o controle externo;[3] g) aprovação de normas brasileiras de auditoria aplicada ao controle externo; h) proximidade e interlocução com o governo federal (Saúde, Previdência, Educação, Tesouro e Congresso); i) projeto piloto de auditoria operacional nas áreas de educação, saúde, saneamento básico e meio ambiente (VIEIRA, 2012, p. 8).

2.1 Política de Informações Estratégicas e de Fiscalização Integrada – Suricato

Na onda de modernização tecnológica do controle externo alavancada pelo Promoex, destacamos a instituição, no âmbito do TCEMG, da política de fiscalização integrada, por meio da Resolução

---

[3] Anteprojeto de lei processual para os tribunais de contas, elaborado por comissão de juristas brasileiros coordenada pela ATRICON, foi enviado ao Tribunal de Contas da União (TCU) para que o apresentasse ao Legislativo. O TCU entendeu, porém, que não lhe competia iniciar o processo legislativo, o que culminou com o arquivamento do anteprojeto de lei naquele órgão. Acórdão nº 2.160/2012-TCU-Plenário, de 15 de agosto de 2012.

nº 10, de 22 de junho de 2011, mediante a utilização de tecnologia da informação e o cruzamento de dados e informações, especialmente por meio da elaboração de malhas eletrônicas de fiscalização.

Essa política de fiscalização foi idealizada pelo Conselheiro Sebastião Helvecio Ramos de Castro, também grande entusiasta da utilização das ferramentas das TIC nas atividades inerentes ao controle externo, e nomeada de *Suricato*.

Por meio da Resolução nº 09, de 2 de dezembro de 2020, tal política passou a denominar-se Política de Informações Estratégicas e de Fiscalização Integrada – Suricato, que doravante será referida apenas como *Suricato*.

O Suricato compreende "conjunto de ações destinadas a assegurar a produção, gestão e disseminação de informações estratégicas para o controle externo, com o uso intensivo de tecnologia da informação, *Big Data* e procedimentos baseados na doutrina da inteligência, as quais resultem em aumento da efetividade das ações de controle externo e aprimoramento da gestão pública" (Resolução nº 09, de 2020, art. 1º).

A concepção do Suricato surgiu da ideia de fiscalizar mais e com menos recursos, portanto, de forma mais eficiente, eficaz e efetiva, sob a metodologia do modelo lógico do Instituto de Pesquisas Econômicas Aplicadas (IPEA). O nome dado à política é uma inspirada analogia ao modo de vida do suricato, animal extremamente vigilante que se protege em equipe de seus predadores.

A principal inovação do Suricato consiste em dar utilidade ao grande repositório de dados e informações do TCEMG. Esses dados e informações provêm de fontes variadas, como sistemas informatizados do próprio TCEMG, bases oriundas de órgãos, entidades e organizações parceiras, rede mundial de computadores (internet).

Essa base de dados – trabalhada de forma sistemática, adequada e tempestiva, muitas vezes compartilhada com órgãos, entidades e organizações parceiras – apresenta, entre outras utilidades, inestimável potencial para orientar a fiscalização dos recursos públicos e para o fortalecimento do controle interno de jurisdicionados e do controle social.

Os eixos de atuação do Suricato são os seguintes: a) atividade fiscalizatória; b) acompanhamento de resultado de políticas estaduais e municipais; c) ações de transparência; e d) orientação a jurisdicionados.

Nesse sentido, uma das funcionalidades do Suricato permite acesso inédito e em tempo real à base de notas fiscais eletrônicas do estado de Minas Gerais e o cruzamento das informações dela extraídas com as de outras bases de dados. Dessa forma, o TCEMG tem condições de saber de quem a administração pública comprou, o quanto pagou e o que adquiriu.

O TCEMG foi o primeiro tribunal de contas brasileiro a trabalhar com uma malha eletrônica que permite o cruzamento de dados e informações internos e externos com os dados da base da nota fiscal eletrônica (NFe) do estado de Minas Gerais.

Para Jorge Ulisses Jacoby Fernandes, o "Suricato se apresenta como o melhor sistema já concebido para alinhar os preços da Administração aos de mercado, com atuação parametrizada para a função do controle" (JACOBY FERNANDES, 2015, p. 181).

As funcionalidades do Suricato permitem conferir mais assertividade, racionalidade e tempestividade às ações de fiscalização do TCEMG, seja de forma concomitante ou sucessiva,[4] seja de forma subsequente ou *a posteriori*. Isso porque, em determinadas matérias, é possível identificar *o quê*, *quando*, *como* e *onde* fiscalizar a arrecadação e a aplicação de centenas de bilhões de reais/ano de número bastante expressivo de unidades jurisdicionadas, aproximadamente 8.985, que se encontram espraiadas por uma extensão territorial de 586.519,727 km².

Decerto, isso resultará na efetividade do controle e na melhoria da qualidade dos serviços públicos prestados à sociedade, na medida em que será possível haver: controle proativo e mais próximo à ocorrência dos fatos; transparência sobre o gasto público; redução de desperdício

---

[4] Como enfatizei alhures, no atual sistema jurídico brasileiro, não há previsão legal para a realização de controle prévio, isto é, em que a eficácia do ato fica condicionada à prévia apreciação e validação pelo órgão de controle externo, o qual foi adotado no Brasil pela Constituição de 1946 e que vigorou até o advento da Carta de 1967. Em virtude do sistema criado na Constituição de 1988, é possível inferir que a fiscalização a cargo do Tribunal de Contas é concomitante ou sucessiva e subsequente ou *a posteriori*, bem como que a fiscalização prévia foi conferida ao sistema de controle interno de cada poder ou função do Estado, no qual se insere órgão de consultoria ou de assessoria jurídica. Os efeitos do controle concomitante ou sucessivo são preventivos ou de prevenção como os do controle prévio. O controle concomitante ou sucessivo, porém, não se confunde com o controle prévio, nem mesmo em razão do referencial. Isso porque o controle prévio antecede a conclusão ou operatividade do ato. Esse momento de efetivação da fiscalização condiciona a prática do ato à apreciação e validação pelo órgão de controle externo, que deve convalidar e previamente autorizar que o ato seja praticado e produza os efeitos desejados. Diferentemente, na fiscalização concomitante ou sucessiva, o desiderato do órgão de controle é identificar irregularidades no curso da execução de ato ou procedimento da administração pública e fixar prazo para que a autoridade administrativa adote as medidas corretivas necessárias, a tempo e modo. Dessa forma, impede-se a concretização de atos ou procedimentos administrativos lesivos ao erário ou incompatíveis com as normas jurídicas de regência. DINIZ, Gilberto Pinto Monteiro. O controle externo dos contratos da administração pública pelo tribunal de contas: ensaio sobre o momento da fiscalização financeira adotado no Brasil e em Portugal. *Cadernos do Programa de Pós-Graduação em Direito – PPGDir/UFRGS*, Porto Alegre: PPGDir/UFRGS, v. IX, n. 1, p. 263-309, 2014.

e de desvios de recursos públicos; combate à corrupção; qualidade dos gastos públicos; e promoção de distribuição mais justa dos recursos públicos.

Para consolidar a política em destaque, o TCEMG construiu prédio com 3.700 m², que, conforme as disposições do art. 18 da Resolução nº 09, de 2020, recebeu a denominação de *Centro de Fiscalização Integrada e Inteligência – Suricato Conselheira Adriene Andrade*, composto de ambientes destinados: I – ao acompanhamento contínuo de dados e informações, por meio de infraestrutura tecnológica, inclusive painéis interativos (*dashboards*), que proporcionam, de forma dinâmica e objetiva, visão global ou específica de temas selecionados, com comunicação protegida e acesso restrito (Sala de Situação); II – à criação, ao estudo e ao desenvolvimento de produtos e ferramentas na área de tecnologia da informação e à análise de dados e informações para a produção de conhecimento voltados à implementação das ações do Suricato, com comunicação protegida e acesso restrito (Laboratório de Análise de Dados); III – à promoção e disseminação da cultura da inovação (Sala de Ideias e Inovação); IV – a reuniões e atividades de treinamento e capacitação (Sala Ágora); V – à disponibilização de dados e informações da gestão pública do estado e dos municípios mineiros, com vistas a fomentar o controle social (*Hall* de Interatividade).

O Suricato, em razão de sua concepção alinhada com as melhores e mais recentes práticas de controle em rede, com o auxílio imprescindível de inteligência artificial, tem ganhado reconhecimento nacional e internacional.

Em 2016, o Suricato foi finalista do 13º Prêmio Innovare, que tem como objetivo identificar, divulgar e difundir práticas que contribuam para o aprimoramento da justiça no Brasil.

Em 2020, em razão da análise diária de publicações oficiais em busca de aquisições, contratos e acordos relacionados ao combate à COVID-19, promovida pelo seu Laboratório de Análise de Dados, com o intuito de verificar se os gastos de emergência com ações e serviços públicos de saúde dos jurisdicionados do TCEMG estão sendo realizados em observância ao princípio da eficiência, o Suricato foi reconhecido como o *melhor detetive contra a fraude*, no artigo *Elemental, querido detective: ¡Es un fraude!*, escrito por Antonio Arias Rodriguez e publicado no periódico espanhol, da Comunidade Valenciana, *Levante: El Mercantil Valenciano*.

O Suricato, portanto, é importante exemplo de como as ferramentas das TIC, oriundas desse contínuo processo de transformação e atualização por que passam as sociedades contemporâneas, podem ser úteis para tornar as ações de controle externo a cargo do Tribunal de Contas mais efetivas, sempre em prol do cidadão. Compete a todos nós do TCEMG manter o Suricato atualizado e operante para que ele possa ser, cada vez mais, efetivo.

3 Conclusão

A modernização, na perspectiva escolhida para nortear as brevíssimas reflexões expostas neste texto, constitui travessia ou transição, fruto de processo estratégico que envolve passado e presente com olhos voltados para o futuro, conducente a uma abertura e liberdade de espírito, de modo a colocar em prática fatos mais recentemente descobertos ou ideias mais recentemente formuladas que sejam úteis. Essa travessia ou transição apresenta ritmo extremamente vertiginoso, em se tratando da utilização das tecnologias da informação e da comunicação (TIC), pelo fato de sofrerem constantes aprimoramentos e mutações.

A modernização, mesmo a tecnológica, no âmbito dos órgãos, entidades, organizações e corporações, não é composição ou música de uma nota só. Demanda engajamento, cooperação, integração e envolvimento do capital humano, porquanto o ser humano, principalmente o detentor de conhecimento, é imprescindível na concepção de produtos, serviços, boas práticas e na interface com a máquina.

A modernização tecnológica na seara do controle externo deve buscar soluções inteligentes, seguras e que sigam padrões internacionais mediante o constante aperfeiçoamento do capital humano e do parque tecnológico dos tribunais de contas, como também a criação de sistemas informatizados mais ágeis, eficientes, eficazes e efetivos, a fim de automatizar os processos de trabalho, dar suporte às decisões e democratizar a informação sobre a gestão pública, para que fique à disposição, de forma clara e acessível, do principal interessado: o cidadão.

O Suricato enquadra-se nesses padrões na medida em que, ao trabalhar com a construção de malhas eletrônicas a partir do cruzamento de dados e informações, incluídos os provenientes de outros órgãos, entidades e organizações parceiras, produz informações estratégicas a fim de tornar a atuação do TCEMG mais célere, efetiva e assertiva, em benefício do cidadão.

Referências

ABBAGNANO, Nicola. *Dicionário de filosofia*. Tradução da primeira edição brasileira coordenada e revista por Alfredo Bosi. Revisão da tradução e tradução dos novos textos Ivone Castilho Benedetti. 6. ed. São Paulo: Editora WMF Martins Fontes, 2012.

BRASIL. Instituto Brasileiro de Geografia e Estatística (IBGE). *Cidades e Estados*. Rio de Janeiro: IBGE, 2020. Disponível em: https://www.ibge.gov.br/cidades-e-estados/mg.html. Acesso em: 25 nov. 2021.

DINIZ, Gilberto Pinto Monteiro. *Estado de direito e controle estratégico de contas*. Belo Horizonte: Editora D'Plácido, 2015.

DINIZ, Gilberto Pinto Monteiro. O controle externo dos contratos da administração pública pelo tribunal de contas: ensaio sobre o momento da fiscalização financeira adotado no Brasil e em Portugal. *Cadernos do Programa de Pós-Graduação em Direito - PPGDir/UFRGS*, Porto Alegre: PPGDir/UFRGS, v. IX, n. 1, p. 263-309, 2014.

DROMI, Roberto. *Modernización del control público*. Madrid: Hispania Libros, 2005.

JACOBY FERNANDES, Jorge Ulisses. *Sistema de registro de preços e pregão presencial e eletrônico*. 6. ed. Belo Horizonte: Fórum, 2015.

KOOGAN, Abrahão; HOUAISS, Antônio. *Enciclopédia e dicionário ilustrado*. 4. ed. Rio de Janeiro: Seifer, 1999.

LALANDE, André. *Vocabulario técnico y crítico de la filosofia*. Tradução de Oberdan Caletti. Buenos Aires: El Ateneo, 1967.

MAZZON, José Afonso; NOGUEIRA, Roberto. *Projeto de prestação de serviço especializado para realização de pesquisa e proposição de iniciativas para adequada implantação da Lei de Responsabilidade Fiscal (LRF), pelos tribunais de contas estaduais e municipais*. São Paulo: FIA/USP (Relatório Final da Pesquisa de Campo), outubro de 2002. Disponível em: https://www.yumpu.com/pt/document/read/12710006/pesquisa-fia-usp-promoex-diagnostico-ambiente-interno. Acesso em: 26 nov. 2021.

OTERO, Paulo. *Manual de direito administrativo*. v. I. Coimbra: Almedina, 2013.

TCMG - Informativo. TCEMG: Belo Horizonte, ano V, n. 19, jan./fev. 1997.

VIEIRA, Luiz Sérgio Gadelha. A importância do intercâmbio na modernização dos tribunais de contas. *Revista do Tribunal de Contas do Município do Rio de Janeiro*, Rio de Janeiro, n. 50, maio 2012.

Informação bibliográfica deste texto, conforme a NBR 6023:2018 da Associação Brasileira de Normas Técnicas (ABNT):

DINIZ, Gilberto Pinto Monteiro. Modernização do controle externo: a exitosa Política de Informações Estratégicas e de Fiscalização Integrada (Suricato) do Tribunal de Contas do Estado de Minas Gerais (TCEMG). *In*: TERRÃO, Cláudio Couto; ANDRADE, Durval Ângelo (Coords.). *Controle externo no século XXI*: homenagem a Sebastião Helvecio - Conselheiro, educador e cidadão do mundo. Belo Horizonte: Fórum, 2022. p. 79-90. ISBN 978-65-5518-338-2.

DEMOCRACIA E TECNOLOGIA: INTELIGÊNCIA ARTIFICIAL APLICADA AO CONTROLE DE CONTAS PÚBLICAS

DURVAL ÂNGELO ANDRADE
EDILENE LOBO

> *A curadoria colaborativa de dados se tornou uma atividade central desta década. Tudo aquilo que fazemos na internet tem influência na memória coletiva. Todos têm este poder, que vem junto com a responsabilidade.*
> (Pierre Lévy)

A democracia como modelo de vivência em sociedade, pautado em regras e princípios para o pleno desenvolvimento da personalidade humana, que se vale do Estado para o cumprimento de seus objetivos, demanda gestão do patrimônio da coletividade para transformá-lo em políticas públicas destinadas à efetivação de direitos fundamentais. O controle externo dessa gestão – de natureza contábil, financeira, orçamentária, operacional e patrimonial – é atribuição constitucional dos tribunais de contas. Estes são importantes instituições do constitucionalismo democrático, incumbidas de apreciar atos que gerem receita ou despesa, fazendo-o sob os aspectos de legalidade, legitimidade, economicidade e razoabilidade.

No foco dessa missão, não se pode perder de vista a proteção do direito coletivo à boa qualidade administrativa dos governos, tratando eventuais conflitos de modo a mediá-los em busca da construção de consensos, garantindo sempre que se dê com ampla discursividade e participação dos envolvidos. Fala-se, aqui, portanto, da função resolutiva e restaurativa dos tribunais de contas, incrementada pela atuação pedagógica como investimento no futuro e ampliada pela função consultiva como prevenção de riscos, semeando confiança jurídica.

Nessa linha, observando a atuação do Tribunal de Contas de Minas Gerais (TCEMG), dedicada não somente ao julgamento das contas públicas, mas à realização de projetos otimizadores da gestão, nota-se um redirecionamento do foco para a capacitação dos administradores e o aprimoramento da ação pública, ou seja, para muito além da punição pura e simples.

Tal postura, além de atual, é consoante com a proteção da dignidade e da cidadania, porque já se sabe que é mais barato e mais eficaz investir na educação para a realização do bem comum duradouro. Em geral, o "punitivismo" é pessimista e preguiçoso, porque resume o endurecimento da pena como única solução para se combater a criminalidade e a infração à lei, enquanto fartos estudos indicam o oposto.[1] Pedro Henrique Azevedo é enfático nesse sentido:

---

[1] O 14º Congresso das Nações Unidas sobre Prevenção ao Crime e Justiça Criminal, realizado em Kyoto, no Japão, entre os dias 7 e 12 de março de 2021, trouxe recomendações voltadas à evolução do estudo do tema. O documento apresenta estratégias abrangentes para a prevenção da criminalidade, visando alcançar o desenvolvimento social e econômico. Para tal, são feitas abordagens integradas aos desafios enfrentados pelo sistema de justiça criminal. Dentre as propostas trazidas pelo Congresso, estão abordagens voltadas à garantia de acesso à justiça para todos, a construção de instituições eficazes, responsáveis, imparciais e inclusivas. O que se busca é a utilização de medidas sociais e educacionais para promover uma cultura de legalidade, respeitando identidades culturais, em consonância com a Declaração de Doha. O documento também diz sobre o estabelecimento de uma cooperação internacional, que tenha uma assistência técnica voltada a prevenir e abordar todas as formas de crime. (...) A educação de jovens para fomentar uma cultura de legalidade, como segunda recomendação, aborda a necessidade de aumentar o conhecimento social sobre o funcionamento do estado democrático de direito. E aconselha aos países que modifiquem a forma em que suas leis são apresentadas, de modo que os textos sejam adaptados para uma linguagem mais simples visando que o sistema fique mais próximo à sociedade. Além do mais, outras duas medidas devem ser tomadas para o fortalecimento do sistema jurídico, que são o combate às campanhas de desinformação, por meio do estabelecimento de padrões aptos à checagem da veracidade das informações disponibilizadas. Entende-se que ao garantir a veracidade das informações se alcançará uma maior transparência e fortalecimento das instituições públicas, possibilitando uma maior coesão social e maior facilidade em se alcançar a reintegração dos menores infratores. O compromisso dos jovens com uma sociedade de informação segura, como a última das recomendações, busca prevenir a criminalidade e fortalecer respostas legais e medidas domésticas, voltadas à proteção das vítimas (UNODC. United Nations Office on Drugs and Crime. Tradução nossa). *Fourteenth United Nations Congress on Crime Prevention and Criminal Justice*. Realizado em Kyoto, Japão, mar. 2021. Disponível em: https://www.unodc.org/documents/commissions/Congress/documents/written_statements/Member_States/A_CONF234_CRP10_Youth_Forum_V2101392_reissued.pdf. Acesso em: 09 dez. 2021.

Nesse arranjo, privilegiar-se-ão o poder informacional e as ações restaurativas, em substituição às medidas coercitivas e retributivas tradicionais, na medida em que o órgão de controle externo buscará, em um primeiro momento, a instrução dos gestores com o objetivo de fazê-los compreender o alcance e o sentido das regras e princípios jurídicos necessários para a atuação administrativa. Apenas de forma refratária, ou em casos extremos, é que se lançará mão das medidas punitivas.[2]

A competência restaurativa e pedagógica deve ter por objetivo evitar novas irregularidades. A indagação evidente, nessa quadra, é: de que adianta punir depois que o dinheiro público já foi mal utilizado? Malgrado ser uma das funções da pena evitar o cometimento do ilícito, isso quase sempre é insuficiente para impedir novas infrações. O meio mais eficaz de proteger o patrimônio público é a educação, agregando-se a ela a possibilidade de restabelecer a confiança e permitir restauração eficaz.[3]

Como disse Pedro Henrique Azevedo, "a punição, por si só, pode não trazer os efeitos preventivos esperados e necessários para o aprimoramento da Administração", realçando que "as medidas coercitivas possuem diversos efeitos colaterais", dentre os quais "o distanciamento do jurisdicionado", "incentivo à fuga do campo de visão do controlador" e "necessidade de vigilância permanente"[4] – que custa muito caro. Com efeito, "a competência pedagógica aparece como alternativa possível", alicerçada "na substituição da lente retributiva pela restaurativa", como ensinou Howard Zher.[5]

Postas essas premissas, o uso das novas tecnologias de informação para a exponenciação da função restaurativa e educativa dos tribunais de

---

[2] AZEVEDO, Pedro Henrique Magalhães. *Do controle à cooperação*: análise da competência pedagógica dos tribunais de contas como meio de aprimoramento da gestão pública. Dissertação de Mestrado em Administração Pública. Fundação João Pinheiro. Belo Horizonte, 2017, p. 112. Disponível em: http://tede.fjp.mg.gov.br/handle/tede/494. Acesso em: 07 dez. 2021.

[3] Como sugere Pedro Henrique Magalhães Azevedo, na obra comentada.

[4] AZEVEDO, Pedro Henrique Magalhães. *Do controle à cooperação*: análise da competência pedagógica dos tribunais de contas como meio de aprimoramento da gestão pública. Dissertação de Mestrado em Administração Pública. Fundação João Pinheiro. Belo Horizonte, 2017, p. 112. Disponível em: http://tede.fjp.mg.gov.br/handle/tede/494. Acesso em: 07 dez. 2021.

[5] AZEVEDO, Pedro Henrique Magalhães. *Do controle à cooperação*: análise da competência pedagógica dos tribunais de contas como meio de aprimoramento da gestão pública. Dissertação de Mestrado em Administração Pública. Fundação João Pinheiro. Belo Horizonte, 2017, p. 119. Disponível em: http://tede.fjp.mg.gov.br/handle/tede/494. Acesso em: 07 dez. 2021.

contas é uma boa ideia. Contudo, exaltar as facilidades que a revolução cibernética trouxe implica situar a necessidade de limites à escalada "transhumanista"[6] dos algoritmos.

Desde logo, na encruzilhada entre democracia e tecnologia, colocam-se em tela os problemas que o mundo digital ocasiona. A algoritmização do trabalho, por exemplo, vem revelando precarização e pulverização de empregos sustentáveis. Por sua vez, a nova arena pública criada com as redes sociais, que supostamente adjetivaria a democracia, tornando-a digital, tem servido à difusão da violência, ao *cyberbulling*, à escalada de milícias destilando ódio para obter mais dinheiro e poder, à manipulação e ao perfilamento das pessoas para dirigir-lhes as escolhas políticas.

Outra constatação grave apontada por uma pesquisa recente realizada pela *Ação Educativa e Rede Negra em Tecnologia e Sociedade* foi que: "Tecnologias digitais que usam procedimentos algorítmicos, automatização e inteligência podem promover a manutenção e até mesmo a intensificação do racismo estrutural no Brasil".[7] Esse cenário se formaria porque, "por serem baseadas em dados de larga escala, sem mecanismos de representação adequados, que possam atender às complexidades sociais, essas tecnologias podem contribuir para a sustentação do racismo".[8] Ainda, sobre os sistemas de vigilância dos grandes centros urbanos, especialmente os que se utilizam de reconhecimento facial e leitura biométrica, a pesquisa concluiu que promovem "seletividade penal e encarceramento das populações negras e de baixa renda".[9]

A par desse quadro, deve haver parcimônia no uso da tecnologia, reclamando controle para que se tenha transparência na aplicação dos algoritmos, fazendo com que as inovações sirvam à coletividade, e não o oposto. A UNESCO, inclusive, vem trabalhando com centenas de países para adotar o primeiro acordo global sobre a ética da inteligência artificial. Recentemente, anunciou que a estrutura desse documento está

---

[6] Transhumanismo é um movimento ideológico e filosófico que busca maneiras de se transcender a condição humana através de tecnologias, como a bioengenharia, a robótica, a nanotecnologia ou mesmo a inteligência artificial. Busca a amplificação do corpo e da mente humanos, seja na forma de um corpo que "performe melhor" ou, em última instância, no prolongamento indeterminado da existência.

[7] ECODEBATE. *Algoritmos e inteligência artificial podem promover o racismo no Brasil.* 06 dez. 2021. Disponível em: https://www.ecodebate.com.br/2021/12/06/algoritmos-e-inteligencia-artificial-podempromover-racismo-no-brasil/. Acesso em: 14 dez. 2021.

[8] Idem.

[9] Ibidem.

pronta: "O mundo precisa regular a #InteligênciaArtificial para que ela possa beneficiar a humanidade. A recomendação de uma ética para a #IA é uma resposta de primeira grandeza. A UNESCO apoiará seus 193 Estados-membro nessa implementação. - @AAzoulayhttps://t.co/EwSl4xfiuL #AiEthics pic.twitter.com/Gj7U50sjB5 -- Unesco #Educação #Ciência #Cultura".[10]

A utilidade da inteligência artificial (IA), por certo, não dispensa o levantamento de questões éticas fundamentais. É preciso garantir a transparência no funcionamento dos algoritmos, de forma que haja respeito aos direitos fundamentais. Trata-se de pensar "um futuro sem 'Exterminador do futuro'", como divulgou Lucas Vinícius Santos.[11]

A autonomia da inteligência artificial deve ser controlada, não somente porque ela poderia prejudicar os jurisdicionados, mas em sentido amplo de proteção à própria noção de cidadania, pilar do Estado Democrático de Direito. Como disse o Conselheiro Durval Ângelo: "A Constituição de 1988, quando afirmou os cinco pilares do Estado de direito, teve a genialidade de colocar a dignidade humana e a cidadania. Aristóteles já ensinava, há quase 2.400 anos, que ser cidadão é ter poder. E o poder emana do povo".[12]

Quando se pensa em inteligência artificial à luz desse referencial da soberania popular como limitadora do poder, vêm à tona as distopias de um estado panóptico que controla seus cidadãos por meios digitais, conforme anteviu George Orwell, ainda em 1949, no livro *1984* (2009).[13] Por isso, filósofos como Byung-Chul Han[14] e Jean-Michel Besnier[15] teorizam sobre o que pode acontecer com a humanidade se não forem estabelecidos limites para o uso da tecnologia e o resgate da necessária intermediação do mundo pelo diálogo de boa qualidade entre pessoas educadas para o mundo digital.

O risco da disrupção paira sobre a democracia. Lembrando a lição do Conselheiro Sebastião Helvecio, então presidente do Tribunal de Contas de Minas Gerais, por ocasião da posse do Conselheiro Cláudio

---

[10] Tradução nossa. Disponível em: https://twitter.com/UNESCO/status/1464156324082737062. Acesso em: 07 dez. 2021.

[11] SANTOS, Lucas Vinícius. *Unesco*: 193 países adotam primeiro acordo internacional de IA. Disponível em: https://www.tecmundo.com.br/mercado/229584-unesco-193-paises-adotam-primeiroacordo-internacional-ia.htm. Acesso em: 07 dez. 2021.

[12] ANDRADE, Durval Ângelo. *Discurso por ocasião da posse como conselheiro do Tribunal de Contas do Estado de Minas Gerais*. Belo Horizonte, 1º ago. 2018.

[13] ORWELL, George. *1984*. São Paulo: Companhia das Letras, 2009.

[14] HAN, Byung-Chul. *No enxame*. Petrópolis: Editora Vozes, 2018.

[15] BESNIER, Jean-Michel. *Demain Les Posthumains*. Paris: Librairie Pluriel, 2017.

Terrão:[16] "A nossa democracia é frágil. A nossa democracia precisa das nossas mãos, das nossas mentes e dos nossos corações para protegê-la". Traçado o teorema, visto esse admirável mundo novo como potência, ele pode e deve ser aplicado ao bem-estar das pessoas. Sem dúvida, facilitar o controle da gestão pública, direcionando-a para boas práticas na execução de políticas públicas, desvela um dos benefícios das novas tecnologias.

Sempre atento às demandas e aos riscos característicos da contemporaneidade, o Conselheiro Sebastião Helvecio é sagaz quando, em suas palestras, alerta que não podemos ser reféns de modelos, políticas de armazenamento de dados e tecnologias importados, centralizados na Califórnia. Nesse sentido, sua posição coaduna com a do reconhecido filósofo, sociólogo e pesquisador em ciência da informação e da comunicação Pierre Lévy, citado na epígrafe deste artigo. Especificamente sobre os tribunais de contas, Helvecio sempre ressalta que os dados coletados e armazenados pelo controle externo no Brasil são sensíveis e estratégicos; por isso, a importância de construirmos nossas próprias balizas nessa área.

Mirando nessa direção, Sebastião Helvecio,[17] acompanhado de sua valiosa equipe, anteviu a necessidade de se aproveitar a imensidão de dados que circulam pelo sistema de controle do TCEMG para, associando-os a outros de instituições públicas e privadas, criar uma política de fiscalização integrada a que se denominou Suricato.[18] A criação dessa ferramenta tecnológica veio em favor da evolução do controle das contas públicas, à moda do que Gonçal Mayos Solsona descreveu, ao afirmar que a evolução da humanidade emerge das profundezas do tempo, superando sua natureza animal, até escalar emancipação racional, num processo que parece antecipar o futuro, com ilustração, razão e romantismo.[19]

---

[16] HELVECIO, Sebastião. *Discurso por ocasião da posse do Conselheiro Cláudio Couto Terrão no Tribunal de Contas do Estado de Minas Gerais*. Belo Horizonte, 15 fev. 2017.

[17] Em Minas Gerais, a Constituição estabelece expressamente, em seu art. 2º, inciso VIII, que é objetivo prioritário do estado "dar assistência ao Município, especialmente ao de escassas condições de propulsão socioeconômica". Plenamente ciente desse objetivo, tendo sido deputado na IV Constituinte Mineira e signatário da Constituição do Estado de Minas Gerais, Sebastião Helvecio buscou mecanismos para dar efetividade à Constituição, em importante contribuição.

[18] NAVES, Luís Emilio Pinheiro; CARVALHO, Marílian Gonçalves de; SIMÕES, Raquel de Oliveira Miranda. Projeto Suricato – Institucionalização da Política de Fiscalização Integrada. *In*: GUERRA, Evandro Martins; CASTRO, Sebastião Ramos de (Coord.). *Controle Externo – Estudos*. Belo Horizonte: Fórum, 2012. p. 133-140.

[19] SOLSONA, Gonçal Mayos. *Ilustración y Romanticismo*. Barcelo: Herder Editorial, 2004.

O Suricato, além da utilidade dada ao grande volume de dados que circulam no tribunal, propicia interação e troca de informações. Daí a perspectiva da integração que o adjetiva. Os dados obtidos com o auxílio dos jurisdicionados oportunizam verdadeira administração consensual, na qual controlado e controlador se reúnem para alcançar finalidades comuns. Como concebido, o Suricato destina-se a quatro eixos de atuação: a) prevenção; b) concomitância no controle do resultado das políticas públicas; c) transparência dos atos de governança; e d) orientação.[20]

Aliás, a própria representação simbológica da Política de Fiscalização Integrada, que busca obter maior fiscalização com menores custos, batizada com o nome do simpático animal, ágil, vigilante e que se protege das agressões externas em equipe, é inteligente. Transforma muitas palavras numa única ideia. No centro dessa ideia está o cruzamento de dados para a geração de malhas eletrônicas de controle em tempo real, com base na nota fiscal eletrônica. Esse manejo oportuniza controle concomitante de custos e estimula planejamento. A exponenciação da ação de controle com o uso da tecnologia, superando barreiras de tempo e espaço, revela a imersão do Suricato na revolução cibernética, que traz consigo o direito de quinta dimensão voltado ao acesso à inovação tecnológica.

Deve-se aproveitar a comunicação em rede para o controle, como se discorreu, mas não somente. Vale lançar mão dela, observando sua capacidade de:

> Estimular a participação popular na gestão dos negócios públicos, aportando novos canais comunicacionais ao modelo enrijecido da atual democracia representativa em crise, a exemplo da possibilidade de visibilidade do poder por meio do acesso a informações relacionadas às práticas estatais e de seus gestores.[21]

Sob outro ângulo, é inegável que esse potencial só será verdadeiramente desenvolvido com investimento em políticas públicas destinadas à capacitação dos cidadãos para o enfrentamento do analfabetismo

---

[20] NAVES, Luís Emilio Pinheiro; CARVALHO, Marílian Gonçalves de; SIMÕES, Raquel de Oliveira Miranda. Projeto Suricato – Institucionalização da Política de Fiscalização Integrada. *In*: GUERRA, Evandro Martins; CASTRO, Sebastião Ramos de (Coord.). *Controle Externo* – Estudos. Belo Horizonte: Fórum, 2012. p. 133-140.

[21] LÔBO, Edilene; BOLZAN DE MORAIS, José Luiz. New Technologies and the current communications model in the 2018 brazilian elections. *Revista Novos Estudos Jurídicos – Eletrônica*, v. 24, n. 3, set./dez. 2019, p. 1.059. Tradução nossa.

digital, garantindo-lhes acesso a dois grandes direitos fundamentais: educação e tecnologia.[22]

Imbricar educação e tecnologia significar tecer novos direitos para novos sujeitos no mundo tecnologizado, destacando a necessidade do "desenvolvimento de habilidades para o uso adequado da tecnologia no lazer, no trabalho, na escola, na família e, fundamentalmente, na política". E, diga-se de passagem, Sebastião Helvecio, visionário que é, já antevia tal diretriz muito antes de se falar em redes sociais e educação digital quando, ainda nos idos dos anos 1970, criou, em Juiz de Fora, cidade da Zona da Mata mineira, um modelo de curso pela televisão que foi o precursor do emblemático Telecurso 2º Grau.

Em suma, o Suricato não somente incrementa as ações inteligentes de controle para aprimoramento da gestão pública, como promove ações pedagógicas, valorizando a educação digital em defesa da democracia e da inclusão do povo na gestão dos negócios públicos. Essas ações resumem o importante legado do Suricato.

Numa última palavra, o Conselheiro Sebastião Helvecio fez da defesa da democracia sua mais proeminente bandeira, e não seria diferente quando idealizou o Suricato. Firme nessa vida profícua, o uso de novas tecnologias deve ser atrelado à salvaguarda da democracia. É este o lema.

Informação bibliográfica deste texto, conforme a NBR 6023:2018 da Associação Brasileira de Normas Técnicas (ABNT):

ANDRADE, Durval Ângelo; LOBO, Edilene. Democracia e tecnologia: inteligência artificial aplicada ao controle de contas públicas. *In*: TERRÃO, Cláudio Couto; ANDRADE, Durval Ângelo (Coords.). *Controle externo no século XXI*: homenagem a Sebastião Helvecio - Conselheiro, educador e cidadão do mundo. Belo Horizonte: Fórum, 2022. p. 91-98. ISBN 978-65-5518-338-2.

---

[22] LÔBO, Edilene; BOLZAN DE MORAIS, José Luiz. New Technologies and the current communications model in the 2018 brazilian elections. *Revista Novos Estudos Jurídicos – Eletrônica*, v. 24, n. 3, set./dez. 2019, p. 1.060. Tradução nossa.

A ATUAÇÃO DO CONTROLE EXTERNO NA POLÍTICA PÚBLICA DA EDUCAÇÃO

CEZAR MIOLA

> *A participação dos Tribunais de Contas na avaliação de políticas públicas (...) celebra uma nova visão dialógica, não sancionadora e pautada na participação das partes interessadas na política pública em análise, visando maior relevância e impacto na escolha de atitudes que melhoram a qualidade de vida das pessoas.*
> (Sebastião Helvecio Ramos de Castro e Renata Ramos de Castro)[1]

> *Só existirá democracia no Brasil no dia em que se montar no país a máquina que prepara as democracias. Essa máquina é a da escola pública.*
> (Anísio Teixeira)

Introdução

A Constituição Brasileira, em sua redação original, definiu que o plano nacional de educação deveria ser estabelecido por lei, com duração plurianual. Da mesma forma, a Lei de Diretrizes e Bases da Educação – LDB (Lei Federal nº 9.394/1996), em seu artigo 87, §1º, determinou à União encaminhar ao Congresso Nacional esse plano,

---

[1] Trecho extraído do artigo *Avaliação de políticas públicas: uma nova fronteira para o Controle Externo e pilar estruturante da democracia* (CASTRO; CASTRO, 2021).

com diretrizes e metas para os dez anos seguintes, no prazo de um ano de sua publicação.[2]

Em 09 de janeiro de 2001, essa determinação foi plenamente cumprida com a promulgação da Lei Federal nº 10.172/2001, que estabeleceu o primeiro Plano Nacional de Educação (PNE/2001) com força de lei. A redação do artigo 214 da Constituição, alterada pela Emenda nº 59/2009, constitucionalizou, por fim, a edição, por lei, de um plano nacional de educação de duração de dez anos.

A existência de um plano decenal possui destacada importância na definição dos rumos das políticas educacionais como política de Estado, e não apenas de governo. Inclusive, nenhuma outra política pública foi tantas vezes mencionada na carta constitucional, além de ter previsão expressa de vinculação de recursos públicos por parte da União, dos estados e dos municípios. Apesar disso, a absoluta prioridade ao direito à educação de crianças e jovens, de que trata o artigo 227, *caput*, ainda está longe de ser plenamente alcançada.

Com o fim da vigência do PNE/2001 e após amplo debate com a sociedade (VIEIRA, 2010, p. 811), foi aprovada a Lei Federal nº 13.005/2014 (PNE/2014), com vigência entre 2014 e 2024, para instituir o segundo Plano Nacional de Educação. Com 20 metas e 254 estratégias, ainda não se vislumbra o seu pleno cumprimento, faltando apenas três anos para o término do seu prazo de vigência.

Diferentemente do anterior, o PNE atual contou com significativa adesão (pelo menos formal) por parte dos estados e municípios. No entanto, permanecem as dificuldades para implementação do texto da lei em medidas concretas, com desafios em relação ao planejamento, gestão, governança e financiamento.

Inclusive, muitos dos desafios, que já existiam antes de 2020, foram potencializados com a grave crise sanitária que afetou o mundo inteiro. A pandemia de COVID-19 implicou o fechamento das escolas e a adoção do ensino remoto/híbrido de forma abrupta e por período prolongado, o que exigiu dos professores e gestores escolares uma adaptação, em tempo recorde, às novas ferramentas digitais, às formas diversas de distribuir o conteúdo pedagógico, corrigir a lição de casa e se comunicar com alunos, pais e responsáveis.

De acordo com a publicação *Education at a Glance 2021*, divulgada em setembro pela OCDE (OECD, 2021), o Brasil é o país onde as escolas permaneceram fechadas por mais tempo em 2020 entre os 35 países

---

[2] Diário Oficial da União, de 23.12.1996.

analisados. Enquanto a média dos países da OCDE foi de 48 dias, no Brasil foram 178 dias sem aulas presenciais.[3]

O estudo do UNICEF e do CENPEC divulgado em abril mostra que, em novembro de 2020, aproximadamente 1,4 milhão de crianças e adolescentes de 6 a 17 anos (sem incluir pré-escola, portanto) estavam fora da escola (remota ou presencial) e outros 3,7 milhões afirmaram estar vinculados a alguma unidade, mas não tiveram atividades escolares disponibilizadas na semana anterior à realização da pesquisa. Assim, estima-se que mais de 5,1 milhões de crianças e adolescentes tiveram seu direito à educação negado em 2020[4] (UNICEF; CENPEC, 2021).

O início do ano letivo de 2021 foi uma continuação do cenário registrado em 2020. A reabertura das escolas públicas para atividades presenciais começou a se concretizar de forma mais substancial, mas não total, somente a partir do segundo trimestre, sendo que muitas permanecem com o sistema híbrido e algumas ainda não reabriram suas portas às aulas presenciais.

Tendo como referência o mês de abril de 2021, período marcado pelo ápice da segunda onda de COVID-19 no país, o estudo *Permanência Escolar na Pandemia*, realizado pelo Comitê Técnico da Educação do IRB (CTE-IRB) e pelo Interdisciplinaridade e Evidências no Debate Educacional (Iede), revela que, no 5º ano do ensino fundamental, a média de participação dos estudantes das redes municipais em aulas *on-line* e/ou entregando as atividades propostas pelas escolas foi de 92,5% e, no 9º ano, de 90,1% (CTE-IRB; IEDE, 2021). Ou seja, em média, um a cada dez alunos do 9º ano estava em risco de evasão do sistema, o que indica um retrocesso nos avanços alcançados nos últimos anos em termos de acesso de crianças e adolescentes de 6 a 14 anos à escola, cujos dados pré-pandemia indicavam estar praticamente universalizado.

Em outra perspectiva: estimativas do Banco Mundial do início deste ano indicam que a pandemia pode fazer com que o percentual de crianças no Brasil que não aprenderão a ler na idade adequada se eleve para 70%, sugerindo que ocorram atrasos de mais de um ano na aprendizagem da criança em relação à sua faixa etária.

Os tribunais de contas e as entidades do sistema de controle externo possuem um grande encargo para se efetivar o que a Constituição e a legislação nacional definiram e ajudar a superar os grandes desafios que ainda existem na área da educação pública. Embora não integrem

---

[3] O dado leva em consideração a educação infantil e os anos iniciais do ensino fundamental.
[4] O estudo baseou-se nos dados da pesquisa do IBGE PNAD-Covid19, de novembro de 2020.

as instâncias de execução e de monitoramento previstas expressamente no artigo 5º do PNE/2014, os órgãos de controle, dadas as suas competências (art. 71 da Constituição de 1988), exercem o controle quanto à implementação dessa política pública, podendo atuar de forma proativa e indutora na sua concretização.

E aqui se coloca uma oportunidade para destacar, particularmente, o notável processo de fortalecimento do Instituto Rui Barbosa (IRB), entidade que reúne os tribunais de contas brasileiros, com a investidura do Conselheiro Sebastião Helvecio Ramos de Castro na sua presidência, a partir do início de 2014, ano em que o segundo PNE entrou em vigor.

O trabalho, que já vinha rico e extremamente colaborativo em relação ao sistema de controle externo (sobretudo desde a execução do Programa de Modernização do Sistema de Controle Externo dos Estados, Distrito Federal e Municípios Brasileiros – Promoex), ganhou uma ainda maior dimensão de grandeza e qualidade.[5]

Nas diversas vice-presidências temáticas e nos comitês especializados, o IRB fez múltiplos e arrojados movimentos pela capacitação de membros e técnicos dos tribunais de contas, sem descurar dos próprios agentes públicos alcançados pelo controle. Foram ações inspiradoras, lideradas por Sebastião Helvecio, que incluiriam o próprio sistema, universidades, pesquisadores, organizações da sociedade.

É nesse contexto que também se desencadeou, por assim dizer, uma nova leitura sobre a dimensão do olhar do controle externo em relação à política pública da educação. Em mira, não apenas a aferição formal dos investimentos públicos e a sua conformação com o ordenamento jurídico, mas a análise do desempenho material, apreciando-se os resultados, ou seja, as entregas à população, desde o enfrentamento do analfabetismo crônico, passando pela universalização do acesso, o combate ao abandono e à evasão, o aprendizado na idade certa e tantos outros desafios.

O fato é que passamos a outro patamar nessa abordagem, a partir da liderança pelo exemplo de um agente do controle que, para além da condição de "fiscal", se conduziu como verdadeiro educador, em sua ampla dimensão.

---

[5] Tendo acompanhado parte desse processo na condição de vice-presidente do IRB entre 2014 e 2017, posso afirmar a respeito.

1 Os tribunais de contas e a atuação indutora na área da política pública da educação

Os tribunais de contas atuam na fiscalização contábil, financeira, orçamentária, operacional e patrimonial dos administradores e demais responsáveis por dinheiros, bens e valores públicos da administração direta e indireta, tanto nos municípios quanto nos estados, no Distrito Federal e na União, sob os aspectos da legalidade, legitimidade e economicidade. É por meio dos recursos públicos, fiscalizados pelos tribunais de contas, que o estado garante um mínimo existencial para a população, representado por serviços públicos (CUNDA, 2011, p. 114).

É bem verdade que a escolha das prioridades alocativas, considerada a restrição das receitas públicas disponíveis para investimento, deve ser realizada pelo Legislativo e pelo Executivo, e isso deve ser respeitado pelos órgãos de controle (QUEIROZ, 2009, p. 71). A estes cabe apenas verificar se as ações empreendidas pelo governo estão atingindo os objetivos escolhidos, sob os aspectos da legalidade, legitimidade, economicidade, eficiência e eficácia, emitindo recomendações para melhoria no curso de ação, quando necessário.

Contudo, no Estado Democrático de Direito, os governantes estão submetidos às disposições da Constituição, de forma que as políticas a serem priorizadas devem observar os mandamentos constitucionais. Assim, se a Lei Fundamental determina que deve ser oferecida educação básica obrigatória à população, de forma gratuita (art. 208, I, da CRFB de 1988), deve ser feita previsão orçamentária consentânea a esse atingimento gradual, com a efetiva alocação de recursos financeiros. Políticas que não desfrutam de prioridade do ponto de vista constitucional deverão aguardar o cumprimento das que são prioritárias (BARCELLOS, 2005, p. 90).

Uma vez que "as escolhas em matéria de gastos públicos não são completamente livres à discricionariedade política" (BARCELLOS, 2005, p. 90), tanto que há a previsão de percentuais mínimos de recursos a serem aplicados em educação, abre-se a possibilidade de que os tribunais de contas possam exercer controle, inclusive, sobre a omissão do governo quanto à implementação de políticas públicas. E o Plano Nacional de Educação, assim como os Planos Estaduais e Municipais, são instrumentos para a implementação da política de educação, não apenas podendo, mas devendo, ter seu cumprimento monitorado e fiscalizado por esses órgãos, dentro da missão que lhes outorgou a Carta Constitucional.

A atuação dos órgãos de controle não se restringe à fiscalização da adequada aplicação dos recursos públicos e da legalidade das ações dos gestores públicos; há a possibilidade de se exercer uma atuação indutora quanto a melhorias nos resultados educacionais.

Diálogo com os entes públicos, oferta de capacitações, realização de estudos, produção de diagnósticos, realização de auditorias de viés operacional, promoção de campanhas de sensibilização e engajamento social são exemplos importantes da atuação indutora que esses órgãos vêm desempenhando na área da educação.

2 Atuação do sistema dos tribunais de contas

Sobretudo a partir da edição do PNE/2014, os tribunais de contas vêm ampliando seu espectro de atuação nesse tema, sempre com foco no pleno cumprimento das metas educacionais.

Muitos são os trabalhos em que se evidencia a atuação dos tribunais de contas na busca pela melhoria do acesso e da qualidade da educação às crianças e adolescentes do país. A seguir, são listadas algumas iniciativas realizadas por diferentes TCs durante a pandemia de COVID-19. *A ilustração, que não é exaustiva, busca apresentar, exemplificativamente*, importantes atuações nesse período recente, evidenciando o papel proativo, fiscalizador e indutor de boas práticas na área da política pública da educação[6] por todas as nossas cortes de contas.

3 Fiscalização nos temas de alimentação e transporte escolar

Os tribunais de contas dos estados de Goiás (TCE-GO) e do Rio Grande do Sul (TCE-RS) realizaram procedimentos de fiscalização nas áreas de alimentação escolar, com o objetivo de verificar a oferta de gêneros alimentícios aos estudantes durante o período de aulas remotas.

Contratos de transporte escolar firmados pelos estados e municípios também foram foco de fiscalização de tribunais de contas, tais como o do estado de Mato Grosso (TCE-MT) e do Rio Grande do Sul (TCE-RS), ao longo de 2020 e 2021.

---

[6] As informações foram coletadas junto às áreas técnicas dos tribunais de contas e compiladas no relatório *Síntese das Ações de Tribunais de Contas na Área da Educação durante a Pandemia*, do Comitê Técnico da Educação do IRB (CTE-IRB, 2021).

4 Levantamentos sobre acesso e aprendizagem dos estudantes

Nesse período de pandemia, o Tribunal de Contas do Estado de Goiás (TCE-GO) realizou dois levantamentos junto à Secretaria de Educação do Estado para analisar as condições da oferta de ensino *on-line* aos estudantes; da formação adequada aos professores para ministrar os conteúdos e exercer as demais atividades pedagógicas de forma remota; e das ações necessárias para garantir o retorno dos estudantes às escolas.

Já o Tribunal de Contas do Município de São Paulo (TCM-SP) realizou, entre os meses de maio e julho de 2021, uma pesquisa *on-line* dirigida a mães, pais ou responsáveis pelos alunos matriculados nas escolas da rede pública municipal da cidade de São Paulo. O objetivo foi coletar informações sobre as condições de ensino oferecidas durante a pandemia de COVID-19. Os resultados obtidos permitiram identificar pontos de risco e, consequentemente, o aprimoramento do planejamento de futuras auditorias.

Ainda, o Tribunal de Contas do Estado de Minas Gerais (TCEMG) realizou a aplicação de questionários aos municípios e à rede estadual de ensino para avaliar questões como as práticas pedagógicas durante o período de suspensão das aulas presenciais; a atuação e formação dos professores; o retorno às atividades presenciais; a busca ativa, entre outras.

Cita-se, ainda, o projeto *Fortalecimento da Educação no Estado do Pará*, tendo o TCMPA à frente da iniciativa, que objetiva estimular ações que resultem na melhoria da qualidade da educação e no fortalecimento das políticas públicas de educação no estado do Pará.

A execução ocorre por meio de coletas de informações que indiquem a realidade educacional do local, diagnóstico dos dados coletados e proposição de soluções que visem à elevação dos índices de desenvolvimento da educação, sem prejuízo do cumprimento da missão institucional, de orientar e fiscalizar a aplicação dos recursos públicos.

Um termo de cooperação técnica entre o Tribunal de Contas do Amapá (TCE-AP) e o Tribunal de Contas dos Municípios do Pará (TCMPA) vem possibilitando ao TCE-AP acompanhar a execução desse programa voltado para a área da educação.

5 Busca Ativa Escolar

O Tribunal de Contas do Estado de Mato Grosso (TCE-MT) recomendou aos gestores municipais da sua jurisdição a renovação da adesão à plataforma Busca Ativa Escolar, do UNICEF e da Undime, em parceria com Congemas e Conasems, e a devida implantação da metodologia orientada pela estratégia.

6 Acordos de cooperação interinstitucionais

Os tribunais de contas de Goiás (TCE-GO e TCMGO), de Mato Grosso do Sul (TCE-MS) e de Rondônia (TCE-RO) participam, em seus respectivos estados, dos Gabinetes de Articulação para Enfrentamento da Pandemia na Educação (GAEPEs) – GAEPE-GO, CAEPE-MS[7] e GAEPE-RO.

Os GAEPEs são uma iniciativa inédita que, a partir do diálogo e da articulação, une os atores relacionados à política pública de educação, na busca por soluções para a redução dos impactos da pandemia no ensino. Sua atuação é capaz de apoiar os gestores nas tomadas de decisão ágeis e eficazes no enfrentamento à pandemia, com maior segurança jurídica. Idealizado e coordenado pelo Instituto Articule, a iniciativa é resultado de um acordo de cooperação com a Associação dos Membros dos Tribunais de Contas do Brasil (Atricon) e o Instituto Rui Barbosa (IRB), por meio do Comitê Técnico da Educação do Instituto Rui Barbosa (CTE-IRB).

7 Monitoramento do Plano Nacional de Educação e dos planos subnacionais

O Tribunal de Contas do Estado de Santa Catarina (TCE/SC) possui painéis eletrônicos de acompanhamento que permitem monitorar em tempo real a aplicação das metas do Plano Nacional de Educação nas escolas da rede pública dos 295 municípios e na rede pública estadual.

---

[7] No estado de Mato Grosso do Sul, o gabinete foi instituído com o nome Comitê de Articulação para Efetividade da Política Educacional no Estado de Mato Grosso do Sul – CAEPE MS.

8 A associação dos membros dos tribunais de contas do Brasil e o Instituto Rui Barbosa

Além das ações específicas desenvolvidas pelos tribunais de contas nos âmbitos locais, há também uma grande mobilização em prol da educação pelas entidades representativas do sistema de controle externo, dentre elas a Associação dos Membros dos Tribunais de Contas do Brasil, que congrega os membros, e o Instituto Rui Barbosa, que reúne os próprios tribunais.

Em 2015, a Atricon editou a Resolução nº 03/2015, em que foram definidas diretrizes para controle externo nas despesas com educação. O objetivo do trabalho foi disponibilizar um referencial para que os tribunais de contas aprimorassem seus regulamentos, procedimentos, ferramentas e práticas no que se refere ao controle externo dos recursos destinados à educação, com foco no Plano Nacional de Educação.

Em 2016, as duas entidades celebraram acordo de cooperação com o Ministério da Educação (MEC) e o Fundo Nacional de Desenvolvimento da Educação (FNDE), tendo por objetivo fiscalizar o cumprimento das metas do PNE. Esse acordo, com grande significado também na dimensão político-institucional, trouxe como frutos ainda mais engajamento dos tribunais de contas e uma articulada interlocução com o MEC. A vigência desse instrumento se encerrou em 2019, mas está em vias de ser repactuado, com ampliação em seu escopo.

Como corolário da normativa editada pela Atricon e do acordo de cooperação com MEC e FNDE, ainda no ano de 2016, foi criado um grupo de trabalho conjunto Atricon-IRB para realizar o cumprimento dos termos nele colocados. Esse grupo produziu um relatório final, propondo, inclusive, matrizes de controle para os tribunais de contas, além de ter iniciado o desenvolvimento do *software* TC Educa.[8]

A qualidade das informações públicas, em especial sobre os custos da educação, levou a um movimento das mencionadas entidades associativas pelo fortalecimento do Sistema de Informações sobre Orçamentos Públicos na Educação (SIOPE). Para tornar mais fidedignos os dados ali declarados pelos gestores públicos, o FNDE firmou acordo de cooperação, em 2017, com Atricon e IRB, viabilizando aos tribunais de contas aderentes a validação das informações lançadas por seus jurisdicionados ao SIOPE.

---

[8] O *software* permite o monitoramento das metas 1, 2 e 3 do Plano Nacional de Educação e se propõe a expedir alertas quanto ao desatendimento ou ao risco de descumprimento das metas do PNE nele contempladas (https://tceduca.irbcontas.org.br).

Paralelamente a isso, os TCs buscaram também aprimorar suas próprias rotinas e processos de fiscalização, o que foi feito com o apoio do projeto Marco de Medição de Desempenho (MMD-TC), que busca demonstrar e comunicar o valor e os benefícios dos tribunais de contas para a sociedade, disseminando a contribuição destes para o fortalecimento à gestão pública, à promoção da boa governança, ao fomento à transparência e ao combate à corrupção. Também melhora o compartilhamento do conhecimento e de boas práticas, monitora e aprimora o desempenho e busca a excelência nos serviços prestados pelos tribunais, sistematizando e harmonizando sua atuação.[9]

Com o encerramento das atividades do GT Atricon-IRB, no final de 2017, as entidades associativas entenderam pela necessidade de um grupo permanente na área da educação que pudesse continuar o acompanhamento dessas ações nacionais, além de outras a serem desenvolvidas.

9 Comitê Técnico da Educação do Instituto Rui Barbosa (CTE-IRB)

Em 2018, o Instituto Rui Barbosa constituiu o Comitê Técnico da Educação, atualmente composto por representantes de 14 tribunais de contas brasileiros, incluindo o Tribunal de Contas da União.

O CTE-IRB, desde a sua concepção, vem desenvolvendo ações voltadas a contribuir para a atuação dos próprios tribunais e de seus jurisdicionados. Realiza estudos, elabora notas técnicas e celebra parcerias, tudo em prol da melhoria da educação, com suporte em evidências. Esses materiais visam criar subsídios para a atuação conjunta, em nível nacional, ou no âmbito de cada tribunal de contas.

Esse período recente reforçou a importância da articulação entre os setores ligados a políticas públicas, como educação, saúde e assistência, com a participação da sociedade. Parcerias entre o CTE-IRB e o UNICEF, o CNMP, o Instituto Articule e o Interdisciplinaridade e Evidências no Debate Educacional (Iede) são alguns exemplos dessas ações conjuntas que vêm sendo realizadas no âmbito do controle externo.

---

[9] Mais informações sobre o MMD-TC e as edições realizadas podem ser encontradas em: http://qatc.atricon.org.br/wp-content/uploads/2015/04/apresenta%C3%A7%C3%A3o-MMD-TC-ciclo-2019-XXX-Congresso-da-Atricon-I-Congresso-Internacional-dos-TCs-13-11-2019-prezi.pdf.

10 Parcerias com o Interdisciplinaridade e Evidências no Debate Educacional (Iede)

A parceria entre o CTE-IRB e o Iede, com a participação dos tribunais de contas, resultou em três grandes estudos entre 2019 e 2021. O primeiro deles, o *Educação que Faz a Diferença*, contou com a participação de todos os 28 TCs com jurisdição municipal e mapeou as redes de ensino municipais do país com bons resultados no ensino fundamental, identificando as boas práticas de gestão e de acompanhamento pedagógico e administrativo adotadas pelas mesmas. O projeto também buscou reconhecer aquelas que vêm obtendo desempenho diferenciado nessa etapa de ensino como forma de motivação para continuarem engajadas na busca pela educação de qualidade (CTE-IRB; IEDE, 2020a).

O segundo projeto já teve como contexto o período da pandemia. O *A educação não pode esperar* surgiu em decorrência do isolamento social e fechamento das escolas causados pela pandemia de COVID-19. Esse estudo buscou realizar um levantamento sobre as ações adotadas pelas redes de ensino durante o período de suspensão das aulas (CTE-IRB; IEDE, 2020b). Na sequência, o *Planejamento das redes de ensino para a volta às aulas presenciais: saúde, permanência e aprendizado* complementou o estudo anterior, oferecendo um recorte mais detalhado e específico de determinadas situações abordadas no primeiro relatório (CTE-IRB; IEDE, 2020c).

Em 2021, surgiu então o *Permanência escolar na pandemia*. Com a adesão de 30 tribunais de contas, foi possível fazer um extenso levantamento acerca da participação dos estudantes nas atividades pedagógicas proporcionadas pelas escolas no período de aulas remotas. O estudo usou como referência o mês de abril de 2021, e a amostra abrangeu cerca de 1,2 mil redes de ensino municipais e estaduais[10] (CTE-IRB; IEDE, 2021).

11 Memorando de entendimento com CNMP e UNICEF

Outra ação do CTE é a parceria entre IRB-Atricon-CNMP-UNICEF, tendo como objetivo uma atuação conjunta no enfrentamento da exclusão e do fracasso escolar. O memorando de entendimentos prevê ações de

---

[10] Todos os estudos, na íntegra, podem ser encontrados na página oficial do CTE-IRB: www.projetoscte.irbcontas.org.br.

colaboração incluindo capacitação, monitoramento, engajamento e mobilização dos gestores públicos municipais, distritais e estaduais e outros agentes para enfrentamento da exclusão escolar e da cultura do fracasso escolar na educação básica. O CTE-IRB atua como representante da Atricon e do IRB no projeto.[11]

12 Acordos de cooperação com o Instituto Articule – GAEPEs estaduais e GAEPE Brasil

Em 06 de fevereiro de 2020, foi firmado Acordo de Cooperação entre Atricon, IRB e Instituto Articule, cujo objeto é desenvolver metodologias de melhoria dos instrumentos de avaliação da política pública de educação. Para tanto, foi prevista a criação de um laboratório de inovação para articulação interinstitucional, tendo por escopo aperfeiçoar a governança multissetorial e multinível, mediante diálogo, pactuação e monitoramento entre os atores responsáveis por sua execução e controle.

Foram idealizados laboratórios de inovação para articulação interinstitucional, os quais, em razão do fechamento das escolas motivado pela pandemia de COVID-19, passaram a ser denominados de Gabinetes de Articulação para o Enfrentamento da Pandemia na Educação. Nessas instâncias de discussão, os poderes de estado locais, em conjunto com os gestores públicos, deliberam e estudam propostas para reduzir o impacto da pandemia na educação, com especial olhar para o tema do abandono e evasão.

Atualmente, estão em atividade GAEPEs nos estados de Rondônia, Goiás e Mato Grosso do Sul. Os órgãos e entidades que integram esses GAEPEs estaduais, em geral, são os tribunais de contas estaduais e municipais (onde houver); Poder Judiciário estadual; Ministério Público estadual; Defensoria Pública; Secretaria de Estado da Educação; Conselho Estadual da Educação; União dos Dirigentes Municipais em Educação (Undime); União dos Conselhos Municipais de Educação (UNCME); gestores escolares; e organizações da sociedade civil.

Em face das experiências exitosas dos GAEPEs estaduais, Atricon, IRB e Instituto Articule resolveram estender essa iniciativa para o âmbito nacional, em novo instrumento, firmado em 20 de agosto de 2020. Novamente, o objeto é a cooperação técnico-científica voltada à implantação de Gabinete de Articulação para Enfrentamento dos Efeitos

---

[11] Mais informações em www.projetoscte.irbcontas.org.br.

da Pandemia na Educação no Brasil – GAEPE Brasil, no intuito de promover o diálogo interinstitucional entre organizações com atuação em âmbito nacional para pactuação de medidas emergenciais durante e pós-pandemia, além da edição de notas técnicas, estudos e recomendações para tratamento de problemas crônicos do sistema educacional. O GAEPE Brasil é integrado por diversos órgãos e entidades.[12]

Conclusão

A Constituição assegura, com absoluta prioridade, o direito à educação de crianças, adolescentes e jovens, prevendo, para tanto, a edição de um plano de caráter decenal, com diretrizes e metas que permitam atingir esse objetivo.

Os tribunais de contas podem desenvolver um importante papel para concretizar o que a Constituição e a legislação nacional definiram para essa política pública. Embora não integrem as instâncias de execução e de monitoramento previstas expressamente no artigo 5º do PNE, tais órgãos, dadas as suas competências (art. 71 da Constituição de 1988), exercem o controle quanto à implementação dessa política, podendo atuar de forma proativa e indutora na sua concretização.

Quando se trata do direito à educação, a rigor não há espaços às escolhas tipicamente discricionárias, uma vez que a própria Lei Fundamental estabelece percentuais mínimos de recursos a serem aplicados. Dessa forma, se foi dada prioridade à oferta de educação básica obrigatória, deve ser contemplada previsão orçamentária consentânea a esse atingimento, devendo políticas que não desfrutam da mesma precedência constitucional aguardar o cumprimento das que são prioritárias.

Nesse sentido, abre-se então a possibilidade de que os órgãos de controle possam contribuir na correção de rumos, agindo como agentes indutores da implementação dos planos estaduais e municipais e, por consequência, do Plano Nacional de Educação.

Além do trabalho desenvolvido pelas cortes de contas, também as entidades representativas dos membros e dos tribunais têm realizado uma grande mobilização por avanços nessa seara. Assim é que a Atricon e o IRB vêm editando diretrizes e disponibilizando referenciais para que as cortes de contas aprimorem seus regulamentos, procedimentos,

---

[12] Mais informações em https://gaepebrasil.com.br/.

ferramentas e práticas no que se refere ao controle da implementação das políticas públicas.

Referências

BARCELLOS, Ana Paula. Neoconstitucionalismo, Direitos fundamentais e controle das políticas públicas. *Revista de Direito Administrativo*, Rio de Janeiro, n. 240, p. 83-103, abr./jun. 2005. Disponível em: http://bibliotecadigital.fgv.br/ojs/index.php/rda/article/view/43620/44697. Acesso em: 02 jul. 2021.

CASTRO, Sebastião Helvecio Ramos de; CASTRO, Renata Ramos de. Avaliação de políticas públicas: uma nova fronteira para o Controle Externo e pilar estruturante da democracia. *Revista Controle*, Fortaleza, v. 19, n. 1, p. 21-38, jan./jun. 2021. Disponível em: https://www.researchgate.net/publication/348535249_Avaliacao_de_politicas_publicas_uma_nova_fronteira_para_o_Controle_Externo_e_pilar_estruturante_da_democracia. Acesso em: 02 dez. 2021.

CTE-IRB – COMITÊ TÉCNICO DA EDUCAÇÃO DO INSTITUTO RUI BARBOSA. *Síntese das Ações de Tribunais de Contas na Área da Educação durante a Pandemia*. 2021. Disponível em: https://projetoscte.irbcontas.org.br/wp-content/uploads/2021/11/Acoes-de-Tribunais-de-Contas-na-area-da-educacao_final.pdf. Acesso em: 01 dez. 2021.

CTE-IRB – COMITÊ TÉCNICO DA EDUCAÇÃO DO INSTITUTO RUI BARBOSA; IEDE – INTERDISCIPLINARIDADE E EVIDÊNCIAS NO DEBATE EDUCACIONAL. *Educação que Faz a Diferença*. 2020a. Disponível em: https://projetoscte.irbcontas.org.br/wp-content/uploads/2020/06/LivroEQFD.pdf. Acesso em: 26 nov. 2021.

CTE-IRB – COMITÊ TÉCNICO DA EDUCAÇÃO DO INSTITUTO RUI BARBOSA; IEDE – INTERDISCIPLINARIDADE E EVIDÊNCIAS NO DEBATE EDUCACIONAL. *A Educação não pode esperar*: ações para minimizar os impactos negativos à educação em razão das ações de enfrentamento ao novo coronavírus. 2020b. Disponível em: https://projetoscte.irbcontas.org.br/wp-content/uploads/2020/06/Estudo_A_Educa%C3%A7%C3%A3o_N%C3%A3o_Pode_Esperar.pdf. Acesso em: 26 nov. 2021.

CTE-IRB – COMITÊ TÉCNICO DA EDUCAÇÃO DO INSTITUTO RUI BARBOSA; IEDE – INTERDISCIPLINARIDADE E EVIDÊNCIAS NO DEBATE EDUCACIONAL. *Planejamento das redes de ensino para a volta às aulas presenciais*: saúde, permanência e aprendizado. 2020c. Disponível em: https://projetoscte.irbcontas.org.br/wp-content/uploads/2020/08/Estudo_Iede_CTE-IRB_PlanejamentoVoltaAsAulas.pdf. Acesso em: 26 nov. 2021.

CTE-IRB – COMITÊ TÉCNICO DA EDUCAÇÃO DO INSTITUTO RUI BARBOSA; IEDE – INTERDISCIPLINARIDADE E EVIDÊNCIAS NO DEBATE EDUCACIONAL. *Permanência Escolar na Pandemia*. 2021. Disponível em: https://irbcontas.org.br/wp-content/uploads/2021/11/permanencia-escolar-na-pandemia.pdf. Acesso em: 26 nov. 2021.

CUNDA, Daniela Zago Gonçalves. Controle de políticas públicas pelos tribunais de contas: tutela da efetividade dos direitos e deveres fundamentais. *Revista Brasileira de Políticas Públicas*, Brasília, v. 1, n. 2, p. 111-147, jul./dez. 2011.

OECD – ORGANISATION FOR ECONOMIC CO-OPERATION AND DEVELOPMENT. *Education at a Glance 2021*. Paris: OCDE, 2021. Disponível em: https://www.oecd-ilibrary. org/docserver/b35a14e5-en.pdf?expires=1637946576&id=id&accname=guest&checksum =4526E4FEEE7BE5646483BFA7C1EF5F72. Acesso em: 26 nov. 2021.

QUEIROZ, Rolden Botelho de. Democracia, direitos sociais e controle das políticas públicas pelos Tribunais de Contas. *Revista Controle, Doutrina e Artigos*, Fortaleza: Tribunal de Contas do Estado do Ceará, v. 7, n. 1, abr. 2009, p. 63-83.

UNICEF BRASIL; CENPEC EDUCAÇÃO. *Cenário da Exclusão Escolar no Brasil*: um alerta sobre os impactos da pandemia da COVID-19 na Educação. abr. 2021. Disponível em: https://www.unicef.org/brazil/media/14026/file/cenario-da-exclusao-escolar-no-brasil. pdf. Acesso em: 26 nov. 2021.

VIEIRA, Lívia Maria Fraga. A Educação Infantil e o Plano Nacional de Educação: As propostas da CONAE 2010. *Educação Social*, Campinas, v. 31, n. 112, p. 809-831, jul./set. 2010. Disponível em: https://www.scielo.br/j/es/a/RsDCWhhr7rCMjD8wBPrxGts/?form at=pdf&lang=pt. Acesso em: 1º jul. 2021.

Informação bibliográfica deste texto, conforme a NBR 6023:2018 da Associação Brasileira de Normas Técnicas (ABNT):

MIOLA, Cezar. A atuação do controle externo na política pública da educação. *In*: TERRÃO, Cláudio Couto; ANDRADE, Durval Ângelo (Coords.). *Controle externo no século XXI*: homenagem a Sebastião Helvecio - Conselheiro, educador e cidadão do mundo. Belo Horizonte: Fórum, 2022. p. 99-113. ISBN 978-65-5518-338-2.

SEBASTIÃO HELVECIO E A LEI KANDIR

ONOFRE ALVES BATISTA JÚNIOR

1   A Lei Kandir e a desoneração das exportações: a origem da quebra dos estados exportadores de *commodities*

Como consabido, a Constituição da República Federativa do Brasil de 1988 (CRFB/1988) estabelecia originalmente em seu art. 155, §2º, X, "a", que o ICMS não incidiria sobre operações que destinassem ao exterior produtos industrializados (excluídos os semielaborados definidos em lei complementar). Em seguida, a Lei Complementar nº 87, de 1996 (LC nº 87/1996 – Lei Kandir), determinou a desoneração do ICMS sobre as exportações de forma ampla. A modificação, que pretensamente buscou prestigiar e incentivar as exportações (alegadamente em prol de toda a federação), entretanto, além de provocar o fenômeno da "desindustrialização", feriu mortalmente a fonte de recursos dos estados que se dedicam à atividade de exportação de produtos primários, como Minas Gerais e Pará.

Com a ampliação da desoneração, por decorrência lógica, houve perdas de receitas que, desde logo, foram reconhecidas pelo Congresso Nacional. Tanto assim que a própria Lei Kandir, em seu art. 31, criou um sistema de entrega de recursos financeiros da União em benefício dos estados e seus municípios. Em dezembro de 2003, tanto a desoneração das exportações como o sistema de compensação financeira preconizados pela Lei Kandir ganharam *status* de norma constitucional, por força da

Emenda Constitucional nº 42/2003 (EC nº 42/2003).[1] Como ficou claro no dispositivo constitucional, é para "compensar" a perda de arrecadação que o dispositivo firmou uma fórmula de transferência constitucional obrigatória da União em favor dos estados e do Distrito Federal (DF).

Dez anos após a promulgação da EC nº 42/2003 sem que fosse regulamentado o art. 91 do ADCT, o estado do Pará ajuizou a Ação Direta de Inconstitucionalidade por Omissão nº 25 (ADO 25). O pedido dessa ação, cuja tramitação durou pouco mais de 3 (três) anos, foi a declaração da inconstitucionalidade por omissão para tornar efetiva a referida norma constitucional. O Supremo Tribunal Federal (STF), em 30 de novembro de 2016, seguindo a relatoria do ministro Gilmar Mendes, por unanimidade, acatou o pedido.

A chamada Lei Kandir estabelece um critério provisório de "compensação" das perdas dos estados. *A União, entretanto, se omitiu no estabelecimento de um critério que efetivamente compensasse as perdas* (como manda a EC nº 42/2003), e isso foi detectado pelo STF na ADO nº 25. O ministro Gilmar Mendes, relator, expressamente decidiu que os estados precisariam ser compensados pelas perdas impostas pela política levada a cabo pela União.

No julgado, o ministro Gilmar Mendes ilustrou o cenário das perdas experimentadas pelos estados com a desoneração das exportações e a razão para o estabelecimento, na CRFB/1988, de regras de compensação dessas perdas. A omissão constitucional, como deixou gizado o ministro Gilmar Mendes, "existe e já perdura por mais de uma

---

[1] Art. 91 do ADCT da CRFB/1988: "A União entregará aos Estados e ao Distrito Federal o montante definido em lei complementar, de acordo com critérios, prazos e condições nela determinados, podendo considerar as exportações para o exterior de produtos primários e semielaborados, a relação entre as exportações e as importações, os créditos decorrentes de aquisições destinadas ao ativo permanente e a efetiva manutenção e aproveitamento do crédito do imposto a que se refere o art. 155, §2º, X, a.
§1º. Do montante de recursos que cabe a cada Estado, setenta e cinco por cento pertencem ao próprio Estado, e vinte e cinco por cento, aos seus Municípios, distribuídos segundo os critérios a que se refere o art. 158, parágrafo único, da Constituição.
§2º. A entrega de recursos prevista neste artigo perdurará, conforme definido em lei complementar, até que o imposto a que se refere o art. 155, II, tenha o produto de sua arrecadação destinado predominantemente, em proporção não inferior a oitenta por cento, ao Estado onde ocorrer o consumo das mercadorias, bens ou serviços.
§3º. Enquanto não for editada a lei complementar de que trata o caput, em substituição ao sistema de entrega de recursos nele previsto, permanecerá vigente o sistema de entrega de recursos previsto no art. 31 e Anexo da Lei Complementar n. 87, de 13 de setembro de 1996, com a redação dada pela Lei Complementar n. 115, de 26 de dezembro de 2002.
§4º. Os Estados e o Distrito Federal deverão apresentar à União, nos termos das instruções baixadas pelo Ministério da Fazenda, as informações relativas ao imposto de que trata o art. 155, II, declaradas pelos contribuintes que realizarem operações ou prestações com destino ao exterior".

década", portanto, "há omissão, há estado de inconstitucionalidade". Nessa toada, o STF estabeleceu que, na hipótese de a nova lei não ser editada no prazo de 12 meses, *caberia ao Tribunal de Contas da União (TCU) fixar o valor total a ser transferido* anualmente aos estados-membros e ao Distrito Federal (DF) e calcular o valor das quotas a que cada um faria jus.

O julgamento do STF, unânime, pautou-se pela necessidade de se prestar a devida reverência ao princípio federativo. Foram reconhecidos os prejuízos que os estados exportadores sofreram, não apenas financeiros, mas também ambientais, e o desequilíbrio federativo causado pela desoneração da exportação de produtos primários e semielaborados foi apontado, bem como os consequentes danos à autonomia dos estados e DF.[2] O julgado deixou patente que a norma constitucional existe para que se proceda à justa compensação dos estados e DF.

Por certo, a expressão usada pelo ministro Teori Zavascki bem retrata a grave situação da centrípeta República brasileira: "Esfrangalhado federalismo fiscal".[3] O ministro Luiz Roberto Barroso também lembrou que *a crise pela qual passam estados e municípios não foi causada exclusivamente pela má gestão de governadores e prefeitos, mas foi decisivamente influenciada pela União*, que estabeleceu políticas tributárias que privilegiaram as contribuições em detrimento dos impostos (que seriam partilhados); que concedeu desonerações em impostos cuja receita seria partilhada com os entes menores e que, ainda, se omitiu com relação às devidas compensações decorrentes da Lei Kandir.[4] Como bem afirma Fernando Rezende, a União reverteu o ideal federativo buscado pela CRFB/1998,

---

[2] No *caso mineiro*, apenas para ilustrar, se tomarmos os valores repassados nos termos da famigerada Lei Kandir e as *perdas efetivas impostas pela União, os prejuízos ultrapassam a cifra dos R$135 bilhões* (valores corrigidos pela SELIC capitalizada, menor índice utilizado pela União na cobrança das dívidas dos estados). Por certo, os prejuízos ao povo mineiro são muito maiores. Basta ver que, na década de 1970, todo o investimento feito para implantação de um "parque guseiro" que pudesse dar suporte à indústria siderúrgica e lastreasse a almejada implantação de indústria automobilística foi fulminado. O minério passou a ser exportado e, hoje, o aço chinês chega em condições competitivas a MG, feito com minério das alterosas. O "parque guseiro", hoje, está em ruínas e mais faz lembrar cidades do *farwest* americano – a indústria siderúrgica patina. Em uma só "pancada", *toda a política de desenvolvimento mineira foi fulminada pela política de incentivo às exportações de commodities da União*. As compensações que deveriam ser firmadas visavam apenas reparar as perdas diretas de arrecadação e não contemplavam o ressarcimento pela destruição provocada ao parque industrial mineiro, nem ao desemprego consequente etc.

[3] ADO nº 25. STF. Relator Ministro Gilmar Mendes. DJ: 23.11.2016 – fls. 79.

[4] ADO nº 25. STF. Relator Ministro Gilmar Mendes. DJ: 23.11.2016 – fls. 75.

em nítido prejuízo das unidades subnacionais, configurando uma espécie de "sistema tributário dual".[5]

O STF deixou evidenciado que o pacto federativo foi ferido; que a federação foi desequilibrada; que a omissão do Congresso Nacional foi lesiva ao interesse dos entes federados; e que os estados, DF e municípios precisavam ser compensados pelas perdas sofridas. Para restaurar as ofensas patentes ao princípio federativo, o STF deu o prazo de 12 meses ao Poder Legislativo. A Corte Superior reconheceu que o art. 91 do ADCT fornece os parâmetros necessários e suficientes para que seja calculada a compensação devida aos entes subnacionais, razão pela qual determinou que, caso não fosse elaborada a lei complementar pelo Congresso Nacional, *caberia ao TCU calcular as compensações devidas*.

Indubitavelmente, aí estava uma oportunidade de o TCU assumir funções de tribunal de contas nacional (de toda a nação), e não apenas o papel auxiliar de corte de contas da União Federal. Estava aberta a possibilidade de se dar soluções para ações de inconstitucionalidade por omissão, sobretudo quando em jogo o desequilíbrio federativo. A inovadora solução dada pelo STF estava prestes a possibilitar o resgate do "federalismo em frangalhos", resolvendo a equação dessa espécie de "estado de coisas inconstitucional" pela via adequada.

O prazo dado ao Congresso Nacional, estabelecido na decisão da ADO, esgotou-se em 04.12.2017, contado da publicação da ata de julgamento, conforme a jurisprudência pacífica da corte. A partir daí, uma verdadeira batalha teve lugar junto ao TCU. De um lado, os estados clamando por justiça no cálculo das compensações; de outro, a União e sua tecnoburocracia buscando influenciar os ministros do TCU com cálculos fantasiosos e com teses desprovidas de qualquer fundamento, tudo isso para salvar o Tesouro Nacional de pagar o devido aos entes subnacionais.

Foi nesse momento que Minas Gerais pôde contar com seu Conselheiro Sebastião Helvecio como verdadeiro guerreiro em defesa dos interesses do estado. O digno e gentil cavalheiro das Alterosas se juntou aos procuradores de Estado na batalha jurídica e contábil junto ao TCU. Foi seu importante apoio e seu espírito de liderança que possibilitaram o envolvimento de todos os tribunais estaduais de contas na apuração dos valores devidos aos estados e, sobretudo, no convencimento dos ministros do TCU da justiça e validade dos pleitos estaduais.

---

[5] Cf. REZENDE, Fernando; ARAÚJO, Érika. *O dilema fiscal*: remendar ou reformar. Rio de Janeiro: Editora FGV, 2007. p. 90.

Os TCEs, em conjunto, capitaneados pelo Conselheiro Sebastião Helvecio e com o apoio do Instituto Rui Barbosa, elaboraram decisivo estudo acerca das perdas proporcionadas pela Lei Kandir. E foi com base nesses estudos que os estados lastrearam seus pedidos e se posicionaram na ADO nº 25. O monumental trabalho era, afinal, tudo o que deveria ser feito pelo TCU.

Sua colaboração foi decisiva. Apenas assim os advogados dos estados e as secretarias de Fazenda puderam estimar a realidade que a ADO nº 25 desnudava e os prejuízos que sofreram os entes subnacionais. E a partir do amparo dado pelo Conselheiro às trincheiras estaduais é que o trabalho junto ao TCU pôde ser realizado.

2 As teses fantasiosas da União que propunham o fim da compensação

Em 02 de agosto de 2017, foi designada Comissão Especial Mista sobre a Lei Kandir, reunindo membros da Câmara dos Deputados e do Senado Federal. Criada com o propósito exclusivo de atender ao decidido na ADO nº 25, a comissão realizou audiências públicas, ouviu especialistas e todo o trabalho culminou com a apresentação, pelo relator senador Wellington Fagundes, de um projeto aprovado unanimemente pelos demais integrantes. No dia 27.09.2017, o deputado federal José Priante, presidente da comissão, encaminhou ao TCU o Requerimento nº 13/2017, no qual questionava as medidas tomadas para dar cumprimento à decisão do STF. O questionamento ensejou a abertura do Processo TCU nº 028.100/2017-4, que foi respondido, em 09.05.2018, por meio do Acórdão TCU nº 1.040/2018. A partir desse acórdão, o órgão de controle passou a buscar informações para determinar o montante total da compensação, bem como a cota-parte relativa a cada estado e DF. Entretanto, os levantamentos passaram a ser realizados exclusivamente com base em informações (de duvidosa precisão) prestadas pela União Federal.

Nesse momento, a intervenção dos tribunais de contas estaduais era a única alternativa para que as procuradorias estaduais pudessem se contrapor aos números fantasiosos trazidos pela União. E, nesse momento, o Conselheiro Sebastião Helvecio veio em socorro aos estados e liderou os conselheiros estaduais nos estudos e na avaliação das reais perdas dos entes subnacionais. Se, por um lado, os tribunais estaduais apresentavam cálculos precisos e justos, por outro, teses mirabolantes brotavam por detrás dos muros da tecnoburocracia federal.

Foi, sem mais detalhes e sem quaisquer aprofundamentos ou fundamentações, que a Nota Técnica nº 44, de 09.11.2017, de autoria da assessoria especial do gabinete do ministro da Fazenda, com colaboração da Secretaria do Tesouro Nacional e da Receita Federal do Brasil (RFB), informou que "apenas um número limitado de estados não cumpriria a condição para cessação dos repasses prevista no §2º do art. 91 do ADCT".[6] Esse documento equivocado e singelo, ao que tudo indica, foi acatado pelo TCU.

Salta aos olhos que o §2º do art. 91 do ADCT não possui eficácia plena, mas reclama lei complementar. Não bastasse a menção expressa à necessidade de norma posterior que regulamentasse a metodologia de apuração do termo resolutivo, ao dispositivo não estabelece sequer qual é esse termo. Explica-se: as transferências deveriam ser realizadas "até que o imposto a que se refere o art. 155, II, tenha o produto de sua arrecadação destinado predominantemente, em proporção *não inferior* a oitenta por cento, ao Estado onde ocorrer o consumo das mercadorias, bens ou serviços". Ao regulamentar o art. 91 do ADCT, o legislador estaria limitado apenas pelo piso de 80%. Isso quer dizer que era possível, inclusive, que se fixasse o termo final das compensações para quando o produto da arrecadação do ICMS fosse 100% no destino.

Ao adotar a Nota Técnica nº 44/2017 da Assessoria da RFB, o TCU não apenas extrapolou a competência delegada pelo STF, mas, também, feriu o princípio fulcral da separação dos poderes, corolário basilar da República Federativa do Brasil. Os estudos dos tribunais de contas estaduais e do CONSEFAZ (Conselho de Secretários de Fazenda Estaduais) deixaram evidenciada a inadequação da metodologia utilizada pela RFB para apurar os 80% do produto da arrecadação do ICMS no destino. A desarrazoada interpretação levada a cabo pela RFB, que conduzia a uma ofensa ao princípio federativo, e abraçada pelo TCU foi simplesmente desprezada pelo STF, por sua imprecisão e desarrazoabilidade. Isso porque o entendimento no sentido de que os repasses compensatórios da Lei Kandir deveriam se encerrar era estapafúrdio e tendencioso!

Realmente o TCU perdeu a oportunidade de funcionar como verdadeiro tribunal da federação (nacional) e ter um protagonismo fundamental nas ações de inconstitucionalidade por omissão. Por outro

---

[6] Art. 91. [...] §2º. A entrega de recursos prevista neste artigo perdurará, *conforme definido em lei complementar*, até que o imposto a que se refere o art. 155, II, tenha o produto de sua arrecadação destinado predominantemente, em proporção *não inferior a oitenta por cento*, ao Estado onde ocorrer o consumo das mercadorias, bens ou serviços.

giro, os tribunais de contas estaduais, sobretudo em razão da liderança do Conselheiro Sebastião Helvecio, mostraram sua importância e sua técnica. A liderança do Conselheiro Sebastião Helvecio e o papel desempenhado pelos TCEs devem servir de exemplo para todas as cortes de contas no futuro.

3 O acordo da ADO nº 25

Em abril de 2020, um acordo no bojo da ADO nº 25 pôs fim à guerra da Lei Kandir. Apesar de não ter havido modulação dos efeitos do julgamento da ADO nº 25, os números usados para compensar os entes subnacionais não consideraram o passado, ou seja, as perdas pretéritas não foram compensadas. A omissão legislativa, lamentavelmente, não foi suprida, mas, ao contrário, foi convalidada, porque o acordo resultou no sepultamento da possibilidade de compensações justas das perdas da Lei Kandir. Os estados exportadores de *commodities*, como Minas Gerais, Mato Grosso e Pará, cujas economias são voltadas para a exportação e, assim, promovem a entrada de bilhões de dólares no país, seguirão sem seu principal tributo (ICMS) e não terão mais compensação adequada pelas perdas geradas pela desoneração das exportações.

O que se seguiu ao julgamento do STF foi um acordo político que sequer considerou as perdas (pretéritas e futuras) e que não se pautou pelos cálculos apresentados pelos estados, DF e municípios, sobretudo pelos tribunais estaduais de contas. Uma pedra foi colocada sobre a questão. Ao fim e ao cabo, a ação judicial resultou em um "acordo político", e um montante ínfimo foi firmado perante o Judiciário, em uma solução acordada pelos representantes da União e dos estados-membros, independentemente daquilo que a própria Constituição prevê, literalmente, como obrigação.

Nesse sentido, a ADO nº 25 não alcançou seus objetivos. Depois de tantos anos de embate entre uma União Federal poderosa (que centraliza 67% do total de tributos e que pode emitir moeda) e os entes subnacionais em situação de calamidade financeira, o "possível" foi tão somente uma ideia singela e acanhada de "federalismo de cooperação". Sem uma incisiva ação da representação dos estados no Congresso Nacional (Senado Federal), o desemparado Executivo dos estados-membros pouco conseguiu. Mais do que isso, sequer o acordo "possível", até agora, se concretizou.

É preciso reconhecer que o direito pátrio e a doutrina não permitem saídas muito diferentes daquela concebida e arduamente levada a cabo pelo ministro Gilmar Mendes, que merece todos os encômios no deslinde da questão.

De fato, as questões postas na ADO nº 25 apontam as fraturas profundas do federalismo brasileiro, que permanecem mesmo após a solução da lide. Como narrado pelo ministro relator, o direito à justa compensação enfrentou o silêncio legislativo; a dificuldade na harmonização dos interesses de todos os estados e DF, assim como dos seus municípios; a insistência da União Federal em encerrar ações relacionadas à Lei Kandir por vias oblíquas, como a restrição à adesão a planos de refinanciamento de dívidas; a instabilidade dos repasses de recursos pela União ao longo dos anos; e a influência do Poder Executivo Federal sobre o Tribunal de Contas da União. A luta dos estados esbarrou no poder concentrado na União Federal.

A omissão constitucional não encontra na ação direta de inconstitucionalidade por omissão um remédio eficaz na CRFB/1988. Mesmo o STF tem seus limites de atuação. Afinal, pode o Judiciário calcular a compensação a ser paga aos estados-membros? Pode a corte estabelecer um prazo para o Congresso Nacional legislar? Qual deve ser o prazo adequado? O Judiciário tem o poder de estabelecer sanções caso o Congresso Nacional não legisle? Qualquer legislação serve para determinar as compensações? É possível ignorar o período pretérito da omissão? Por isso que se pode afirmar que a conciliação, se não foi a melhor e mais justa solução para a questão, foi uma resposta jurídica e o único caminho republicano possível para o STF.

Entretanto, parece mesmo que a conciliação celebrada no STF firmou apenas um piso e entregou ao Legislativo, como não podia deixar de ocorrer, a possibilidade de dar uma solução política mais adequada para a questão.

As perdas dos entes subnacionais, como ressabido, ultrapassavam, seja lá pelo critério que se quiser calcular, a cifra de seiscentos bilhões de reais. Nesse sentido, o temido "tombo federativo" ocorreu. A União, constantemente, centraliza receitas tributárias, sobretudo por meio do "Sistema Tributário Paralelo das Contribuições" não partilhadas com os entes subnacionais. Basta ver os constantes aumentos da CSLL, que nada mais é do que uma espécie de "imposto de rendas paralelo" não compartilhado com os estados. Por outro giro, descentraliza despesas, como se pode confirmar com a constante redução do percentual de participação federal no montante das verbas destinadas ao SUS.

É assim que o poder vai se concentrando, pouco a pouco, na União Federal. É por esse mecanismo que os entes subnacionais vão perdendo sua autonomia financeira, e o princípio federativo e o postulado democrático vão sendo corroídos. A União segue capturando os estados com a cobrança da tão denunciada (e inexistente) dívida destes para com a União. Entretanto, quando deve assumir suas dívidas para com os estados, usa de seu poder e se furta de efetuar os devidos pagamentos.

4 Conclusão

Não se pode, definitivamente, culpar o Judiciário. Afinal, acredita-se seriamente que o STF fez o que pôde para assegurar a satisfação do interesse dos estados. É ressabido que a ADO é mesmo um remédio ainda limitado no direito brasileiro. Da mesma forma, não se pode atribuir aos representantes dos estados qualquer responsabilidade pelos termos frágeis do acordo. O poderio da União e o desnível de poder são patentes. O Executivo federal manobra, sempre que pode, as decisões do Congresso Nacional, sobretudo quando centraliza poderes. O caminho é mesmo político e, com o perdão da expressão, "a bola está mesmo com o Senado Federal".

Certo, porém, é que o federalismo, em frangalhos, traz o ocaso da democracia. A separação vertical de poderes vai se tornando uma miragem, mas, no fundo da Caixa de Pandora, ainda resta a esperança. E só há esperança porque existem líderes como o Conselheiro Sebastião Helvecio e, por sabermos que guerreiros como nosso Conselheiro existem, temos a certeza de que a guerra nunca será perdida. A dignidade dos companheiros de trincheira é que faz todo o esforço valer a pena.

Informação bibliográfica deste texto, conforme a NBR 6023:2018 da Associação Brasileira de Normas Técnicas (ABNT):

BATISTA JÚNIOR, Onofre Alves. Sebastião Helvecio e a Lei Kandir. In: TERRÃO, Cláudio Couto; ANDRADE, Durval Ângelo (Coords.). *Controle externo no século XXI*: homenagem a Sebastião Helvecio - Conselheiro, educador e cidadão do mundo. Belo Horizonte: Fórum, 2022. p. 115-123. ISBN 978-65-5518-338-2.

PARA SAIR DA ENCRUZILHADA FISCAL

RAUL VELLOSO[1]

Pandemia à parte, o país enfrenta uma nova onda inflacionária de indução parcialmente externa, projetando-se que o IPCA fechará em 10% este ano e dando combustível para os que se queixam da falta de medidas suficientemente fortes na área fiscal, além de defenderem novas subidas das taxas básicas de juros. Tanto assim que o Banco Central resolveu retomar as subidas da taxa Selic desde maio último, que passaram de 2,65 para 9,15% a.a., podendo fechar, segundo os mercados financeiros, em 11,5% médios no ano que vem.

No lado fiscal, vários anos de observação ensinam que, após considerar que 92,9% do gasto total da União correspondem à soma dos vários componentes das despesas ditas obrigatórias, de execução garantida por algum tipo de legislação, o que sobra de discricionário – e é, portanto, em tese, mais fácil de ajustar – é algo que se pode chamar de orçamento de migalhas.

---

[1] O autor agradece a Leonardo Rolim, atual Secretário de Previdência da União Federal; Edilberto Pontes de Lima, Conselheiro do TCE-CE; José Afonso Bicalho, ex-secretário da fazenda de Minas Gerais; e a vários outros colegas que atuam na área, por inúmeras e profícuas discussões sobre os temas tratados nesta nota, que tem como objetivo principal a discussão de aspectos salientes da crise financeira por que vem passando o setor público brasileiro. Registre-se que esse assunto tem também exigido o máximo de atenção e interesse de autoridades da área de fiscalização lotadas nas várias regiões do país, em particular do ilustre e recém-aposentado conselheiro do TCEMG, Sebastião Helvecio Ramos de Castro, que dedicou boa parte de sua vida funcional ao equacionamento dos graves problemas financeiros que têm afligido entes como, especialmente, o estado de Minas Gerais, e no período em que pôde dedicar a máxima atenção possível a tão complexa e importante matéria.

Já a parcela dos gastos obrigatórios, que corresponde a 75,6% do total e se refere a pagamentos diretos a pessoas relacionados com benefícios assistenciais, subsidiados e previdenciários, mais pessoal em atividade, está toda amarrada em uma gigantesca folha de pagamento que atende praticamente a metade da população brasileira e, por isso, é difícil de mexer. A essa grande folha se somam outras despesas correntes em educação e saúde custeadas com receitas vinculadas obrigatoriamente a esse fim (10,8% do total), sem falar em "outros gastos obrigatórios" (6,5%), em que é difícil mexer para valer, especialmente em momentos como o atual. E, ao final, para fechar a conta, são residuais os itens investimentos em infraestrutura (2,8%) e demais despesas correntes discricionárias (4,3% do total). Ou seja, se estivermos realmente dependendo de pesadas medidas de ajuste fiscal no curto prazo para dar rumo ao país, nos veremos em maus lençóis...

Para agravar essa difícil situação, superpõem-se as pressões relacionadas com novos gastos obrigatórios, que surgem todos os anos, como, desta feita, a reestruturação do Bolsa Família, cujos pagamentos individuais passarão a 400 reais mensais; a nova conta de precatórios judiciais, que costumava ser de R$4 a 24 bilhões anuais entre 2010 e 2015 e, agora, aumentou para R$89 bilhões em 2022, entre outras.

Um subproduto altamente indesejável disso tudo é, obviamente, o viés anti-investimento público e, portanto, anticrescimento econômico, decorrente da falta de ajuste dos chamados gastos obrigatórios, ainda que o ministro da Economia viva repetindo que em breve virão bilhões de reais em inversões privadas novas do exterior para expandir nossa infraestrutura e ajudar o Brasil a voltar a crescer (só que essas têm oscilado em torno de 1,1% do PIB desde os anos 1980 e não saem disso). Nesse contexto, a imposição de um teto global de crescimento dos gastos públicos, igual à inflação anual decorrida, na União, sem levar em conta a dinâmica própria dos componentes do orçamento federal, serviu apenas para acentuar a derrocada dos investimentos e foi um típico tiro no pé, pois só houve ajuste neles próprios. Tanto assim que, segundo estimativas do Congresso Nacional durante os debates do orçamento de 2022, os investimentos públicos federais, que, em 2012, eram da ordem de R$200 bilhões, vêm declinando sistematicamente desde então, sendo agora projetados em R$44 bilhões para este ano.

Em resumo, a versão mais recente da encruzilhada em que estamos metidos começa pela pressão inflacionária nova, que vem de fora, e segue pela solução via ajuste fiscal, que hoje grita mais alto por aqui do que pelo vozerio dos especialistas da área no exterior, pois eles, no momento, promovem uma revisão das teses antigas. Enquanto as reformas e medidas específicas corretas não ocorrem para reduzir o peso da "grande folha", é comum, de um lado, recomendar a subida das taxas básicas de juros para desacelerar as economias e a inflação, ainda que o mundo (e o Brasil em particular) esteja com a economia há muito desaquecida. Do outro, sem analisar em profundidade a questão fiscal brasileira, recomendou-se a fixação de um teto de crescimento dos gastos totais, acreditando que, dessa forma, o problema seria rapidamente resolvido. Infelizmente, apenas os reduzidos gastos discricionários se desaceleraram, notadamente os investimentos em infraestrutura, reduzindo as possibilidades de crescimento da economia brasileira e agravando os problemas macroeconômicos do país.

Há, contudo, pelo menos duas razões para algum otimismo na linha de frente macroeconômica nos anos que se seguem. Primeiro, é na previdência pública, que, especialmente nos âmbitos estadual e municipal, foi onde os gastos mais cresceram nos últimos anos. Ali, falta completar a importante reforma das regras previdenciárias aprovada no final de 2019 e aportar ativos aos fundos previdenciários em volume suficiente para completar o processo de ajuste e incrementar os investimentos locais. No entanto, o passo a passo para fazer o certo existe e pode ser iniciado. A outra razão é a mudança liderada pelos principais macroeconomistas norte-americanos no sentido de adotar uma visão menos radical sobre a imperiosidade de um ajuste fiscal tradicional – tema para outra ocasião.

No tocante às finanças dos entes subnacionais, escolheu-se jogar o foco da análise sobre a estrutura recente dos gastos de um estado de elevado peso econômico no país, Minas Gerais, onde Sebastião Helvecio se destacou como líder político e intelectual, com contribuições importantes para o debate sobre refinanciamento das dívidas estaduais. Em minha análise, destaco, de um lado, o pagamento aos segmentos que, por analogia ao caso da União acima tratado, isto é, pelo grande poder de obter fatias elevadas do orçamento estadual, podem ser apelidados como "donos do orçamento", algo análogo à denominação "gastos obrigatórios", acima utilizada, e expressos em porcentagem não do gasto total, mas do total da Receita Corrente Líquida de Transferências Constitucionais (RCLTC) obtida do Balanço Orçamentário de um ano recente (no caso, 2015).

A referência ao gasto total, no caso da União, e à RCLTC, no de um Estado, é coerente com o tipo de restrição financeira mais relevante em cada. No primeiro, a limitação costuma ser pensada, em primeiro lugar, em termos dos gastos discricionários mínimos imagináveis, que se somam aos obrigatórios difíceis de reduzir a curto prazo – e isso dá o gasto total máximo a realizar, ou seja, diante dos tradicionalmente crescentes gastos obrigatórios previstos em lei para cada exercício, a dificuldade de lidar com eles no curto prazo leva a ajustar para baixo e ao máximo os gastos menos rígidos, isto é, os discricionários. É fato que, como sempre dispõe de alguma capacidade de financiamento via moeda ou dívida, ainda que de forma indireta, é sempre possível para a União algum relaxamento dessa restrição, mas isso ocorre, obviamente, dentro de certos limites, diante da visão radical contrária a gasto público e a financiamento via moeda ou dívida, que prevalece no país.

Já no segundo caso, primeiramente se devem comparar os gastos previstos – os quais o autor deste texto costuma chamar de os donos do orçamento, ou seja, os detentores de maior poder e capacidade para impor gastos mínimos de seu interesse – com base na RCLT, que é o único total de receita não financeira a princípio efetivamente disponível para gastar. Diante da forte restrição que vem sendo imposta aos entes subnacionais para se endividar, o aumento do endividamento líquido registrado eventualmente nos balanços subnacionais não é fonte com que qualquer deles possa contar para incorporar na última hora. Tem de estar resolvido bem antes. Ao final, se, mesmo assim, os gastos "empenhados" ou autorizados ultrapassarem as receitas e sobrarem "restos a pagar" no último ano de mandato, algo que a LRF proíbe, essa lei magna estará sendo contrariada, e os titulares da administração subnacional em causa, sujeitos à punição pelas autoridades competentes.

Levando assim em conta os dados do Balanço de Minas Gerais em 2015, apuraram-se os seguintes pesos de itens relevantes para os fins desta análise dos gastos dos donos do orçamento estadual mineiro, em % da RCLT:

1 Educação	16,4
2 Segurança	15,7
3 Poderes autônomos	11,3
4 Serviço da dívida	10,7
5 Saúde	9,3
6 Demais vinculações (a)	1,4
7 "Donos" do orçamento (1 a 6)	**64,8**

Consideraram-se, assim, como relativos aos donos do orçamento estadual mineiro, os gastos em pessoal ativo, outros custeios e capital cobertos por receitas vinculadas às áreas respectivas ou literalmente vinculadas, no caso dos itens 2, 3 e 4, totalizando não menos que 64,8%

da RCLT. Quanto ao restante do orçamento, as participações percentuais foram as seguintes:

8 Inativos e pensionistas(b)	28,0
9 Sobra em rel.à RCLTC (100-7-8)	**7,2**
10 Discricionário	22,2
10.1 Pessoal ativo	4,8
10.2 Outros custeios	14,2
10.3 Investimento	3,2
11 Rec. de capital	1,0
12 Saldo orçamentário (9-10+11)	**-14,0**

(a) PASEP, FAPEMIG e convênios.
(b) Exclusive pensionistas da área de segurança.

Registre-se o destaque que se deu ao item inativos e pensionistas (com peso de 28% da RCLT), gasto obrigatório de responsabilidade da administração central de cada ente subnacional que foi apresentado em seguida à sequência dos gastos atribuídos aos donos do orçamento. Após considerar o desembolso dos dois grupamentos de gastos mais rígidos (o dos donos mais o dos inativos e pensionistas), viu-se que sobrariam apenas 7,2% da RCLT para fazer frente às despesas, que acabaram totalizando 22,2% da RCLT do segmento discricionário, peça essa que poderia talvez ser chamada de "orçamento dos pobres", ou seja, reunindo todas as demais secretarias estaduais que não fossem Educação, Segurança, Poderes Autônomos (basicamente, Legislativo, Judiciário e Ministério Público, entre outros órgãos similares de menor peso no total), Saúde, Demais Vinculações (PASEP, FAPEMIG e Convênios) e o Serviço da Dívida, em grande medida, para com a União.

Os gastos discricionários incrustrados nas demais secretarias estaduais foram no quadro acima decompostos nos itens Pessoal Ativo, Outros Custeios e Investimento, para se imaginar a natureza da despesa em que os cortes acabariam ocorrendo na fase final desse processo (fatalmente em Outros Custeios), mesmo após considerar receitas de capital (no caso, de 1% da RCLT), tal que acabasse sobrando, ao final, um déficit orçamentário total nesse mesmo ano de 14% da RCLT, déficit esse que foi inscrito em "Restos a Pagar" e direcionado para equacionamento administrativo, não sendo fácil apurar como acabou se dando tal providência nos meses posteriores ao encerramento da gestão de 2015.

Voltando o foco da análise aos gastos previdenciários dos regimes próprios de previdência, é possível constatar o forte crescimento desse item ocorrido nos últimos anos, especialmente nas administrações estaduais. Se compararmos dados de 2006 (índice 100) com os índices de 2017, como segue e por ordem decrescente de expansão, e fechando a lista com o PIB, chega-se aos seguintes resultados: Despesa RPPS Total Estados, 193,0; RGPS, 179,5; RPPS da União, 145,7; e PIB, 123,5.

O caso de Minas Gerais, acima relatado, é um bom exemplo de como os déficits financeiros recentes dos regimes previdenciários subnacionais, resultando da diferença entre os gastos com inativos e pensionistas, tais como os destacados no quadro acima, e as receitas basicamente de contribuições dos servidores e patronais, estão esgotando a capacidade de esses entes investirem e, por esse caminho, gerarem emprego e renda adicionais. Tanto assim que, donos do orçamento à parte, viu-se há pouco que os investimentos (basicamente em infraestrutura) dos segmentos intensivos em gastos discricionários representaram apenas 3,2% da RCLT, algo obviamente abaixo do mínimo indispensável para atender às necessidades da região.

Em 2017, o déficit financeiro da União e do conjunto dos estados foi de R$172,6 bilhões, o que correspondeu a 2,63% do produto interno bruto (PIB). Em 2020, o déficit estimado deverá subir para 2,85% do PIB, mesmo em um cenário otimista de crescimento econômico. A maioria dos estados não tem condições de arcar com esse aumento dos gastos e não terá recursos para cumprir suas obrigações básicas, o que pode obrigar a União a fazer algum tipo de intervenção em vários deles. Ou seja, a exemplo de Minas Gerais, além do desequilíbrio fiscal, há sérios desequilíbrios de caixa.

Em grande medida, a crise dos governos subnacionais é muito mais grave que a da União, tendo em vista que esses governos não dispõem de dois importantes instrumentos que ela possui: capacidade de emitir moeda e de se endividar via títulos. Por isso, ao desequilíbrio fiscal pelo qual passam, soma-se uma crise de liquidez sem precedentes, que tem obrigado gestores a parcelar o pagamento de salários, aposentadorias e pensões ou não honrar dívidas junto a fornecedores. É a famosa administração "na boca do caixa", que desorganiza a prestação de serviços públicos, irrita a população e desestrutura o planejamento das ações governamentais.

Um forte motivo para jogar as luzes sobre a previdência pública é a forte associação que se mostra entre seus elevados gastos e o desastre financeiro atualmente vivido pelo conjunto dos estados e, provavelmente, por boa parte dos municípios, sem menosprezar os efeitos deletérios do crescimento do gasto com o pessoal ativo e da recessão econômica recente. Ao longo do tempo, o desrespeito à Lei de Responsabilidade Fiscal (LRF) e a instituição de suborçamentos relativamente autônomos provocaram a expansão dos demais gastos primários obrigatórios e fizeram com que o equilíbrio da previdência ficasse relegado a um segundo plano.

Cada suborçamento protegido por vinculações de receita (como saúde e educação) ou por "autonomia financeira e administrativa" (como é o caso dos Poderes Legislativo e Judiciário, Ministério Público e Defensoria Pública) alegou que não dispunha de recursos para pagar seus próprios inativos e pensionistas.

Assim, ao definir a vinculação de recursos para saúde, a Lei Complementar nº 141, de 2012, estabeleceu explicitamente que o pagamento de inativos e pensionistas não seria considerado parte dos gastos em saúde para efeito do cumprimento da exigência legal de um piso de gastos nessa área.

Já no caso de educação, como não há dispositivo legal similar ao de saúde, poder-se-ia esperar que todas as despesas de inativos e pensionistas fossem bancadas pelos recursos vinculados a essa secretaria. Entretanto, em vários casos analisados, viu-se que, tanto quanto no da área de saúde, esse tipo de gasto foi, no fundo, transferido para a responsabilidade do suborçamento residual relativo aos gastos discricionários. Algo similar ocorreu com os poderes autônomos, que também possuem gastos limitados pela LRF, mas foram bem-sucedidos em transferir as despesas previdenciárias para o Poder Executivo. Na falta de exigência legal de ajuste dos passivos atuariais, foi-se transferindo aos poucos a responsabilidade de pagar essa conta para o suborçamento residual, que, como visto acima, resulta da diferença entre o total e os vários suborçamentos privilegiados.

Todos os estados, o Distrito Federal e 2.125 municípios, incluindo todas as capitais, têm regimes próprios de previdência social para seus servidores. A grande maioria dos regimes (73% dos RPPS no plano nacional) foi instituída antes das reformas previdenciárias das Emendas Constitucionais nº 20/1998 e nº 41/2003, da Lei nº 9.717/1998 e do Decreto nº 3.788/2001. Até então, a grande maioria dos RPPS tinha como características a ausência de estudo atuarial prévio; a definição de planos de custeio insuficientes para fazer frente às obrigações com o pagamento dos benefícios; o não repasse regular das contribuições devidas; e o desvio de recursos previdenciários para utilização em outras finalidades. Some-se a isso o impacto da adoção do regime jurídico único estatutário pela maioria dos entes no início da década de 1990, que resultou na transferência de milhares de servidores anteriormente vinculados ao RGPS para os RPPS, e a regras de contagem de tempo de serviço, concessão e reajustamento de benefícios muito generosas e flexíveis.

Portanto, os Regimes Próprios de Previdência Social (RPPS), especialmente os criados antes da Emenda Constitucional nº 20, apresentam um significativo déficit atuarial, totalizando R$4,5 trilhões nos estados, R$1,24 na União e R$0,97 trilhão nos municípios, que cabe equacionar.

Trata-se de uma dívida contraída com os servidores, que é, sem dúvida, o maior desafio fiscal dessas instituições durante as próximas duas décadas. A situação torna-se ainda mais grave porque, conforme diversos estudos mostram, se nada for feito para conter o crescimento das despesas com previdência, a tendência é que ela suba acima do PIB nos próximos anos em face de vários fatores, dentre eles o envelhecimento cada vez mais rápido da população.

A solução desse conflito requer a busca do equilíbrio atuarial nos regimes previdenciários de todas as esferas de governo, conforme prevê o artigo 40 da Constituição Federal. Sem encaminhar o equacionamento do gigantesco passivo atuarial, muitos entes federativos terão de começar a atrasar o pagamento da folha de inativos e pensionistas, entre outros itens do orçamento, como alguns já fizeram, algo que sempre causa algum tremor social.

É preciso projetar receitas e despesas para os próximos 75 anos, apurar o resultado financeiro anual e, imaginando a prevalência de déficits sistemáticos, calcular o passivo total a preços constantes e em termos de valor presente a fim de adotar as medidas adequadas de correção. Basicamente, essas medidas seriam: aumento da contribuição dos ativos e inativos; criação de um fundo de pagamento de inativos e pensionistas, para onde se dirigiriam essas contribuições e ativos/recebíveis dos entes, com vistas a zerar ou reduzir drasticamente os respectivos déficits atuariais; além da aprovação de alguma reforma previdenciária relevante. Dessa forma, os atrasos de pagamento seriam evitados, e o futuro estaria garantido.

Para encerrar, cabe lembrar que a principal consequência direta da crise fiscal é a redução do investimento público. Isso, além dos impactos diretos de redução do emprego, traz impactos mais estruturais na competitividade e no investimento privado. Portanto, o ajuste fiscal que, conforme citado acima, deve ter como principal vetor o equilíbrio previdenciário, deve estar associado a um plano de retomada do investimento, sob modelos mais modernos e criativos, integrados com investimentos dos fundos capitalizados de previdência, concessões e parcerias público-privadas.

Informação bibliográfica deste texto, conforme a NBR 6023:2018 da Associação Brasileira de Normas Técnicas (ABNT):

VELLOSO, Raul. Para sair da encruzilhada fiscal. *In*: TERRÃO, Cláudio Couto; ANDRADE, Durval Ângelo (Coords.). *Controle externo no século XXI*: homenagem a Sebastião Helvecio - Conselheiro, educador e cidadão do mundo. Belo Horizonte: Fórum, 2022. p. 125-133. ISBN 978-65-5518-338-2.

O CONTROLE DAS CONTRATAÇÕES PÚBLICAS PELOS TRIBUNAIS DE CONTAS A PARTIR DA LEI Nº 14.133/2021[1]

BENJAMIN ZYMLER
FRANCISCO SÉRGIO MAIA ALVES

1 Introdução

Passados vinte e cinco anos desde as primeiras propostas de modificação da Lei nº 8.666/1993, foi finalmente aprovada a nova Lei Geral de Licitações e Contratos.

O novo regime incorporou vários entendimentos do Tribunal de Contas da União (TCU) lavrados durante a vigência do regime anterior. Ademais, ele tem muitos pontos que denotam a assimilação de institutos trazidos pelas Leis das Concessões Públicas, das Parcerias Público-Privadas, do Pregão e do RDC, o que revela um processo natural de incorporação de avanços pontuais verificados na legislação especial pela norma geral. Houve, ainda, inovações que se originaram do trabalho do legislador decantadas ao longo de todo o tempo de tramitação.

O presente artigo tem como objetivo destacar um ponto específico da Lei nº 14.133/2021: o papel do controle externo na fiscalização da nova lei e os desafios e as perspectivas que lhe são impostas pelo novo regime jurídico.

Para a consecução do presente estudo, serão analisados os dispositivos do novel estatuto que prescrevem atribuições aos tribunais

---

[1] Artigo em homenagem ao Conselheiro Sebastião Helvecio, exemplo de homem público que dignifica Minas Gerais e o Brasil. Apesar de aposentado, temos a certeza de que o amigo continuará a contribuir, como comumente tem feito, com o sistema tribunais de contas.

de contas e disciplinam o seu funcionamento no que tange à fiscalização dos atos praticados no âmbito das licitações e dos contratos.

Sob essa perspectiva, já é possível vislumbrar uma tênue diferença entre o objeto de controle do atual regime frente ao anterior, pelo menos sob a perspectiva dogmático-normativo.

Enquanto a Lei nº 8.666/1993 falava em "controle das despesas decorrentes dos contratos e demais instrumentos regidos por esta Lei", em seu art. 113, o que refletia o papel constitucional dos tribunais de contas de proceder à fiscalização contábil, financeira, orçamentária, operacional e patrimonial dos atos com repercussão financeira, a Lei nº 14.133/2021 fala em "fiscalização dos atos previstos nesta Lei", em seu art. 170. Essa mudança sugere uma ampliação do espaço de atuação do órgão de controle externo, que passa a atuar quase como um tribunal administrativo em matéria de licitações e contratos.

Essa alteração não tem muito efeito prático, a não ser o de tornar expresso um modo de atuação que já era exercido pelos tribunais de contas a partir de uma interpretação ampla de seu papel de fiscalizar despesas, que abrangia não apenas os atos de liquidação e pagamento em si, como os preparatórios, tais como os praticados no curso da licitação. Afinal, é assente que esta tem relevante repercussão financeira, já que o seu desfecho será a celebração de um contrato oneroso para o Estado.

Passemos, então, à análise das disposições da nova lei que dizem respeito às atribuições aos tribunais de contas, ou seja, ao perfil jurídico do controle das contratações públicas estabelecido pela novel legislação.

2 Os tribunais de contas e a nova Lei de Licitações

Inicialmente, é pertinente detalhar os *procedimentos* estabelecidos em lei para o controle das contratações públicas regidas pela Lei nº 14.133/2021.

O art. 169 prescreve que estas deverão submeter-se a práticas contínuas e permanentes de gestão de riscos e de controle preventivo, estando sujeitas ao controle social e às seguintes linhas de defesa:

a) primeira linha de defesa – integrada por servidores e empregados públicos, agentes de licitação e autoridades que atuam na estrutura de governança do órgão ou entidade;

b) segunda linha de defesa – integrada pelas unidades de assessoramento jurídico e de controle interno do próprio órgão ou entidade;

c) terceira linha de defesa – integrada pelo órgão central de controle interno da administração e pelo Tribunal de Contas.

O novo diploma legal tem *várias diferenças conceituais em relação ao clássico modelo de três linhas de defesa* apresentado pela bibliografia sobre o assunto.

Conforme o *Referencial Básico de Gestão de Riscos do TCU*, a primeira linha de defesa é ocupada por funções que gerenciam e têm propriedade de riscos; a segunda, por funções que supervisionam riscos; e a terceira, por aquelas que fornecem avaliações independentes.[2]

Segundo o documento, os "*órgãos de controle externo, reguladores, auditores externos e outras instâncias externas de governança estão fora da estrutura da organização*, mas podem desempenhar um papel importante em sua estrutura geral de governança e controle, podendo ser considerados linhas adicionais de defesa, que fornecem avaliações tanto às partes interessadas externas da organização, como às instâncias internas de governança e à alta administração da entidade".[3]

A figura a seguir, extraída do *Referencial Básico de Gestão de Riscos do TCU*, ilustra o modelo de três linhas de defesa reconhecido pela literatura nacional e internacional:

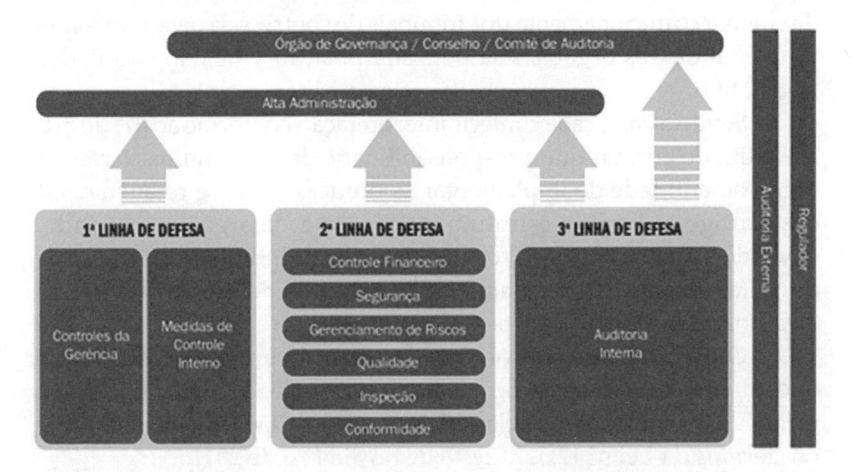

Fonte: Referencial Básico de Gestão de Riscos do TCU.

---

[2] BRASIL. Tribunal de Contas da União. *Referencial básico de gestão de riscos*. Brasília: TCU, Secretaria Geral de Controle Externo (Segecex), 2018. p. 59. Disponível em: https://portal.tcu.gov.br/data/files/21/96/61/6E/05A1F6107AD96FE6F18818A8/Referencial_basico_gestao_riscos.pdf. Acesso em: 22 set. 2021.

[3] Ibidem, p. 60.

A inclusão dos tribunais de contas na terceira linha de controle, juntamente ao órgão central de controle interno da administração, culminou com a previsão de um regime jurídico de fiscalização de licitações e contratos, catalogado nos arts. 169, 170 e 171 da Lei nº 14.133/2021, que seria aplicável a ambos os órgãos.

A propósito do assunto, há dúvidas quanto à constitucionalidade das disposições da Lei nº 14.133/2021 que cuidam da forma de atuação dos tribunais de contas, devido ao fato de a norma ter se originado do Parlamento, o que implicaria violação ao princípio da reserva de iniciativa das normas que tratam do funcionamento das cortes de contas, nos termos do art. 96, inciso I, alínea "a" c/c o art. 73, ambos da Constituição.

Conforme o §1º do art. 169, as práticas a que se refere o *caput* desse artigo serão objeto de regulamento, e a sua implementação constitui responsabilidade da alta administração do órgão ou entidade.

Pela leitura dessa regra, já é possível vislumbrar a inadequação de se incluírem os tribunais de contas dentro da mesma disciplina do controle administrativo das licitações. Afinal, o presidente da República somente possui competência para dispor, mediante decreto, sobre a organização e funcionamento da administração federal, não podendo disciplinar o funcionamento dos tribunais de contas, seja pela autonomia funcional desses órgãos, seja pela sua posição vinculada ao Poder Legislativo.

Sendo assim, cabe conferir interpretação conforme ao §1º do art. 169 a fim de afirmar que a responsabilidade da alta administração do órgão ou entidade de implementar as práticas a que se refere o *caput* deste artigo se limita à estrutura interna de cada órgão ou entidade, devendo a atuação do órgão central de controle interno e dos tribunais de contas ser objeto de regulamentação específica dentro de suas esferas de autonomia asseguradas pela Constituição.

O §2º assegura aos órgãos de controle acesso irrestrito aos documentos e às informações necessárias à realização dos trabalhos, inclusive aos documentos classificados pelo órgão ou pela entidade, nos termos da Lei nº 12.527, de 18 de novembro de 2011.

No caso do TCU, tal prerrogativa já consta do art. 42 de sua lei orgânica, o qual prescreve que nenhum processo, documento ou informação poderá ser sonegado ao tribunal em suas inspeções ou auditorias, sob qualquer pretexto.

Do contrário, o tribunal assinará prazo para apresentação dos documentos, informações e esclarecimentos julgados necessários, comunicando o fato ao ministro de Estado supervisor da área ou à autoridade de nível hierárquico equivalente para as medidas cabíveis (§1º). Vencido o prazo e não cumprida a exigência, o tribunal aplicará as sanções previstas no inciso IV do art. 58 da Lei nº 8.443/1992, nos termos do §2º do art. 42 desta norma.

Havendo acesso a documentos classificados com grau restrito, o órgão de controle com o qual foi compartilhada eventual informação sigilosa tornar-se-á corresponsável pela manutenção do seu sigilo, consoante o §2º do art. 169. Nessa hipótese, ocorre o que a doutrina e a jurisprudência denominam de transferência de sigilo, o que se mostra necessário para o regular funcionamento dos diversos braços da administração pública, cada qual no exercício de suas competências funcionais.

Conforme o §3º do art. 169, os integrantes das linhas de defesa a que se referem os incisos I, II e III do *caput* deste artigo observarão o seguinte:

a) quando constatarem simples impropriedade formal, adotarão medidas para o seu saneamento e para a mitigação de riscos de sua nova ocorrência, preferencialmente com o aperfeiçoamento dos controles preventivos e com a capacitação dos agentes públicos responsáveis;

b) quando constatarem irregularidade que configure dano à administração, sem prejuízo das medidas previstas acima, adotarão as providências necessárias para a apuração das infrações administrativas, observadas a segregação de funções e a necessidade de individualização das condutas, bem como remeterão ao Ministério Público competente cópias dos documentos cabíveis para a apuração dos ilícitos de sua competência.

Entende-se que esses dispositivos não se impõem aos tribunais de contas, que possuem regramento próprio, inclusive em sua lei orgânica, quanto às providências a serem adotadas quando constatarem irregularidades.

Não obstante, algumas práticas contidas no §3º do art. 169 se mostram desejáveis à atuação dos tribunais de contas, a exemplo da segregação de funções e da individualização de condutas, neste caso, em processos destinados à imputação de débito e/ou multa. Cuida-se de medidas condizentes com a busca de um processo de controle externo mais justo, estando coerente com os princípios do devido processo legal e do contraditório e da ampla defesa.

O art. 170, *caput*, da nova Lei de Licitações prescreve que os órgãos de controle considerarão as razões apresentadas pelos órgãos e pelas entidades responsáveis e os resultados obtidos com a contratação, observado o disposto no §3º desse dispositivo.

Apesar das considerações já entabuladas a respeito da suposta inconstitucionalidade das disposições da Lei nº 14.133/2021 que disciplinam a atuação dos tribunais de contas, o dispositivo em exame é compatível com as normas que regem o processo do TCU, mais especificamente com o art. 250, inciso V, do Regimento Interno, que preconiza o seguinte:

> Art. 250. Ao apreciar processo relativo à fiscalização de atos e contratos, o relator ou o Tribunal:
> (...)
> V – determinará a oitiva da entidade fiscalizada e do terceiro interessado para, no prazo de quinze dias, manifestarem-se sobre fatos que possam resultar em decisão do Tribunal no sentido de desconstituir ato ou processo administrativo ou alterar contrato em seu desfavor.

Ou seja, antes de determinar a invalidação de um ato ou de um contrato administrativo, o TCU assegura o direito de defesa e leva em conta as razões apresentadas não apenas do órgão e entidade responsáveis, como também do terceiro interessado, o licitante ou o contratado, que eventualmente seja prejudicado pela desconstituição do ato ou do contrato.

Além disso, entende-se que o tribunal deve abrir prazo para que o órgão responsável pela contratação e o terceiro interessado se pronunciem sobre se a continuidade do ato ou do contrato é medida que melhor atende ao interesse público, à luz dos aspectos indicados no art. 147 da Lei nº 14.133/2021:

> Art. 147. Constatada irregularidade no procedimento licitatório ou na execução contratual, caso não seja possível o saneamento, a decisão sobre a suspensão da execução ou sobre a declaração de nulidade do contrato somente será adotada na hipótese em que se revelar medida de interesse público, com avaliação, entre outros, dos seguintes aspectos:
> I - impactos econômicos e financeiros decorrentes do atraso na fruição dos benefícios do objeto do contrato;
> II - riscos sociais, ambientais e à segurança da população local decorrentes do atraso na fruição dos benefícios do objeto do contrato;
> III - motivação social e ambiental do contrato;
> IV - custo da deterioração ou da perda das parcelas executadas;

V - despesa necessária à preservação das instalações e dos serviços já executados;
VI - despesa inerente à desmobilização e ao posterior retorno às atividades;
VII - medidas efetivamente adotadas pelo titular do órgão ou entidade para o saneamento dos indícios de irregularidades apontados;
VIII - custo total e estágio de execução física e financeira dos contratos, dos convênios, das obras ou das parcelas envolvidas;
IX - fechamento de postos de trabalho diretos e indiretos em razão da paralisação;
X - custo para realização de nova licitação ou celebração de novo contrato;
XI - custo de oportunidade do capital durante o período de paralisação.
Parágrafo único. Caso a paralisação ou anulação não se revele medida de interesse público, o poder público deverá optar pela continuidade do contrato e pela solução da irregularidade por meio de indenização por perdas e danos, sem prejuízo da apuração de responsabilidade e da aplicação de penalidades cabíveis.

Compreende-se que a juntada de informações sobre os fatores indicados no dispositivo acima é ônus do órgão jurisdicionado e do terceiro interessado, que devem subsidiar o Poder Judiciário e os órgãos de controle com os elementos necessários à avaliação dos aspectos indicados acima, com vistas ao exame da presença ou não de interesse público que justifique a manutenção de ato ou do contrato.

Os aspectos exigidos para análise da pertinência ou não da anulação não são novidade no ordenamento jurídico, pois basicamente reproduzem disposições presentes em sucessivas leis de diretrizes orçamentárias acerca das disposições da fiscalização pelo Poder Legislativo das obras com indícios de irregularidades graves (por exemplo, o art. 119 da LDO/2020 – Lei nº 13.898/2019).

O dispositivo está em plena consonância com o disposto no art. 21 da Lei de Introdução às Normas do Direito Brasileiro (LINDB):

> Art. 21. A decisão que, nas esferas administrativa, controladora ou judicial, decretar a invalidação de ato, contrato, ajuste, processo ou norma administrativa deverá *indicar de modo expresso suas consequências jurídicas e administrativas*.
> Parágrafo único. A decisão a que se refere o caput deste artigo deverá, quando for o caso, indicar as condições para que a regularização ocorra de modo proporcional e equânime e sem prejuízo aos interesses gerais, não se podendo impor aos sujeitos atingidos ônus ou perdas que, em função das peculiaridades do caso, sejam anormais ou excessivos.
> (Grifos acrescidos)

Em síntese, os dispositivos anunciados estão em linha com a virada pragmática sofrida pelo direito administrativo brasileiro a partir do advento da Lei nº 13.655, de 25 de abril de 2018, que incluiu vários artigos na LINDB. Porém, é preciso, mais uma vez, advertir que a consideração das consequências jurídicas e administrativas pelos órgãos de controle exige o aporte de elementos de convicção por parte do gestor. Nas felizes palavras de Edilson Vitorelli:

> [...] se o gestor for capaz de apresentar essas circunstâncias aos órgãos de controle, ao Ministério Público e ao Poder Judiciário, esses órgãos deverão levar em conta as consequências práticas da decisão e as possíveis alternativas no controle de legalidade dos atos administrativos e na aplicação de penalidades ao administrador. As consequências podem até não prevalecer como critério justificador do ato, mas, se forem apresentadas, devem ser consideradas.[4]

Conforme o §1º do art. 170, as razões apresentadas pelos órgãos e entidades responsáveis deverão ser encaminhadas aos órgãos de controle até a conclusão da fase de instrução do processo e não poderão ser desentranhadas dos autos. Quanto a isso, a disciplina da nova Lei de Licitações destoa das normas processuais do TCU, que estabelece o prazo de quinze dias, contados da ciência do ofício, para o exercício do direito de defesa pelas entidades e terceiros interessados.

Mesmo que seja superada a tese da inconstitucionalidade das disposições da nova Lei de Licitações que tratam da organização e do processo dos tribunais de contas, por vício de iniciativa, compreende-se que o referido parágrafo não se aplica ao TCU, na medida em que o tema é tratado de forma distinta em sua lei orgânica. Incide, aqui, a vetusta regra de hermenêutica segundo a qual lei geral não revoga a especial.

O §2º assinala que a omissão na prestação das informações não impedirá as deliberações dos órgãos de controle nem retardará a aplicação de qualquer de seus prazos de tramitação e de deliberação. A disposição não traz nenhuma novidade, já que o §8º do art. 202 do Regimento Interno do TCU prescreve que "o responsável que não atender à citação ou à audiência será considerado revel pelo Tribunal, para todos os efeitos, dando-se prosseguimento ao processo".

---

[4] VITORELLI, Edilson. A Lei de Introdução às Normas do Direito Brasileiro e a ampliação dos parâmetros de controle dos atos administrativos discricionários: o direito na era do consequencialismo. *Revista de Direito Administrativo*, Belo Horizonte, v. 279, n. 2, p. 79-112, maio/ago. 2020, p. 108.

O §3º assinala que os órgãos de controle desconsiderarão os documentos impertinentes, meramente protelatórios ou de nenhum interesse para o esclarecimento dos fatos. Essa avaliação se dará pela autoridade ou pelo colegiado responsável pelo julgamento, que ocorrerá segundo a sua livre persuasão racional. No mesmo sentido, a autoridade dispensará a realização de diligências meramente protelatórias e que sejam inúteis ao deslinde do processo, o que se justifica pelos princípios da eficiência e da celeridade processual.

O §4º reproduz dispositivo consignado na Lei nº 8.666/1993. Segundo ele, qualquer licitante, contratado ou pessoa física ou jurídica poderá representar aos órgãos de controle interno ou ao tribunal de contas competente contra irregularidades na aplicação dessa lei.

Tal qual estabelecido no *regramento anterior (art. 113 da Lei nº 8.666/1993)*, o novel regime assegurou o direito de representação perante o tribunal de contas competente a qualquer licitante, contratado ou pessoa física ou jurídica. Trata-se de uma alternativa oferecida pelo ordenamento jurídico a fim de que uma pessoa jurídica possa pleitear a anulação ou a declaração de nulidade de atos lesivos ao patrimônio público, considerando que esta não é legitimada a ingressar com ação popular (Súmula STF nº 365).

Todavia, é preciso lembrar que o Tribunal de Contas não serve para tutelar interesses eminentemente privados dos licitantes, os quais devem ser pleiteados perante o Poder Judiciário, mediante ação ordinária ou mandado de segurança. Tal entendimento é pacífico no TCU, como revela o seguinte excerto extraído do repositório da jurisprudência dessa casa:

> Não configurado o interesse público em representação apresentada por licitante afasta-se a competência do TCU, uma vez que não se insere dentre as funções da Corte de Contas o patrocínio de interesses particulares. (Acórdão nº 4.779/2011 – Primeira Câmara, Relator: Marcos Bemquerer)

A presença de interesse público é condição de admissibilidade das representações e denúncias formuladas perante o TCU, nos termos do §1º do art. 103 da Resolução-TCU nº 259/2014:

> §1º O exame de admissibilidade abordará a competência do Tribunal sobre o assunto, a legitimidade do autor, a suficiência dos indícios e a existência de interesse público no trato da suposta ilegalidade apontada.

O art. 171 traz uma série de regras sobre o processo de fiscalização desenvolvido no âmbito dos órgãos de controle e sobre a atuação cautelar dos tribunais de contas.

Há dúvidas quanto à constitucionalidade das disposições da Lei nº 14.133/2021 que cuidam da forma de atuação dos tribunais de contas, devido ao fato de a norma ter se originado do Parlamento, o que implicaria violação ao princípio da reserva de iniciativa das normas que tratam do funcionamento das cortes de contas, nos termos do art. 96, inciso I, alínea "a" c/c o art. 73, ambos da Constituição.

Nesse contexto se insere o art. 171. A despeito dos questionamentos suscitados acima, cabe a análise das disposições.

Conforme o inciso I do art. 171, no processo de fiscalização, deve ser viabilizada a oportunidade de manifestação aos gestores sobre possíveis propostas de encaminhamento que terão impacto significativo nas rotinas de trabalho dos órgãos e entidades fiscalizados, a fim de que eles disponibilizem subsídios para avaliação prévia da relação entre custo e benefício dessas possíveis proposições.

Antes mesmo da nova lei, o TCU instituiu a denominada "construção participativa de deliberações" ao editar a Resolução-TCU nº 315, de 22 de abril de 2020.

A aludida norma teve como objetivo disciplinar a elaboração de deliberações que contemplem medidas a serem tomadas pelas unidades jurisdicionadas no âmbito dessa Corte de Contas. Consoante o seu art. 14, *caput* e §1º:

> Art. 14. A unidade técnica instrutiva deve oportunizar aos destinatários das deliberações a apresentação de comentários sobre as propostas de determinação e/ou recomendação, solicitando, em prazo compatível, informações quanto às consequências práticas da implementação das medidas aventadas e eventuais alternativas.
> §1º A manifestação a que se refere o caput deve ser viabilizada mediante o envio do relatório preliminar da fiscalização ou da instrução que contenha as propostas de determinação ou recomendação.

Segundo o art. 15 da Resolução-TCU nº 315/2020, as propostas finais de deliberação devem considerar as manifestações das unidades jurisdicionadas e, em especial, justificar a manutenção das propostas preliminares caso apresentadas consequências negativas ou soluções de melhor custo-benefício.

O inciso II do art. 171 da Lei nº 14.133/2021 estabelece que os processos de fiscalização dos órgãos de controle adotarão procedimentos objetivos e imparciais, de forma a produzir relatórios tecnicamente fundamentados, baseados exclusivamente nas evidências obtidas e organizados de acordo com as normas de auditoria do respectivo órgão de controle.

Conforme a parte final do dispositivo, o objetivo é evitar que interesses pessoais e interpretações tendenciosas interfiram na apresentação e no tratamento dos fatos levantados. Trata-se de norma programática que, a rigor, já faz parte da rotina e da prática das atividades de fiscalização levadas a cabo pelo TCU.

O inciso III do art. 171 traz uma regra que levanta dúvidas quanto ao seu exato sentido. Segundo o dispositivo, na fiscalização realizada pelos órgãos de controle deverá haver a "definição de objetivos, nos regimes de empreitada por preço global, empreitada integral, contratação semi-integrada e contratação integrada, atendidos os requisitos técnicos, legais, orçamentários e financeiros, de acordo com as finalidades da contratação, devendo, ainda, ser perquirida a conformidade do preço global com os parâmetros de mercado para o objeto contratado, considerada inclusive a dimensão geográfica".

De substancial, a norma parece sugerir que as fiscalizações devem ser precedidas de um escopo predefinido, o que já faz parte das rotinas administrativas adotadas pelo TCU em suas atividades de auditoria. Para Ronny Charles Lopes de Torres, aparentemente houve um erro no texto final aprovado pelo Congresso Nacional, pois a fixação de objetivos para os referidos regimes deve ser definida pela própria administração, não pelos tribunais de contas, na etapa de planejamento da contratação. Em sua opinião, a previsão legal carece de sentido.[5]

A parte final do dispositivo estabeleceu que o controle de economicidade desses ajustes ocorrerá a partir da verificação da conformidade do preço global com os parâmetros de mercado para o objeto contratado, devendo ser levados em conta, para tanto, os preços praticados no local de realização dos serviços. Essa prática já é adotada pelas normas de auditoria da Corte de Contas.

Os parágrafos do art. 171 cuidam das regras sobre o procedimento cautelar.

Segundo o seu §1º, as cortes de contas, ao suspenderem cautelarmente o processo licitatório, deverão pronunciar-se definitivamente sobre o mérito da irregularidade que tenha dado causa à suspensão no

---

[5] TORRES, Ronny Charles Lopes de. *Leis de licitações públicas comentadas*. São Paulo: Ed. JusPodivm, 2021. p. 807.

prazo de 25 dias úteis, contado da data do recebimento das informações a que se refere o §2º desse artigo, prorrogável por igual período uma única vez.

Não obstante as dúvidas sobre a aparente inconstitucionalidade desse dispositivo, assim como dos outros que cuidam da organização do processo dos tribunais de contas, entendemos que o estabelecimento de um prazo para a conclusão do mérito da irregularidade que tenha dado ensejo à expedição de medida cautelar é salutar para o interesse público, uma vez que permite a adoção de providências para ultimação da contratação, seja mediante a anulação dos atos irregulares e o seu refazimento, seja por meio da continuidade da licitação.

Todavia, é criticável o estabelecimento de um prazo tão curto para a obtenção de uma solução de mérito para a irregularidade, especialmente quando o certame licitatório envolver objetos complexos e os fatos questionados exigirem longa dilação probatória, mediante a realização de estudos, ensaios e perícias.

A proposta também parece colidir com o princípio da razoabilidade, na sua vertente que impõe a razoável duração do processo. Por evidente, não se toleram trâmites processuais demorados, que prejudicam a administração pública e os contratados. Todavia, a busca pela rápida solução de controvérsias não pode atropelar a realidade fática dos processos, tampouco o rigor técnico que se exige na apreciação de questões técnicas muitas vezes complexas, que demandam uma extensa dilação probatória.

No caso de irregularidades graves em obras e serviços de engenharia, as diversas leis de diretrizes orçamentárias já vinham prevendo um prazo para a conclusão dos processos de fiscalização que tenham ensejado o bloqueio da execução física, orçamentária e financeira.

Ademais, não se pode olvidar que as decisões de mérito proferidas nos processos de fiscalização desenvolvidos no TCU estão sujeitas a pedido de reexame, o qual possui efeito suspensivo e devolutivo, ensejando a rediscussão de toda a matéria fática e jurídica que fundamentou as conclusões do tribunal.

Rafael Carvalho Rezende Oliveira direciona outra crítica ao §1º do art. 171: a de que ele teria indevidamente ampliado a prerrogativa dos tribunais de contas de analisarem editais de licitação já publicados, contida no art. 113, §2º, da Lei nº 8.666/1993, ao reconhecer expressamente a sua atribuição de suspender cautelarmente qualquer fase do procedimento licitatório, o que incluiria a sua fase preparatória ou interna.[6]

O autor entende que a nova Lei de Licitações teria instituído uma espécie de controle prévio de licitações, o que seria incompatível com o modelo de fiscalização das contas públicas estabelecido pela Constituição Federal, que teria optado pelo controle *a posteriori* dos atos administrativos.[7]

Entende-se que a nova Lei de Licitações não inovou frente ao regime anterior nesse particular, pois, mesmo durante a vigência da Lei nº 8.666/1993, o tribunal já detinha a prerrogativa de acessar e requerer, no curso de seus processos de controle externo, todos os documentos e informações necessários à realização de seu trabalho, nos termos do art. 87, inciso III, da Lei nº 8.443/1992.

Ademais, não se pode olvidar que a licitação é um procedimento administrativo e, por essa razão, é constituída por uma sequência de atos administrativos, a exemplo da aprovação do estudo de viabilidade técnica e econômica, do orçamento estimativo, do projeto básico, entre outros, todos eles passíveis de serem fiscalizados pelos tribunais de contas por força da autorização que lhe foi conferida no art. 71 da Constituição.

Por fim, é preciso advertir que a fiscalização dos atos que integram uma licitação não implica o controle prévio desta, a exemplo do que ocorria no regime da Constituição de 1967. Não obstante o louvável trabalho doutrinário de Rafael Carvalho Rezende Oliveira, o autor parece confundir a aludida modalidade de controle com o que se chama de concomitante, que é plenamente compatível com o atual regime constitucional.

Por meio do controle prévio, o TCU procedia à fiscalização de todos os atos que gerassem despesas e respectivos contratos para fins de registro. No caso, a manifestação do tribunal era condição necessária para a realização do dispêndio e para a execução do contrato, de modo que tais atos jurídicos não possuíam eficácia até a manifestação do TCU. Esse modelo de controle sofreu várias modificações ao longo da história, em termos de abrangência e possibilidade de revisão do veto do tribunal por parte do Congresso Nacional, mas é fato que ele perdurou até a Constituição de 1967, que o substituiu pela técnica

---

[6] OLIVEIRA, Rafael Carvalho Rezende; HALPERN, Erick. O controle dos Tribunais de Contas e o art. 171 da Lei nº 14.133/2021 (nova Lei de Licitações). *Fórum de Contratação e Gestão Pública – FCGP*, Belo Horizonte, ano 20, n. 234, p. 13-25, jun. 2021, p. 20.

[7] OLIVEIRA, Rafael Carvalho Rezende; HALPERN, Erick. *Op. cit.*, p. 21-22.

de auditoria, instrumento de controle sucessivo à formação do ato e concomitante à execução orçamentária das despesas. A Constituição de 1988 repetiu esse formato.

Assim, o fato de o tribunal solicitar documentos relacionados à etapa preparatória da licitação e promover o controle concomitante de atos já praticados não implica, em absoluto, uma infração ao modelo de fiscalização adotado pela atual Carta Magna. Pelo contrário, essa atribuição materializa o exercício de sua função de auditoria e prestigia o caráter preventivo da fiscalização das contas públicas, necessário a evitar a consumação de prejuízos de difícil reparação.

Tal procedimento se revela ainda mais recomendável no caso de obras públicas. Afinal, a suspensão de uma licitação, em sua gênese, por conta de irregularidades já verificadas durante a etapa de planejamento, certamente causa menores prejuízos sociais e econômicos do que a eventual paralisação no curso da execução do contrato.

No mesmo sentido, concorda-se com a advertência de Ceuler Barbosa das Neves e Fernanda de Moura Ribeiro Naves, de que é justificável o controle concomitante das irregularidades verificadas nos editais de licitações de obras, pois é na fase interna da licitação que são definidos o objeto, as regras de habilitação e as condições de execução, o que pode acarretar o seu direcionamento ou, até mesmo, causar a impossibilidade de sua realização, constituindo uma iniciativa relevante de prevenção à corrupção.[8]

Por certo, o TCU deve ser respeitoso à esfera de discricionariedade do gestor e preservar as escolhas legítimas do Poder Executivo na definição das soluções adequadas às suas necessidades públicas. Ao fim e ao cabo, o tribunal deve contribuir para a eficácia e eficiência das contratações públicas, evitando intervir em situações que não impliquem prejuízos ou desvios relevantes aos princípios da administração pública. Afinal, como bem disse Gabriel Heller e Guilherme Carvalho e Sousa, a função de controle externo não se confunde com a administrativa, cumprindo ao tribunal de contas mostrar o caminho à administração e, eventualmente, corrigir o rumo dela, mas jamais trilhar por ela o percurso.[9]

---

[8] NEVES, Cleuler Barbosa das; NAVES, Fernanda de Moura Ribeiro. Controle concomitante de editais de licitação de obras como política pública de prevenção à corrupção. *Fórum Administrativo – FA*, Belo Horizonte, ano 19, n. 220, p. 20-32, jun. 2019, p. 20.

[9] HELER, Gabriel; SOUSA, Guilherme Carvalho e. Função de controle externo e função administrativa: separação e colaboração na Constituição de 1988. *Revista de Direito Administrativo*, Belo Horizonte, v. 278, n. 2, p. 71-96, set./dez. 2018, p. 92.

Retomando a análise da lei, o §2º do art. 171 assinala que o órgão ou entidade deverá, ao ser intimado da ordem de suspensão do processo licitatório, adotar as seguintes providências no prazo de 10 dias úteis, admitida a prorrogação:

a) informar as medidas adotadas para cumprimento da decisão;
b) prestar todas as informações cabíveis;
c) proceder à apuração de responsabilidade, se for o caso.

A competência para expedir medida cautelar não consta expressamente da lei orgânica do TCU, de forma que ela foi reconhecida pela jurisprudência do Tribunal e, posteriormente, pelo Supremo Tribunal, a partir da teoria dos poderes implícitos.

A matéria foi disciplinada da seguinte forma no Regimento Interno do TCU:

> Art. 276. O Plenário, o relator, ou, na hipótese do art. 28, inciso XVI, o Presidente, em caso de urgência, de fundado receio de grave lesão ao erário, ao interesse público, ou de risco de ineficácia da decisão de mérito, poderá, de ofício ou mediante provocação, adotar medida cautelar, com ou sem a prévia oitiva da parte, determinando, entre outras providências, a suspensão do ato ou do procedimento impugnado, até que o Tribunal decida sobre o mérito da questão suscitada, nos termos do art. 45 da Lei nº 8.443, de 1992.
> (...)
> §2º Se o Plenário, o Presidente ou o relator entender que antes de ser adotada a medida cautelar deva o responsável ser ouvido, o prazo para a resposta será de até cinco dias úteis.
> §3º A decisão do Plenário, do Presidente ou do relator que adotar a medida cautelar determinará também a oitiva da parte, para que se pronuncie em até quinze dias, ressalvada a hipótese do parágrafo anterior.

Como se vê, as regras da nova lei são completamente distintas das do Regimento Interno do TCU, o que suscitará a discussão quanto à imposição ou não daquelas à Corte de Contas, à vista das prerrogativas que lhe foram conferidas pelo art. 96 da Constituição.

Conforme o §3º, a decisão que examinar o mérito da medida cautelar a que se refere o §1º deste artigo deverá definir as medidas necessárias e adequadas, em face das alternativas possíveis, para o saneamento do processo licitatório ou determinar a sua anulação.

Essa prática já vem sendo adotada pelo TCU, pelo menos no que se refere à fiscalização de atos e contratos de obras e serviços de engenharia em cumprimento às leis de diretrizes orçamentárias. A propósito do assunto, o §2º do art. 142 da LDO/2022 preconiza que a decisão que confirmar as irregularidades graves inicialmente apontadas e concluir que o contrato não poderá ter continuidade sem risco de prejuízos significativos ao erário "deverá relacionar todas as medidas a serem adotadas pelos responsáveis, com vistas ao saneamento das irregularidades graves".

Conforme o §4º, o descumprimento da medida cautelar pela entidade ensejará a apuração de responsabilidade e a obrigação de reparação do prejuízo causado ao erário. Além disso, seria possível a aplicação do art. 44 da Lei nº 8.443/1992, segundo o qual o tribunal, no início ou no curso de qualquer apuração, de ofício ou a requerimento do Ministério Público junto ao TCU, poderá determinar, cautelarmente, "o afastamento temporário do responsável, se existirem indícios suficientes de que, prosseguindo no exercício de suas funções, possa retardar ou dificultar a realização de auditoria ou inspeção, causar novos danos ao Erário ou inviabilizar o seu ressarcimento".

3 Da recente decisão do TCU questionando a constitucionalidade de alguns dispositivos da nova Lei de Licitações

Na sessão plenária do dia 13.10.2021, foi analisada proposição apresentada pelo ministro Raimundo Carreiro, em 23.06.2021, acerca de possível inconstitucionalidade dos §§1º e 3º do art. 171 da Lei nº 14.133/2021.

Ao analisar a matéria, a Consultoria Jurídica do Tribunal chegou às seguintes conclusões:

- trata-se de norma que interfere no funcionamento e na organização dos tribunais de contas, pois, para buscar cumprir tal prazo, precisarão reorganizar internamente sua força de trabalho, realocando auditores e redirecionando esforços de técnicos e autoridades para a análise dos processos que envolvam medidas cautelares em licitações;
- o dispositivo em questão, na prática, altera as leis orgânicas de todos os tribunais de contas ao estabelecer prazo uniforme e, consequentemente, induzir prioridade, desprezando as peculiaridades de cada tribunal, bem como os critérios de oportunidade, materialidade, relevância e risco por eles

adotados, em observância às normas internacionais relativas às entidades fiscalizadoras;
- a inconstitucionalidade formal do art. 171, §1º, da Lei nº 14.133/2021 é clara, pois o dispositivo em questão não trata de licitação ou contratos, mas da atuação do controle externo, impondo-lhe limitação;
- considerando que o processo legislativo que resultou na Lei nº 14.133/2021 foi de autoria da Câmara dos Deputados (Projeto de Lei nº 4.253/2020, substitutivo ao Projeto de Lei do Senado nº 559/2013), o mencionado dispositivo viola os arts. 73 c/c 96, I, "a", e II, "d", da CF, que, segundo pacífico entendimento do STF, conferem às cortes de contas as prerrogativas de autonomia e autogoverno, incluindo a iniciativa privativa para o processo legislativo atinente à alteração da sua organização e funcionamento;
- com efeito, o exíguo prazo de 25 dias úteis fixado no mencionado dispositivo tende a compelir o tribunal a adotar análises mais superficiais do mérito de irregularidades que ensejaram a suspensão cautelar do certame e/ou a preterir as demais matérias objeto do controle externo;
- não é difícil perceber, portanto, que o art. 171, §1º, da Lei nº 14.133/2021 pode frustrar os objetivos pretendidos com a adoção de medida cautelar no âmbito dos tribunais de contas, resultando na consumação das irregularidades e dos prejuízos que se pretendiam evitar, bem como na total ineficácia da futura decisão de mérito;
- não cabe ao Tribunal de Contas definir o modo como o interesse público deve ser atendido, uma vez que tal definição compreende juízo de conveniência e oportunidade que compete exclusivamente ao administrador público. A decisão sobre qual providência deve ser adotada dentre aquelas que potencialmente satisfazem o interesse público é tipicamente ato de gestão discricionário, e não ato de controle externo; e
- assim, conquanto o Tribunal de Contas, ao suspender um processo licitatório, deva cuidar para não inviabilizar o alcance do interesse público, não pode substituir-se ao gestor, usurpando sua competência, a fim de determinar a melhor forma para que o interesse público seja alcançado.

Após o pronunciamento favorável do Ministério Público junto ao TCU, a matéria foi submetida a julgamento, tendo sido lavrado o Acórdão nº 2.463/2021-Plenário, nos seguintes termos:

> 9.1. Representar junto à Procuradoria-Geral da República com vistas ao ajuizamento de ação direta de inconstitucionalidade perante o Supremo Tribunal Federal, fazendo-se acompanhar do inteiro teor do presente processo, requerendo-se:
> 9.1.1. Preliminarmente, medida cautelar, nos termos do art. 10 e seguintes da Lei 9.868/1999, a fim de suspender, até o julgamento do mérito da referida ação:
> 9.1.1.1. Os efeitos da expressão "no prazo de 25 (vinte e cinco) dias úteis, contado da data do recebimento das informações a que se refere o §2º deste artigo, prorrogável por igual período uma única vez" constante do art. 171, §1º, da Lei 14.133/2021, ou, subsidiariamente, determinar que eventual descumprimento do referido prazo não implique a cessação dos efeitos da suspensão cautelar do processo licitatório, nem outra consequência jurídica;
> 9.1.1.2. os efeitos do inciso II do §1º e do §3º do art. 171 da Lei 14.133/2021;
> 9.1.2. No mérito:
> 9.1.2.1. Declarar a inconstitucionalidade da expressão "no prazo de 25 (vinte e cinco) dias úteis, contado da data do recebimento das informações a que se refere o §2º deste artigo, prorrogável por igual período uma única vez" constante do art. 171, §1º, da Lei 14.133/2021, por violar os arts. 18, 25, caput e §1º, c/c os arts. 73, 75 e 96 da Constituição Federal (inconstitucionalidade formal), bem como o art. 71 da Constituição Federal (inconstitucionalidade material) ou, subsidiariamente, dar interpretação conforme a Constituição à referida expressão, de modo a compatibilizá-la com os arts. 71 e 73, §§3º e 4º, da Constituição Federal, considerando, para tanto, o referido prazo como impróprio, de modo que eventual descumprimento não implique a cessação dos efeitos da suspensão cautelar do processo licitatório, nem outra consequência jurídica;
> 9.1.2.2. Declarar a inconstitucionalidade do inciso II do §1º e do §3º do art. 171 da Lei 14.133/2021, por violar os arts. 18, 25, caput e §1º, c/c arts. 73, 75 e 96 da Constituição Federal (inconstitucionalidade formal), bem como os arts. 2º e 71 da Constituição Federal (inconstitucionalidade material);
> 9.2. Encaminhar cópia da representação à Associação dos Membros dos Tribunais de Contas do Brasil (Atricon), entidade associativa reconhecida como legitimada para a propositura de ação direta de inconstitucionalidade, que tem dentre seus objetivos estatutários 'auxiliar os Tribunais de Contas na defesa de suas competências, de seus poderes e de seus interesses institucionais, em juízo ou fora dele", bem como

"promover ação direta de inconstitucionalidade (ADI) e ação declaratória de constitucionalidade (ADC)".

Com essa recente decisão, a discussão do tema ganha outros contornos, haja vista a iminente manifestação do guardião da Constituição a respeito de relevante e sensível matéria.

4 Considerações finais

A Lei nº 14.133/2021 pode perfeitamente ser compreendida com uma decantação dos diversos diplomas legais versando sobre licitações e da jurisprudência do TCU sobre o tema.

Na verdade, são consolidadas as novas Leis do RDC e das Estatais, além de alçar algumas normas regulamentares à estatura de normas legais.

No fundo, a Lei nº 14.133/2021 não traz em si grandes novidades. Mesmo sob a égide da Lei nº 8.666/1993, muitos institutos do novo diploma legal já eram utilizados na prática, a partir de construções da doutrina e da jurisprudência e da previsão em normas infralegais.

Entende-se que os avanços poderão advir do uso da nova lei pela administração pública, como é de praxe no processo de aplicação do direito. Assim, a evolução esperada do regime licitatório depende mais da utilização da lei do que do próprio texto legal em si.

Há dúvidas se a nova lei aumentará a eficiência da administração pública e reduzirá os custos de processamento do certame. O texto legal parece caminhar em direções conflitantes em relação à desburocratização dos certames licitatórios.

Por um lado, há nítidos ganhos em alguns procedimentos, como a inversão de fases de habilitação e julgamento ou a instituição de etapa recursal única. Por outro, novos procedimentos (estudos técnicos preliminares, plano anual de contratações, gerenciamento de riscos) têm o condão de reduzir a celeridade dos certames licitatórios.

Como qualquer norma que se insere no ordenamento jurídico, é preciso aguardar certo tempo para que a comunidade acadêmica e os operadores do direito absorvam os novos institutos e conceitos. Talvez o período de dois anos de experimentação da nova lei seja importante para a extração de sua melhor exegese.

O TCU e a doutrina continuarão a exercer o seu papel de decantação do sentido da nova lei conforme os casos concretos, o que se dará a partir dos valores e dos princípios anunciados pelo regime jurídico que se inaugura, numa combinação dos métodos dedutivo e indutivo.

Por fim, quanto ao perfil jurídico do controle das contratações públicas estabelecido pela nova lei, o desafio imposto aos tribunais de contas de adaptar as suas normas processuais ao regime jurídico que se inaugura deverá ser precedido de uma importante e crucial etapa: a análise prévia da constitucionalidade das disposições legais que interferem no funcionamento e na organização dos tribunais de contas, em especial na condução de seus processos por parte do Supremo Tribunal Federal.

Por ora, o compromisso das cortes de contas é tornar ainda mais eficiente seus processos cautelares e, cada vez mais, estreitar o seu papel pedagógico junto aos jurisdicionados na construção do sentido da nova Lei de Licitação.

Referências

HELER, Gabriel; SOUSA, Guilherme Carvalho e. Função de controle externo e função administrativa: separação e colaboração na Constituição de 1988. *Revista de Direito Administrativo*, Belo Horizonte, v. 278, n. 2, p. 71-96, set./dez. 2018.

NEVES, Cleuler Barbosa das; NAVES, Fernanda de Moura Ribeiro. Controle concomitante de editais de licitação de obras como política pública de prevenção à corrupção. *Fórum Administrativo – FA*, Belo Horizonte, ano 19, n. 220, p. 20-32, jun. 2019.

OLIVEIRA, Rafael Carvalho Rezende; HALPERN, Erick. O controle dos Tribunais de Contas e o art. 171 da Lei nº 14.133/2021 (nova Lei de Licitações). *Fórum de Contratação e Gestão Pública – FCGP*, Belo Horizonte, ano 20, n. 234, p. 13-25, jun. 2021.

TORRES, Ronny Charles Lopes de. *Leis de licitações públicas comentadas*. São Paulo: Ed. JusPodivm, 2021.

VITORELLI, Edilson. A Lei de Introdução às Normas do Direito Brasileiro e a ampliação dos parâmetros de controle dos atos administrativos discricionários: o direito na era do consequencialismo. *Revista de Direito Administrativo*, Belo Horizonte, v. 279, n. 2, p. 79-112, maio/ago. 2020.

Informação bibliográfica deste texto, conforme a NBR 6023:2018 da Associação Brasileira de Normas Técnicas (ABNT):

ZYMLER, Benjamin; ALVES, Francisco Sérgio Maia. O controle das contratações públicas pelos tribunais de contas a partir da Lei nº 14.133/2021. *In*: TERRÃO, Cláudio Couto; ANDRADE, Durval Ângelo (Coords.). *Controle externo no século XXI*: homenagem a Sebastião Helvecio - Conselheiro, educador e cidadão do mundo. Belo Horizonte: Fórum, 2022. p. 135-154. ISBN 978-65-5518-338-2.

A EFETIVIDADE DA LEI COMPLEMENTAR Nº 123/2006

BRUNO QUICK LOURENÇO DE LIMA

Depois de cerca de três décadas atuando, de forma voluntária ou profissionalmente, na promoção de políticas públicas, com destaque na melhoria do ambiente legal e no fomento ao empreendedorismo que nasce a partir da dinamização das economias locais, pude aprender a observar como as coisas funcionam, obter muitos aprendizados e realizar constatações.

É chegada a hora de compartilhar algumas, de não poucas demonstrações do período dessa convivência que pude ter com o nosso querido amigo, conselheiro, educador, homem público e líder Sebastião Helvecio.

Uma delas e inesquecível para minha pessoa é a que o tempo das pessoas difere do tempo das instituições, que se distingue também do tempo das nações. Entender a diferença da dimensão do tempo nessas três medidas é muito importante porque percebemos que as pessoas constroem e movimentam as instituições, e as instituições, por sua vez, suportam o desenvolvimento das nações.

Compreender esse fator temporal é extremamente importante para que as pessoas entendam que o tempo das instituições é bastante dilatado e difere ainda mais do ciclo de desenvolvimento das nações.

Para que todos, essencialmente, busquem seu nível máximo de consciência, consigam alcançar a compreensão do seu papel na sociedade e, ainda, possam estabelecer alianças e construir projetos transformadores com persistência, é preciso entender o tempo das instituições. Distante disso, para alguns, o tempo dos homens parece demasiadamente longo;

então, há que se ter grandes doses de idealismo e tenacidade para que as pessoas possam completar os ciclos de evolução das instituições e, de igual forma, as instituições precisam compreender o tempo das nações para que possam igualmente promover e sustentar seus ciclos.

Esse é um aparente detalhe que é determinante e provocativo. Na verdade, a percepção desse fator tempo, basicamente, revela as pessoas que transformam as instituições e, principalmente, aquelas pessoas que são capazes de transformar uma nação. E uma dessas pessoas é o nosso querido Sebastião Helvecio.

Outra constatação importante é compreender a forma como as coisas se dão. Ao definirmos causas, a vida vai nos aproximando naturalmente, e realizamos escolhas e frequentamos novos ambientes; mas, ao definir propósitos, a vida cuida de nos unir. E novamente surge a figura de Sebastião Helvecio. Então, posso ver nesses dois grandes aprendizados que tive, além de tantos outros, com muita nitidez a figura desse ser humano. Um homem que resolveu largar a medicina como forma de cuidar da vida e escolher outro modo de vida, a vida pública através da política, num dado momento, para ampliar, provavelmente, o seu alcance do ponto de vista de influenciar para melhor a vida das pessoas.

A busca por ocupar uma instituição importantíssima, num espaço de afirmação e consolidação de sociedade e economia, características preponderantes de nações desenvolvidas, fez esse grande ser humano sair de um hospital e ir ao encontro da Assembleia Legislativa e do Tribunal de Contas de Minas Gerais. Participou de organismos nacionais, grandes grupos de trabalho e estudos, como o Instituto Rui Barbosa (IRB), chegando a presidir a Associação dos Membros dos Tribunais de Contas do Brasil (Atricon). Fez parte também de fóruns internacionais, sempre em trajetória de expansão da sua contribuição para o desenvolvimento.

Sempre com a clara compreensão do tempo. Tudo ao seu tempo certo. Na medida do amadurecimento e da construção das suas redes de relacionamento e da percepção de que lhe cabia. Do papel cada vez mais ampliado.

Outro aspecto a abordar: a questão da aproximação e da união de esforços. Ao começar sua trajetória, vou me permitir falar da minha própria trajetória para ilustrar a intercessão da vida, carreira e trabalho de Sebastião com tantos outras agentes de construção em nosso país e mesmo fora dele.

Comecei também minha trajetória em área completamente diferente, numa empresa de engenharia; logo após, em uma pequena empresa; em seguida, em um sistema de associações empresariais e, posteriormente, alcancei o Sebrae Minas, escalando ao Sebrae Nacional. Nesse percurso, tive crenças fundadas na questão da livre iniciativa da força do empreendedorismo, na oportunidade de emancipação e da plena dignidade das pessoas exercerem suas atividades a partir de seus dons para a construção de uma nação próspera e justa. Acreditei e sigo firme que os pequenos negócios e o empreendedorismo são janelas de inclusão e dignificação do ser humano.

Por experiência própria, houve o entendimento de que o nosso país era extremamente hostil aos empreendedores, apesar da Constituição Federal garantir tratamento adequado. Essa mesma Constituição Federal de 1988, que ampliou o papel dos tribunais de contas, determinou também o tratamento diferenciado e favorecido aos pequenos negócios. Ali nasce uma perspectiva nova e em direção à caminhada de Sebastião Helvecio. Trabalhar, inclusive, com o grande líder e homem público, também de grande sensibilidade de diferenciar o tempo das pessoas, instituições e nação, Guilherme Afif Domingos, que introduziu o artigo que previa o tratamento simplificado, diferenciado e favorecido aos pequenos negócios. Sendo assim, pude sentir a realidade das centenas de milhares de empreendedores que viviam o momento distante de uma determinação constitucional.

Comecei a buscar novas formas, caminhos e instituições através das quais, como pessoa, pudesse me dedicar a atuar institucionalmente para que a nação brasileira abraçasse os empreendedores com vista ao seu pleno desenvolvimento. E foi em 1986 que comecei a empreender verdadeiramente. Em 1991, passei a frequentar a Associação Comercial de Minas (CDL-BH), e, gradativamente, federações empresariais me levaram até o Sebrae Minas Gerais em 1999; em 2003, cheguei ao Nacional com a missão de tornar o Sebrae apto e atuante na melhoria do ambiente legal para pequenas empresas no Brasil. Dessa forma, trabalhamos na Emenda Constitucional nº 42/2003 e, até 2006, num trabalho hercúleo, que envolveu milhares de pessoas com participação presencial, para aprovação no Congresso Nacional e sanção presidencial do Estatuto Nacional da Microempresa e da Empresa de Pequeno Porte (Lei Complementar nº 123/2006).

E aí abrimos um capítulo novo. Vivemos num Brasil que tem lei que cola e que não cola. Uma realidade à época de dois milhões de empreendedores no Simples Nacional que tinham muitas dificuldades de sobreviver e prosperar em seus negócios. Num país que precisa absurdamente de novas oportunidades, seja como empreendedor, seja como trabalhador, pois os pequenos negócios já eram os maiores responsáveis pela criação de vagas de trabalho. Neste momento, então dispondo de marco regulatório, precisávamos dar vida a essa lei e levá-la para o mundo real, principalmente a estados e municípios brasileiros, com destaque aos estados, onde se faz mais presente na vida do cidadão e empreendedor. É esse estado que está mais perto e próximo. Onde as pessoas vivem e as atividades econômicas verdadeiramente acontecem.

Nessa perspectiva, o Sebrae buscou identificar uma nova etapa além do aprimoramento do marco regulatório permanente, rodando seu PDCA (*plan – do – check – act*), planejando, fazendo, verificando e ajustando, em modo de monitoramento contínuo da lei, para levar às bases do Brasil, ou seja, aos municípios brasileiros. E a primeira fase foi dedicada às compras governamentais e seus contratos e licitações. A atribuição central dos órgãos públicos de controle externo, particularmente, tribunais de contas, é exatamente o monitoramento, àquela época de forma muito pronunciado, o monitoramento de contratos de licitações públicas.

Muitas prefeituras não adotavam a preferência às pequenas empresas nas compras locais, exatamente com receio de estar infringindo a Lei nº 8.666/1993 e sofrer sanções dos órgãos de controle, ou seja, dos tribunais de contas.

Naquele momento, entendemos que, se nós não tivéssemos uma forte parceria com os tribunais de contas, a Lei Complementar nº 123/2006 não permaneceria. Dessa forma, começamos a nossa aproximação. Eis que, num dado momento, num desses requintes de bondade da vida, pudemos participar de um evento onde estava presente o Conselheiro Antonio Joaquim, presidente à época da Atricon, fazendo o seguinte pronunciamento: "O compromisso dos tribunais de contas do terceiro milênio seria o da efetivação das políticas públicas" – o que soou como música aos ouvidos do Sebrae. Imediatamente o procuramos e também ao Conselheiro Severiano José Costandrade de Aguiar, presidente do Tribunal de Contas do Estado do Tocantins e presidente também do Instituto Rui Barbosa, para falarmos da forte interseção, obviedade e importância entre o trabalho dos tribunais e essa missão declarada de efetivação das políticas públicas e da nossa dificuldade em efetivar o capítulo de compras locais.

Para nossa felicidade, os dois presidentes, além de entenderem e concordarem em trabalhar juntos, propuseram um grande desafio para o dia 13 de março de 2013: realizar simultaneamente no Brasil, dentro da mesma semana, em 20 estados, encontros de tribunais de contas estaduais e municipais para debate do desafio de implementar o capítulo 5 da Lei Geral da Microempresa, o capítulo de compras públicas.

Um grande sucesso! Até aquele momento, tínhamos pouco mais de 600 municípios que estavam aplicando o dispositivo das preferências das compras locais. Ao final de um ano, tínhamos 2.600 municípios. Triplicamos o número de municípios que aderiram e efetivaram esse benefício legal. E essa história não parou mais.

Sucedendo então os presidentes e conselheiros Antônio Joaquim e Severiano José, apresentaram-se duas grandes figuras e lideranças à altura de seus antecessores: o Conselheiro Valdecir Pascoal, pelo qual tive a felicidade de ser convidado para a transição e que trouxe consigo Sebastião Helvecio. Nesse momento, pude conhecer o entusiasta da vida, não só na condição de médico, mas como homem, um desenvolvimentista que queria ver uma nação sadia, e uma nação não é sadia sem estar em seu pleno desenvolvimento.

A partir daí, vi acontecer o que afirmei anteriormente: o capricho, o requinte, o cuidado da vida em aproximar pessoas que têm o propósito em comum para unir suas causas em construir um Brasil verdadeiramente desenvolvido, uma nação verdadeiramente desenvolvida. Não por acaso, logo em nossas primeiras conversas, Sebastião recomendou a leitura do livro *Por que as nações fracassam, a origem da prosperidade e da riqueza no mundo*, no qual a força das instituições é trazida como sustentáculo do desenvolvimento dos países.

Atualmente, temos mais de 5.000 municípios que praticam as compras governamentais. Fomos além dessa agenda. Nasceram os índices de Efetividade da Gestão Estadual (IEGE) e Efetividade da Gestão Municipal (IEGM). E assistimos ao tribunal mudar completamente seu posicionamento em sair de instituição com papel reativo para atitudes determinantes e proativas em identificar boas práticas de gestão; em orientar os entes públicos e promover trocas e implementar mecanismos; e, ainda, buscar em outros países dispositivos capazes de verdadeiramente fazer do Brasil uma nação desenvolvida.

Conto um pouco dessa história para dizer que Sebastião Helvecio é um homem estudioso e meticuloso, não podendo ser diferente em áreas de atuação tão distintas. Um médico brilhante. Pediatra que se dedicava a recém-nascidos e capaz de ver no Brasil um país jovem, com espaço além da medicina, para também atuar como pessoa, construindo instituições em seu tempo de pessoa e ajudando a reposicionar um conjunto de instituições brasileiras. E, inegavelmente, no tempo de uma nação, já ter conseguido dar resultados transformadores no sentido da construção de desenvolvimento de uma pátria idealizada e sonhada pelos brasileiros. Com mais oportunidade. Com mais justiça. Com mais prosperidade. Com mais dignidade. E com mais felicidade, que não pode faltar na vida das pessoas.

Conseguir viver e protagonizar o tempo das pessoas, o tempo das instituições e de países é para poucos. E Sebastião é um desses.

Informação bibliográfica deste texto, conforme a NBR 6023:2018 da Associação Brasileira de Normas Técnicas (ABNT):

LIMA, Bruno Quick Lourenço de. A efetividade da Lei Complementar nº 123/2006. *In*: TERRÃO, Cláudio Couto; ANDRADE, Durval Ângelo (Coords.). *Controle externo no século XXI*: homenagem a Sebastião Helvecio - Conselheiro, educador e cidadão do mundo. Belo Horizonte: Fórum, 2022. p. 155-160. ISBN 978-65-5518-338-2.

SEBASTIÃO HELVECIO, CIDADÃO DO MUNDO

EDILBERTO CARLOS PONTES LIMA

A desenvoltura com que Sebastião Helvecio circula nos mais variados lugares do mundo é de causar grande admiração. Seja em uma conferência na Universidade de Lisboa, de Salamanca ou em Harvard, seja em um animado diálogo de articulação de um novo evento com um dirigente de um órgão de controle estrangeiro, seja representando o Brasil, seus tribunais de contas e o Instituto Rui Barbosa nos mais diversos e prestigiados fóruns internacionais, a eloquência e a ênfase dos argumentos fluem com naturalidade e precisão.

Inúmeras vezes o vi atuando nesses campos. Aprendemos muito com a maneira firme e elegante com que sempre levou a visão brasileira do controle externo. O universal não esquecia, contudo, as Minas Gerais que traz em si e, particularmente, a rica experiência de seu Tribunal de Contas, divulgando as inúmeras inovações que ele ali liderou.

Essa imensa capacidade de relacionamento e articulação é um grande ativo em favor do controle externo brasileiro. No mundo intensamente integrado em que vivemos, permanecer isolado é cada vez mais difícil e contraproducente. A integração traz inúmeras possibilidades positivas, mas, obviamente, também desafios substanciais. Os demais países e suas instituições, bem como os organismos internacionais, influenciam a agenda interna de várias formas, por exemplo, contribuindo no estímulo a uma maior responsabilidade fiscal, maior transparência governamental, no fortalecimento do combate à corrupção, na melhoria da qualidade do gasto público, na implantação da cultura de avaliação, nas preocupações com a sustentabilidade, entre outros temas.

Não por acaso, os 17 Objetivos de Desenvolvimento Sustentável, da Organização das Nações Unidas, integrante da chamada Agenda 2030, são objetos de frequentes fóruns e discussões no Brasil e em boa parte do mundo.

Outro tema no centro da agenda e que tem sido estimulado principalmente pela OCDE é o da integridade pública, que constitui uma série de instrumentos para aumentar a confiança da população nas instituições públicas. Nessa agenda, o foco tem sido a liderança pelo exemplo, no sentido de implementar elevados padrões de atuação e comportamento, com códigos de ética e transparência radical.

Dentro dessa influência, de interesse mais específico para os tribunais de contas, as normas internacionais de auditoria adquiriram grande proeminência. Em busca de legitimidade, de se firmarem como instituições inclusivas, os órgãos de controle passaram a procurar garantir para a sociedade que seguiam elevados padrões de procedimento. A difusão de normas internacionais de auditoria do setor público, disseminadas em nível internacional principalmente pela INTOSAI, é referencial importantíssimo nessa direção. O Instituto Rui Barbosa tem se constituído em grande incentivador dessas normas no Brasil por meio das Normas Brasileiras de Auditoria do Setor Público (NBASPs).

Nas inúmeras conferências Brasil afora, Sebastião Helvecio tem sido um estudioso e verdadeiro anunciador e incentivador dessas normas. É frequente ouvi-lo falar em diferentes ISSAIs (*International Standards of Supreme Audit Institutions*), que são os pronunciamentos da INTOSAI, a entidade que congrega as instituições nacionais supremas de controle externo, em normas e padrões de auditoria do setor público. Os objetivos das ISSAIs são assegurar a qualidade das auditorias, fortalecer a credibilidade dos relatórios de auditoria para os usuários e fortalecer a transparência do processo de auditoria.

Sebastião Helvecio também tem estado atento à agenda da OCDE (Organização para a Cooperação e Desenvolvimento), particularmente as preocupações para que os órgãos de controle deixem de ser apenas órgãos de supervisão e de visão e passem a ser também órgãos de previsão, no sentido de antecipar tendências e promover alertas necessários aos gestores públicos e à sociedade. Ele tem enfatizado os três graus de maturidade das entidades de fiscalização:

- Estágio 1 – conformidade. É o momento do "cão caça" na verificação das ações de fiscalização dos atos administrativos (editais de concurso, licitações, contratos, PPP etc.). Hoje, essa atividade está facilitada pelo uso das tecnologias da informação. Um exemplo foi a análise dos CPFs de quem recebeu auxílio emergencial, sendo cruzados os dados de servidores estaduais e municipais que receberam auxílio emergencial.

- Estágio 2 – é o momento do "cão vigia". Um grande exemplo de instituição que está neste estágio é o GAO, dos EUA, que acompanha os dólares gastos, mas, principalmente, conduz a parte operacional dos gastos, por meio de auditorias operacionais, para avaliar resultados de uma ação. No Brasil, já estamos bastante sedimentados nas auditorias operacionais. Somos líderes na América Latina nesse tipo de auditoria.

- Estágio 3 – é o momento preditivo em que os tribunais analisam cenários e dizem o que pode acontecer. Assim, o gestor terá informações para tomar a decisão. Nesse aspecto, o Conselheiro Sebastião Helvecio chama de "cão-guia".

Outro tema frequentemente explorado pelo Conselheiro Sebastião Helvecio é o da democracia. Ele, que vem do mundo político, habituado a disputar eleições, a dialogar intensamente com os que pensam de forma contrária, sempre enfatizou, nos mais diversos fóruns internacionais de que tem participado, que a democracia é uma das invenções mais engenhosas da humanidade.

Como hoje é consensual, a democracia significa muito mais do que eleições periódicas. Envolve liberdade de associação, de manifestação – incluindo críticas severas e ácidas ao governo –, sistema de governo que permita pesos e contrapesos, entre outros requisitos.

A democracia é uma construção social que, em vários momentos da história, sofreu retrocessos expressivos. Como sabemos, o século XX foi marcado por muitas ditaduras. Mesmo em pleno século XXI, o número de pessoas que vivem em regimes ditatoriais ainda é muito expressivo, principalmente pelo fator China, e é um erro considerar a democracia como algo irreversível, como defendeu o famoso trabalho de Francis Fukuyama, que preconizou o fim da história com o triunfo da democracia liberal. A história é uma construção sempre provisória, sempre ameaçada, daí a importância de que as instituições e seus integrantes estejam alertas e defendam com energia seus valores e fundamentos.

O federalismo também é um dos temas da predileção de Sebastião Helvecio. Tantas vezes o ouvi lembrando o art. 1º da Constituição Federal, de que o Brasil é uma República Federativa, formada pela união indissolúvel dos estados e municípios e do Distrito Federal, e que um dos fundamentos do federalismo é a autonomia de cada ente federado, que não se submete a nenhuma hierarquia em relação ao governo nacional. Nesse sentido, Helvecio se rebelou contra a terminologia frequentemente utilizada pelos organismos internacionais e repetida à exaustão no Brasil de nominar os estados e municípios como governos subnacionais. Ele argumenta, com razão, que o termo inferioriza as esferas formadoras da União – daí defender governos regionais como a terminologia correta.

De fato, o federalismo é uma forma de Estado que tem como um dos seus objetivos a contenção do poder. É que, quem ganha as eleições nacionais, assume o poder no governo nacional, não assume o poder total. Os eleitores de cada estado e de cada município podem escolher caminhos diferentes. Estarão, obviamente, todos os habitantes da federação submetidos ao mesmo governo nacional, mas há espaços substanciais de decisão em cada esfera. Pelo famoso princípio da subsidiariedade, ao governo nacional só cabem competências que seriam muito difíceis operacionalmente de serem descentralizadas. Em outras palavras, no federalismo a descentralização deveria ser a regra; a centralização, a exceção.

Infelizmente, as práticas constitucionais brasileiras costumam ser muito centralizadoras, transformando, em muitas situações, o Brasil em uma federação quase que apenas formal. Isso ocorre na centralização das competências legislativas, que deixa a cargo da União quase todos os ramos do direito. Mesmo nas chamadas competências concorrentes, a quem caberia à União legislar exclusivamente sobre normas gerais, frequentemente legisla-se de forma exaustiva, sobrando espaços muito residuais para estados e municípios.

O Supremo Tribunal Federal tem reforçado a centralização ao sufocar iniciativas legislativas locais, muitas vezes sob o argumento de que ferem o princípio da simetria, que obrigaria a reprodução de institutos federais nos estados e municípios. É certo que estados e municípios podem exceder-se e desviar-se dos limites constitucionais, e o STF, como guardião da Constituição, deve atuar para exercer seu papel em plenitude. No entanto, o princípio da autonomia dos entes federados, capacitados pelo próprio texto constitucional a fazerem suas escolhas, eventualmente não coincidentes com os valores dos membros do STF, não pode ser relegado.

A centralização brasileira perpassa todas as atividades. Isso reflete na burocracia federal, muitas vezes arrogante em relação às administrações estaduais e municipais, que consideram mais despreparada e incapaz de formular e executar adequadamente políticas públicas. Daí o afã de ditar regras, de decidir no governo nacional o que cada localidade deve fazer, sem levar devidamente em conta as especificidades. Sebastião Helvecio sempre foi uma voz forte contra isso, chamando a atenção para o imperativo da autonomia, que pode implicar eventuais erros, mas que a experimentação é da essência do próprio federalismo e uma de suas principais vantagens em relação a Estados unitários, o que o Alexis de Tocqueville, no monumental *A democracia na América*, já exaltava.

Das muitas diretrizes internacionais, uma das que Sebastião Helvecio mais tem enfatizado é a de avaliação de políticas públicas, agenda liderada pelo Tribunal de Contas da França e cujo presidente, Pierre Moscovici, ministrou magistral palestra, em 2020, a convite de Helvecio, no Congresso Internacional de Controle e Políticas Públicas organizado pelo Instituto Rui Barbosa. A INTOSAI absorveu essa agenda, e um documento muito relevante, que tem sido disseminado por Sebastião Helvecio, é o Guid 9020. Diz o documento sobre avaliação de políticas públicas (INTOSAI, 2019, p. 8):

> Uma avaliação de políticas públicas é um exame que visa avaliar a utilidade dessa política. Analisa seus objetivos, implementação, produtos, resultados e impactos da forma mais sistemática possível, mede seu desempenho e avalia sua utilidade. A avaliação está, portanto, se tornando cada vez mais importante para o debate público na medida em que os líderes políticos precisam *tomar decisões com base em evidências*. (Grifos meus)

O núcleo da avaliação de políticas públicas é a análise do impacto global, de curto e longo prazo, de uma política e a avaliação sobre a utilidade dessa política. A ênfase nesse tipo de atuação centra-se na concepção que o Tribunal de Contas deve contribuir para a gestão pública de forma mais abrangente, não se restringindo a verificar as desconformidades com a legislação e as normas contábeis. Verificar os resultados da política pública, bem como analisar custos e benefícios, se existiriam políticas alternativas com maior economicidade, é o objetivo das avaliações, de forma a contribuir com políticas públicas melhores.

A Emenda à Constituição nº 109, de 2021, passou a expressamente exigir que os órgãos da administração pública avaliem periodicamente as políticas públicas, com ampla publicidade sobre os resultados da avaliação.[1] Sebastião Helvecio comemorou essa emenda porque sua defesa da avaliação é antiga.

Na intensa agenda de internacionalização, a lista de realizações de Sebastião Helvecio é extensa: a filiação do IRB à Organização Latino-Americana e do Caribe de Entidades Fiscalizadoras Superiores (OLACEFS) como membro observador permanente; a filiação do IRB à União Europeia das Entidades Regionais de Fiscalização (EURORAI); e parcerias com as seguintes instituições: Organização para a Cooperação e Desenvolvimento Econômico (OCDE), Organização das Nações Unidas (ONU/PNUD), Faculdade de Direito da Universidade de Lisboa, Cátedra Jean Monet, Comissão Econômica para a América Latina e Caribe (Cepal), Banco Interamericano de Desenvolvimento (BID) e o Banco Internacional para Reconstrução e Desenvolvimento (BIRD).

Essa internacionalização se refletiu em diversos campos: capacitação para conselheiros, conselheiros substitutos, auditores, analistas de controle externo em eventos que tiveram o apoio de entidades, tais como: GIZ, BID, Faculdade de Direito da Universidade de Lisboa, INCOSAI, Tribunal de Contas da Espanha, Tribunal de Contas de Andaluzia, Câmara de Contas de Madri, Tribunal de Contas de Portugal, OLACEFS, Tribunal de Contas Europeu, Tribunal de Contas de São Petersburgo, Tribunal de Contas de Moscou, ASUR, Tribunal de Contas da Holanda, EURORAI, Organização dos Tribunais de Contas da Comunidade de Língua Portuguesa, além da *Brazil Conference at MIT & Harvard*. Ademais, o IRB passou a ter assento nos mais importantes eventos do controle externo e foi convocado para a criação e implantação da Organização Americana das Entidades Regionais de Controle (AMERAI), reunindo os tribunais de contas do Canadá à Argentina.

Ressalta-se também o esforço bem-sucedido e digno de nota do Conselheiro Sebastião Helvecio quanto à criação e realização do Congresso Internacional de Controle e Políticas Públicas, iniciado em 2015 e continuado nos anos seguintes, com expoentes internacionais de grande relevo, como o professor do MIT Daron Acemoglu. O congresso tem debatido temas estratégicos e da ordem do dia com gestores públicos, membros das universidades e integrantes do controle externo, na promoção de diálogo sobre o aperfeiçoamento das políticas públicas. Mais de 40 universidades do Brasil e de vários outros países, 150 palestrantes de renome internacional representando importantes

---

[1] Art. 37. §16. Os órgãos e entidades da administração pública, individual ou conjuntamente, devem realizar avaliação das políticas públicas, inclusive com divulgação do objeto a ser avaliado e dos resultados alcançados, na forma da lei." (Emenda à Constituição nº 109/2021)

segmentos do pensamento contemporâneo e mais de 4.000 participantes, sendo a sua produção 100% autossustentável.

Além disso, quanto à disseminação de conhecimentos para os membros e servidores dos tribunais de contas, o IRB realizou, na gestão do Conselheiro Sebastião Helvecio, a primeira capacitação internacional em SAI PMF (*Supreme Audit Institutions Performance Measurement Framework*), certificando 74 servidores sobre a ferramenta desenvolvida pela INTOSAI para avaliação objetiva e qualitativa do desempenho das entidades de controle e autodiagnóstico com referência nas normas internacionais.

Dentre tantos outros empreendimentos desse grande servidor público, o Conselheiro Sebastião Helvecio trabalhou na implementação no sistema tribunais de contas das Normas Brasileiras de Auditoria (NBASP) e seu alinhamento com as normas internacionais de auditoria, emitidas pela Organização Internacional das Entidades Fiscalizadoras Superiores (INTOSAI), e suas adaptações necessárias para conversão com o marco normativo brasileiro.

Como vice-presidente de Relações Institucionais do IRB no biênio 2020-2021, o Conselheiro Sebastião Helvecio representou o IRB em eventos nacionais e internacionais nas áreas de interesse dos TCs e proferiu várias palestras disseminando as ações da instituição. Dentre suas ações, integrou o corpo diretivo da Rede Internacional de Avaliação de Políticas Públicas, sendo a primeira vez que um conselheiro do Brasil veio compor a diretoria da entidade, constituindo-se em mais um espaço a serviço do controle externo. Nessa função, publicou artigo na *Revista Ibero-Americana de Sistemas, Cibernética e Informática (RSCI)* tratando de *software* robótico no processo licitatório, especificamente na modalidade pregão eletrônico, apresentando decisão pioneira do Tribunal de Contas do Estado de Minas Gerais ao não encontrar falta de isonomia na utilização da tecnologia. Nesse estudo, o Conselheiro Sebastião Helvecio alertou que a inovação não deve ser temida ao afirmar que "não estamos a falar do futuro, mas sim de um presente promissor que apresenta oportunidades de melhoria dos serviços públicos".[2]

Para a próxima gestão do IRB, o Conselheiro Sebastião Helvecio foi eleito como vice-presidente de Ensino, Pesquisa e Extensão. Não restam dúvidas de que fará um excelente trabalho. Sua trajetória de realizações como cidadão do mundo encoraja todos aqueles que

---

[2] Fonte: https://irbcontas.org.br/software-robotico-no-processo-licitatorio/

acreditam no esforço, na dedicação, no companheirismo, na fé e no compromisso com dias melhores na gestão pública.

Informação bibliográfica deste texto, conforme a NBR 6023:2018 da Associação Brasileira de Normas Técnicas (ABNT):

LIMA, Edilberto Carlos Pontes. Sebastião Helvecio, cidadão do mundo. In: TERRÃO, Cláudio Couto; ANDRADE, Durval Ângelo (Coords.). *Controle externo no século XXI*: homenagem a Sebastião Helvecio - Conselheiro, educador e cidadão do mundo. Belo Horizonte: Fórum, 2022. p. 161-168. ISBN 978-65-5518-338-2.

AS QUESTÕES SOCIOAMBIENTAIS E OS TRIBUNAIS DE CONTAS

JÚLIO ASSIS CORRÊA PINHEIRO

Nesta oportunidade em que homenageamos um dos maiores pensadores do sistema dos tribunais de contas do Brasil, pós-Constituição Cidadã de 1988, o Conselheiro Sebastião Helvecio, socorremo-nos por meio destas linhas para algumas reflexões que julgamos importantes para o aperfeiçoamento do controle ambiental e proteção dos nossos biomas pelas cortes de contas brasileiras.

Por onde ando, muitas perguntas são dirigidas a mim quando trato dessa matéria. O principal questionamento recai nas razões pelas quais os tribunais de contas têm a ver com o meio ambiente.

Inicialmente, essas indagações têm guarida e resposta no artigo 225 da CF, sendo este o grande guarda-chuvas, que nos garante as nossas ações de vigilância preventiva, enquanto parte do poder público, para a real proteção de que esse nosso patrimônio carece, com vistas a garantir a sobrevida das presentes e futuras gerações.

Ao mesmo tempo, o artigo 70 da mesma Carta Cidadã nos conduz aos diversos tipos de fiscalização que devemos realizar enquanto instituições de controle (preventivo preferencialmente). Refiro-me à contábil, financeira, orçamentária, operacional e patrimonial, não havendo distinção de qualquer natureza quanto à importância desses tipos de fiscalização a serem realizadas pelos TCs. E destacamos a fiscalização patrimonial, remetida aos maiores patrimônios que possuímos para a garantia da vida no planeta, quais sejam, a Floresta Amazônica brasileira, a Mata Atlântica, a Serra do Mar, o Pantanal Mato-Grossense e a Zona Costeira.

Todos são patrimônios nacionais. Daí, reside a importância dessa preocupação que as cortes de contas devem ter para a preservação do meio ambiente. Isso pode acontecer desde o nascedouro das licenças ambientais, passando pela fiscalização concomitante de todos os atos dos nossos jurisdicionados. Um exemplo disso está nas licenças ambientais concedidas e que precisam ter acompanhamento e fiscalização de nossa parte, por se tratarem de atos administrativos discricionários da autoridade ambiental que as emite e necessitam do nosso acompanhamento e controle quanto aos critérios de legalidade, legitimidade e economicidade adotados, respeitando-se, assim, o estabelecido no artigo 70 da Carta Magna.

Hodiernamente, o modo de produção mundial tem utilizado de forma irracional os recursos naturais, conduzindo à exaustão elementos indispensáveis à manutenção da vida, de modo a gerar baixa qualidade da vida humana. Isso vem despertando debates sobre a questão socioambiental, uma vez que o crescimento econômico, da forma como vem sendo realizado, tem se contraposto à ordem natural da vida ecológica.

Tal problemática não pode ser resolvida com uma única solução, exigindo-se, para tanto, a adoção de um complexo de agentes e ações que, em conjunto, venham a reduzir os impactos ambientais perpetrados pela forma atual de produção, que mantém o modelo econômico vigente.

Essa preocupação ambiental, no âmbito internacional, teve início na Conferência de Estocolmo (1972) e ganhou destaque na Conferência das Nações Unidas para o Meio Ambiente e Desenvolvimento (Rio-92), na qual houve a proposição da sustentabilidade como uma diretriz para a mudança de rumo no desenvolvimento, com a aprovação na Agenda 21. Em seguida, no evento preparatório da Rio+20, foi criado um grupo de estudos pela UNEP (Programa das Nações Unidas para o Meio Ambiente) para tratar de governança, justiça e leis de sustentabilidade – à época conduzido pelo grande ambientalista e ministro do STJ Herman Benjamin –, do qual tive a oportunidade de participar como representante de uma corte de contas.

Apesar da relevância do tema, durante bastante tempo os tribunais de contas ainda não haviam se atentado a essa realidade, qual seja, o de fazer controle ambiental preventivo e exigir o cumprimento do regramento constitucional e infraconstitucional. Porém, desde 2010, o Tribunal de Contas do Estado do Amazonas (TCE-AM), ao fazer uma espécie de *"mea culpa"*, passou a incluir entre os seus escopos de atuação medidas de controle ambiental, que atualmente são reconhecidas, inclusive, no âmbito internacional.

No Brasil, a política desenvolvimentista teve início a partir da década de 1950, abrangendo os setores público e privado. A adoção dessa modalidade política econômica, embora tenha sido útil para dinamizar a economia, também produziu efeitos degradantes ao meio ambiente, causando vulnerabilidade social.

Tal ideia pôde ser identificada por Acselrad (2004), para quem o adensamento populacional em torno de empreendimentos instalados em locais que não têm capacidade de abarcar o fluxo populacional ampliou problemas e conflitos socioambientais.

Complementando essa ideia, Reigota (2004) afirmou que esses conflitos sociais decorrem da injustiça social e distorções de natureza econômica, com ocupação irregular do solo, causando problemas de natureza socioambiental.

Nesse diapasão, surgiu-se a necessidade de encontrar um ponto de equilíbrio entre o desenvolvimento econômico e a manutenção dos recursos necessários à sobrevivência das gerações presentes e futuras.

Dessa necessidade, surgiu o conceito de desenvolvimento sustentável, fincado pela Comissão Mundial sobre Meio Ambiente e Desenvolvimento (*World Comission on Environment and Development* – WCED) como "o desenvolvimento que satisfaz as necessidades do presente sem comprometer as habilidades das futuras gerações de satisfazerem suas necessidades".

Segundo a WCED, o conceito de desenvolvimento sustentável está pautado em reflexões críticas a respeito do crescimento renovável, da mudança de qualidade do crescimento, de satisfação das necessidades humanas essenciais, da garantia de um nível sustentável da população, da reorientação da tecnologia, do gerenciamento do risco e da reorientação das relações econômicas e internacionais.

À luz do referido conceito, ocorre a ressignificação do debate acerca das questões socioambientais, não apenas do ponto de vista teórico, mas também do ponto de vista instrumental. A par dessas ideias, conclui-se que a consciência ambiental não pode ser dissociada de crescimento econômico.

Dentre as questões ambientais mais comuns abordadas atualmente, destacam-se: uso excessivo de agrotóxicos e pesticidas; gestão de resíduos sólidos; esgotamento de recursos naturais não renováveis; aumento do desemprego; aumento no índice de violência; perda da biodiversidade, entre outros.

Assim, o principal instrumento de promoção das ações conservacionistas foi a Política Nacional do Meio Ambiente, objetivando a preservação, melhoria e recuperação da qualidade ambiental propícia à vida, bem como o asseguramento de condições ao desenvolvimento econômico, aos interesses da segurança nacional e à proteção da dignidade da pessoa humana.

Ademais, a Constituição da República Federativa do Brasil de 1988 (CRFB/88) inseriu a educação ambiental como um dos elementos essenciais da defesa do meio ambiente.

À vista disso, antes de adentrar a abordagem da gestão ambiental no cenário nacional, faz-se necessário introduzir os conceitos de governabilidade e de governança ambientais.

A governabilidade ambiental diz respeito à dimensão político-estatal que ocorre no seio do sistema político, correspondendo ao conjunto de leis ambientais que contribuem para a conservação e resiliência dos ecossistemas indispensáveis à vida.

Assim, no que diz respeito ao conjunto de leis que disciplinam diretamente o meio ambiente ou que, indiretamente, possam servir para a defesa do meio ambiente, destacam-se as seguintes, que constituem a base da governabilidade ambiental brasileira:

1. Lei nº 9.795/99 – instituiu a Política Nacional de Educação Ambiental, um marco importante no desenvolvimento de futuros projetos conservacionistas no Brasil.
2. Lei nº 9.985/2000 – institui o Sistema Nacional de Unidades de Conservação da Natureza (SNUC), regulamentando, assim, o art. 225, §1º, incisos I, II, III e VII, da Constituição Federal, trazendo novos elementos para a educação ambiental.
3. Lei nº 7.347/85 (Lei da Ação Civil Pública) – responsabiliza os sujeitos por danos morais e patrimoniais causados aos direitos coletivos e ao meio ambiente, entre outros.
4. Lei nº 7.802/89 (Lei dos Agrotóxicos) – dispõe, entre outros assuntos, sobre a inspeção e a fiscalização de agrotóxicos, impondo restrições e regras para uso e compra desses produtos químicos em razão dos impactos ambientais que provocam.
5. Lei nº 6.902/81 (Lei da Área de Proteção Ambiental) – estabelece os critérios necessários para a criação das estações ecológicas e das áreas de proteção ambiental.
6. Lei nº 6.453/77 (Lei das Atividades Nucleares) – dispõe sobre a responsabilidade civil e criminal de sujeitos que provocam danos nucleares.

7. Lei nº 9.605/98 (Lei dos Crimes Ambientais) – comina sanções penais e administrativas relativas a condutas lesivas ao meio ambiente, visando coibir a prática de ações lesivas à homeostase do sistema ambiental.
8. Lei nº 7.805/89 (Lei de Exploração Mineral) – criou o regime de lavra garimpeira visando à promoção da higiene, do controle, da segurança e da proteção ao meio ambiente na área explorada, permitindo a realização de pesquisas e a concessão de lavras com a aprovação prévia do licenciamento do órgão ambiental competente.
9. Lei nº 12.651/2012 (Novo Código Florestal) – dispõe sobre a proteção da vegetação nativa e revogou a Lei nº 4.771/65 (antiga Lei das Florestas).
10. Lei nº 7.661/88 (Lei do Gerenciamento Costeiro) – institui o Plano Nacional de Gerenciamento Costeiro, estabelecendo que todas as ações ambientais devem estar adequadas às normas de zoneamento das áreas costeiras visando à conservação e/ou preservação dos sítios arqueológicos, dos recursos renováveis e não renováveis e dos monumentos integradores do patrimônio cultural, étnico e paisagístico dos povos. Estabeleceu, portanto, padrões para as características basilares do sistema ambiental, ancoradas pelo CONAMA.
11. Lei nº 7.735/89 (Lei de Criação do IBAMA) – cria o Instituto Brasileiro do Meio Ambiente e dos Recursos Naturais Renováveis (IBAMA) e extingue a Secretaria Especial do Meio Ambiente (SEMA) e a Superintendência do Desenvolvimento da Pesca (SUDEPE).
12. Lei nº 6.766/79 (Lei do Parcelamento do Solo Urbano) – estabelece normas para o parcelamento do solo urbano mediante desmembramento ou loteamento, normatizando a infraestrutura necessária para o parcelamento de zonas habitacionais (água potável, vias de circulação, escoamento de águas fluviais, energia elétrica e esgotamento sanitário).
13. Decreto-Lei nº 25/37 (Lei do Patrimônio Cultural) – estabelece proteção ao patrimônio artístico e histórico, e define por patrimônio histórico e artístico nacional o grupo de bens móveis e imóveis de interesse público.
14. Lei nº 8.171/91 (Lei da Política Agrícola) – estabelece a política agrícola referente às ações agroindustriais, agropecuárias,

pesqueiras e florestais, com destaque para a necessidade de propiciar aos agricultores renda compatível com os demais setores da economia.

15. Lei nº 6.938/81 (Lei da Política Nacional do Meio Ambiente) – institui o Conselho Nacional do Meio Ambiente (CONAMA). Objetiva a recuperação e preservação das características ambientais dos agroecossistemas necessários para a reprodução da vida, por meio da racionalização do uso do ar, do subsolo, da água e do solo, entre outras estratégias.

16. Lei nº 9.433/97 (Lei de Recursos Hídricos) – institui a Política Nacional de Recursos Hídricos e cria o Sistema Nacional de Gerenciamento de Recursos Hídricos. Dentre os objetivos traçados para a referida política, encontram-se o uso racional dos recursos hídricos, o incentivo à captação e ao aproveitamento das águas oriundas das chuvas e a conservação das águas para o usufruto das futuras gerações.

17. Lei nº 6.803/80 (Lei do Zoneamento Industrial nas Áreas Críticas de Poluição) – estabelece diretrizes para o zoneamento industrial nas áreas onde há níveis críticos de poluição, medida esta imprescindível para a redução dos impactos ambientais negativos oriundos dos resíduos gerados pelas indústrias.

18. Lei nº 5.197/67 (Lei da Fauna Silvestre) – aponta uma série de restrições no que se refere à caça, perseguição ou utilização da fauna silvestre, a exemplo da proibição do comércio de espécimes da fauna e da realização de atividade de caça profissional.

19. Lei nº 8.974/95 (Lei da Engenharia Genética) – estabelece diretrizes para o uso das técnicas de engenharia genética e liberação no meio ambiente de organismos geneticamente modificados (OGMs), e cria a Comissão Técnica Nacional de Biossegurança.

Consoante se vê acima, as leis ambientais se intersectam e constituem, em conjunto, a governabilidade ambiental brasileira.

Percebe-se que existe uma relação íntima entre governança e governabilidade, porém esta diferencia-se daquela, em razão de que a governança corresponde aos agentes reguladores da gestão ambiental brasileira, ao passo que a governabilidade ambiental diz respeito ao conjunto de leis que tratam da matéria.

Assim, para melhor compreensão acerca do funcionamento da governança ambiental brasileira, segue-se, abaixo, a lista dos órgãos ambientais que atuam, de forma interseccionada, na gestão e na fiscalização ambiental, constituindo uma rede de articulação política da governança:

1. Conselho Nacional do Meio Ambiente (CONAMA) – instituído pela Lei nº 6.938/81, encontra-se dentro da estrutura do Sistema Nacional do Meio Ambiente (SISNAMA) e possui como função precípua o assessoramento do governo quanto à preservação dos recursos naturais.
2. Agência Nacional de Águas (ANA) – criada com o intuito de dar suporte técnico-administrativo para comitês específicos, desempenha a função de secretaria executiva. Vincula-se ao Sistema Nacional de Gerenciamento de Recursos Hídricos (SINGREH) e objetiva a criação de proposituras para os planos de recursos hídricos e a elaboração de estudos técnicos.
3. Instituto Brasileiro de Meio Ambiente e dos Recursos Naturais Renováveis (IBAMA) – encontra-se vinculado ao Ministério do Meio Ambiente e tem como funções executar licenças ambientais, fiscalizar o uso de recursos naturais, monitorar os padrões de qualidade ambientais, desenvolver campanhas educativas para preservação do meio ambiente, entre outras.
4. Fundação Nacional do Índio (FUNAI) – encontra-se vinculada ao Ministério da Justiça, objetivando a promoção e proteção dos direitos dos povos indígenas, incluindo o desenvolvimento de estudos voltados à demarcação, delimitação e regularização fundiária das terras ocupadas por estes.
5. Instituto Chico Mendes de Conservação da Biodiversidade (ICMBio) – vincula-se ao Ministério do Meio Ambiente (MMA) e integra o SISNAMA, com o objetivo de proteger e conservar o patrimônio natural sob a ótica do desenvolvimento sustentável. Ademais, realiza o gerenciamento das unidades de conservação federais e dita regras específicas quanto à gestão territorial.
6. Instituto Nacional de Colonização e Reforma Agrária (INCRA) – objetiva promover a reforma agrária de forma justa, sendo este um tema frequentemente alvo de muitas polêmicas em razão da multiplicidade de interesses que o envolvem. Nesse contexto, torna-se de suma importância a atuação do INCRA para manejar tais conflitos.

7. Agência Nacional de Mineração (ANM) – tem como função a promoção do fomento e do planejamento de exploração mineral, visando ao controle e fiscalização das atividades de mineração no território nacional.
8. Ministério do Meio Ambiente (MMA) – objetiva a implementação de políticas de cunho ambiental, de modo que cada órgão que a ele se encontre integrado ou vinculado desempenhe uma função dentro da execução da teia de governabilidade.

Devidamente expostos os principais órgãos atuantes da governança ambiental, faz-se necessário frisar que a rede de articulação política da governança atua sem hierarquia, de modo que cada órgão atue complementando as funções exercidas pelo outro órgão.

Nesse contexto, surgiu, em 1999, a Agenda Ambiental na Administração Pública (A3P), um projeto do Ministério do Meio Ambiente que visava à revisão dos padrões de produção e consumo, com a adoção de novos referenciais de sustentabilidade ambiental no âmbito da administração pública.

Dois anos após a A3P, criou-se o Programa Agenda Ambiental na Administração Pública, com o objetivo de sensibilizar gestores públicos para as questões ambientais, incentivando-os a incorporar princípios de gestão ambiental em suas atividades cotidianas. Após, a A3P foi reconhecida pela Unesco em razão da relevância de seu trabalho, ganhando o Prêmio *O melhor dos exemplos,* na categoria Meio Ambiente.

Ademais, a referida Agenda Ambiental foi incluída nos dois planos plurianuais subsequentes (PPAs 2004/2007 e 2008/2011), com o fito de garantir os recursos necessários à sua correta implementação na administração pública.

Atualmente, o principal desafio da A3P é promover a responsabilidade socioambiental como política governamental, inserindo princípios de sustentabilidade socioambiental no âmbito da administração pública, de modo a auxiliar a integração da agenda de crescimento econômico em sintonia com o desenvolvimento sustentável.

No contexto do Amazonas, tem-se que esse estado possui 27% de seu território destinado a unidades de conservação, sendo 12% estaduais (175.000 km^2) e 15% federais (205.000 km^2).

Em razão desse expressivo percentual, percebe-se que a fiscalização de tais áreas é uma atividade bastante complexa, não apenas pela vasta extensão das áreas, mas, também, pela logística envolvida nessa fiscalização.

Trata-se, portanto, de uma situação considerada nova, tendo em vista que, até recentemente, essa necessidade de fiscalização era ignorada por alguns órgãos de controle no Brasil, porém apresenta-se como absolutamente imprescindível para que se possa, efetivamente, controlar os recursos públicos que são destinados à finalidade ambiental.

Um aspecto importante a ser notado acerca das unidades de conservação é que, havendo licenciamento ambiental de empreendimentos de significativo impacto ambiental, atribui-se ao empreendedor a obrigação de apoiar a implantação e manutenção de unidade de conservação do Grupo de Proteção Integral, de modo a evitar danos futuros ou a compensar os danos já existentes, o que se depreende do art. 36 da Lei nº 9.985/00 (lei que instituiu o SNUC).

Em outras palavras, são abrangidos os aspectos preventivo, por meio do licenciamento ambiental, e corretivo, por meio da reparação do dano pelo empreendedor, sem prejuízo da aplicação de sanções penais e administrativas.

Nesse diapasão, o Tribunal de Contas da União (TCU) realizou, por base nos parâmetros acima indicados e por nossa sugestão, auditorias coordenadas em todas as UCs da Região Norte, pois já havíamos realizado auditoria em unidades de conservação no Amazonas. Essa, coordenada pelo TCU, tornou-o um dos pioneiros nessa prática.

Atualmente, realizam-se auditorias ambientais em unidades de conservação situadas em toda a região amazônica, incluindo nos países que fazem parte da OLACEFS (Organização Latino-Americana e do Caribe das Entidades Fiscalizadoras Superiores).

Assim, faz-se de elevada importância que os tribunais de contas dos estados realizem auditoria dos recursos oriundos de compensação ambiental ou mitigação para que se tenha a correta aplicação desses recursos, destinados à manutenção de áreas de unidades de conservação ou de criação de novas unidades, sob pena de que tais recursos sejam desviados para outras finalidades, causando, assim, danos reflexos ao meio ambiente.

No âmbito do estado do Amazonas, a Corte de Contas monitora todos os projetos de manejo florestal do Estado, principalmente os oriundos de denúncia, para verificação *in loco* da real situação, inclusive das áreas circunvizinhas às unidades de uso sustentável.

Na atuação fiscalizatória, faz-se necessário não apenas atentar-se aos licenciamentos em curso, mas também à vigilância nas áreas de proteção integral, empenhando esforços para que os limites destas últimas sejam respeitados, impedindo a prática da exploração ilegal que conduz à destruição dos recursos florestais.

Ressalte-se, porém, que isso apenas se torna possível se os departamentos de auditorias ambientais dos tribunais de contas contarem com uma estrutura que seja compatível com a extensão do território brasileiro e da área a ser fiscalizada.

Além disso, para a promoção da devida fiscalização acerca da correta aplicação das políticas públicas de natureza ambiental, faz-se necessário uma atuação mais profícua dos tribunais de contas, no sentido de fazer cumprir seu mister constitucional e infraconstitucional.

Para registro, a ATRICON assinou acordo de cooperação técnica para gestão de florestas no último congresso (2021), realizado na Paraíba, com uma das mais importantes entidades de combate à corrupção, com sede em mais de uma centena de países, que propiciará uma atuação mais efetiva no combate às queimadas e ao desmatamento na Região Norte. Refiro-me à Transparência Internacional – Brasil.

No tocante à questão dos lixões e aterros sanitários, é notório que, via de regra, os resíduos sólidos são dejetados de forma inadequada, sem nenhum tratamento, gerando doenças na população, além de degradarem o meio ambiente, contaminando o solo, a água, o subsolo, os rios, mares e o ar, em decorrência da decomposição desses resíduos (chorume), que prolifera maus odores e compromete os lençóis freáticos.

Ademais, a prática de lixões a céu aberto é uma ameaça ao tráfego aéreo pelos urubus, conforme constatado em muitos aeródromos brasileiros pelo Centro de Investigação e Prevenção de Acidentes Aéreos (CENIPA).

Com o advento da Lei nº 12.305/2010, que instituiu a Política Nacional de Resíduos Sólidos, estabeleceram-se regras para a destinação final do lixo.

Porém, o Tribunal de Contas do Estado do Amazonas (TCE-AM), de forma proativa, antes mesmo da promulgação da referida lei, iniciou procedimentos de auditorias ambientais para verificação dos lixões, começando pela cidade de Manaus e, em seguida, expandido para outros 20 municípios do Amazonas.

Em ações conjuntas com chefes dos poderes executivos estaduais e municipais, assinou-se prazo para que os entes envolvidos instituíssem planos de gestão integrada de resíduos sólidos, com indicativo de que fossem destacados recursos financeiros para tanto.

Além disso, o TCE-AM também realizou ações por meio da Escola de Contas Públicas para acompanhar a gestão dos planos de resíduos, em sintonia com as inspeções de lixões.

Em que pesem os percalços enfrentados, ao final de dois anos, mais de 95% dos municípios amazonenses entregaram seus respectivos planos de resíduos sólidos concluídos (no prazo da lei), um índice muito superior ao nacional, de apenas 8,8%, de forma a demonstrar que o pioneirismo do TCE-AM na antecipação e cobrança da implementação das políticas de resíduos sólidos foi fundamental para a concretização desta no âmbito do Amazonas.

Atualmente, tem-se que a forma menos custosa de tratamento de resíduos sólidos é o aterro sanitário, porém admite-se que esta não é a melhor solução, tampouco pode configurar uma solução definitiva.

Apesar de todo o avanço, percebe-se que a experiência propagada a partir do TCE-AM, no que diz respeito ao acompanhamento de licenças para instalação de aterros sanitários, ainda é muito incipiente, por conta da raridade desses aterros controlados.

No Amazonas, há somente quatro municípios com arremedos de aterros sanitários controlados, sendo um destes situado na capital (ouso chamar de lixão com porteira); porém, todos esses ainda possuem muitos problemas estruturais para que possam ser classificados devidamente como aterros controlados, nos termos da legislação ambiental.

Outro tema ambiental que não deve ser esquecido, em razão de sua imprescindibilidade à transformação da atual realidade na proteção ao meio ambiente, é a educação ambiental.

Assim, reconhece-se que a educação ambiental é um elemento fundamental de prevenção, sendo o mais eficiente mecanismo pré-licenciamento de defesa do meio ambiente.

Consoante disposto no texto da Constituição Federal, em seu art. 225, §1º, VI, e reforçado pela Lei nº 9.795/99, a educação ambiental deve ser promovida em todos os níveis de ensino, de modo que os valores sociais e as atitudes para a conservação do meio ambiente sejam construídos pelos próprios indivíduos e pela coletividade.

Com o intuito de dar cumprimento às determinações constitucionais e legais acerca do tema, o TCE-AM promoveu, por meio da Escola de Contas Públicas (ECP), ações na área de educação ambiental, no bojo do projeto TCE CIDADÃO, capacitando servidores da Corte de Contas, para que, por sua vez, multipliquem esse conhecimento às secretarias de Educação e aos professores da rede pública de ensino, de modo que estes possam repassar os conceitos de preservação do meio ambiente aos alunos das escolas públicas.

Porém, para dar maior efetividade às ações iniciadas pelo referido projeto, faz-se necessária a expansão dessa proposta para os demais poderes e seus órgãos, incluindo as escolas de contas, Poder Judiciário, Poder Legislativo e Ministério Público, entre outros, de modo a proceder com uma educação transversal, multidisciplinar e dinâmica, incluindo no processo pedagógico a participação para a criação de uma consciência crítica de toda a população acerca das questões ambientais.

Demais disso, os tribunais de contas avançam no sentido de um controle público em que se possam avaliar índices de melhoria na qualidade de saúde, educação e segurança, mas também abrangendo o controle ambiental em sua totalidade, como a verificação de índices de degradação e de devastação ambiental, e a análise de componentes de sustentabilidade nos editais de licitação.

Para a consecução dos objetivos que se têm discutido no âmbito deste trabalho, no contexto do controle externo, desenvolveram-se alguns tipos de auditoria, que menciono abaixo:

1. Auditoria de orçamento ambiental – análise da aplicação de recursos alocados para programas ambientais, oriundos de dotações orçamentárias.

2. Auditoria de impactos ambientais – análise dos impactos causados no meio ambiente pelas atividades do próprio Estado.

3. Auditoria dos resultados das políticas ambientais – análise da eficiência e da eficácia das políticas públicas com relação ao meio ambiente.

4. Auditoria da fiscalização ambiental pública – análise da eficiência da atuação do poder público como fiscal do meio ambiente.

5. Auditoria de cumprimento dos tratados ambientais internacionais – análise da adequada execução de tratados firmados pelo Brasil.

6. Auditoria do licenciamento ambiental – análise da conformidade dos licenciamentos concedidos para atividades potencialmente geradoras de significativos impactos ambientais.

7. Auditoria dos impactos ambientais das políticas de incentivos fiscais, subsídios e financiamentos por organismos oficiais de crédito – análise dos impactos causados ao meio ambiente em razão das políticas de incentivos fiscais e de financiamentos concedidos por organismos oficiais de crédito, como BNDES, CEF, BASA etc.

A par das formas de auditoria implementadas pelas cortes de contas voltadas ao cumprimento de seu mister constitucional no âmbito do controle ambiental, as auditorias ambientais possuem as seguintes finalidades específicas:

1. Legal – verificar o cumprimento da legislação.
2. Política – fazer frente a pressões externas e subsidiar campanhas institucionais e publicitárias.
3. Econômica – ser elemento para a certificação ambiental de produtos e detectar potenciais de redução/reciclagem de materiais e insumos.
4. Gerencial – aferir políticas do órgão ou empresa; adotar equipamentos menos poluentes; proporcionar treinamento para a gestão ambiental; e elaborar demonstrativos de contabilidade ambiental.

Destaca-se como marco importante no enfrentamento dessas questões no âmbito do TCE-AM a realização do I Simpósio Internacional sobre Gestão Ambiental e Controle de Contas Públicas, sediado em Manaus, em 2010, sob a coordenação científica do ministro Herman Benjamin do STJ, oportunidade em que foi aprovada a Carta da Amazônia, estabelecendo-se compromissos claros dos tribunais de contas do Brasil na fiscalização preventiva, por meio de auditorias ambientais. O II Simpósio Internacional sobre Gestão Ambiental e Controle de Contas Públicas, em 2019, veio fortalecer o que foi pactuado em 2010.

Nesse tocante, ressalta-se que o TCE-AM foi precursor no implemento de auditorias ambientais preventivas visando à implementação das obrigações contidas na Lei nº 12.305/2010, fato esse conhecido pelo próprio TCU em moção aprovada pelo brilhante ministro Presidente Benjamin Zymler, em 2011.

A partir dessas ações promovidas pelo TCE-AM, foi possível sensibilizar o governo do estado a realizar planos de gestão integrada de resíduos sólidos, tendo o Amazonas como referência no Brasil no cumprimento dessa legislação.

No tocante ao papel dos tribunais de contas de apreciar as licenças ambientais, cabe, de antemão, diferenciar o controle preventivo do controle prévio.

O controle prévio ocorreria caso a licença fosse expedida pelos próprios tribunais de contas ou com ingerência direta destes, o que não acontece.

Já o controle preventivo traduz-se no exercício da competência constitucional dos tribunais de contas de avaliar se as licenças ambientais foram expedidas em obediência aos critérios de legalidade, legitimidade e economicidade, condição sem a qual não poderiam se concretizar.

Assim, conforme os ditames do texto constitucional, os tribunais de contas têm competência para agir de ofício desde a fase pré-licenciamento até o momento pós-licenciamento, analisando cada um dos atos administrativos a cargo dos órgãos ambientais para a emissão dessas licenças, segundo juízo de valor, podendo determinar correções, emitir recomendações e suspender pedidos de licença ambiental por falta de amparo legal.

Isso, porém, não impede que os tribunais de contas sejam provocados pelo Ministério Público de Contas ou por qualquer cidadão que denuncie determinada irregularidade.

No âmbito do estado do Amazonas, a partir de 2003, destacou-se a implantação da Política Estadual de Meio Ambiente e Desenvolvimento Sustentável. Essas ações levaram o estado a uma condição de destaque no cenário nacional com 97,7% de sua área preservada, segundo a Secretaria de Estado do Meio Ambiente e Desenvolvimento Sustentável (atualmente este percentual reduziu, infelizmente).

Em que pesem os avanços, foram identificadas algumas dificuldades para o bom funcionamento do referido programa, especialmente no que pertine ao licenciamento dos planos de manejo.

À vista disso, instaurou-se no âmbito do IPAAM uma auditoria cujo escopo foi verificar a eficácia da atuação do referido órgão no sentido de assegurar prioritariamente os aspectos ambientais no processo decisório de licenciamento.

A partir dos problemas identificados, foi possível realizar recomendações a fim de estruturar o órgão licenciador, de modo que o IPAAM possa obter resultados mais efetivos no desenvolver de sua competência.

Desde a edição da Resolução nº 02/2012-TCE-AM, o Departamento de Auditoria Ambiental – DEAMB (hoje transformada em diretoria – DICAMB) tem acompanhado as atividades de fiscalização, preservação e conservação do patrimônio ecológico do Amazonas, em mais uma das pioneiras ações implementadas pela Corte de Contas amazonense.

Para tanto, o DICAMB realizou importantes auditorias com escopo de verificar o bom uso dos recursos públicos envolvendo empreendimentos que impactam o meio ambiente:

    1. Auditoria operacional no *Programa Manaus Mais Limpa Resíduos Sólidos Urbanos.*

2. Auditoria operacional no *Programa de Controle Ambiental para o Desenvolvimento Sustentável*.
3. Auditoria operacional no *Programa de Gestão de Unidades de Conservação Estaduais*.
4. Auditoria operacional na gestão dos sistemas públicos de abastecimento de águas do Amazonas.

A coleta dos referidos dados pelo DICAMB ocorreu no período de maio de 2010 a setembro de 2015 por meio das referidas autorias operacionais, que tiveram por finalidade abordar, respectivamente, os impactos ambientais, a fiscalização ambiental e licenciamentos ambientais públicos, o orçamento ambiental e os resultados de políticas ambientais no âmbito do estado, com as mais diversas finalidades, destacando-se o escopo legal, gerencial, político e econômico dos referidos empreendimentos que viessem a impactar o meio ambiente.

Finalmente, destacamos dois fatos importantes para nossa atuação preventiva. O primeiro foi a criação da Ouvidoria Ambiental em 2010, acompanhada das práticas de educação ambiental nas escolas, que posteriormente foi contemplada com o Prêmio Innovare, proporcionando mais um destaque nacional para o TCE-AM. O segundo fato foi a celebração de parcerias com as Universidades Federal e Estadual do Amazonas, que resultou na criação e aplicação dos ODS Amazonas e de um aplicativo de denúncias de crimes ambientais e outros, praticados pelos mais diversificados agentes, denominado SOUECO.

Como mencionei no início do artigo, o Conselheiro Helvecio é um dos maiores pensadores do sistema dos tribunais de contas da era pós-Constituição Cidadã, que defende preceitos de controle ambiental praticados por todas as instituições de controle, e é com muito prazer que participo desta justa homenagem neste livro, brindando uma rica história, desenvolvida ao longo de sua brilhante carreira como servidor público. Que estas palavras finais se eternizem, como eternizado ficará o trabalho desenvolvido por esse exemplar cidadão brasileiro, que ainda emprestará seus conhecimentos para a sociedade por muitos anos.

Informação bibliográfica deste texto, conforme a NBR 6023:2018 da Associação Brasileira de Normas Técnicas (ABNT):

PINHEIRO, Júlio Assis Corrêa. As questões socioambientais e os tribunais de contas. In: TERRÃO, Cláudio Couto; ANDRADE, Durval Ângelo (Coords.). *Controle externo no século XXI*: homenagem a Sebastião Helvecio - Conselheiro, educador e cidadão do mundo. Belo Horizonte: Fórum, 2022. p. 169-183. ISBN 978-65-5518-338-2.

O CONTROLE DA EFETIVIDADE DAS POLÍTICAS PÚBLICAS

CLÁUDIO COUTO TERRÃO

1 Introdução

O Estado brasileiro adota uma estrutura orgânica e funcional complexa. Seu arquétipo federativo está constitucionalmente dividido em três níveis de entidades autônomas, abarcando as dimensões territoriais total, regional e local. Essa complexidade também se revela tanto na repartição de competências quanto nas atribuições funcionais e executivas para a concretização dos direitos fundamentais sociais. Serviços públicos de saúde e educação, por exemplo, podem ser prestados, numa mesma base territorial, simultaneamente pelas diversas entidades políticas federativas, através de suas múltiplas estruturas orgânico-funcionais.[1] E, obviamente, todo esse intrincado modelo se reflete ainda nas emaranhadas estruturas de controle. Para se ter ideia desse complicado modelo, vale ressaltar que, no Brasil, há trinta e três tribunais de contas no exercício do controle externo da administração pública: um tribunal central, o da União, chamado inadequadamente de nacional; trinta tribunais regionais, sendo que, em três unidades federativas regionais (Bahia, Goiás e Pará), há dois tribunais de contas com atuações não concorrentes; e dois tribunais locais (nas cidades do

---

[1] Como estrutura orgânico-funcional deve ser entendida toda organização relacionada ao modelo formal e material da distribuição de competência ou de atribuições para a execução de uma atividade ou função pública.

Rio de Janeiro e São Paulo), todos esses (regionais ou locais) também conhecidos de modo impreciso, pois todos são autônomos entre si, por tribunais subnacionais.

A maioria desses tribunais vem promovendo, historicamente, o tradicional controle de conformidade sobre a execução das políticas públicas. Em regra, o controle externo tem abrangido tão somente a análise de legalidade dos gastos públicos, normalmente através de ações de auditoria e fiscalização, nas quais essas despesas são formalmente avaliadas através de simples cotejamento com o quadro normativo existente, ou seja, controle de mera verificação de subsunção à lei dos atos, dos fatos e dos procedimentos administrativos necessários à consecução dos fins almejados pelo governo. Nesse sentido, o controle externo promovido pelos tribunais de contas tem ficado restrito ao plano da eficácia[2] da política pública, cingindo-se à aferição da legalidade formal, quanto à execução dos serviços públicos.

É importante reconhecer que, atualmente, significativos avanços têm ocorrido no sistema de controle externo brasileiro, especialmente em face do expressivo aumento das chamadas auditorias operacionais. De toda sorte, ainda que essa mudança de eixo represente uma perspectiva positiva, essa espécie de controle não avalia o resultado do serviço ou a sua qualidade, estando inserida, portanto, no plano da eficiência dos procedimentos de execução de políticas públicas.

Nesse contexto, o Tribunal de Contas do Estado de Minas Gerais propôs-se dar um passo adiante com o desenvolvimento do programa *Na Ponta do Lápis*, no qual se pretendeu estabelecer um novo padrão de controle, vocacionado a atuar também no plano da efetividade das políticas públicas.[3] A pretensão do tribunal, ainda que de modo bastante incipiente, consistiu em iniciar paulatina mudança no seu paradigma de atuação. Para isso, durante dois anos, priorizou suas ações no controle da política pública de educação, canalizando expressiva parte de seus recursos materiais na avaliação de uma das muitas políticas sociais de responsabilidade do Estado. Optou-se por promover, sem negligenciar

---

[2] A expressão *eficácia* está sendo empregada no sentido de mera adequação formal à norma, ou seja, de fazer a coisa conforme a lei (eficácia-formal). Optou-se por usar a expressão *efetividade* para referir-se ao que se tem compreendido como "fazer a coisa certa no sentido gerencial" (eficácia-material).

[3] O Conselheiro Sebastião Helvecio foi um dos pioneiros na proposição de mudança de eixo do controle externo. Defendeu incessantemente, sobretudo no âmbito do Tribunal de Contas do Estado de Minas, a necessidade de superação do controle de simples conformidade. Em inúmeras reuniões de planejamento estratégico, propôs a priorização do controle de efetividade das políticas públicas.

suas atividades obrigatórias por lei, uma atividade controladora concentrada na função administrativa específica da área de educação. Nesse programa, buscou-se atuar simultaneamente em três vertentes – formação, gestão e fiscalização –, mas sempre de modo dialógico com outros atores sociais de controle, inclusive a própria sociedade aberta. E, em cada âmbito específico, promoveram-se múltiplas atividades: ampla capacitação técnica sobre inúmeros temas, tanto para os agentes controladores como para os executores da atividade material; vários levantamentos de dados e de informações especializadas; diversas auditorias e fiscalizações sobre variados escopos relacionados à prestação do serviço de educação pública; além da produção de ferramentas tecnológicas para auxiliar os gestores e o controle social. Dessas atividades, resultaram como produtos não só as tradicionais análises de legalidade dos atos e contratos administrativos e de suas execuções, mas também importantes diagnósticos, em especial sobre as condições estruturais e operativas das escolas públicas, além de avaliações operacionais sobre variados processos de trabalho vinculados à atividade educacional. Cabe destacar, todavia, que a finalidade do programa era, após o encerramento do biênio, como resultado da conjugação dessas atividades típicas de avaliação dos planos da eficácia e da eficiência, verificar se houve alterações significativas nos indicadores de qualidade da política de educação, notadamente o Índice de Desenvolvimento da Educação Básica (IDEB).[4]

O objetivo deste artigo é apresentar uma breve análise crítica do programa, enquanto fase de implantação de um modelo muito incipiente de controle de efetividade da política pública, no caso concreto da política de educação, sem perder de vista a base normativa e teórica que deve servir de suporte a esse tipo de controle.

2   Considerações sintéticas sobre controle das políticas públicas

Embora ainda pouco compreendida pela doutrina não especializada e igualmente ainda pouco aceita pelos tribunais judiciais brasileiros, tem-se adotado no âmbito do sistema de controle externo pátrio uma peculiar diferenciação sobre controle de políticas públicas. Há, portanto, duas dimensões bem distintas de atuação do controle externo no Brasil: uma, enquanto análise das "contas de governo", que

---

[4]   Mais informações em http://portal.inep.gov.br/ideb.

avalia em termos gerais a política do Estado e sua conformidade com seu ordenamento jurídico estruturante; outra, vinculada à avaliação das "contas de gestão", nas quais são analisados os atos administrativos de execução e as respectivas adequações legais. De toda sorte, para que se possa entender essa diferenciação própria do ambiente político-jurídico brasileiro, é fundamental revisitar, mesmo que superficialmente – e situados apenas no contexto histórico atual –, alguns elementos teóricos e normativos, dos quais se extrai essa posição interpretativa.

Em acepção ampla, o controle de políticas públicas pode compreender a análise de adequação e congruência entre os seus objetivos e os resultados por elas alcançados. Nesse sentido, é possível avaliar tanto a justificativa racional da decisão política, enquanto concebida de forma muito simplificada como uma relação de meio e fim (plano político decisório), quanto a gestão dos meios ou processos de execução dessa relação (plano administrativo).

Em geral, o controle externo deve limitar-se, na dimensão essencialmente política, a produzir recomendações ou orientações para que os órgãos responsáveis pelo governo possam, com base nas novas evidências técnicas apresentadas, ajustar suas futuras decisões. Por outro lado, na dimensão administrativa, podem ser produzidas também determinações ou comandos vinculantes para que a gestão se adeque aos contornos admitidos pela lei. É fundamental, portanto, sempre partir do necessário referencial previsto no ordenamento jurídico de cada país para que se possa entender em que medida as avaliações das entidades controladoras podem ser assimiladas como recomendações ou determinações legítimas. Por essas razões, tomaremos, obviamente, como base o ordenamento jurídico brasileiro.

A Constituição Brasileira de 1988, para fortalecer a tripartição de funções teorizada por Montesquieu e dar maior concretização ao tradicional controle recíproco entre os poderes, promoveu uma expressiva distribuição de competências controladoras da função executiva do Estado entre diversos órgãos constitucionais: tribunais de contas, ministérios públicos, defensorias públicas etc. Deixando de lado o labiríntico problema da sobreposição de controle que advém desse sistema, vale destacar que essa multiplicidade de instituições controladoras ainda tem produzido um equívoco interpretativo comum quanto ao escopo da função executiva, abarcando muitas vezes atos essencialmente políticos e que deveriam estar fora dos seus âmbitos de atuação, o que, por sua vez, tem produzido inegável disfunção sistêmica. Aliás, esse é um fato pouco explorado doutrinariamente e ainda mal delimitado no ambiente jurídico brasileiro: a disfuncional atuação dos órgãos controladores em atos essencialmente políticos.

Nos moldes propostos no século XVIII, obviamente não havia uma função administrativa nos padrões da que conhecemos hoje. Isso porque, naquele momento histórico, era mínima a atuação do Estado em termos de prestação de serviços. Ao Poder Executivo competiam atribuições gerais de direção e de garantia da segurança interna e externa, conglobando as atribuições administrativas e as de caráter eminentemente político sob uma mesma forma de controle. Por outro lado, nos Estados modernos, tem-se observado o desdobramento do Poder Executivo em ao menos três funções essenciais: a função política, a função administrativa e uma função híbrida, a que se tem chamado de político-administrativa e que é exercida, sobretudo, na chamada supervisão da execução do plano de governo.

Diferenciando a função política da função administrativa, Mello (2014, p. 36-37) tece as seguintes considerações: "É fácil perceber que a função administrativa, ao contrário dos atos citados, volta-se conforme a caracterização que lhe deram os autores adeptos desse critério, para a gestão concreta, prática, direta, imediata e, portanto, de certo modo, rotineira dos assuntos da Sociedade, os quais, bem por isto, se acomodam muito confortavelmente dentro de um quadro legal preexistente. *In casu*, diversamente, estão em pauta os atos de superior gestão da vida estatal ou de enfrentamento de contingência extrema que pressupõe, acima de tudo, decisões eminentemente políticas. Diferem igualmente da função administrativa do ponto de vista formal, que é o que interessa, por não estarem em pauta comportamentos infralegais ou infraconstitucionais expedidos na intimidade de uma relação hierárquica, suscetíveis de revisão quanto à legitimidade".

No mesmo sentido, Pietro (2005, p. 56) faz as seguintes ponderações: "Basicamente a função política compreende as atividades co-legislativas e de direção; e a função administrativa compreende o serviço público, a intervenção, o fomento e a polícia. (...) São exemplos de atos políticos: a convocação extraordinária do Congresso Nacional, a nomeação de Comissões Parlamentares de Inquérito, as nomeações de Ministros de Estado, as relações com Estados estrangeiros, a declaração de guerra e paz, a permissão para que forças estrangeiras transitem pelo território do Estado, a declaração de estado de sítio e de emergência, a intervenção federal nos Estados. Além disso, podem ser considerados os atos decisórios que impliquem a fixação de metas, de diretrizes ou planos governamentais. Estes se inserem na função política do Governo e serão executados pela Administração Pública (em sentido estrito), no exercício da função administrativa propriamente dita".

No caso brasileiro, facilmente se verifica que a função precípua atribuída ao chefe do Executivo é a função política, porquanto, apenas secundariamente, foram-lhe confiadas funções administrativas. Saliente-se, a esse respeito, que, das vinte e sete atribuições conferidas ao presidente da República, pelo art. 84 da Constituição Federal, vinte e cinco possuem caráter político e apenas duas possuem caráter administrativo. E, nos termos do parágrafo único do mencionado artigo, essas mesmas atribuições administrativas (previstas nos incisos VI e XXV) podem ser delegadas aos ministros de Estado, ao procurador-geral da República ou ao advogado-geral da União.

A distinção entre atribuições políticas e administrativas também foi trabalhada, ainda que indiretamente, por Weber (2004, p. 142-143), para quem "[obediência às leis] se aplica também ao senhor legal que não é 'funcionário público', por exemplo, o presidente eleito de um Estado". E segue afirmando que os funcionários "constituem tipicamente o quadro administrativo de associações racionais, sejam estas políticas, hierocráticas, econômicas (especialmente, capitalistas) ou outras. (...) O tipo mais puro de dominação legal é aquele que se exerce por meio de um quadro administrativo burocrático. Somente o dirigente da associação possui sua posição de senhor, em virtude ou de apropriação ou de eleição ou de designação da sucessão". Nesse ponto, ao descrever o tipo racional-legal da administração burocrática, ele distingue o papel do presidente (ou da autoridade superior) daquele conferido aos demais agentes públicos (também chamados de quadro administrativo burocrático). Assim, as funções administrativas não caberiam, de forma ordinária, à autoridade superior do Estado, mas, sim, através do uso de institutos como o da delegação, da desconcentração ou da descentralização administrativa, aos seus auxiliares e ao quadro administrativo composto essencialmente por "funcionários públicos".

Vale destacar, todavia, que, no contexto político e administrativo atual, a maioria das unidades federativas locais (em especial os pequenos municípios brasileiros) não tem observado esses padrões teóricos e normativos, provocando verdadeiras disfunções no sistema de controle, que se vê muitas vezes compelido a determinar aos representantes políticos dessas unidades – e outras tantas vezes, inclusive, a sancionar tais autoridades – a correção de decisões ou ações por elas praticadas, mas que não lhes seriam próprias.

De todo modo, as políticas públicas, que, em regra, devem ser planejadas e executadas durante o exercício do mandato, tanto podem ser percebidas como um conjunto formal de propostas de ações e de alterações normativas consubstanciado no chamado plano de governo como podem ser compreendidas, enquanto categoria jurídico-constitucional, como um complexo instituto político-jurídico de natureza material, que é a visão que interessa para a interpretação adequada do tema em face do padrão operativo que tem sido adotado pelos tribunais de contas brasileiros.

Na acepção de um instituto político-jurídico complexo, destaca-se a precisa e sintética lição de Moreira Neto (2008, p. 24), para quem as políticas públicas devem ser compreendidas como um "complexo de processos juspolíticos destinado à efetivação dos direitos fundamentais". Trata-se de uma categoria jurídico-constitucional que pode ser representada como uma espécie de devido processo constitucional vocacionado à concretização dos direitos fundamentais e, sempre que possível, exercido através da democracia participativa. Consubstancia-se, portanto, em um conjunto intrincado de atos e processos político-jurídicos destinado à efetivação dos direitos fundamentais, desenvolvendo-se ao menos em quatro fases: a formulação, o planejamento, a orçamentação e a execução.

Quando se fala em políticas públicas como ato ou processo político-jurídico e também jurídico-pragmático, esses binômios devem ser compreendidos como relações de implicação a serem observadas entre os planos político e jurídico e os planos jurídico (administrativo) e pragmático, enquanto conjunto de processos de trabalho que visam à concretização e efetividade dos direitos fundamentais.

Mesmo nos níveis mais altos, de definição dos objetivos políticos e do planejamento da consecução desses objetivos, a decisão política relaciona-se diretamente com o jurídico, quanto à questão da consistência e da densidade normativa necessárias à concretização dos direitos fundamentais sociais e quanto à questão da reserva geral imanente de ponderação, uma vez que caberá à discricionariedade política a opção de priorizar o direito fundamental X em detrimento do direito fundamental Y. Ou seja, é necessário definir os objetivos, regulamentar as normas mais abstratas a fim de alcançá-los, já deixando inclusive predisposto o modelo geral em que serão operacionalizadas tais normas para que produzam seus efeitos concretos.

Nos níveis de orçamentação e execução, a decisão política sobre os objetivos e sobre o planejamento de sua consecução, agora já consubstanciada em normas jurídicas (plano de governo), dará espaço então ao acoplamento entre o planejado e sua execução, o que se realiza mediante decisão jurídica (administrativa) que esteja em conformidade com a realidade econômico-social. Nesse ponto, tem-se, por exemplo, a necessidade de observar a reserva do financeiramente possível e, em função disso, mais uma vez trazer à tona a questão da reserva geral imanente de ponderação, uma vez que caberá à discricionariedade do governo a opção de concretizar, por exemplo, o direito fundamental X1 (segurança pública adequada em dada comunidade) em detrimento do direito fundamental Y1 (moradia digna para certas regiões), na hipótese de ambos terem sido priorizados na fase de planejamento.

Cada uma dessas relações discricionárias, como se verá, traz imensas dificuldades na seara do controle, restando muitas vezes apenas o recurso ao controle jurisdicional no plano constitucional, ou seja, em ações diretas de constitucionalidade por ação ou omissão do governo, suscitando nessa dimensão um controle pautado na observância do dever geral de fundamentação e da proporcionalidade, como decorre, em regra, no controle jurisdicional do princípio jurídico da igualdade.

Nessa dimensão, não nos parece legítimo, em face do ordenamento jurídico brasileiro, que o controle externo a cargo dos tribunais de contas possa interferir, nem mesmo, como tem pretendido alguns órgãos de controle, na chamada atuação *ex ante*, via processo político legislativo, exigindo do chefe do Executivo, por exemplo, que proceda à iniciativa de lei de sua exclusiva competência. Aliás, cabe sublinhar que o próprio Poder Judiciário deve, em princípio, autolimitar-se quando instado a controlar a estrutura das normas de direitos fundamentais, tal como teorizada por Alexy (2014, p. 85-176), seja quanto à sua consistência estrutural diante do ordenamento (ausência de normas regulamentadoras, por exemplo), seja quanto à sua indeterminação ou densidade normativa para a concretização desses direitos (extensão ou profundidade em que o governo atuará na política de educação, por exemplo), especialmente no que se refere à realização dos direitos que exigem prestações positivas do Estado, como é o caso dos direitos fundamentais sociais.

É notório que qualquer tentativa de se proceder a um controle efetivo da política pública poderá estar substancialmente comprometida caso não haja a estruturação normativa necessária ao exercício de um direito subjetivo, ainda que garantido expressamente pela Constituição. Isso fica bem evidenciado nas diversas pretensões de se obter, pela via judicial, a concretização de determinado direito social, a exemplo das inúmeras ações visando a tratamento de saúde ou a fornecimento de determinado medicamento, cuja regulamentação ainda não se operou pelo governo. O fato é que a ausência de normatização nesse nível tem levado o Judiciário a muitas vezes tomar para si decisões de ordem essencialmente política a fim de fornecer, nos casos concretos, direitos fundamentais abstratamente garantidos a todos os cidadãos, o que vem, inclusive, provocando intensos debates sobre o ativismo judicial no Brasil.

Na mesma medida, não cabe o ativismo de controle, como se tem observado às vezes em determinações relacionadas à iniciativa de lei, nas quais se tem ordenado ao chefe do Executivo que promova o encaminhamento de projeto de lei ao Parlamento, ainda que tal medida ocorra em circunstância de evidente omissão daquela autoridade política, como nos casos em que determinada entidade política local (um dado município) não tenha instituído o plano de cargos e salários dos professores públicos, apesar de outro comando normativo geral exigi-lo, o que obviamente afetará a política pública de educação.

No desenvolvimento do programa *Na Ponta do Lápis*, não se olvidou da falta dessa adequação jurídico-formal. É o caso, por exemplo, de vários dispositivos constitucionais que ainda necessitam de leis complementares ou ordinárias a fim de serem adequadamente regulamentados e, portanto, concretamente aptos a produzirem efeitos jurídicos e pragmáticos. No que tange ao controle dos tribunais de contas quanto especificamente à política de educação, um dos pontos mais sensíveis está na ausência de parametrização dos referenciais necessários à definição do que seja a tal oferta de ensino de qualidade. Há muito se tenta estabelecer normativamente o chamado custo aluno qualidade (CAQ),[5] que seria um protótipo das condições adequadas ao fornecimento de um serviço de educação de excelência, qual seja: definição de padrão mínimo de estrutura físico-funcional das escolas (ter ao menos biblioteca, laboratórios, espaço para práticas esportivas etc.), efetivação do padrão salarial básico para os professores, padronização do limite de alunos por turma, entre outras tantas.

Todavia, embora reconhecendo que há inúmeras dessas ausências normativas a serem completadas – o que exige intervenção no mais alto nível político – e que essas lacunas podem, inclusive, impossibilitar uma avaliação adequada por parte da entidade controladora, é preciso partir do pressuposto de que se pode promover ao menos recomendações, pautadas nos diagnósticos técnicos acerca desses e de outros problemas identificados na avaliação do processo de efetivação da política pública, mesmo que, para isso, vale dizer, a entidade controladora deva pautar-se apenas na conjugação de parâmetros gerais, relacionados ao dever

---

[5] Mais informações: Parecer CNE/CEB 03/2019. Disponível em: http://portal.mec.gov.br/.

jurídico imposto pelo ordenamento ao governo e à possibilidade material de agir desse mesmo governo no cumprimento desse dever.

Nesse sentido, é fundamental fazer referência aos chamados limites lógico e material, aos quais está vinculada a interpretação de qualquer norma jurídica, pois, sendo normas de conduta humana, devem estar ancoradas pelo menos numa possibilidade de sua realização, uma vez que não se pressupõe racionalmente a consecução de algo impossível de ser praticado materialmente. Sobreleva, assim, a questão econômica como de observância necessária no planejamento, na execução e no controle das políticas públicas.

Nesse contexto, a questão econômica exige necessariamente de outro cidadão, ainda que ele não adira aos princípios éticos sobre quais os direitos fundamentais sociais se fundamentam (caridade, fraternidade, solidariedade etc.), uma contrapartida consubstanciada, em regra, no dever jurídico de contribuir, que, por sua vez, está ancorado em outro dever estatal: o de cobrar os tributos devidos. Ou seja, recursos públicos nada mais são do que recursos derivados do patrimônio privado em decorrência do dever fundamental de contribuir a cargo da própria sociedade.

Por isso, um ambiente de escassez moderada de recursos deve ser adotado como referência estabilizadora para avaliação de uma política pública prestacional, pressupondo-se como equilibrado o dever de o Estado desincumbir-se materialmente da obtenção desses recursos financeiros necessários às despesas estatais, de tal sorte que se tenha como pressuposta uma política fiscal razoavelmente consistente com os benefícios e prestações a serem realizados pelo Estado social. Em outras palavras, não faz sentido fazer avaliação de determinada política pública durante uma crise econômico-financeira real, uma vez que, em situações dessa natureza, salvo raras exceções normativas, os impactos dos necessários contingenciamentos financeiros serão efetivamente sentidos na concretização dessas políticas.

Com efeito, na difícil tarefa de avaliar determinada política pública, é essencial partir de certos pressupostos lógicos, conquanto eles, em regra, não se apresentem como tal na realidade social, ou seja, não se desconhece que tais pressupostos ideais – tais como política fiscal consistente e baseada em um cenário de estabilização moderada de escassez; não concorrência material ou disputa pelos recursos financeiros da política avaliada com outras políticas públicas; parametrização normativa adequada etc. – dificilmente serão encontrados num ambiente próprio de um país em desenvolvimento, notadamente em face de sua respectiva condição socioeconômica.

3 Problemas pragmáticos sobre controle de efetividade de política pública no Brasil

Cabe consignar que a acepção que se adota para "efetividade de uma política pública" é a que corresponde a uma "relação idealizada" entre eficácia gerencial dos objetivos propostos e utilidade dos bens e serviços produzidos para a sociedade. Portanto, essa relação também necessitará de especificações mais objetivas para redução de seu grau de abstração ou idealização. Desse modo, ainda que o controle se baseie num esquema idealizado e que se projete uma atuação pragmática pautada nos referenciais normativos existentes para a execução da política ou na lógica geral aplicável aos casos de omissão, na qual se deve aferir a possibilidade material de se cumprir o dever imposto pela norma, qualquer avaliação de efetividade precisará de seus próprios parâmetros ou indicadores de eficácia-utilidade da política avaliada, sem os quais, naturalmente, não se poderá avançar na análise do impacto global dessa política ou do resultado social por ela pretendido.

Nesse ponto, sem olvidar do esquema de um controle externo independente, colaborativo e não coercitivo, bem como dos respectivos problemas que a inobservância dessas características poderá produzir, em especial o chamado ativismo do controle pela falta de autocontenção diante do núcleo da discricionariedade político-administrativa, pretende--se realçar a perspectiva brasileira da função de controle externo de natureza político-jurídica.

A Constituição Brasileira de 1988 estabeleceu, nos arts. 70 e 71, um modelo de controle externo a ser exercido tanto pelos poderes legislativos quanto pelos tribunais de contas, de modo a fiscalizar o exercício de todas as funções atribuídas ao chefe do Executivo, inclusive as delegadas, desconcentradas ou descentralizadas para a organização administrativa. A esse respeito, Britto (2001) leciona que a função de controle, no Brasil, é partilhada entre o Parlamento e o Tribunal de Contas, embora cada um detenha competências específicas nessa seara: "Poder Legislativo e Tribunal de Contas são instituições que estão no mesmo barco, em tema de controle externo, mas sob garantia de independência e imposição de harmonia recíproca. Independência, pelo desfrute de competências constitucionais que se não confundem (o que é de um não é do outro, pois dizer o contrário seria tornar inócua a própria explicitação enumerativa que faz a Constituição para cada qual dos dois órgãos públicos). Harmonia, pelo fim comum de atuação no campo do controle externo, que é um tipo contábil, financeiro, orçamentário, operacional e patrimonial de controle sobre todas as pessoas estatais-federadas e respectivos agentes, ou sobre quem lhes faça as vezes".

Considerando esse modelo de controle externo baseado na independência e harmonia, o art. 71 da Constituição Federal outorgou aos tribunais de contas diversas atribuições, dentre as quais duas se destacam, a saber: (i) apreciar as contas prestadas anualmente pelo presidente da República, mediante parecer prévio que deverá ser elaborado em sessenta dias a contar de seu recebimento; e (ii) julgar as contas dos administradores e demais responsáveis por dinheiros, bens e valores públicos da administração direta e indireta, incluídas as fundações e sociedades instituídas e mantidas pelo Poder Público federal, e as contas daqueles que derem causa a perda, extravio ou outra irregularidade de que resulte prejuízo ao erário público.

Veja-se que, em relação ao julgamento das contas dos administradores, não há prevalência do Parlamento sobre o Tribunal de Contas. O processo de controle da função administrativa começa e termina no âmbito dos próprios tribunais de contas. Nas palavras de Britto (2001), "nenhum Tribunal de Contas opera no campo da subalterna auxiliaridade. Tanto assim que parte das competências que a Magna Lei confere ao Tribunal de Contas da União nem passa pelo crivo do Congresso Nacional ou de qualquer das Casas Legislativas Federais".

Na hipótese da apreciação das contas prestadas anualmente pelos chefes do Executivo, os órgãos de controle externo analisarão as contas de governo, nas quais se consubstanciam ao final as políticas públicas globais de um dado exercício financeiro. As contas de governo são referentes, portanto, ao atendimento geral dos objetivos estabelecidos, ao cumprimento do orçamento e aos resultados da macrogestão do governo e, sobre elas, os tribunais de contas emitirão um parecer prévio (de natureza técnico-jurídica), o qual servirá para instruir o processo de julgamento essencialmente político das contas de governo, que, por sua vez, será ultimado no âmbito dos poderes legislativos da respectiva unidade federativa. Essa é a interpretação que se extrai do art. 31, §2º, do art. 49, inciso IX, e do art. 71, inciso I, todos da Constituição Brasileira de 1988. Ressalte-se que, nesse caso, o que está em análise é a função precípua do chefe do Executivo, ou seja, a função política – aquela que define a sua forma de atuação no âmbito das políticas públicas enquanto complexo de atos e processos políticos e jurídicos destinados à efetivação dos direitos fundamentais. Não se examinam, nesse contexto, atos de governo isolados, mas, sim, o resultado global do conjunto desses atos, que nada mais é do que o direcionamento geral dado às políticas públicas daquele ente federado.

Não se trata, portanto, da análise de efetividade de uma peculiar política pública, mas de um controle político-jurídico global das políticas públicas, uma vez que, embora o julgamento final, de natureza política, fique a cargo dos parlamentos, terá como referência necessária (ou juízo de instrução para fins de julgamento) a análise técnico-jurídica do Tribunal de Contas, a quem cabe avaliar no plano jurídico-pragmático a concretização das políticas públicas e, por consequência, a efetividade dessas políticas sobre os direitos fundamentais. E é nesse ponto que cabe a análise da efetividade de determinada política pública, da qual poderá resultar recomendações ao chefe do Executivo e ao próprio Parlamento.

Diferentemente da análise das contas de governo, na qual há o exercício de uma função colaborativa, de ordem técnica e propedêutica para o julgamento das políticas globais pelos parlamentos, na aferição das contas de gestão dos administradores e dos demais responsáveis por recursos públicos, tem-se por objeto de julgamento apenas a função administrativa. No exercício dessa atribuição, todo o processo de controle dar-se-á no âmbito dos tribunais de contas, não havendo em regra participação direta ou indireta dos poderes legislativos. Nesse ponto, é possível falar em controle exclusivamente jurídico-pragmático, porquanto a entidade controladora poderá, por exemplo, aferir, inclusive, a existência de recursos para a concretização da política pública sob análise, o que equivale conferir a possibilidade, neste plano, de um controle efetivo sobre a chamada da "reserva do possível". No exercício dessa atribuição, é possível, inclusive, aferir a legitimidade e a economicidade dos atos ou processos sobre controle, o que equivale ao controle sobre o resultado do mérito administrativo, e não somente o tradicional controle de conformidade ou de legalidade.

Do que foi até aqui exposto, pode-se verificar que – ainda que se considere o objeto a ser controlado (política pública da educação, por exemplo) como o complexo de atos e processos políticos e jurídicos, destinados à efetivação desse direito fundamental específico, e que, para isso, deva desenvolver-se nas suas quatro fases típicas – o chamado controle de efetividade da política pública não se confunde com esses dois tipos bem distintos e já tradicionais de controle a cargo dos tribunais de contas brasileiros: o controle sobre contas de governo, incidentes em regra sobre a formulação, o planejamento e a orçamentação, enquanto conjunto normativo estruturante; e o controle sobre conta de gestão, normalmente vinculado às fases de execução.

4 Sobre a mudança de paradigma pretendida

Convém deixar claro que, salvo em processos revolucionários, mudar paradigmas é tarefa que exige muito tempo. É indispensável atuar inicialmente sobre a cultura funcional e orgânica da própria instituição, suscitando críticas sobre processos de trabalhos já consolidados e provocando reflexões sobre os benefícios e os ônus que um novo modelo poderá trazer, nos termos em que foi concebido. Ou seja, é, sobretudo, um lento processo dialógico e dialético com todos os envolvidos na atividade que se pretende alterar, buscando, ao final, o consenso racional dentro da própria estrutura institucional, nos moldes da chamada racionalidade crítica de Popper (2009).

Com o programa *Na Ponta do Lápis*, conforme dito acima, pretendeu-se atuar de forma concentrada no controle da política de educação, promovendo ações em três vertentes específicas: formação, gestão e fiscalização. Esse esquema de atuação simultânea teve por objetivo instituir um padrão dialógico e colaborativo de controle externo, favorecendo a participação de outros atores sociais de controle, em especial o controle social, através de participação direta.

Partiu-se da ideia de que a democracia material e moderna exige a observância de ao menos três princípios estruturadores: o da participação, o da eficiência e o do controle. Assim posto, o entrelaçamento desses princípios pode ser mais do que suficiente para justificar a alteração do tradicional e hermético modelo de conformidade para a adoção de um novo perfil estruturante de controle: o cooperativo. Um controle participativo e efetivo da sociedade nas funções estatais pode demonstrar, por exemplo, através de uma "legitimação pragmática", a absoluta impropriedade de determinada política social. Na lição de Moreira Neto (2008), "legitimação pragmática é a que reduz o consenso do grupo a um exercício de avaliação de resultados (futuros, correntes ou pretéritos) em relação às várias propostas de poder. Essa avaliação do grupo se concentra sobre a eficiência que poderá ser lograda (futuro), a que está sendo obtida (presente) ou a que foi realizada (passado) com uma determinada decisão a respeito de uma proposta de poder".

Nada obsta, aliás, que avaliações dessa natureza, que são, em regra, manuseadas no âmbito do direito administrativo, possam ser também utilizadas para a alteração da própria estrutura de direitos sociais fundamentais, num plano político ainda mais amplo. O importante nesses casos é assumir uma perspectiva de mudança de paradigma quanto à carga histórica e evolutiva da própria natureza e necessidade do direito social originariamente positivado, que não pode ser tido como uma espécie de projeção historicista, um dogma construído pelo passado e projetado para o futuro de forma irrefutável (um para sempre), notadamente quando se avaliam, no presente, seus fundamentos, sua base lógica e ética, mas sempre tendo em vista as gerações passada, presente e futura.

Nessa linha de raciocínio, Höffe (2006, p. 434), numa visão pragmática e própria do universo político, chama atenção para a impossibilidade de um "Estado de justiça" real e, por conseguinte, para os problemas dos discursos idealizados. O autor salienta como "o discurso fundamental da justiça, assim também os discursos ético--políticos não possuem um significado puramente teórico. São discursos práticos que se desencadeiam nos problemas sociais e políticos da época e que querem contribuir para sua adequada solução. Assim, os discursos, do ponto de vista empírico, não acontecem fora da história e de seus múltiplos fatores determinantes, razão pela qual se desviam, sob diversos aspectos, de um 'discurso ideal'".

Ainda sob uma perspectiva teórico-pragmática, é relevante destacar a questão da responsabilidade pessoal pelas decisões racionais que são inerentes às ciências e às sociedades complexas e abertas. Em defesa da racionalidade e da crítica racional nas ciências, Popper (2009, p. 69) leciona que "é verdade que a discordância pode dar lugar ao conflito e até mesmo à violência. (...) Todavia, a discordância pode igualmente levar à discussão, à argumentação e à crítica mútua", algo que pode ser aplicado à pretensão de regularidade da base legitimadora das próprias políticas públicas. Em outro momento, Popper (2013a, p. 88) afirma que somos "produto da natureza, mas a natureza fez-nos simultaneamente com o nosso poder de alterar o mundo, de prever e planear o futuro e de tomar decisões de longo alcance pelas quais somos moralmente responsáveis. A responsabilidade pelas decisões, no entanto, só conosco entram no mundo da natureza". Assim, numa sociedade democrática, não se pode renunciar a possibilidade de uma solução harmonizada das exigências opostas. Se, por um lado, os homens são iguais em direito, por outro são naturalmente diferentes, verdadeiras singularidades, de tal forma que, para a consecução de um conviver pluralista, deve sempre haver uma via aberta à racionalização das divergências.

De todo modo, as partes em diálogo precisam estar impregnadas de um juízo aberto à crítica racional, de tal sorte que as soluções possam ser encontradas com serenidade e tolerância e, sendo possível, através do consenso, mas, em todo o tempo, com uso da racionalidade. Ademais, cabe registrar que consenso não pode, por si só, servir de fundamento de legitimidade para uma decisão, uma vez que pode levar a soluções irracionais. Ao rotular esse tipo de impropriedade de "falácia do consenso", Freitas (2011, p. 160-161) leciona que, "[conquanto] muitos pensem que determinada solução é a mais indicada, nem sempre será necessariamente a melhor, em termos intertemporais". Trata-se, pois, de argumento fraco e, não raro, inibidor da revisão crítica de dogmas e doutrinas defasadas.

No limite, porém, deve ser salvaguardada sempre a própria estrutura democrática, a capacidade de decidir livremente e com responsabilidade, uma vez que não há liberdade mais relevante do que a de consciência, esteio da liberdade política, que nada mais é que a exteriorização da vontade de escolher. A liberdade com responsabilidade deve ser exercida através da crítica racional. Esse modelo que se vem aduzir tem, por assim dizer, o mesmo sentido daquilo que foi defendido por Popper (2013b, p. 141 e ss.) como a regra essencial das sociedades abertas, modelo de sociedade que representa comunidades políticas sempre dispostas a evoluir, ainda que isso represente uma gradual ou substancial modificação de suas estruturas normativas, leis e costumes. Um processo evolutivo sempre aberto ao diálogo crítico e racional.

Sob essa perspectiva e conhecendo a realidade social brasileira, na qual a participação popular ainda é muito precária, vale destacar a imprescindibilidade de dotar a sociedade de instrumentos tecnológicos capazes de facilitar sua participação, notadamente através de informações compreensíveis aos cidadãos e, sempre que possível, disponibilizadas numa interface simples e lúdica. Destaquem-se, nesse padrão, ao menos dois aplicativos desenvolvidos pelo Tribunal de Contas de Minas Gerais: o *Na Ponta do Lápis* e o *Lupa de Minas*.

5 Críticas conclusivas

Cabe destacar, desde logo, que a proposta estabelecida no programa *Na Ponta do Lápis*, conquanto represente notável concentração de esforços na avaliação de determinada política pública, não pode ser compreendida como controle de efetividade dessa política. Houve indiscutivelmente uma tentativa de superar a lógica do controle quantitativo ou formal e passar a atuar no âmbito do controle qualitativo, em especial com a participação cooperativa de outros atores sociais. Também deve ser reconhecido que o objetivo final seria a análise da efetiva qualidade dos serviços públicos prestados, mas, ainda assim, estivemos longe de promover controle de efetividade sobre dada política pública.

Por outro lado, é necessário também registrar que, no caso específico do programa *Na Ponta do Lápis*, ocorreram avanços relevantíssimos. Na análise global das políticas públicas, realizadas anualmente através da apreciação das contas de governo, houve, por exemplo, razoável ampliação do escopo de avaliação da política de educação. Além disso, à aferição do chamado "mínimo constitucional", referente à aplicação de no mínimo vinte e cinco por cento das receitas correntes líquidas nessa atividade, que era praticamente o único referencial dessa política, agregou-se também a avaliação sobre o alcance ou não de algumas metas estabelecidas no Plano Nacional de Educação (PNE) – Lei nº 13.005, de 2014.

O mais significativo resultado, porém, pode ser creditado ao desvelamento da situação real na qual se encontrava a política educacional no estado de Minas Gerais. Para se ter uma noção do problema, em um dos diagnósticos produzidos, o tribunal apontou, por exemplo, que a infraestrutura das escolas públicas do ensino fundamental, sejam as vinculadas às entidades políticas regionais (estado), sejam as vinculadas às entidades federativas locais (municípios), em sua maioria, não atendia as metas do Plano Nacional de Educação. Do universo de 565 escolas visitadas, 254 não possuíam bibliotecas, 314 não possuíam laboratório de informática, 20% das que tinham laboratórios não acessavam a internet e 25% desses laboratórios estavam inutilizáveis em razão de problemas na rede elétrica, computadores não instalados, questões físicas, falta de pessoal, entre outros motivos. Além disso, apenas 53% dessas escolas eram abastecidas por rede pública de fornecimento de água potável, 62,5% não possuíam quadra de esporte, 60% não tinham solução de acessibilidade aos portadores de necessidade especiais e 68% não tinham sanitários adaptados.

Ainda há muito a caminhar até chegarmos à condição de promover controle de efetividade sobre as políticas públicas sociais mais relevantes, notadamente quanto à educação pública, sobretudo quando se verifica que problemas históricos e básicos ainda precisam ser superados, como a ausência de parametrização dos referenciais necessários à estruturação da própria política que se pretende aferir. Por isso, é fundamental que seja instituído – e com urgência – o chamado custo aluno qualidade, a partir do qual as condições adequadas ao fornecimento do serviço poderão ser avaliadas por cotejamento com um padrão mínimo normativamente estabelecido.

No entanto, se ainda há bastante a realizar num país em que a metade de sua população não tem ensino médio completo, os tribunais de contas têm muito mais a contribuir na melhoria dos serviços de educação, seja através de um controle de conformidade mais intenso, seja através do aumento dos controles operacionais sobre os processos e papéis de trabalho desse segmento. Além disso, ainda há severos problemas de alocação de recursos destinados à educação que podem ser mitigados pela atuação mesmo complacente do controle externo. Ações de controle dessa natureza podem modificar substancialmente a triste realidade enfrentada pela maioria dos estudantes brasileiros, notadamente os mais pobres, uma vez que há íntima relação do problema da desigualdade econômico-social com o baixo desempenho dos alunos no aprendizado escolar. Não é por acaso que muitos desses jovens têm abandonado as salas de aula em busca de oportunidades econômicas de subsistência. O ambiente escolar no qual esses serviços são prestados indiscutivelmente não tem favorecido a permanência desses alunos na escola.

A política de educação não pode estar relacionada à transitoriedade de um governo, mas à efetiva aderência aos planos estruturadores (nacional, estadual e municipais) e à compatibilização desses com as respectivas leis orçamentárias (plano plurianual, lei de diretrizes e as leis orçamentárias anuais).

Diante desse contexto é que se poderá falar em efetivo controle político-jurídico sobre a política de educação, uma vez que, embora o julgamento final, de natureza essencialmente política, fique a cargo dos parlamentos, essa decisão terá como referência necessária os dados da instrução para fins de julgamento, qual seja: a análise técnico-jurídica do Tribunal de Contas, a quem cabe avaliar no plano jurídico-pragmático a concretização das políticas públicas e, por consequência, a efetividade dessas políticas sobre os direitos fundamentais. Há muito a percorrer, mas alguns passos foram dados.

Referências

ALEXY, Robert. *Teoria dos Direitos Fundamentais*. Tradução de Virgílio Afonso da Silva da 5ª ed. alemã. 2. ed. São Paulo, 2014.

BRITTO, Carlos Ayres. *O humanismo como categoria constitucional*. Belo Horizonte, 2012.

BRITTO, Carlos Ayres. O Regime Constitucional dos Tribunais de Contas. *Revista Diálogo Jurídico*, Salvador: CAJ - Centro de Atualização Jurídica, v. I, n. 9, dez. 2001. Disponível em: http://www.direitopublico.com.br. Acesso em: 01 set. 2020.

FREITAS, Juarez. *Sustentabilidade*: direito ao futuro. Belo Horizonte, 2011.

HÖFFE, Otfried. *Justiça política*: fundamentação de uma filosofia crítica do direito e do Estado. Trad. Ernildo Stein. 3. ed. São Paulo, 2006.

MELLO, Celso Antônio Bandeira de. *Curso de direito administrativo*. 31. ed. São Paulo, 2014.

MOREIRA NETO, Diogo de Figueiredo. *Quatro paradigmas do direito administrativo pós-moderno*: legitimidade, finalidade, eficiência e resultados. Belo Horizonte, 2008.

PIETRO, Maria Sylvia Zanella Di. *Direito Administrativo*. 18. ed. São Paulo, 2005.

POPPER, Karl. *O mito do contexto*. Trad. Paula Taipas. Lisboa, 2009.

POPPER, Karl. *A sociedade aberta e os seus inimigos*. Primeiro Volume: o sortilégio de Platão. Trad. Miguel Freitas da Costa da 5ª ed. inglesa. Lisboa, 2013a.

POPPER, Karl. *A sociedade aberta e os seus inimigos*. Segundo Volume: Hegel e Marx. Trad. Miguel Freitas da Costa da 5ª ed. Lisboa, 2013b.

WEBER, Max. *Economia e sociedade*. Trad. Regis Barbosa e Karen Elsabe Barbosa. Brasília, 2004.

TCEMG – TRIBUNAL DE CONTAS DO ESTADO DE MINAS GERAIS. *Relatório de Resultados Biênio 2017/2018*. 2018. Disponível em: https://www.tce.mg.gov.br/IMG/Livro_Na_Ponta_do_Lapis_Versao_Online(1)%5B1%5D.pdf. Acesso em: 01 set. 2020.

Informação bibliográfica deste texto, conforme a NBR 6023:2018 da Associação Brasileira de Normas Técnicas (ABNT):

TERRÃO, Cláudio Couto. O controle da efetividade das políticas públicas. *In*: TERRÃO, Cláudio Couto; ANDRADE, Durval Ângelo (Coords.). *Controle externo no século XXI*: homenagem a Sebastião Helvecio - Conselheiro, educador e cidadão do mundo. Belo Horizonte: Fórum, 2022. p. 185-203. ISBN 978-65-5518-338-2.

SEBASTIÃO HELVECIO E A NACIONALIZAÇÃO DO IEGM

SIDNEY ESTANISLAU BERALDO

Mergulhada há anos em uma sucessão de crises políticas, econômicas e sociais, a população perdeu a confiança em suas instituições, e os responsáveis pelo país têm falhado em demonstrar que os mais diversos níveis de organização do Estado, especialmente no Legislativo e no Judiciário, são indispensáveis para a democracia.

Denúncias de corrupção, abuso de poder e desperdício de dinheiro público minaram a credibilidade de instituições criadas para manter em equilíbrio o delicado sistema de freios e contrapesos que mantém o país em funcionamento.

A indignação gerada nesse processo, por outro lado, despertou um sentimento de cidadania que tem feito com que os brasileiros reivindiquem acesso legítimo a informações oficiais para que possam avaliar os governos e a efetividade dos compromissos assumidos em período eleitoral.

Os tribunais de contas não passaram ilesos por essa onda de descrença que tem varrido o Brasil. Era hora então de mudar, inovando na maneira de exercer o controle externo. Embora essenciais, as chamadas auditorias de conformidade, que fiscalizam as contas públicas do ponto de vista legal, não eram mais suficientes para garantir a eficiência das políticas desenvolvidas pelos entes federativos. Cada vez mais, ficava evidente que a aferição de normas de execução orçamentária, da regularidade de despesas e da ordem formal de procedimentos não significava serviços de qualidade para os cidadãos.

A partir de 2014, o Tribunal de Contas do Estado de São Paulo (TCESP) passa então a investir na auditoria de resultados, que, mais do que conformidade, busca verificar eficiência na atuação de seus jurisdicionados.

Surge, assim, a Fiscalização Concomitante, que, ao acompanhar o processo de implementação das políticas, consegue evitar falhas nos atos administrativos antes mesmo que elas ocorram ou produzam efeitos perniciosos. Para isso, além de visitas periódicas às instituições que vistoria, o TCESP examina a execução dos contratos em andamento, permitindo eventuais correções ao longo do caminho.

As chamadas Fiscalizações Ordenadas e Operacionais, feitas de surpresa em áreas como educação, saúde e obras, complementam o projeto, checando *in loco* como estão sendo gastos os recursos públicos originários dos tributos pagos pelos contribuintes.

Inovadora, a iniciativa dá transparência não só às atividades dos jurisdicionados, mas também às do próprio tribunal, que passa a dialogar diretamente com a população, divulgando suas descobertas e fortalecendo o controle social.

A partir daí, a busca por indicadores que aperfeiçoassem esse modelo, construindo matrizes de risco capazes de orientar o trabalho da fiscalização, passa a ser uma necessidade. Assim, em 2015, a Audesp (Divisão de Auditoria Eletrônica de São Paulo), núcleo criado pelo tribunal para o processamento de dados dos jurisdicionados paulistas, lança o Índice de Efetividade da Gestão Municipal (IEG-M).

Delineado com a colaboração de integrantes de secretarias estaduais, entidades representativas da sociedade civil, acadêmicos e especialistas de diversas áreas, o indicador mede a efetividade das políticas públicas. Dessa forma, por meio da análise do uso de insumos e recursos, avalia a correspondência entre as ações dos governos e as demandas sociais.

Com base na Constituição, no Plano Nacional de Educação, na Lei Orgânica do Sistema Único de Saúde (SUS), na Lei de Responsabilidade Fiscal, entre outros instrumentos do arcabouço jurídico brasileiro, são examinadas sete áreas de atuação das administrações: educação, saúde, gestão fiscal, planejamento, proteção aos cidadãos, meio ambiente e governança da tecnologia da informação.

Além de colaborarem nas auditorias, gerando pontos de atenção que permitem uma atuação mais direcionada do controle externo, esses dados também podem ser utilizados por prefeitos e vereadores como uma ferramenta de aferição de políticas, correção de rumos, reavaliação de prioridades e consolidação do planejamento.

Foi exatamente nesse contexto que, em 2015, como coordenador do IEG-M no TCESP, aproveitei uma visita do Conselheiro Sebastião Helvecio, então presidente do Tribunal de Contas do Estado de Minas Gerais, para apresentar a ele o projeto.

Seu encantamento com a ideia foi imediato. Entusiasmado, demonstrou interesse em implementar o IEG-M em seu estado o mais rapidamente possível. A tarefa não era simples. Em São Paulo, vínhamos nos preparando para colocar o projeto em prática havia mais de um ano. Além de inúmeras reuniões técnicas, tínhamos apresentado o produto e sua metodologia não só ao tribunal, como também a muitos de nossos jurisdicionados. Para viabilizar a iniciativa, até mesmo um projeto-piloto foi desenvolvido em 2014. Como teste, na ocasião, foram coletados apenas dados relacionados à tecnologia da informação.

Também era preciso viabilizar a fase de validação dos resultados. Afinal, embora as informações sejam prestadas pelas prefeituras, os dados são todos validados pelas equipes de fiscalização do TCESP, que conferem, mediante auditoria, a veracidade dos conteúdos autodeclarados.

Nada disso, entretanto, pareceu intimidar Helvecio. Após vários encontros entre as equipes dos dois tribunais, o Conselheiro conseguiu lançar no mesmo ano os primeiros resultados mineiros, uma prova de sua determinação e de seu envolvimento pessoal no processo.

Helvecio, porém, é um visionário e, como tal, pretendia ir ainda mais longe, transformando o IEG-M em um indicador nacional. O momento para isso não poderia ter sido mais adequado, considerando que, naquele período, ele também presidia o Instituto Rui Barbosa (IRB), associação criada pelas cortes de contas de todo o país para o aperfeiçoamento constante das atividades do controle externo.

A missão se tornara um pouco mais complexa. Além de conquistar as mentes dos demais integrantes do instituto, seria também indispensável convencer os presidentes de todos os tribunais brasileiros quanto à importância e urgência do projeto.

Diante das enormes diferenças entre as realidades dos municípios brasileiros e dos métodos de trabalho das cortes de contas do país, a nacionalização trazia um novo desafio: a consolidação de um modelo de questionário que fosse viável e, ainda assim, permitisse a aferição das mais diferentes políticas públicas com fidedignidade.

Com esse objetivo, foram criados grupos de estudos dentro do IRB e, desafiando todas as probabilidades, o que parecia impossível aconteceu. Em 2016, sob o comando de Helvecio, o IRB lança o IEG-M/

Brasil, com a notável marca de 80% de adesão dos estados já em seu primeiro ano de existência.

Enquanto mais e mais unidades da federação se interessavam pela ideia, o IEG-M foi ganhando visibilidade. Em 2017, fechamos uma parceria com a ONU (Organização das Nações Unidas) para que o indicador fosse utilizado como mecanismo de monitoramento da evolução dos Objetivos de Desenvolvimento Sustentável (ODS) em território paulista.

Em 2018, em uma disputa com 89 práticas, recebeu menção honrosa no Prêmio Innovare, considerado o Nobel da área jurídica, com a segunda colocação na categoria Tribunais. No mesmo ano, o IEG-M/Brasil também atingiu um novo patamar, com a participação de todos os tribunais de contas no levantamento.

Tais conquistas só mostram que o caminho para a retomada da credibilidade das instituições é longo e exige o empenho de todos. Sem a perseverança e o idealismo de Sebastião Helvecio, nosso percurso com o IEG-M, sem dúvida nenhuma, teria sido mais penoso e lento. Sua capacidade de ver adiante, sem medir esforços para implementar um projeto que agrega valor ao controle externo deve, portanto, ser reverenciada. A ele, nosso muito obrigado.

Informação bibliográfica deste texto, conforme a NBR 6023:2018 da Associação Brasileira de Normas Técnicas (ABNT):

BERALDO, Sidney Estanislau. Sebastião Helvecio e a nacionalização do IEGM. *In*: TERRÃO, Cláudio Couto; ANDRADE, Durval Ângelo (Coords.). *Controle externo no século XXI*: homenagem a Sebastião Helvecio - Conselheiro, educador e cidadão do mundo. Belo Horizonte: Fórum, 2022. p. 205-208. ISBN 978-65-5518-338-2.

SEBASTIÃO HELVECIO E O MINISTÉRIO PÚBLICO DE CONTAS

ELKE ANDRADE SOARES DE MOURA

> *Não se deve ir atrás de objetivos fáceis, é preciso buscar o que só pode ser alcançado por meio dos maiores esforços.*
> (Albert Einstein)

Pensando em como poderia esboçar as primeiras palavras dedicadas à temática que me foi proposta, que compreende o relato, em breves linhas, de parte da trajetória do estimado Conselheiro Sebastião Helvecio e sua relação com o Ministério Público de Contas, instituição que tenho o orgulho de representar pela segunda vez como procuradora-geral, percebi que esse pensamento de Einstein retrata, com precisão cirúrgica, o exemplo que esse notável homem público sempre deixou como legado para todos que puderam desfrutar da sua convivência profissional, acadêmica e, por que não dizer, das lições de vida extraídas em encontros sociais que tivemos o prazer de compartilhar.

Sebastião Helvecio e o Ministério Público de Contas sempre trilharam muitos caminhos em comum, imbuídos pela permanente busca de aperfeiçoamento profissional e de novas ferramentas para a extração de melhores resultados dos trabalhos desenvolvidos dentro dos respectivos espectros de competências (dever-poder) e pela interlocução com outras instituições públicas, nacionais e internacionais para troca de experiências, *expertises* e união de esforços a bem do serviço público de qualidade.

Servir ao público, múnus de todo servidor público, mormente daqueles que assumem maiores responsabilidades dentre os diversos papéis destinados ao Estado, compreende a necessidade de que se empreenda o máximo esforço para se fazer melhor do que se faria a si mesmo, na medida em que o produto desse esforço reverbera em prol de toda a coletividade. As maiores conquistas em termos democráticos não dependem apenas de reformas normativas ou estruturais no âmbito da administração pública, mas residem, sobretudo, na qualificação dos seus agentes, no modo como se comportam e em como se relacionam Estado e sociedade. Essa compreensão sempre norteou a trajetória do Conselheiro Sebastião Helvecio. Comprometido com seu desiderato de bem servir ao público, Helvecio sempre buscou, com o máximo empenho e os "maiores esforços", nas palavras de Einstein, derrubar muros e construir pontes que pudessem levar à razão ótima para a efetivação de direitos fundamentais dos cidadãos. Muito atento a cada papel que lhe fora destinado, seja como médico, professor, parlamentar ou integrante do sistema de controle externo, mormente na qualidade de membro da Corte de Contas mineira, Sebastião Helvecio sempre empreendeu os "maiores esforços" em prol da busca da excelência em tudo que fez até hoje, notadamente no âmbito do controle externo.

Dentre tantos feitos de relevo desse admirável homem público, que transbordaram os limites do nosso estado e as fronteiras nacionais, alcançando o além-mar, e cujas laudas que me foram reservadas para este artigo seriam insuficientes para descrever, merecem destaque, em razão de sua relevância para o exercício do controle externo de competência do Tribunal de Contas e do Ministério Público de Contas do Estado de Minas Gerais, a idealização e o desenvolvimento da política de fiscalização integrada – o Projeto Suricato.

Essa inovadora política de gestão estratégica, cujo propósito foi contribuir para a transparência e o aprimoramento da gestão pública, criando mecanismos de prevenção e combate à corrupção por meio de ações eficazes e efetivas de controle externo, reuniu integração, inteligência e inovação para o desenvolvimento mais efetivo das ações fiscalizatórias no âmbito do controle da gestão dos gastos públicos do estado e dos municípios mineiros.

O Suricato, como ferramenta de inteligência de última geração, demonstrou sua significativa capacidade de produzir conhecimento estratégico e o tratamento de dados de forma célere em sistema de *big data* para a identificação de situações sensíveis no âmbito da aferição da responsabilidade fiscal, assim como para a avaliação de políticas públicas, subsidiando as tomadas de decisão dos agentes de controle no tempo adequado, visto que permite não apenas o controle de gastos consumados, mas, também – e como é o ideal para se inibir que irregularidades e desvios sejam perpetrados –, uma fiscalização prévia e concomitante da gestão dos recursos públicos, sobretudo na realidade de Minas Gerais, um estado com dimensão territorial (586.519,727 km^2) que supera a de muitos países, 16.077 jurisdicionados estaduais e municipais (dados do primeiro semestre do corrente ano), compreendendo prefeituras, câmaras, autarquias, empresas públicas, sociedades de economia mista, fundações, fundos, consórcios, caixas escolares, entre outros, e cerca de R$200 bilhões/ano (2021) de recursos estaduais e municipais movimentados (o orçamento fiscal do estado estima a receita de R$105.730.778.653,00, o orçamento de investimento das empresas controladas pelo estado prevê R$3.819.441.622,00 e os orçamentos municipais totalizam uma estimativa de receita no montante de R$86.218.428.302,20),[1] os desafios dos órgãos de controle se apresentam em proporções continentais. É nesse cenário que se pode compreender a genialidade da concepção e a relevância do desenvolvimento de uma ferramenta inteligente de controle externo como é o Suricato.

Devido a seu potencial para alavancar as possibilidades de fiscalização integrada nas mais diversas áreas da gestão pública, o Suricato despertou o interesse de muitas outras instituições incumbidas do controle externo, incluindo o Ministério Público de Contas. Como parceiro direto e imediato do Tribunal de Contas, o *parquet* especial que junto dele atua, comprometido que está com a defesa da ordem jurídica, do regime democrático e dos interesses sociais e individuais indisponíveis, consoante dicção do art. 127 da Constituição da República, e à vista de suas atribuições legais, logo percebeu a valiosa contribuição que poderia advir do uso adequado do aludido instrumento.

A par da contribuição que presta ao Tribunal de Contas na condição de *custos legis*, emitindo parecer nos processos que tramitam naquela corte e legitimando os seus feitos ao fiscalizar todo o seu desenvolvimento, compete ao Ministério Público de Contas, por dever de ofício, apurar a existência de irregularidades no âmbito das fiscalizações financeira, orçamentária, contábil, patrimonial e operacional das entidades federativas, incluindo as administrações direta e indireta, quanto aos aspectos de legalidade, legitimidade e economicidade, aplicação de subvenções e renúncia de receitas. E é precisamente no

---

[1] Fontes: https://www.almg.gov.br/acompanhe/planejamento_orcamento_publico/loa/index.html e SICOM – TCEMG.

exercício dessa atribuição que reside o maior campo de efetividade do trabalho fiscalizatório desenvolvido pelo Ministério Público de Contas, resguardando direitos da sociedade, combatendo a corrupção e zelando pela execução adequada de políticas públicas concretizadoras de direitos fundamentais. Em cumprimento a esse amplo e complexo desiderato, em apoio ao Tribunal de Contas e às demais instâncias de controle e combate ao mau uso dos recursos públicos, é que o Ministério Público de Contas tem dedicado seus esforços em defesa dos interesses da coletividade.

Essa competência do *Parquet* de Contas mineiro, atinente ao exercício regular do seu poder investigatório, tem como substrato para a sua legítima realização, além do estatuído na própria Constituição da República, a título de poderes instrumentais implícitos para o fiel cumprimento da missão que lhe fora confiada, o art. 30[2] da Lei Complementar Estadual nº 102, de 17 de janeiro de 2008, Lei Orgânica do Tribunal de Contas do Estado de Minas Gerais, cujo teor, *ipsis litteris*, foi extraído do art. 84[3] da Lei nº 8.443, de 16 de julho de 1992, Lei Orgânica do Tribunal de Contas da União, norma referência para todas as cortes de contas do país, bem como tem sua regulamentação no âmbito da normativa da própria instituição, com supedâneo na legislação do Ministério Público do Estado de Minas Gerais, que lhe serve de parâmetro de sujeição, a Lei Complementar Estadual nº 34, de 12 de setembro de 1994, notadamente no que concerne a prerrogativas para o exercício de suas atribuições.

No âmbito do MPC-MG, a matéria está regulamentada pela Resolução nº 14, de 18 de dezembro de 2019, a qual prevê, em seu art. 4º, §§1º e 2º, os procedimentos destinados à apuração, de ofício, de fato de que tome ciência por qualquer meio ou que seja levado a seu conhecimento como notícia de irregularidade (denúncias oportunizadas a qualquer cidadão, partido político, associação ou sindicato e que podem ser feitas, até mesmo, de forma anônima), quais sejam: (i) *procedimento preparatório*, destinado à obtenção de elementos para identificação do

---

[2] Art. 30. Aos membros do Ministério Público junto ao Tribunal aplicam-se as disposições da Seção I do Capítulo IV do Título IV da Constituição da República pertinentes a direitos, vedações e forma de investidura e, subsidiariamente, no que couber, o disposto na Lei Orgânica do Ministério Público do Estado de Minas Gerais, na parte relativa a direitos, garantias, prerrogativas, vedações e regime disciplinar.

[3] Art. 84. Aos membros do Ministério Público junto ao Tribunal de Contas da União aplicam-se, subsidiariamente, no que couber, as disposições da Lei orgânica do Ministério Público da União, pertinentes a direitos, garantias, prerrogativas, vedações, regime disciplinar e forma de investidura no cargo inicial da carreira.

denunciado ou do objeto, visando complementar a documentação ou informação recebida, antes da instauração do inquérito civil ou da adoção de outras providências cabíveis; e (ii) *inquérito civil*, para apuração de fato que possa autorizar a atuação do Ministério Público de Contas na tutela dos direitos e interesses concernentes à fiscalização contábil, financeira, orçamentária, operacional e patrimonial da administração pública estadual e municipal, servindo como preparação para o exercício de suas atribuições perante o Tribunal de Contas.

Está o Ministério Público de Contas, assim, instrumentalizado para o exercício do seu mister, devendo deflagrar os procedimentos investigatórios adequados, dentro da sua órbita material de competências, para apuração de irregularidades ou ilegalidades de que tenha ciência. É precisamente nesse contexto que a política Suricato de fiscalização tem se mostrado valiosa fonte para a extração de relatórios a partir de diversas malhas de cruzamento de dados e para a obtenção de elementos probatórios destinados à instrução de tais feitos.

Cientes dos ganhos sociais advindos dessa forma de atuação, amparada em sistemas de *big data*, *machine learning* e inteligência artificial, voltados ao cruzamento e tratamento de dados, para a obtenção de achados relevantes que irão direcionar o agir estratégico dos seus membros, é que os ministérios públicos de contas de todo o Brasil têm buscado instituir seus núcleos de inteligência.

No entanto, as contribuições do Conselheiro Sebastião Helvecio para o trabalho do Ministério Público de Contas não param por aí. Sempre atento à necessidade de conhecer a realidade de outras entidades fiscalizadoras, oportunizou a participação do *parquet* especializado em visitas oficiais destinadas ao compartilhamento de experiências e de boas práticas que pudessem agregar valor aos trabalhos realizados no âmbito das instituições mineiras de controle externo (TCE-MG e MPC-MG). Essas visitas, nacionais e internacionais, muito contribuíram não apenas para a enriquecedora troca de experiências, mas, sobretudo, para a formação de relevante *networking*, capaz de oportunizar a maximização da efetividade dos resultados alcançados com a atividade fiscalizatória do uso dos recursos coletivos e de prevenção e combate à corrupção.

Some-se a isso o fato de que, com muita frequência, são realizados trabalhos interinstitucionais, tendo em vista as parcerias celebradas pelo Ministério Público de Contas com outras instituições de controle, para além das cortes de contas, notadamente, Ministério Público estadual e Polícias Civil e Federal, a depender das matérias envolvidas nas investigações. Por meio do trabalho cooperado, que conta com a conjugação de esforços e *expertises*, à vista do campo de atuação de cada uma das instituições parceiras, são alcançados melhores resultados com o trabalho de fiscalização empreendido, diante do compartilhamento de provas na instrução produzida, a qual conduzirá, de forma mais célere, à adoção de providências visando à correção dos vícios constatados e à reparação de eventuais danos ao erário.

Merece destaque, também, dentre as trilhas em comum percorridas pelo Conselheiro Sebastião Helvecio e o MP de Contas, a preocupação permanente com a aferição da qualidade dos gastos públicos. Há muito já reconhecem, apesar de sua relevância, a insuficiência do parâmetro meramente formalista ou das auditorias de conformidade para o controle efetivo da gestão fiscal. É preciso ultrapassar a análise do cumprimento da letra fria de normas legais e constitucionais, ou simplesmente as balizas de uma operação matemática em que se apure percentual mínimo de recursos aplicados em dado núcleo de despesas para que se possa garantir à sociedade o que ela espera dos órgãos de controle externo. O que a Constituição da República do Brasil, a nossa "Constituição Cidadã", na expressão sempre usada pelo nobre Conselheiro Sebastião Helvecio, consagrou foi a necessidade de se assegurar que direitos fundamentais como saúde, educação e segurança sejam concretizados com qualidade e de forma legítima, isto é, de forma a atender, com adequação e efetividade, o interesse público. Assim, sem se descurar do controle de conformidade, Sebastião Helvecio, tal qual o MP de Contas mineiro, sempre dedicou atenção especial ao controle teleológico ou finalístico.

A vacuidade semântica das normas jurídicas está a exigir do intérprete e aplicador do direito que as densifique de maneira a aferir se os direitos nelas consagrados foram, de fato, assegurados. O interesse público somente é resguardado quando exigidos, para além da legalidade dos gastos, que sejam realizados com economicidade e legitimidade, propiciando uma vida digna a todos.

Nessa senda, visando, mais uma vez, instrumentalizar o controle para o fiel cumprimento do seu escopo maior, ou seja, zelar pelos interesses coletivos, e utilizando de sua habilidade para enxergar potenciais oportunidades de avanço institucional, Helvecio foi o protagonista da nacionalização do Índice de Efetividade da Gestão Municipal (IEGM), indicador instituído pioneiramente pelo TCE-SP em 2015 e que tem por escopo mensurar o grau de aderência da gestão municipal a determinados processos e controles em sete áreas sensíveis: educação, saúde, gestão fiscal, planejamento, meio ambiente, defesa civil e governança em tecnologia da informação. O grau de aderência é apurado a partir de pontuação atribuída a determinados quesitos, e os processos e controles são perquiridos por meio de questionários respondidos pelos municípios. O IEGM busca avaliar a ação ou esforço do gestor, a marcha dos processos instituídos para a realização do gasto em determinadas áreas finalísticas, para o fornecimento de mais e melhores serviços públicos. Em outras palavras, a medição das ações empreendidas pelo gestor público tem como foco a quantidade e a qualidade dos serviços ofertados para a efetividade da garantia de direitos fundamentais da sociedade. Por meio do Instituto Rui Barbosa (IRB), entidade que presidiu durante os biênios 2014-2015/2016-2017, Helvecio levou essa valiosíssima ferramenta a todos os tribunais de contas do Brasil.

Após o sucesso consagrado do IEGM, que lhe rendeu, inclusive, menção honrosa no Prêmio Innovare na categoria Tribunais, o TCESP desenvolveu o Índice de Efetividade da Gestão Estadual (IEGE). O objetivo do IEGE é avaliar a qualidade dos meios empregados para se alcançar, de forma abrangente, a efetividade da gestão estadual, considerando, sobretudo, os aspectos do bem-estar social.

Em 2017, no âmbito do estado de Minas Gerais, em parceria com a Fundação João Pinheiro e o Poder Executivo mineiro e sob a coordenação do Conselheiro Sebastião Helvecio, o TCEMG desenvolveu o processo criativo dos 292 quesitos das sete dimensões avaliadas pelo IEGE: planejamento, gestão fiscal, educação, saúde, segurança pública, meio ambiente e desenvolvimento econômico. Além dessas importantes áreas temáticas, a avaliação desse índice incluiu aspectos convergentes às metas favoráveis ao desenvolvimento sustentável estabelecidas no documento *Transformando Nosso Mundo: a Agenda 2030 para o Desenvolvimento Sustentável*, da Organização das Nações Unidas (ONU).

Por último, mas não menos importante, merece destaque a permanente interlocução com a academia, no Brasil e fora dele, sempre perseguida por Sebastião Helvecio. E esse também representa mais um ponto de convergência de propósitos entre esse visionário homem público e o Ministério Público de Contas. Além de reconhecer a essencialidade de integração entre teoria e prática, Helvecio sempre procurou abrir espaço para ampliar o debate acadêmico, inserindo o MPC em eventos da mais alta envergadura, a exemplo do que fora realizado na Faculdade de Direito da Universidade de Lisboa, em junho de 2019, em que esta procuradora teve a oportunidade de proferir palestra a seu convite.

Essa aproximação com as instituições de ensino tem sido um dos objetivos do Ministério Público de Contas desde o ano de 2019.

Especialmente nesse exercício de 2021, desenvolveu o projeto *Conhecendo o MPC*, iniciativa que se pretende seja permanente e que compreende a realização de palestras proferidas por procuradores e assessores do MPC em faculdades e escolas de ensino fundamental e médio, públicas e privadas, com a finalidade de divulgar o trabalho do *parquet* especial, propiciando o conhecimento da nossa instituição pela sociedade, de modo que suas atribuições e posição na estrutura orgânica do estado possam ser compreendidas, com vistas à disseminação da cultura do controle social a ser exercido com apoio em sua atuação. É o compromisso do MPC com a disseminação do conhecimento e com a informação e a formação de cidadãos, sujeitos de direitos e liberdades, mas, também, de responsabilidades para a construção de um futuro melhor para todos.

Como se vê, a relação entre Sebastião Helvecio e o MP de Contas está entre aquelas que se pode qualificar como extremamente profícua. Uma relação permeada pela amizade, mas essencialmente desenvolvida com profissionalismo, parceria, respeito recíproco e conduta ética. Foram muitos os aprendizados que esse respeitado Conselheiro do Tribunal de Contas do Estado de Minas Gerais, homem do mundo, deixa para todos nós do Ministério Público de Contas, mas, talvez, aquele que mereça a nossa mais detida atenção seja o exemplo de força e perseverança.

Em tempos de crises de toda ordem, como as que assolam nosso país, sobretudo a crise fiscal, agravada pela crise de integridade, como evidenciam os índices alarmantes de corrupção em todos os níveis e esferas de governo, e, nos últimos tempos, também uma terrível crise sanitária com reflexos econômicos, sociais e políticos, é preciso que as instituições de controle se reinventem para dar conta de lidar com desafios complexos; que explorem ao máximo toda a plêiade de atribuições que a lei lhes reservou para desempenhar, com exímio compromisso, seu papel de tutelar direitos fundamentais da sociedade. Servir ao público, para retomar o início da nossa reflexão, exige o máximo esforço de quem se propôs a fazê-lo, pois que o resultado da sua ação será suportado por toda a coletividade. Por essa razão, o Ministério Público de Contas rende aqui ao Conselheiro Sebastião Helvecio sua homenagem, ressaltando todas as suas qualidades, que lhe conferem posição de destaque entre aqueles que sempre empreenderam trabalho de fôlego para buscar meios céleres e eficazes, pautados em rigor técnico e científico para a identificação de situações de relevância, materialidade e risco capazes de nortear os rumos do exercício adequado do controle externo, de forma a garantir a gestão fiscal responsável, o combate ao mau uso dos recursos públicos, a promoção da correção de desvios e reparação de danos e, dessa forma, cumprir com excelência sua nobre missão de bem servir ao público.

Iniciei esta brevíssima explanação sobre a trajetória de Sebastião Helvecio falando de força e dos maiores esforços, na expressão de Einstein, para retratar um pouco da imagem que, do seu semblante sempre firme e austero, ostentado na postura dedicada e comprometida com as causas públicas assumidas com tanto afinco, refletia para o mundo ao seu redor, mas, de maneira radicalmente antagônica, terminarei este relato falando de leveza, suavidade e da mais altiva polidez, características presentes com a mesma intensidade nesse parceiro de caminhada, de gentileza ímpar e fino trato, apropriando-me das palavras de Cora Coralina: "Nada do que vivemos tem sentido, se não tocarmos o coração das pessoas".

Assim foi marcada a passagem de Sebastião Helvecio na história do Ministério Público de Contas do Estado de Minas Gerais e na alma daqueles que têm o prazer de com ele conviver!

Informação bibliográfica deste texto, conforme a NBR 6023:2018 da Associação Brasileira de Normas Técnicas (ABNT):

MOURA, Elke Andrade Soares de. Sebastião Helvecio e o Ministério Público de Contas. *In*: TERRÃO, Cláudio Couto; ANDRADE, Durval Ângelo (Coords.). *Controle externo no século XXI*: homenagem a Sebastião Helvecio - Conselheiro, educador e cidadão do mundo. Belo Horizonte: Fórum, 2022. p. 209-217. ISBN 978-65-5518-338-2.

TRIBUNAL DE CONTAS: DESAFIOS NO PÓS-PANDEMIA DE COVID-19

IVAN LELIS BONILHA

Introdução

A pandemia de COVID-19 gerou uma crise sanitária sem precedentes nos últimos cem anos. Além de provocar dor e sofrimento em níveis até então desconhecidos em terras brasileiras, resultou em perdas irreparáveis, com amplas repercussões nos mais diversos âmbitos do tecido social.

Em outro texto, publicado às vésperas da pandemia,[1] argumentávamos que o novo século já trazia novos e importantes desafios e que, para cumprir o seu papel adequadamente, os tribunais de contas deveriam estar preparados para dar respostas às transformações que naquela altura já se apresentavam na sociedade, no mundo do trabalho e no Estado.

Recorrendo ao pensamento do professor Domenico de Masi, destacamos sua análise sobre a desorientação como uma das questões fundamentais enfrentadas pela humanidade, uma vez que não se encontrava, no horizonte, um modelo sociológico de referência capaz de compatibilizar os avanços tecnológicos e materiais que experimentamos

---

[1] BONILHA, Ivan Lelis. Sustentabilidade como princípio conformador do Tribunal de Contas do século XXI. *In*: LIMA, Edilberto Carlos Pontes (Coord.). *Tribunal de Contas do século XXI*. Belo Horizonte: Fórum, 2020.

em muitas áreas com os problemas derivados da globalização e dos efeitos negativos da ação humana sobre a natureza.

Em meio a uma conjuntura de crise econômica, fiscal, social e institucional, não tardou para que um desastre natural lançasse todos num processo ainda mais agudo de transformação, tendo como pano de fundo os avanços tecnológicos, que nem sempre se traduzem em consequências positivas para a sociedade, e as repercussões da pandemia de COVID-19.

No presente trabalho, buscamos estabelecer uma releitura das perspectivas para o Tribunal de Contas do século XXI à luz das respostas que o sistema de contas esboçou com a Carta de João Pessoa, após o teste de estresse provocado pela pandemia.

1 Perspectivas para o Tribunal de Contas do século XXI anteriores à crise sanitária

O Tribunal de Contas tem no controle e na avaliação dos administradores públicos um dos papéis fundamentais, senão único, dentre as demais instituições. Demonstrando de modo transparente a régua utilizada para medir a eficiência de uma gestão, esse é o único órgão de Estado concebido para aferir/controlar tecnicamente os resultados das políticas públicas e, para o desempenho de tão elevada missão, mostram-se imprescindíveis, em nível de recursos humanos, o preparo do auditor de controle externo e, em nível institucional, a adoção das normas da auditoria do setor público.[2]

Carreira típica de Estado, o auditor de controle externo tem de estar preparado para responder às demandas da sociedade, e essa resposta será mais efetiva quanto mais bem capacitado estiver o profissional, em especial nas Normas Brasileiras de Auditoria do Setor Público (NBASP).

Para tanto, o Instituto Rui Barbosa (IRB) desenvolveu o Programa de Formação do Auditor do Controle Externo segundo as NBASP, que abrange as competências técnicas do auditor de controle externo

---

[2] As ferramentas de auditoria, por sinal, têm assento constitucional (*grifo nosso*). CF, art. 71: O controle externo, a cargo do Congresso Nacional, será exercido com o auxílio do Tribunal de Contas da União, ao qual compete: (...) IV - realizar, por iniciativa própria, da Câmara dos Deputados, do Senado Federal, de Comissão técnica ou de inquérito, inspeções e *auditorias de natureza contábil, financeira, orçamentária, operacional e patrimonial*, nas unidades administrativas dos Poderes Legislativo, Executivo e Judiciário, e demais entidades referidas no inciso II.

relacionadas ao processo de auditoria e aos princípios gerais de auditoria, além das competências comportamentais e gerenciais.

As competências técnicas relacionadas ao processo são aquelas necessárias à definição de objetivos, elaboração de estratégia, avaliação de controles internos, avaliação de políticas públicas, plano de auditoria, coleta e avaliação de evidências, relatórios de auditoria, monitoramento, objetos de auditoria e responsabilização perante o Tribunal de Contas.

As competências técnicas relacionadas aos princípios gerais abrangem conhecimentos necessários ao tratamento adequado dos riscos de auditoria, materialidade, documentação, técnicas de comunicação, governança, transparência e *accountability* e controle de qualidade.

As competências comportamentais são as que abrangem o julgamento objetivo, o ceticismo profissional, o zelo profissional, o (auto)aperfeiçoamento, o trabalho em equipe, a independência, a comunicação, a integridade e a ética profissional.

As competências gerenciais são aquelas ligadas à gestão de equipes, gestão da informação, gestão de processo, gestão de ética e liderança.

A partir do domínio desse conjunto de competências, definido conforme as normas internacionais contidas nas NBASP, espera-se que o auditor de controle externo seja capaz de se desincumbir adequadamente das tarefas a ele atribuídas.

As NBASP, com edição e revisão efetuada pelo IRB, formam o arcabouço básico de normas cujo alinhamento às normas internacionais emitidas pela Organização Internacional de Entidades Fiscalizadoras Superiores (INTOSAI) e adaptação ao marco normativo brasileiro representam a aderência dos trabalhos de auditoria aos padrões internacionais. Assim, em nível institucional, a adoção das normas pelo Tribunal de Contas tem o condão de assegurar um alto padrão de qualidade nas auditorias, além de colaborar para o seu fortalecimento institucional e para sua integração com as demais cortes de contas.

Estabelecida a importância da adoção das NBASP em face do ambiente interno do Tribunal de Contas, deve-se destacar que, em relação ao ambiente externo, as normas de auditoria também proporcionam múltiplos efeitos positivos, dentre os quais podem ser destacadas a melhoria da qualidade dos serviços prestados à sociedade e a estrita observância dos direitos e garantias individuais dos agentes públicos submetidos ao processo de auditoria, o que, em suma, representa a obediência ao Estado Democrático de Direito.

A Constituição Federal dedica ao controle da administração pública um conjunto significativo de normas, em especial os artigos 70,

71 e 74, que definem um verdadeiro sistema, baseado no tripé controle externo, controle interno e controle social. E, nesse desenho institucional, o Tribunal de Contas tem um papel fundamental de assegurar que os componentes do sistema atuem de forma coordenada e efetiva.

A finalidade última do Estado é a prestação de serviços públicos de qualidade e, para tanto, é imprescindível que os cidadãos sejam convocados a participar ativamente do processo de produção das políticas públicas como atores principais da transformação e senhores do próprio destino. Essa é a própria essência do controle social.[3]

O Estado tem o dever de atuar de forma transparente, promovendo o acesso à informação através de medidas passivas e ativas. A informação deve ser completa e detalhada, acompanhada de explicação sobre seu conteúdo que seja acessível a pessoas que não tenham conhecimento técnico, e deve estar disponível em padrões abertos que permitam facilmente a sua análise e cruzamento com outras fontes.

O controle social, acompanhamento sistemático e atento que o cidadão, individualmente ou por meio de suas entidades associativas e representativas, faz do uso do dinheiro público por parte dos governantes, pressupõe a disponibilidade de informação de qualidade sobre as ações estatais. E, nesse ponto, sobressai a missão do Tribunal de Contas de garantir a transparência das entidades jurisdicionadas e de manter, ele próprio, um repositório de conhecimento sobre a administração pública apto a proporcionar ao cidadão acesso à informação inteligível e de qualidade para o controle social.

O controle interno pode ser definido como um processo formado por políticas, manuais, formulários e atividades de controle que têm como finalidade fornecer uma segurança razoável de que os objetivos das entidades públicas estejam sendo atingidos, sendo um elemento fundamental para a prevenção de desvios.

Em última instância, o controle interno é o conjunto de processos de trabalho que assegura o desempenho da organização com o fiel cumprimento da legislação, e, embora seja responsabilidade da alta administração de cada ente público definir, estruturar e zelar pelo seu funcionamento adequado, cabe ao Tribunal de Contas assegurar que os respectivos jurisdicionados contem com um sistema de controle interno independente, atuante e efetivo.

---

[3] Como defende Amartya Sen: "Está claro que temos boas razões para dar atenção especial à criação de condições para a compreensão mais bem informada e para a discussão pública esclarecida". SEN, Amartya Kumar. *Desenvolvimento como liberdade*. São Paulo: Companhia das Letras, 2000. p. 318.

O controle interno efetivo implica qualificação adequada, treinamento e rodízio de funcionários, delegação de poderes, definição de responsabilidades, segregação de funções, formalização das instruções, controles sobre as transações e aderência a diretrizes e normas legais, além do treinamento aos gestores públicos sobre boas práticas e procedimentos administrativos.

Por fim, o Tribunal de Contas do século XXI deve ser capaz de dar respostas efetivas às demandas da sociedade, o que pressupõe uma ação pautada pelo princípio da sustentabilidade. Como princípio constitucional,[4] a sustentabilidade se encontra hoje codificada em diversos diplomas legislativos nacionais e deve ser entendida como conformadora de toda a ação estatal, o que abarca, mas vai muito além da atenção ao meio ambiente, sentido original do termo.

2 A pandemia de COVID-19 e os desafios pós-pandemia

A pandemia de COVID-19, maior crise sanitária que o país enfrenta desde a Gripe Espanhola de 1918, provocou mudanças disruptivas em todos os setores da sociedade. Além da perda de vidas humanas em curto espaço de tempo sem precedentes na nossa história recente, comparável a uma guerra de grandes proporções,[5] a pandemia teve o condão de tornar mais aguda a atual crise econômica, fiscal, social e institucional e de catalisar as transformações sociais.

O Instituto de Pesquisa Econômica Aplicada (IPEA) publicou, em 2021, o boletim *Políticas Sociais: acompanhamento e análise* nº 28,[6] que se

---

[4] Neste ponto, subscrevemos o que defende Juarez Freitas: "Sustentabilidade (...) é um valor supremo, que se desdobra no princípio constitucional que determina, com eficácia direta e imediata, a responsabilidade do Estado e da sociedade pela concretização solidária do desenvolvimento material e imaterial, socialmente inclusivo, durável e equânime, ambientalmente limpo, inovador, ético e eficiente, no intuito de assegurar, preferencialmente de modo preventivo e precavido, no presente e no futuro, o direito ao bem-estar". FREITAS, Juarez. *Sustentabilidade*: direito ao futuro. 2. ed. Belo Horizonte: Fórum, 2012. p. 133.

[5] Conforme a *Carta de Conjuntura* número 46, do 1º trimestre de 2020, do IPEA: "A situação mundial passou por uma mudança radical de perspectivas desde que a epidemia do novo coronavírus, inicialmente circunscrita a uma região da China, adquiriu caráter global, transformando-se numa pandemia. O impacto econômico inicial, até meados de fevereiro, ocorreu principalmente no país de origem, porém rapidamente estendeu-se aos mercados financeiros mundiais. Hoje, medidas de isolamento social ou quarentena abrangem quase todos os países, numa escala e velocidade nunca antes vista, nem mesmo em períodos de guerra".

[6] *Políticas sociais*: acompanhamento e análise, nº 28. Brasília: Ipea, 2021. Disponível em: https://www.ipea.gov.br/portal/index.php?option=com_content&view=article&id=37679&Itemid=9. Acesso em: 28 nov. 2021.

debruça de forma bastante abrangente sobre o que o texto denomina a "previsível e inesperada" pandemia de COVID-19, fornecendo um valioso panorama econômico e social sobre seus efeitos nas mais diversas áreas da sociedade.

No caderno *Notas de Política Social 3* do boletim, Rodrigo Octávio Orair enfoca a política fiscal e a resposta emergencial do país à pandemia:

> A pandemia resultou em um duplo choque econômico: de demanda, porque levou à revisão dos planos de consumo das famílias e dos projetos de investimentos das empresas; e de oferta, em função da paralisação de atividades produtivas. Na medida em que se caminhava na direção da tripla crise (sanitária, econômica e social), ganhou-se consciência de que seus impactos se distribuiriam muito desigualmente ao longo da sociedade – juntamente com o diagnóstico de que os mecanismos pré-existentes de seguro social seriam insuficientes para o tamanho do desafio de fornecer uma proteção adequada aos mais expostos aos riscos de saúde, desemprego e pobreza. Nesse momento, vários governos começam a desenvolver soluções para ampliar o suporte de renda para as famílias, que vão muito além da mera suplementação de recursos para os mecanismos convencionais da proteção social. Os principais exemplos são as flexibilizações dos critérios de acesso aos benefícios sociais (seguro-desemprego, auxílio-doença ou transferências focalizadas) e a criação de modalidades emergenciais tanto para trabalhadores informais quanto para trabalhadores formais que firmassem acordos temporários de suspensão de contrato de trabalho ou de redução de jornada durante a pandemia.

Como forma de se iniciar uma reflexão sobre os efeitos da pandemia e os desafios a serem enfrentados com o seu declínio, pode ser bastante ilustrativo lançarmos um olhar sobre alguns de seus efeitos nas áreas da saúde, educação e proteção social.

Embora a situação atual se apresente multifacetada, por tratar-se, em primeiro lugar, de uma crise sanitária, parece adequado que um retrato inicial remeta diretamente a essa área. Assim, tomando-se inicialmente a análise da saúde, tem-se que, de acordo com o IPEA:[7]

> A resposta brasileira no combate à covid-19 no campo da saúde foi limitada por questões fiscais, estruturais e organizacionais do SUS, algumas anteriores ao surgimento do novo coronavírus, bem como

---

[7] Idem – Capítulo 3 – Saúde.

pela conjuntura política atual, caracterizada por extrema polarização e ideologização.

(...) apesar das enormes consequências negativas desencadeadas pela Covid-19 nos âmbitos econômico, político e social no Brasil, a pandemia contribuiu para mudar a percepção de parte dos brasileiros sobre o SUS. Ainda que com deficiências em algumas regiões, o sistema foi capaz de atender à população e se mostrou resiliente em contexto de grandes adversidades. Formadores de opinião que no passado recente não lhes davam importância e atenção passaram a reconhecer publicamente a relevância da sua existência e de seu caráter universal. Essa percepção da centralidade do SUS foi responsável pela mobilização recente de pessoas e instituições, especialmente por meio das redes sociais, contra o Decreto n. 10.530/2020, cujas disposições foram interpretadas como uma abertura para a privatização do sistema. A pressão resultou na revogação dessa norma em cerca de 24 horas.

Na educação básica,[8] o boletim mostra o processo de fechamento das escolas em decorrência da necessidade de conter a disseminação do coronavírus, o qual acabou por evidenciar as desigualdades educacionais do país. Em resposta à suspensão das aulas, foram adotadas estratégias de ensino remoto para que fosse possível oferecer aos alunos acesso aos conteúdos didáticos.

Sensíveis às dificuldades de acesso à internet e mesmo à televisão,[9] as redes de ensino estaduais combinaram a utilização de acesso à internet e à TV com a utilização do rádio e da distribuição de material impresso e, para os alunos do ensino médio, tiveram como foco a preparação dos alunos para o Enem e para os vestibulares.

Para o IPEA, embora não esteja disponível um levantamento sobre as redes de ensino municipais, numa amostra das redes municipais de maior porte, 83% afirmaram ter adotado alguma estratégia de ensino remoto, com variações em relação às atividades propostas e aos objetivos, de acordo com a etapa de ensino.

---

[8] Educação infantil, ensino fundamental e ensino médio.

[9] Idem – Capítulo 4 – Educação. De acordo com o IPEA, "um contingente considerável de alunos, 5,8 milhões de acordo com um cálculo realizado a partir dos dados da PNAD Contínua 2018, não teriam como acessar os conteúdos escolares disponibilizados on-line, pois não tinham acesso à internet 3G ou 4G em seus domicílios. Para 15% destes, a distribuição de um chip de dados seria suficiente para se conectar à internet, mas para 55% nem a distribuição de um equipamento com chip resolveria, visto que não havia sequer sinal de celular em suas residências. Outro meio de propagar o ensino remoto é por meio da televisão. O sinal de TV digital atingiria, ainda de acordo com a PNAD Contínua 2018, 3 milhões de estudantes sem sinal internet em casa. Ainda assim, cerca de 200 mil alunos não teriam acesso ao ensino remoto".

Tanto as redes de ensino estaduais quanto municipais responderam rapidamente às necessidades de distribuição de alimentos, em especial para os estudantes mais vulneráveis, e, de acordo com o IPEA, para a educação básica, as ações em face da pandemia foram descentralizadas, não contando com uma coordenação das ações pelo MEC.

Na educação superior, as maiores dificuldades iniciais se referiram ao pagamento das mensalidades das instituições de ensino superior privadas. No caso das instituições públicas, o desafio foi a implementação do ensino remoto, uma vez que essas instituições tinham a EAD ainda pouco desenvolvida em relação ao grau de desenvolvimento das instituições privadas. As instituições de ensino superior e os institutos de pesquisa se mobilizaram ainda para o combate à COVID-19, seja através da utilização de suas unidades hospitalares, seja na produção de insumos, EPIs, respiradores e pesquisas de medicamentos e vacinas.

Já na proteção social, o que se verificou foi o agravamento da situação de pobreza e, em virtude da perda de fonte de renda resultante das medidas de isolamento social, a vinda de novas pessoas para os programas de assistência social.

Por iniciativa do Legislativo Federal, foram tomadas medidas de expansão e de aumento de capacidade dos programas de assistência social,[10] cuja implementação, a cargo do Poder Executivo, "foi marcada por dificuldades iniciais do governo federal em garantir que o Auxílio Emergencial chegasse às parcelas mais vulneráveis da população e, no caso do BPC, pela não regulamentação de partes da legislação aprovada".[11]

Além do aumento da demanda, o sistema de assistência social teve de enfrentar novos desafios, tais como a necessidade de compatibilizar os serviços de acolhimento com a segurança sanitária e a necessidade de expansão de oferta à população em situação de rua, a qual dobrou de tamanho nos últimos cinco anos.

---

[10] Idem – Capítulo 2 – Assistência Social. O IPEA afirma que: "Nesse novo contexto, e em caráter emergencial, os benefícios socioassistenciais receberam aportes novos, com a alocação de recursos sem precedentes. Houve expansão a partir do aumento da cobertura do PBF e, principalmente, da operacionalização do Auxílio Emergencial, importante medida que atingiu parcelas da população que antes não eram atendidas por qualquer política de garantia de renda. Buscou-se também com o BPC um mecanismo de amortização da crise entre os mais pobres, com a adoção de medidas inclusivas, e o adiantamento do benefício durante o período pandêmico".

[11] Idem – Capítulo 2 – Assistência Social.

Apesar da gravidade da situação provocada pela pandemia ter sensibilizado tanto a sociedade como o Parlamento para a importância do sistema de proteção social, segundo o IPEA:[12]

> (...) são grandes os gargalos a serem enfrentados para a consolidação do Suas.[13] A ausência de propostas claras do governo federal em torno de um programa de transferência de renda que seja capaz de atuar como colchão de amortecimento da crise para os mais pobres, somada às disputas relacionadas ao ajuste fiscal, sinalizam tempos difíceis para a população que teve sua capacidade de geração de renda comprometida pela crise. O prognóstico atual é de que o longo processo de recuperação econômica e social que virá após o fim da epidemia seguirá sem garantias de que o sistema de proteção social brasileiro funcione como tal.

Embora focada apenas na saúde, na educação e na proteção social, essa pequena, porém significativa, amostra permite vislumbrar a gravidade dos efeitos da pandemia sobre a sociedade.

Se, de um lado, verificou-se a ocorrência de uma intensificação ou agudização das mazelas e das deficiências que já se apresentavam no país – sendo esse efeito sentido de modo mais intenso devido ao problema da desigualdade da sociedade brasileira –, por outro lado, evidenciou-se, em maior ou menor grau, uma grande capacidade de reação em que sobressaiu a criatividade na tentativa de contornar os problemas apresentados pela emergência sanitária.

Para o futuro, permanece o problema, ainda não resolvido, do subfinanciamento para atendimento das diversas carências que a pandemia gerou ou tornou mais evidentes, mas, em comum a todas as áreas analisadas, ficaram patentes a importância e a necessidade da presença do Estado, bem como a imprescindibilidade dos serviços públicos.

3 Respostas do sistema de contas à luz da Carta de João Pessoa[14]

A Carta de João Pessoa inicia-se com uma análise da conjuntura, chamando a atenção para as repercussões, especialmente graves, da

---

[12] Idem.
[13] Sistema Único de Assistência Social (Suas).
[14] *Carta de João Pessoa*: os Tribunais de Contas e o mundo em transformação. Disponível em: https://irbcontas.org.br/wp-content/uploads/2021/11/carta-de-joao-pessoa.pdf. Acesso em: 23 nov. 2021.

pandemia de COVID-19 no país, apontando para a importância das ações coordenadas dos entes federativos, da valorização da ciência e da vacinação para o seu controle. Destaca as mudanças legislativas com a nova Lei de Licitações, a Lei do Governo Digital e a introdução de regras fiscais adicionais e as inovações em alguma medida resultantes ou aceleradas pela emergência sanitária, como a informatização dos procedimentos e o trabalho remoto. Ainda, de acordo com o texto, as consequências socioeconômicas negativas da pandemia durarão por tempo indeterminado.

Num contexto de crises econômica, fiscal e social, a carta mostra que a pandemia acabou por agravar a crise econômica que já se desenrolava desde 2014, com baixo crescimento econômico, aceleração do processo inflacionário e crise fiscal crescente do Estado brasileiro, sublinhando os desafios existentes para a implementação e garantia dos direitos sociais constitucionais e dos objetivos do desenvolvimento sustentável (ODS), num país com um contingente significativo da população vivendo em situação de pobreza e com grandes desigualdades sociais e regionais.

Ao pontuar a crise institucional atual, com intensa polarização política, a carta defende a necessidade de se combater a disseminação de notícias falsas,[15] de proteger a lisura do processo eleitoral e de respeitar as instituições como forma de proteger a democracia e, diante da conjuntura apresentada, argumenta que os tribunais de contas não podem ficar alheios a essa realidade e que necessitam se modernizar continuamente, mantendo sua independência institucional.

A partir da análise de conjuntura efetuada e das discussões promovidas durante do II Congresso Internacional dos Tribunais de Contas (II CITC), foram definidos três eixos de ação (promoção do desenvolvimento sustentável, defesa do Estado Democrático de Direito e aprimoramento institucional) e onze diretrizes.

Quanto à promoção do desenvolvimento sustentável, são propostas as seguintes diretrizes: (1) utilizar os ODS e os direitos sociais constitucionais, priorizando as ações nas entidades jurisdicionadas com mais dificuldades para atingi-los; (2) acompanhar a resiliência fiscal, executando o controle tanto da despesa quanto da receita; (3) buscar o aprimoramento da fiscalização de compras públicas, com acolhimento

---

[15] Interessante destacar que as notícias falsas ou *fake news* são, em larga medida, um efeito colateral das novas tecnologias de informação. Os mesmos avanços tecnológicos que aproximaram as pessoas durante o período de distanciamento social podem ser o meio de disseminação de notícias falsas para potencializar a polarização política da sociedade.

das inovações legislativas, tendo em vista o atendimento dos ODS e dos direitos previstos na Constituição Federal.

Quanto à defesa do Estado Democrático de Direito, são propostas as diretrizes: (4) compromisso com a defesa dos pilares que sustentam a democracia, zelando pela legitimidade popular através do sufrágio universal, defesa e fortalecimento das instituições de Estado, defesa da Constituição de 1988 e democratização do conhecimento; (5) defesa da independência institucional e da preservação das prerrogativas e competências conferidas pela Constituição Federal aos tribunais de contas; (6) atendimento aos princípios e requisitos constantes nas Normas Brasileiras de Auditoria do Setor Público (NBASP) e ao devido processo legal.

Por fim, quanto ao aprimoramento institucional, são propostas as diretrizes: (7) adotar as Normas Brasileiras de Auditoria do Setor Público (NBASP); (8) promover a capacitação contínua dos seus membros e servidores; (9) fazer o melhor uso da combinação das diversas modalidades de trabalho (presencial, remoto e misto); (10) buscar o aprimoramento constante das ferramentas de tecnologia da informação e de análise de dados; e (11) buscar permanentemente a integração dos trabalhos dos tribunais de contas.

A Carta de João Pessoa termina reafirmando a importância da unidade como mecanismo de fortalecimento do controle externo exercido pelos tribunais de contas e a necessidade de impedir retrocessos nas suas competências constitucionais para assegurar à sociedade a proteção do erário, o cumprimento das leis e o alto padrão de governança e de transparência pela administração pública.

Uma síntese: a importância do Estado e a urgência da sustentabilidade

A partir da leitura da Carta de João Pessoa, podemos verificar que aquilo que poderia ser entendido como uma proposta de Tribunal de Contas do século XXI respondeu adequadamente ao teste de estresse provocado pela pandemia de COVID-19.

Alguns elementos novos surgiram como resultado da crise sanitária. Primeiramente, ganhou destaque perante a sociedade a importância da presença do Estado. Em segundo lugar, evidenciou-se a necessidade de fortalecer as instituições como forma de proteger a democracia, cabendo também às cortes de contas a defesa do Estado Democrático de Direito.

Sobre o aprimoramento institucional, em nível de capacitação de recursos humanos, a carta reafirmou a necessidade de preparo do auditor de controle externo para a aplicação das Normas Brasileiras de

Auditoria do Setor Público (NBASP) e, em nível institucional, defendeu a adoção dessas normas pelos tribunais de contas.

Por fim, a Carta de João Pessoa mostra contornos ainda mais concretos ao adotar como um dos seus eixos de ação o dever do sistema de contas de promover o desenvolvimento sustentável e a noção de que este é um requisito essencial para sua capacidade de responder efetivamente às demandas da sociedade.

Informação bibliográfica deste texto, conforme a NBR 6023:2018 da Associação Brasileira de Normas Técnicas (ABNT):

BONILHA, Ivan Lelis. Tribunal de Contas: desafios no pós-pandemia de COVID-19. In: TERRÃO, Cláudio Couto; ANDRADE, Durval Ângelo (Coords.). *Controle externo no século XXI*: homenagem a Sebastião Helvecio - Conselheiro, educador e cidadão do mundo. Belo Horizonte: Fórum, 2022. p. 219-230. ISBN 978-65-5518-338-2.

O CONTROLE EXTERNO E O COMBATE À CORRUPÇÃO

JOÃO ANTÔNIO DA SILVA FILHO

Algumas palavras sobre Sebastião Helvecio

Não poderia iniciar estas linhas sem antes tecer breves palavras sobre o homenageado desta obra, meu amigo e brilhante conselheiro do Tribunal de Contas do Estado de Minas Gerais, Sebastião Helvecio Ramos de Castro.

Mineiro da cidade de Juiz de Fora, Sebastião Helvecio é, sem qualquer favor, um dos maiores expoentes do controle externo no Brasil.

Médico pediatra de formação, com doutoramento em Saúde Pública pela Universidade Estadual do Rio de Janeiro, é professor da Universidade Federal de Juiz de Fora. É também bacharel em Direito, com especialização em Controle Externo pela Pontifícia Universidade Católica do Estado de Minas Gerais.

À sua sólida formação acadêmica, Helvecio agrega uma vasta experiência política, que lhe permitiu conhecer a administração pública por dentro. Foi vice-prefeito de Juiz de Fora, secretário de Estado da Saúde e deputado estadual constituinte, tendo exercido outras cinco legislaturas na Assembleia Legislativa de Minas Gerais.

Como político, destacou-se pela criação do primeiro banco público de sangue no seu estado, o Hemominas, implantado durante sua gestão como secretário estadual de Saúde. O Hemominas possibilitou que toda a população tenha acesso gratuito a um sangue de qualidade, tornando-se referência nacional desde então.

Essas características acadêmicas e políticas possibilitaram que Sebastião Helvecio exercesse com brilhantismo o cargo de conselheiro do TCE-MG. Além de ter presidido aquela Corte de Contas, destaco a importante missão que desempenhou ao coordenar estudo sobre a dívida do estado de Minas com a União, e seu parecer, no Balanço Geral do Estado de 2010, tornou-se fonte para a lei que reduziu os juros das dívidas dos estados e municípios.

Sua atuação destacada no âmbito do TCE mineiro foi reconhecida pelos seus pares em âmbito nacional ao elegê-lo para a presidência, por dois biênios consecutivos, do Instituto Rui Barbosa, "braço acadêmico" do sistema de controle externo brasileiro, conhecida como "A Casa do Conhecimento dos Tribunais de Contas", em virtude dos seus eventos, seminários, congressos, revistas técnicas e livros que auxiliam e norteiam a atuação das cortes de contas do país.

Na minha chegada ao sistema de controle externo como conselheiro do Tribunal de Contas do TCMSP, em 2014, fui recepcionado de maneira especial pelo Conselheiro Sebastião Helvecio. Para além das nossas afinidades em relação à visão de Estado e, por consequência, na defesa do Estado Democrático de Direto, construímos uma sólida amizade. Sua sabedoria, determinação e conduta reta sempre foram, para mim, um exemplo a ser seguido.

Feito este devido registro, a título de uma singela e merecida homenagem ao Conselheiro Sebastião Helvecio, passo a tratar do tema que me coube nesta obra: o controle externo e o combate à corrupção.

1 Introdução

Democracia é, em sua essência, a expressão da pluralidade, da diversidade e do contraditório. A democracia é produto das diferenças e, ao mesmo tempo, instrumento de composição neste universo plural. É no respeito a esse universo diversificado que se encontra a eficácia da democracia.

Ao contrário dos regimes totalitários, em que o todo se sobrepõe às partes, no regime democrático as partes são vistas, reconhecidas, respeitadas e consideradas fundamentais para conformar o tecido social. O instrumento que viabiliza essa conformidade é o Estado, através de um ordenamento jurídico compatível, debatido e pactuado, bem como aceito pela maioria de seus membros.

Nas palavras de Norberto Bobbio:

O único modo de se chegar a um acordo quando se fala em democracia, entendida como contraposta a todas as formas de governos autocráticos, é o de considerá-la caracterizada por um conjunto de regras (primárias ou fundamentais) que estabelece quem está autorizado a tomar decisões coletivas e com quais procedimentos.[16]

Diante de tamanha diversidade de interesses materiais e ideológicos, nenhum corpo social sobrevive sem normas jurídicas que disciplinem padrões de comportamento tolerados por todos. O que diferencia, em termos axiológicos, a democracia das demais experiências de governo é justamente o fato de tais normas não serem impostas, mas pactuadas, adotando para esse fim a regra da maioria.

Num *Estado Democrático de Direito*, a própria capacidade criativa do direito ao qual o Estado se sujeitará necessita estar amparada e limitada por regramentos e critérios próprios, de modo que o poder que aplica o direito do Estado não é o mesmo que o editou nem é aquele que tem a última palavra na sua interpretação.

A concepção do Estado de Direito, além de exigir o primado de uma Constituição como norma fundamental, norteadora e limitadora do Estado, consagra como um de seus pilares a ideia de separação das funções estatais, de modo a potencializar o controle do poder político. Na moldura conferida ao Estado brasileiro pela Constituição de 1988, o princípio da separação dos poderes encontra-se assentado como um de seus princípios fundamentais.

A noção subjacente a tal princípio é que o exercício do poder seja limitado, de forma que o poder controle o próprio poder como forma de evitar seu exercício abusivo e garantir, por exemplo, o respeito às liberdades individuais – aqui, vale a pena destacar que, na democracia, é importante viabilizar mecanismos de controle social como forma de participação da sociedade nos rumos do Estado.

Essa dimensão de controle de um poder sobre o outro, baseado na harmonia entre os poderes e de mecanismos participativos da sociedade, é o que viabiliza o equilíbrio estável no Estado Democrático de Direito. Entretanto, esse equilíbrio pressupõe o fortalecimento das instituições de Estado, pois é no controle recíproco, identificado como

---

[16] BOBBIO, Norberto. *O Futuro da Democracia*. 11 ed. São Paulo: Editora Paz e Terra, 2009. p. 30.

freios e contrapesos, que se evitam os exageros praticados no exercício do poder.

O fortalecimento das instituições garante a funcionalidade da democracia e uma perene manutenção da ordem constitucional, o que passa também pelo combate à corrupção, que degrada as instituições se estas não possuem mecanismos eficientes internos e externos de controle.

Nesse sentido, o controle do Estado é elemento essencial ao combate à corrupção, conforme aponta, mais uma vez, Norberto Bobbio ao tratar do controle do poder:

> [...] a sabedoria institucional da democracia, que enseja um controle dos governantes através da ação dos governados, com isto institucionalizando um dos poucos remédios válidos contra o abuso de poder" [...] "a única garantia de respeito aos direitos de liberdade está no direito de controlar o poder.[17]

Esse controle, de natureza nitidamente política, tem por objetivo preservar o equilíbrio das instituições fundamentais ao regime democrático. Nesse aspecto, o controle pode ser conceituado como a faculdade de vigilância, orientação e correção que um poder, órgão ou autoridade exerce sobre os atos praticados por outro, de forma a verificar-lhes a legalidade e o mérito, bem como assegurar a consecução dos interesses coletivos.

Este breve texto procura abordar o papel do controle externo, a cargo dos tribunais de contas, como mais um mecanismo para fortalecimento do Estado Democrático de Direito, que passa, também, pelo combate à corrupção nas suas mais variadas formas. Para tanto, é necessário que as cortes de contas dinamizem a sua atuação através da busca de um controle mais proativo e menos reativo, que chegue antes do desperdício do dinheiro público. É o que se pretende demonstrar ao longo deste trabalho.

2 O fenômeno da corrupção no Brasil

Para fazer uma breve contextualização sobre a questão da corrupção no Brasil, irei me valer de artigo que publiquei recentemente por ocasião de palestra proferida na Universidade de Piza, publicado

---

[17] BOBBIO, Norberto. *O Futuro da Democracia*. 11 ed. São Paulo: Editora Paz e Terra, 2009. p. 30.

na obra *A luta à corrupção em perspectiva comparada: as implicações sobre as democracias da Europa e da América Latina*.[18]

A corrupção é um mal que assola a humanidade em todo o seu processo histórico. Não há país que não tenha convivido, ao longo de sua história, com algum tipo de escândalo de corrupção.

Na década de 1990, a Itália, por exemplo, viveu uma experiência que ficou mundialmente conhecida, a operação Mãos Limpas, da qual sofre as consequências até os dias de hoje.[19]

No Brasil, em tempos recentes, os órgãos de persecução criminal intensificaram o processo de "combate" à corrupção, com repercussão midiática em todo território nacional e no mundo.

A crise política que assola o Brasil não é obra do acaso, ela é consequência de práticas equivocadas que se consolidaram ao longo da história do Brasil. Daí, pode-se concluir que os hábitos estabeleceram um trajeto ruim para a política brasileira. O pragmatismo na política não é objeto de tática de um ou de outro candidato, de um ou de outro partido político, mas, sim, prática reiterada.

O fato é que a relação políticos/povo, povo/políticos, políticos/Estado, povo/Estado é marcadamente influenciada pelos costumes, e não poderia ser diferente. No caso do Brasil, esse pragmatismo habitual resultou numa relação promíscua entre indivíduos/políticos, políticos/indivíduos, empresários/políticos, políticos/empresários que contaminou de forma comprometedora a condução do poder.

O aparelhamento do Estado pelo capital está, em grande medida, no centro dos processos de corrupção recentemente identificados no Brasil. Essa constatação, entretanto, não é nova e decorre, sobretudo, da essência do sistema político ocidental, o qual, segundo Maurice Duverger, é apenas parcialmente democrático. Para esse autor, a nomenclatura correta para classificar os sistemas ocidentais é o da plutodemocracias, uma vez que nelas o poder repousa sobre o povo (demos) e sobre a riqueza (plutos):

> O sistema ocidental apresenta duas faces opostas, mas complementares, constituindo esse dualismo a sua natureza profunda. De um lado o

---

[18] SILVA FILHO, João Antônio. Combate à Corrupção no Brasil: Estágio e Perspectivas. *In*: *A luta à corrupção em perspectiva comparada. As implicações sobre as democracias da Europa e da América Latina*. Rio Grande do Sul: Editora Deviant, 2020.

[19] KERCHE, Fábio. Ministério Público, Lava Jato e Mãos Limpas: uma abordagem institucional. *Lua Nova*, São Paulo, n. 105, p. 255-286, set. 2018. Disponível em: http://www.scielo.br/scielo.php?script=sci_arttext&pid=S0102-64452018000300009&lng=en&nrm=iso. Acesso em: 29 nov. 2021.

pluralismo, as liberdades, as eleições competitivas fornecem aos cidadãos possibilidade de ação contra os governantes maiores que em qualquer outra parte. Se estes meios continuaram por longo tempo mais aparentes do que reais, e assim permanecem em certa medida, o certo é que eles atingiram desde há cinquenta anos um grau de realidade que não se pode ser seriamente contestado. Não se trata mais de democracia "formal", como no século XIX, quando Marx desenvolveu sua análise, mas de democracia autêntica. Entretanto, essa democracia continua parcial. No interior dos regimes ocidentais, os cidadãos e suas organizações não detêm sozinhos o poder político: eles o partilham principalmente com os detentores de capitais, indivíduos e sobretudo grandes firmas industriais, comerciais e financeiras. Esta é a outra face de Janus. Os deputados, os ministros, os chefes de governo não são simples marionetes nas mãos dos capitalistas, como pretende uma propaganda simplista. Eles podem se apoiar nos eleitores para resistir à pressão das potências econômicas: mas estas mantêm grande peso, a ponto de influenciar os simples cidadãos.[20]

O Estado brasileiro foi capturado pelo capital. Sem essa constatação, é impossível entender a dinâmica da corrupção no Brasil.

Falar de corrupção no Brasil sem constatar os interesses do capital nos negócios de Estado, atribuindo a corrupção a meros desvio de condutas de políticos ou agentes de Estado, é não entender a dinâmica dos interesses empresariais na sua busca por lucro, essência do sistema capitalista.

Essa constatação explica, em parte, que, sem a captura do Estado pelos interesses particulares, a corrupção não teria condições de se estabelecer como um fenômeno sistêmico.

Daí a importância do uso da tecnologia como forma de democratizar as informações, conferindo transparência à administração pública, bem como o fortalecimento das instituições através dos mecanismos de freios e contrapesos e a criação de legislações que limitem a interferência do poder econômico nas instituições de Estado.

3 Combate à corrupção e fortalecimento institucional

O combate à corrupção é um compromisso universal de toda a sociedade que legitimamente espera por relações éticas no âmbito

---

[20] DUVERGER, Maurice. *As modernas tecnodemocracias*: poder econômico e poder político. Tradução Max da Costa Santos. Rio de Janeiro: Paz e Terra, 1975. p. 16.

privado e no público, consolidando uma sociabilidade amparada na confiança entre as pessoas e as instituições. Esse enfrentamento, entretanto, deve ser sempre amparado pelos valores democráticos, como a transparência e a supremacia do interesse público no fortalecimento das instituições, e pelo respeito à legislação posta democraticamente.

Nesse contexto, o combate à corrupção está intimamente relacionado ao fortalecimento das instituições de Estado, o que implica na valorização dos mecanismos de controle dos atos da administração pública.

Recentes legislações, como a Lei de Acesso à Informação, a Lei Geral de Proteção de Dados e a recente alteração promovida na Lei de Introdução ao Direito Brasileiro (LINDB) pela Lei nº 13.655/2018, além da Lei nº 14.230/2021, que alterou a Lei de Improbidade Administrativa, buscam o aprimoramento da transparência da gestão pública, bem como a integração das instituições de Estado e de seus agentes com os órgãos de controle da administração pública.

Nesse sentido, é importante destacar o fortalecimento da transparência da administração pública como uma das medidas necessárias para o incremento ao combate à corrupção.

O *princípio da transparência ou da publicidade* é um princípio básico da administração pública que permite a credibilidade pela transparência das ações dos administradores no manejo da coisa pública, garantindo a defesa de direitos quando violados pelos agentes públicos.

A marca da democracia, na célebre expressão de Norberto Bobbio, é "o poder público em público". A democracia é o regime do poder visível, ou seja, a publicidade dos atos do poder. É da natureza dos regimes democráticos motivar a participação dos cidadãos nas decisões administrativas de interesse público. A publicidade dos atos do administrador público é regra geral, não havendo verdadeira representação popular que ocorra em segredo ou a portas fechadas.

Em termos mais claros, vale a citação textual do grande jusfilósofo italiano: "Pode-se definir a democracia das maneiras as mais diversas, mas não existe definição que possa deixar de incluir em seus conotativos a visibilidade ou transparência do poder".

Há uma tendência natural dos órgãos de Estado em ocultar-se. Esta tendência ocorre por algumas razões: visões políticas autoritárias, confusão entre o público e o privado, incapacidade de compreensão da administração pública, má-fé e, até mesmo, pressa no que diz respeito à implementação de programas de governo.

Para frear essa natural tendência de ocultação do poder é que se mostra necessária a existência de mecanismos de controle independentes e eficientes, dotados de capacidade de fiscalização, com a finalidade de promover a transparência da gestão pública e assegurar a correta aplicação dos recursos públicos para a viabilização de políticas públicas que atinjam as finalidades do Estado.

É nesse contexto que está situado o controle externo, que é aquele exercido por órgão fiscalizador apartado da estrutura da administração da qual se originou o ato fiscalizado, ou seja, aquele exercido por um poder ou órgão estatal autônomo, não inserido na estrutura do órgão ou poder controlado.

4 O papel do controle externo no combate à corrupção

No caso específico do controle externo a cargo dos tribunais de contas, tradicionalmente sua atuação sempre esteve voltada, com maior rigorosidade, para um controle de conformidade e da legalidade de lançamentos contábeis, execução orçamentária, gerência financeira, guarda e administração patrimonial.

Tenho defendido, entretanto, que as cortes de contas devem focar sua atuação de forma prévia ao desperdício do dinheiro público, atuando mais como um órgão orientador da administração pública, que, sem desprezar o controle de conformidade, de natureza posterior, priorize sua atuação por meio controle preventivo e concomitante dos gastos públicos, agindo ainda como avalista de políticas públicas que se mostraram exitosas.

Isso significa valorizar e fortalecer a atuação do controle externo na avaliação da eficiência e dos resultados alcançados decorrentes dos gastos públicos, verificando a qualidade e o impacto na melhoria das condições de vida dos conjuntos dos cidadãos.

Tais exigências demandam o fortalecimento da atuação preventiva e concomitante do controle externo para, em nome do princípio da eficiência, fazer com que o dinheiro público seja efetivamente investido em benefício de todos.

As competências dos tribunais de contas, em seu sentido contemporâneo, seguem tendência de afirmação em todo o mundo com um enfoque proativo, relacionando o princípio da economicidade com os resultados efetivos das políticas públicas.

O que se busca, nesse caso, é o equilíbrio possível entre a disponibilidade do dinheiro público e os melhores resultados práticos na qualidade de vida das pessoas, sempre levando em consideração a supremacia do interesse público.

Nesse sentido, é importante destacar que o papel exercido pelos tribunais de contas tem relação direta com a teoria dos freios e contrapesos, no sentido de que, sem abrir mão da competência que lhe foi atribuída de atuação de controle posterior, sua atuação principal deve ser a de atuar, como disse antes, como avalista de políticas públicas, sempre priorizando os resultados. É o controle externo atuando em sintonia com a finalidade do Estado.

Assim, a atuação das cortes de contas no contexto do combate à corrupção inicia-se pelo exercício de suas atribuições constitucionais dentro do contexto do fortalecimento do Estado Democrático de Direito, entendendo a democracia como instrumento de composição das diferenças em todas as suas dimensões.

Além disso, o combate eficiente à corrupção pelas cortes de contas implica no entendimento de que suas competências não podem se restringir à mera análise de conformidade contábil dos atos da administração pública. Suas atribuições constitucionais implicam na necessidade de que sua atuação se estenda aos diversos aspectos que compõem o exercício da administração pública, prestigiando-se, sobretudo, os controles preventivo e concomitante.

Nesse caso, as cortes de contas têm a prerrogativa de atuar cautelarmente no âmbito de procedimentos licitatórios, por exemplo, desde a formação dos atos preliminares que resultam no edital e respectiva minuta contratual e, constadas irregularidades, ilegalidades ou inconformidades, terão estas competências para paralisar o certame até que sejam adotadas as devidas correções. No caso concreto, havendo desavenças na relação entre o órgão controlador e controlado, as determinações dos tribunais de contas terão força cogente, isto é, impositiva. Essa competência se estende até a fase de assinatura do contrato.

A busca pela consolidação de um controle externo que supere o tradicional controle de conformidade, de natureza posterior e centrado, muitas vezes, em aspectos meramente formais e burocráticos, tem levado as cortes de contas a desenvolverem modernos mecanismos de fiscalização, que deixam para trás a lógica da fiscalização voltada apenas para a detecção de falhas e aplicação de sanções.

A ideia aqui é que as cortes de contas cheguem antes do desperdício do dinheiro público, o que implica no fortalecimento do controle preventivo e concomitante.

Como bem tem expressado figurativamente o conselheiro do Tribunal de Contas do Estado de Minas Gerais, Sebastião Helvecio, é necessário que os tribunais de contas superem a fase de "cão de guarda" ou, até mesmo, de "cão de caça", transformando-se em "cães-guias" da administração.[21] Isso quer dizer que a função principal dos tribunais de contas é a de colaboração, no sentido de que, mantendo sua independência, funcionem como avalistas de políticas públicas eficientes, impedindo que a rotatividade do poder, próprio da democracia liberal, provoque a descontinuidade de políticas públicas exitosas.

A adoção pelos tribunais de contas de inovações – tais como auditorias operacionais e transversais; atuação por meio de decisões cautelares; mesas técnicas e celebração de termos de ajustamento de gestão –, somada às medidas para o fortalecimento da transparência da gestão dos tribunais e da administração pública em sua inteireza, insere-se na ideia de que a ação das cortes de contas, para além da referida consensualidade, está centrada na priorização do controle preventivo e concomitante em contraponto ao controle-sanção.

O objetivo é contribuir com os gestores públicos, oferecendo-lhes indicadores que possam orientar metas e planos de ação para a melhoria do desempenho e da eficiência de políticas públicas das entidades e órgãos da administração.

Assim, a atuação dos tribunais de contas deve ter como premissa a efetividade das políticas públicas, buscando valorizar, em primeiro lugar, os resultados alcançados, sopesando, para efeito de seus pareceres e julgamentos, as circunstâncias fáticas e as reais dificuldades enfrentadas pelo gestor, que, muitas vezes, limitam e condicionam a sua atuação.

Esse é o tipo de controle que se espera num Estado Democrático de Direito. Um controle em que a formalidade jurídica esteja a serviço do bem maior que norteia um Estado com essas características: a supremacia do interesse público.

Impossível pensar na efetividade do controle exercido pelos tribunais de contas nos tempos contemporâneos sem levar em conta o papel da tecnologia. É na tecnologia que se expressa de forma mais eficaz a transparência dos dados que compõem os atos da administração pública. Sem essa condição, a possibilidade de um controle efetivo que impeça o desperdício do dinheiro público, seja por desídia ou por má-fé, fica bastante limitada.

Investir e atualizar constantemente as ferramentas de tecnologia é condição *sine qua non* para o combate à corrupção de maneira eficiente.

---

[21] CASTRO, Sebastião Helvecio. Palestra proferida por ocasião da Reunião do Colégio de Presidentes dos Tribunais de Contas. São Paulo, set. 2019.

5 Conclusão

O sentido do combate à corrupção deve ter como norte o fortalecimento do Estado Democrático de Direito, na sua evolução desde a Atenas democrática.

A Constituição, como expressão de um pacto que unifica a sociedade, estabeleceu as competências dos tribunais de contas nos seus artigos 70 a 75, valorizando sua autonomia. Essa autonomia vem ao encontro das finalidades do Estado, ou seja, a busca pelo bem comum – a defesa da supremacia do interesse público sobre os particulares.

Nesse aspecto, interesse público e ação do controle externo se confundem num mesmo propósito: a defesa dos direitos fundamentais constitucionalizados. Formalismos excessivos não podem suplantar o interesse geral da sociedade. É por isso que, sem abrir mão do controle repressivo – aquele feito *a posteriori* para reprimir o mal feito –, sua ação será tanto mais eficiente se evitar o desperdício do dinheiro público – agir preventivamente.

O combate à corrupção no Brasil passa pelo fortalecimento das instituições de controle, por mudanças culturais e por imposição de limitação do poder econômico sobre o interesse público, representado pelos órgãos de Estado, na forma da Constituição.

Em suma, combater a corrupção pressupõe controle eficiente, transparência dos atos da administração, fortalecimento das instituições de Estado, limitação do poder do capital sobre a política, participação da sociedade por meio do controle social e um ordenamento jurídico em que o formalismo esteja a serviço, principalmente, dos interesses da coletividade.

Referências

BOBBIO, Norberto. *O Futuro da Democracia*. 11 ed. São Paulo: Editora Paz e Terra, 2009.

CASTRO, Sebastião Helvecio. Palestra proferida por ocasião da Reunião do Colégio de Presidentes dos Tribunais de Contas. São Paulo, set. 2019.

DUVERGER, Maurice. *As modernas tecnodemocracias*: poder econômico e poder político. Tradução Max da Costa Santos. Rio de Janeiro: Paz e Terra, 1975.

KERCHE, Fábio. Ministério Público, Lava Jato e Mãos Limpas: uma abordagem institucional. *Lua Nova*, São Paulo, n. 105, p. 255-286, set. 2018. Disponível em: http://www.scielo.br/scielo.php?script=sci_arttext&pid=S0102-64452018000300009&lng=en&nrm=iso. Acesso em: 29 nov. 2021.

SILVA FILHO, João Antonio. *Tribunais de Contas no Estado Democrático e os Desafios do Controle Externo.*

SILVA FILHO, João Antonio. Combate à Corrupção no Brasil: Estágio e Perspectivas. *In*: *A luta à corrupção em perspectiva comparada. As implicações sobre as democracias da Europa e da América Latina.* Rio Grande do Sul: Editora Deviant, 2020.

Informação bibliográfica deste texto, conforme a NBR 6023:2018 da Associação Brasileira de Normas Técnicas (ABNT):

SILVA FILHO, João Antônio da. O controle externo e o combate à corrupção. *In*: TERRÃO, Cláudio Couto; ANDRADE, Durval Ângelo (Coords.). *Controle externo no século XXI*: homenagem a Sebastião Helvecio - Conselheiro, educador e cidadão do mundo. Belo Horizonte: Fórum, 2022. p. 231-242. ISBN 978-65-5518-338-2.

A IMPLANTAÇÃO DAS NORMAS BRASILEIRAS DE AUDITORIA DO SETOR PÚBLICO

INALDO DA PAIXÃO SANTOS ARAÚJO

> *E como nós caminhamos, nós temos que fazer a promessa que nós sempre marcharemos à frente. Nós não podemos retroceder. Há esses que estão perguntando para os devotos dos direitos civis, "Quando vocês estarão satisfeitos?"*
> (Discurso de Martin Luther King – 28.08.1963)

1 Da auditoria

"A importância das auditorias nas atividades de controle é histórica, democrática e vital para o aprimoramento da administração pública." Essa frase, registrada pelo Conselheiro Sebastião Helvecio na apresentação das Normas Brasileiras de Auditoria do Setor Público (NBASP), no seu Nível 1 – Princípios Basilares e Pré-Requisitos para o Funcionamento dos Tribunais de Contas Brasileiros, resume com fiel precisão a relevância da auditoria para o fortalecimento do controle externo brasileiro. Eu costumo afirmar que, sem auditoria pública, não há controle público.

A auditoria é o exame profissional e independente que objetiva, por meio da aplicação de procedimentos técnicos e da observação das normas reguladoras, a coleta de evidências para poder assegurar se determinada condição encontrada está em conformidade com os critérios estabelecidos. Os resultados das constatações auditoriais devem ser materializados em um documento denominado relatório de auditoria.

Contudo, sem a observância de normas profissionais, esses relatórios não podem ser considerados como justos e imparciais.

As auditorias dos tribunais de contas não devem ser vistas como produtos isolados, mas como um trabalho cujo resultado deve agregar valor ao conjunto de serviços disponibilizados aos cidadãos. Bons e claros informes de auditoria devem contribuir para o aprimoramento dos serviços públicos. Boas auditorias reforçam o processo democrático.

2 Dos tribunais de contas

O Tribunal de Contas é o órgão com envergadura constitucional que auxilia o Poder Legislativo no exercício do controle externo. O objetivo dessas verdadeiras casas de controle ou, como prefiro denominá-las, casas de auditoria é assegurar e promover, com transparência e independência, o cumprimento da *accountability* (obrigação de se prestarem contas) no setor público, incluindo-se o apoio e o estímulo às boas práticas de gestão e de governança.

O Tribunal de Contas foi instituído com a edição do Decreto nº 966-A, de 07.11.1890, no governo provisório do Marechal Deodoro, tendo Ruy Barbosa como Ministro da Fazenda. No entanto, foi com a edição do Decreto nº 1.166, de 17.12.1892, que a criação do Tribunal de Contas ganhou executoriedade, sob o comando de Serzedello Correa no Ministério da Fazenda. Todas as constituições republicanas deram guarida aos tribunais de contas.

Coube, entretanto, à Constituição de 1988 o maior incremento nas competências dos tribunais de contas da história. A Constituição Cidadã dispõe acerca dos tribunais de contas no título que cuida *Da Organização dos Poderes*. Por outro lado, passou a tratar da elaboração do orçamento no capítulo *Das Finanças Públicas* no título *Da Tributação e do Orçamento*. Dessa forma, o Tribunal de Contas consolidou-se como um órgão independente que presta auxílio ao Poder Legislativo nos termos fixados pela Constituição.

Segundo as Normas de Auditoria Governamental (NAG), tribunal de contas é o "órgão constitucional que auxilia o Poder Legislativo no exercício do controle externo, objetivando assegurar e promover o cumprimento da *accountability* no setor público, incluindo-se o apoio e o estímulo às boas práticas de gestão".

Quem bem enfatizou a importância dos tribunais de contas brasileiros foi Marçal Justen Filho, ao afirmar que:

> De há muito tenho defendido a existência de cinco "Poderes" na Constituição Brasileira. Além do Poder Judiciário, Poder Legislativo e do Poder Executivo, a CF/88 dispôs sobre o Tribunal de Contas e o Ministério Público. O Tribunal de Contas é um dos Poderes do Estado brasileiro porque apresenta uma estrutura organizacional com sede constitucional.

Independentemente da forma como seja visto, o Tribunal de Contas somente pode cumprir bem o seu papel constitucional de julgar contas se realizar auditorias em observância a padrões normativos internacionais.

3 Da auditoria e do controle público

A função precípua exercida pelos tribunais de contas diz respeito ao exercício do controle. Tem-se, então, que o controle é um instrumento da democracia. O controle da administração pública é uma prerrogativa, uma função própria dos Estados de Direito, cuja finalidade é assegurar que a estrutura formal criada para concretizar os objetivos de governo, no interesse do bem público, atue de acordo com o conjunto de normas e princípios que compõem o ordenamento jurídico. Atuando sobre os próprios órgãos estatais, o controle desempenha um importante papel nas relações entre o Estado e a sociedade, contribuindo para a garantia do regime democrático. Nesse contexto, auditorias são formas de fiscalização com o fim de dar efetividade ao controle da administração pública no que tange à gestão dos recursos públicos. Não há controle público sem auditoria pública.

4 Da breve história da auditoria e da sua classificação

A evolução da auditoria no âmbito privado ocorreu paralelamente ao desenvolvimento econômico e ao surgimento de grandes empresas formadas por capitais de terceiros, que têm na confirmação dos registros contábeis uma garantia de proteção ao seu patrimônio. Muito embora sua origem seja imprecisa, acredita-se ter surgido na Inglaterra, o berço do capitalismo, com a Revolução Industrial. Os ingleses controlavam os mares e o comércio mundial, tendo sido o primeiro país a possuir as grandes companhias de comércio e a instituir a taxação do imposto de renda baseada nos lucros das empresas, o que fez a auditoria surgir como uma prática sistematizada, consolidando-se como hoje é conhecida, em fins do século XIX, com a Revolução Industrial.

Pode-se afirmar que, no Brasil, a auditoria foi implantada no alvorecer do século passado, mais precisamente em 1902. Sim, nesse ano foi emitido o primeiro parecer de auditoria independente, pela firma canadense de auditoria Clarkson & Cross, sobre o balanço contábil da empresa São Paulo Tramway Light e Power Co. Seu fortalecimento se deu, entretanto, nos anos 1960 com o aprimoramento do Sistema Financeiro Nacional. Contudo, no setor público brasileiro, a atividade auditorial somente ganhou envergadura constitucional com a Carta Federal de 1967.

Com efeito, foi a Constituição Federal de 1967, em seu art. 71, §1º, que estabeleceu que o controle externo seria exercido com o auxílio do Tribunal de Contas e compreenderia, entre outros atributos, o desempenho das funções de auditoria financeira e orçamentária. Naquele ano, os Decretos-Leis Federais nº 199 e nº 200 estipulavam a obrigatoriedade de auditoria nas contas públicas.

A Carta Cidadã de 1988 ampliou a abrangência da atividade auditorial ao estabelecer, em seu art. 71, IV, que o controle externo, a cargo do Congresso Nacional, será exercido com o auxílio do Tribunal de Contas da União, ao qual, entre outras atribuições, compete realizar, por iniciativa própria, da Câmara dos Deputados, do Senado Federal, de uma comissão técnica ou de inquérito, inspeções e auditorias de natureza contábil, financeira, orçamentária, operacional e patrimonial, nas unidades administrativas dos Poderes Legislativo, Executivo e Judiciário, e demais entidades da administração indireta, incluídas as fundações e sociedades instituídas e mantidas pelo poder público federal.

5 Da natureza da auditoria

Nada obstante a natureza auditorial prevista na Carta de 1988 (contábil, financeira, orçamentária, operacional e patrimonial), hoje se reconhece internacionalmente que a melhor tipificação para a auditoria pública é a apresentada pela Estrutura de Pronunciamentos Profissionais da Organização Internacional de Entidades Fiscalizadoras Superiores - INTOSAI (IFPP, do nome em inglês). Assim, as Normas Internacionais das Entidades Fiscalizadoras Superiores (ISSAI, do nome em inglês): Princípios Fundamentais de Auditoria do Setor Público ou, simplesmente, ISSAI 100, parte integrante das IFPP, estabelecem que os tipos de auditoria são:

Auditoria financeira: foca em determinar se a informação financeira de uma entidade é apresentada em conformidade com a estrutura de relatório financeiro e o marco regulatório aplicável. Isso é alcançado obtendo-se evidência de auditoria suficiente e apropriada para permitir que o auditor expresse uma opinião quanto a estarem as informações financeiras livres de distorções relevantes devido a fraude ou erro.

Auditoria operacional: foca em determinar se intervenções, programas e instituições estão operando em conformidade com os princípios de economicidade, eficiência e efetividade, bem como se há espaço para aperfeiçoamento. O desempenho é examinado segundo critérios adequados, e as causas de desvios desses critérios ou outros problemas são analisados. O objetivo é responder a questões-chave de auditoria e apresentar recomendações para aperfeiçoamento.

Auditoria de conformidade: foca em determinar se um particular objeto está em conformidade com normas identificadas como critérios. A auditoria de conformidade é realizada para avaliar se atividades, transações financeiras e informações cumprem, em todos os aspectos relevantes, as normas que regem a entidade auditada. Essas normas podem incluir regras, leis, regulamentos, resoluções orçamentárias, políticas, códigos estabelecidos, acordos ou os princípios gerais que regem a gestão financeira responsável do setor público e a conduta dos agentes públicos.

As auditorias também podem ser classificadas em auditorias de regularidade e auditorias operacionais. Conforme a Portaria nº 280, do Tribunal de Contas da União (TCU), quanto à natureza, as auditorias classificam-se em:

a) Auditorias de regularidade, que objetivam examinar a legalidade e a legitimidade dos atos de gestão dos responsáveis sujeitos à jurisdição do Tribunal, quanto aos aspectos contábil, financeiro, orçamentário e patrimonial. Compõem as auditorias de regularidade as auditorias de conformidade e as auditorias contábeis;

b) Auditorias operacionais, que objetivam examinar a economicidade, eficiência, eficácia e efetividade de organizações, programas e atividades governamentais, com a finalidade de avaliar o seu desempenho e de promover o aperfeiçoamento da gestão pública.

Assim, em uma tentativa de uniformizar as classificações constitucional e internacional, podemos afirmar que a auditoria é classificada, quanto à natureza, em auditoria financeira e de conformidade (que abarcam as auditorias de natureza contábil, financeira, orçamentária e patrimonial) e em auditoria de natureza operacional.

Afinal, as auditorias dos tribunais de contas devem ser vistas como um trabalho integrado cujo objetivo primordial é, como dito, agregar valor ao conjunto de serviços disponibilizados aos cidadãos por meio de relatórios ou informes claros, imparciais e transparentes.

6 Da nova contabilidade pública à nova auditoria pública

No Brasil, os péssimos serviços públicos, a carga tributária elevadíssima, os vultosos volumes de recursos desviados, a massiva divulgação de episódios de corrupção ocorridos na administração pública brasileira e as expectativas por retornos mais efetivos e produtivos por parte dos órgãos de controle nos impulsionaram, em certo sentido, a melhorar a transparência e o controle público.

No que diz respeito aos instrumentos de fortalecimento da transparência, no Brasil, a Nova Contabilidade Pública trouxe, entre outras, as seguintes inovações: adoção integral do princípio da competência; registro obrigatório dos bens de uso comum; adoção do mecanismo da equivalência patrimonial; reconhecimento da depreciação, amortização e exaustão; registro dos ativos como base na redução ao valor recuperável; reconhecimento do ativo intangível; adoção de práticas como a reavaliação; reconhecimento das contingências como passivo; adoção de critérios internacionais para avaliação e mensuração de ativos; adoção de um novo plano de contas; divulgação de novos modelos de demonstrações contábeis; e, principalmente, foco dos registros no controle do patrimônio.

Conforme o artigo publicado no jornal *O Estadão*, em 13.11.2018, da autoria do auditor Francisco Sant'Anna, então presidente do Instituto dos Auditores Independentes do Brasil (Ibracon), a adoção das Normas Internacionais de Contabilidade Aplicadas ao Setor Público/*International Public Sector Accouting Standards* (IPSAS) revela-se um importante e eficaz apoio no combate à corrupção.

Segundo o citado artigo, "a agenda de convergência do Brasil teve início em 2015 e deverá ser concluída em 2024, conforme a Portaria nº 548/2015, da Secretaria do Tesouro Nacional (STN), responsável por direcionar a implementação". E prossegue:

A recomendação é de que a União, o Distrito Federal e cada estado e município realizem os seus próprios planos referentes à implantação, respeitando os prazos estabelecidos. Atrasos no cronograma podem sujeitá-los às penalidades previstas na Lei Complementar 101/2000, como impedimento de receber transferências voluntárias e de contratar operações de crédito.
Independentemente de sanções, a adesão às IPSAS, além de alinhar o Brasil a algumas das mais avançadas democracias e bem-sucedidas economias, viabilizará o aperfeiçoamento da contabilidade do setor público. É um passo significativo para o atendimento às metas de redução do déficit fiscal, melhoria da gestão orçamentária, transparência, lisura e mais produtividade da administração estatal.
As IPSAS proporcionarão ao Governo Federal, estados, municípios, organismos da administração direta e da indireta, cidadãos e investidores, uma visão mais objetiva e real da situação econômico-financeira de todo o setor público, bem como do patrimônio, que, a rigor, pertence à população. Hoje, os órgãos estatais brasileiros não têm registrado todos os seus ativos e passivos. Rodovias, parques, terrenos, bens de infraestrutura e dívidas podem não estar registrados no balanço patrimonial. A partir da plena adesão às normas internacionais, tudo passará a ser contabilizado e cadastrado de modo adequado.
Outro avanço diz respeito à comparabilidade entre as unidades federativas, favorecendo a transparência e a fiscalização por parte de organismos de controle e a própria sociedade. Também haverá mudança no tocante às obrigações trabalhistas. As IPSAS requerem o reconhecimento, mensuração e evidenciação da provisão por competência dos benefícios aos servidores públicos (13º salário, férias, obrigações vinculadas com benefícios pós-emprego, como aposentadoria e saúde). Atualmente, União, estados e municípios podem não ter visibilidade de quanto é a obrigação referente a esses fatores.
Com as IPSAS, a contabilidade dará consistente suporte ao cumprimento da Lei de Responsabilidade Fiscal e evidenciação de *accountability* das autoridades governamentais. As normas serão, portanto, uma ferramenta de aperfeiçoamento do Estado à disposição dos novos governantes e aliadas na luta dos brasileiros contra a corrupção e a favor da retomada do crescimento econômico.

Se hoje se tem uma Nova Contabilidade Pública realizada em observância a parâmetros internacionais, torna-se necessária a realização pelos tribunais de contas de uma Nova Auditoria Pública pautada em normas também internacionalmente reconhecidas.

7 Das normas de auditoria

Para que uma auditoria de qualquer natureza (financeira, de conformidade ou operacional) seja considerada válida, é necessário que, na sua realização, seja observado um padrão normativo internacionalmente reconhecido.

No âmbito do setor privado brasileiro, o primeiro marco normativo dos procedimentos de auditoria ocorreu em 1972, com a aprovação da Resolução nº 321, do Conselho Federal de Contabilidade (CFC). Nela surgiu a primeira compilação das normas de auditoria contábil (ou auditoria financeira, sendo que, atualmente, o CFC adota a expressão auditoria independente de informação contábil histórica) relativas à pessoa do auditor, à execução do trabalho de campo e ao parecer de auditoria.

Em 1976, a Lei Federal nº 6.404/1976 (Lei das Sociedades por Ações) determinou que as demonstrações contábeis das companhias abertas fossem examinadas por auditores independentes registrados na Comissão de Valores Mobiliários (CVM).

A partir de 1991, o CFC passou a editar resoluções objetivando implantar no país os avanços internacionais na sistematização da auditoria, a saber: Resolução nº 700/1991, que aprova as normas de auditoria independente das demonstrações contábeis; Resolução nº 701/1991, que aprova as normas profissionais de auditoria independente; Resolução nº 820/1997, que aprova as novas normas de auditoria independente das demonstrações contábeis; Resolução nº 821/1997, que aprova as novas normas profissionais de auditoria independente; e a Resolução nº 1.328/2011, que aprova uma nova estrutura normativa para a contabilidade e para a auditoria.

Atualmente, encontram-se em vigor as seguintes estruturas normativas de auditoria aprovadas pelo CFC e disponíveis em https://cfc.org.br/tecnica/normas-brasileiras-de-contabilidade/: NBC TA – de Auditoria Independente de Informação Contábil Histórica; NBC TR – de Revisão de Informação Contábil Histórica; NBC TO – de Asseguração de Informação Não Histórica; e NBC TSC – de Serviço Correlato.

No âmbito do setor público, indubitavelmente, a conjuntura econômica mundial requer maior controle nos gastos governamentais. Assim, a Organização Internacional de Entidades Fiscalizadoras

Superiores (INTOSAI, em inglês), organização internacional composta com membros de diversos países, aprovou o conjunto de normas e orientações para realização de auditoria. A INTOSAI foi fundada em 1953 por 34 países, dentre eles o Brasil.

A Declaração de Lima sobre Preceitos de Auditoria, adotada no Congresso Internacional da INTOSAI de 1977 e reconhecida como a Magna Carta da auditoria governamental, fornece as bases filosóficas e conceituais dos trabalhos desenvolvidos pela INTOSAI. Os estatutos da organização, revisados e assinados no Congresso Internacional realizado em Washington em 1992, detalham a estrutura, as atribuições e as normas de funcionamento da organização.

INTOSAI é a organização internacional que fomenta o intercâmbio de ideias e experiências sobre as melhores práticas de auditoria pública entre entidades de fiscalização. Seu lema é "a experiência mútua em benefício de todos", e um dos seus princípios fundamentais é a independência das instituições de controle, conforme disposto na citada Declaração de Lima de 1977.

A estrutura geral das normas de auditoria da INTOSAI baseou-se na Declaração de Lima, nas declarações e nos relatórios aprovados pela INTOSAI em vários congressos e no relatório do Grupo de Especialistas em Contabilidade e Auditoria Públicas dos países em desenvolvimento junto às Nações Unidas (INTOSAI, 2014). Segundo a Declaração, adotada como conceito pela INTOSAI:

> A auditoria não é um fim em si mesma, e sim um elemento indispensável de um sistema regulatório cujo objetivo é revelar desvios das normas e violações dos princípios da legalidade, eficiência, eficácia e economia na gestão financeira com a tempestividade necessária para que medidas corretivas possam ser tomadas em casos individuais, para fazer com que os responsáveis por esses desvios assumam a responsabilidade por eles, para obter o devido ressarcimento ou para tomar medidas para impedir ou pelo menos dificultar a ocorrência dessas violações.

Com efeito, a efetividade do controle público depende, fundamentalmente, de um arcabouço normativo que estabeleça diretrizes a serem observadas na condução de auditorias independentes. Não é por outra razão que a INTOSAI considera que a existência de diretrizes e padrões é "essencial para a credibilidade, qualidade e profissionalismo da auditoria pública".

As Normas Internacionais de Auditoria Pública (ISSAI), aprovadas pela INTOSAI e vigentes até o exercício de 2019, tinham sua estrutura dividida em quatro níveis: (1) Princípios Basilares; (2) Pré-Requisitos para o Funcionamento das Entidades Fiscalizadoras Superiores; (3) Princípios Fundamentais de Auditoria; e (4) Diretrizes de Auditoria. Atualmente, como encontra-se disponível em https://www.issai.org/professional-pronouncements/, a INTOSAI observa os IFPP que estão assim estruturados: INTOSAI Princípios, INTOSAI Normas e INTOSAI Orientações.

No que tange ao setor público brasileiro, o processo de normalização da atividade auditorial é mais recente.

Ensinou-nos Martin Luther King, em seu discurso *Eu tenho um sonho*, proferido em 1963, que devemos ter esperança e fé. Sempre. E o acreditar de um dos maiores ativistas políticos estadunidenses em prol da igualdade entre os seres humanos inspirou a gênese do processo de criação das normas brasileiras de auditoria do setor público brasileiro.

Sim, é importante registrar que a semente foi plantada pelas constantes indagações, a partir de 1988, do doutor Angel Gonzáles-Malaxechevarria, especialista do Banco Internacional para a Reconstrução e o Desenvolvimento (BIRD) em finanças e auditoria, todas as vezes em que revisava os papéis de trabalho das primeiras auditorias realizadas pelo Tribunal de Contas do Estado da Bahia (TCE) nos projetos de desenvolvimento cofinanciados pelo Banco Mundial. O inesquecível mestre sempre nos questionava: "Quais normas de auditoria vocês seguiram?". Como eu respondia que observávamos os padrões vigentes emanados do Conselho Federal de Contabilidade (CFC), ele, de pronto, redarguia: "Não! Vocês precisam ter normas próprias de auditoria pública".

Como os sonhos não envelhecem, também impende registrar que o marco inicial para a efetiva implantação das normas de auditoria do setor público foi a elaboração pelo TCE, em 2006, do anteprojeto *Normas de Auditoria Governamental aplicáveis ao Controle Externo Brasileiro*. Em 2007, *ad referendum*, essas normas tiveram sua utilização recomendada pela Associação dos Membros dos Tribunais de Contas (Atricon) em seu congresso realizado na cidade de Natal, recomendação reforçada, em 2009, no Congresso da Atricon de Curitiba.

Em dezembro de 2010, o TCU aprovou suas próprias normas de auditoria, denominadas Normas de Auditoria do TCU (NAT).

A partir de 2011, sob a presidência do Conselheiro Severiano Costandrade, o Instituto Rui Barbosa (IRB) recomendou a adoção, pelos tribunais de contas, das Normas Brasileiras de Auditoria Governamental (NAG), que percorrem um extenso caminho ao encontro da sistematização, da especialização e, acima de tudo, da evolução. Esses padrões estavam, à época, alinhados aos fundamentos das ISSAI, e as normas eram assim classificadas: NAG 1000 – Normas Gerais; NAG 2000 – Relativas às Entidades Fiscalizadoras (EF); NAG 3000 – Relativas aos Profissionais de Auditoria Governamental; e NAG 4000 – Relativas aos Trabalhos de Auditoria Governamental.

O fato é que esforços foram – e são – empreendidos pelo IRB para a convergência completa das normas brasileiras de auditoria aos padrões internacionais.

Assim, em 2014, sob o comando do Conselheiro Sebastião Helvecio, no âmbito do processo de convergência, foi implantado o Subcomitê de Normas de Auditoria do Instituto Rui Barbosa (Portaria nº 01/IRB/14) com representantes do TCU e dos tribunais de contas do Distrito Federal, da Bahia, de Goiás e de Minas Gerais.

O objetivo primordial desse trabalho foi a unificação das NAG e das NAT em um único documento, observando-se as diretrizes emanadas pela INTOSAI. Assim, surgiram as Normas Brasileiras de Auditoria do Setor Público (NBASP).

A primeira fase dos trabalhos desse subcomitê consistiu nas traduções das ISSAI dos níveis 1, 2 e 3.

Além da revisão dos trabalhos pelo Subcomitê de Normas de Auditoria do IRB, as NBASP contaram com sugestões de aprimoramento de diversos tribunais de contas, oferecidas durante uma audiência pública concluída em setembro de 2015. Elas também passaram por um processo de aprovação (*due process*), submetendo-se às instâncias diretivas do IRB.

A aprovação das Normas Brasileiras de Auditoria do Setor Público (NBASP), nível 1, pelo IRB, em 09.10.2015, inaugura o processo de convergência das Normas Internacionais de Auditoria das Entidades Fiscalizadoras Superiores (ISSAI) pelos tribunais de contas brasileiros.

Desenvolvidas com base nos níveis 1 e 2 das normas emitidas pela INTOSAI, as NBASP tiveram como referência, também, as Normas de Auditoria do Tribunal de Contas da União (NAT), as Normas de Auditoria Governamental (NAG) e as resoluções da Associação dos Membros dos Tribunais de Contas do Brasil (Atricon).

As Normas Brasileiras de Auditoria do Setor Público (NBASP) do nível 1 tratam dos Princípios Basilares e Pré-Requisitos para o Funcionamento dos Tribunais de Contas Brasileiros. Essas normas estão assim divididas: NBASP 10 – Independência dos Tribunais de Contas; NBASP 12 – Valor e Benefício dos Tribunais de Contas – fazendo a diferença na vida dos cidadãos; NBASP 20 – Transparência e *Accountability* dos Tribunais de Contas; e NBASP 30 – Gestão da Ética pelos Tribunais de Contas.

Os tribunais de contas brasileiros, reunidos em uma assembleia convocada pelo IRB e realizada em 03.08.2017 na sede do Instituto Serzedello Corrêa (ISC), em Brasília/DF, aprovaram a adoção das Normas Internacionais de Auditoria das Entidades Fiscalizadoras Superiores (ISSAI) do nível 3, emitidas pela INTOSAI como Normas Brasileiras de Auditoria do Setor Público (NBASP) – Nível 2.

Distintamente das NBASP de nível 1, que passaram por um processo de convergência ao marco normativo brasileiro, optou-se, no nível 2, pela adoção das normas tais como aprovadas pela INTOSAI, utilizando-se, para tanto, da tradução realizada pelo TCU e da revisão realizada pelo Subcomitê de Normas de Auditoria do IRB.

A tradução para o português das normas de nível 3, que tratam dos Princípios Fundamentais de Auditoria, foi inicialmente publicada eletronicamente pelo TCU e está disponível no sítio http://portal.tcu.gov.br/fiscalizacao-e-controle/auditoria/issai-em-portugues.htm, na rede mundial de computadores. Esses requisitos essenciais de auditoria estão assim divididos: ISSAI 100 – Princípios Fundamentais de Auditoria do Setor Público; ISSAI 200 – Princípios Fundamentais de Auditoria Financeira; ISSAI 300 – Princípios Fundamentais de Auditoria Operacional; e ISSAI 400 – Princípios Fundamentais de Auditoria de Conformidade.

Ressalte-se que os Princípios Fundamentais de Auditoria do Setor Público (ISSAI 100) apresentam conceitos que norteiam a execução dos tipos de auditoria (financeira, operacional e de conformidade), detalhados nos Princípios ISSAI 200, 300 e 400, e abarcam os seguintes temas, entre outros: transparência, ética, independência, controle de qualidade, supervisão, capacitação, risco, materialidade, ceticismo e julgamento profissional, documentação, comunicação com os auditados e outros interessados, e atividades de planejamento, execução, avaliação de provas e relatórios.

Em 2019, chegou a vez do nível 3 da NBASP, com as normas que transformam os princípios do nível 2 em requisitos obrigatórios que norteiam os diferentes trabalhos de fiscalização. Assim como no nível 2, para o nível 3 também se optou pela adoção integral da ISSAI para que as atividades de fiscalização dos tribunais de contas brasileiros tenham um padrão de qualidade internacionalmente aceito.

Fazem parte desse novo conjunto normativo a NBASP 3000 – Norma para Auditoria Operacional e a NBASP 4000 – Norma para Auditoria de Conformidade, cuja aprovação observou o rito estabelecido na Portaria IRB nº 16/2019, com a realização de uma consulta pública entre os dias 13 e 28.08.2019.

O lançamento da NBASP – Nível 3 ocorreu no dia 12.11.2019, durante a realização do I Congresso Internacional dos Tribunais de Contas, em Foz do Iguaçu (PR).

Paralelamente, também foram elaboradas as Normas de Auditoria Financeira que integram as NBASP de nível 3. Esse trabalho foi realizado pelo Grupo de Estudo constituído pelo Conselho Federal de Contabilidade (CFC), por meio da Portaria nº 190/2014. O trabalho compreendeu a compatibilização das Normas Brasileiras de Auditoria emitidas pelo CFC (tradução das Normas Internacionais de Auditoria emitidas pela Federação Internacional de Contadores – IFAC) com as Notas de Prática de Auditoria Pública emitidas pela INTOSAI.

Em 2020, em plena pandemia de COVID-19, o CFC e o IRB, de forma auspiciosa, convergiram pela possibilidade de adoção, pelos tribunais de contas, das normas de auditoria independente de informação contábil histórica emitidas pelo CFC. Esse processo tornou-se possível em face de a Resolução CFC nº 1.601/2020 ter estabelecido que "as Normas Brasileiras de Contabilidade Aplicáveis à Auditoria de Informação Contábil Histórica Aplicável ao Setor Público – NBC TASP, são as Normas Brasileiras de Contabilidade aplicáveis à Auditoria Independente de Informação Contábil Histórica (NBC TA), incluída a norma que trata da estrutura conceitual (NBC TA Estrutura Conceitual), convergentes com as Normas Internacionais de Auditoria, emitidas pela International Federation of Accountants (Ifac) e recepcionadas pela Organização Internacional de Entidades Fiscalizadoras Superiores (Intosai), aplicada ao ambiente de auditoria do setor público".

De igual modo, o IRB, mediante a Resolução nº 03/2020, estabeleceu que "o 'Grupo 2000-2899 – Normas de Auditoria Financeira' é reservado para recepcionar as Normas Brasileiras de Contabilidade Aplicáveis à Auditoria de Informação Contábil-Histórica Aplicável ao Setor Público (NBC-TASP)".

Ademais, essa resolução do IRB, "considerando que o alinhamento das NBASP com os pronunciamentos profissionais da Intosai é essencial para garantir que os trabalhos de fiscalização dos Tribunais de Contas do Brasil tenham um padrão de excelência internacionalmente aceito", passou a adotar a nova estrutura de pronunciamentos da INTOSAI. Portanto, as NBASP estão praticamente convergidas aos padrões internacionais.

Em um resumo histórico, no setor público, em 2011, o Instituto Rui Barbosa reconheceu as Normas de Auditoria Governamentais (NAG).

A partir de 2015, o IRB passou a adotar normas em observância aos modelos estabelecidos pela Organização Internacional das Entidades Fiscalizadoras Superiores (INTOSAI), a saber: em 2015, Normas Brasileiras de Auditoria do Setor Público (NBASP) – Nível 1 – Princípios Basilares e Pré-Requisitos para o Funcionamento dos Tribunais de Contas Brasileiros; em 2017, Normas Brasileiras de Auditoria do Setor Público (NBASP) – Nível 2 – Princípios Fundamentais de Auditoria do Setor Público, pelo Instituto Rui Barbosa (IRB); em 2019, Normas Brasileiras de Auditoria do Setor Público (NBASP) – Nível 3 – Requisitos Mandatórios para Auditorias do Setor Público; em 2020, o IRB e o CFC reconhecem que as normas de auditoria independente de informação financeira histórica do CFC são as normas de auditoria financeiras adotadas pela INTOSAI, e o IRB incorpora a estrutura de pronunciamentos profissionais da INTOSAI (IFPP, do nome em inglês).

Assim, é alvissareiro o horizonte da parametrização da auditoria pública no Brasil, que, enfim, passa a contar com um arcabouço normativo único. Essa iniciativa do IRB, decerto, fortalecerá ainda mais o papel dos tribunais de contas no que tange à realização de auditorias independentes, profissionais e efetivas.

Não foi por outra razão que a Carta de João Pessoa, emitida pela Associação dos Membros dos Tribunais de Contas do Brasil (Atricon) e pelas demais entidades do Sistema Tribunais de Contas Brasileiros, reunidas no II Congresso Internacional dos Tribunais de Contas, realizado entre os dias 9 e 12.11.2021, na cidade de João Pessoa, Paraíba, Brasil, tornou públicas, entre outras, as seguintes diretrizes:

> *Eixo: Defesa do Estado Democrático de Direito*
> Diretriz 5: Os Tribunais de Contas devem defender permanentemente a sua independência institucional consagrada desde a Declaração de Lima (NBASP/Intosai-P 1) e a preservação das suas prerrogativas e competências conferidas pela Constituição de 1988, buscando contribuir para a integração e a unidade do controle externo, sempre com atuação articulada com os Poderes Legislativo e Judiciário.
> Diretriz 6: Os Tribunais de Contas devem adequar continuamente os seus processos internos de trabalho (que envolvem as atividades de fiscalização e as atividades jurisdicionais) de modo que estes atendam aos princípios e requisitos constantes nas Normas Brasileiras de Auditoria do Setor Público (NBASP), oriundas da Estrutura de Pronunciamentos Profissionais da Intosai (IFPP), bem como aos dispositivos legais aplicáveis que garantem o devido processo legal (especialmente a Constituição de 1988, o Código de Processo Civil, a Lei de Introdução

às Normas do Direito Brasileiro e a legislação que regula os processos administrativos).

Eixo: Aprimoramento institucional
Os Tribunais de Contas devem:
Diretriz 7: Adotar as Normas Brasileiras de Auditoria do Setor Público (NBASP), incorporando os seus princípios e requisitos no desenho dos seus processos de trabalho, sempre atentando à necessidade de se realizar adaptações de forma e de contexto para cada processo concreto de trabalho existente (parecer prévio de contas de governo, julgamento de contas de gestão, registro de atos de pessoal, análise de transferências voluntárias, auditorias e inspeções por iniciativa própria, entre outras). Ademais, como forma de fortalecer a posição que a EFS brasileira assumirá internacionalmente com a presidência da Intosai a partir de 2023, apoiar a tradução para o português de todos os pronunciamentos profissionais constantes no IFPP e incorporá-los às NBASP.
Diretriz 8: Promover a capacitação contínua dos seus membros e servidores por meio de suas Escolas de Contas levando em consideração as diretrizes desta Carta e as emitidas pelas entidades representativas do controle externo brasileiro, bem como aquelas oriundas da Organização Internacional das Entidades Fiscalizadoras Superiores (Intosai).

Dessa forma, quando os auditores dos tribunais de contas declaram que seus trabalhos foram realizados em conformidade com um padrão normativo, isso representa a garantia aos usuários desses informes técnicos (conselheiros, gestores, parlamentares e demais interessados) de que os trabalhos foram conduzidos em observância a padrões internacionais que incluem preceitos sobre a integridade, o sigilo, a independência e a competência.

Tudo isso é um caminho sem volta. Consequentemente, assim como disse Martin Luther King, "nós temos que fazer a promessa que nós sempre marcharemos à frente. Nós não podemos retroceder".

8 Das normas de auditoria e de Sebastião Helvecio

Até aqui falamos de auditoria, de controle público, de tribunais de contas, da implantação e da evolução das Normas Brasileiras de Auditoria do Setor Público; contudo, não se pode falar nas ações relativas às NBASP sem citar um de seus mais ilustres agentes.

Todo sistema normativo precisa ser organizado para tornar-se efetivo. Tal organização requer o esforço de competentes entusiastas e sonhadores que viabilizam a instrumentalização do arcabouço teórico na persecução da sua viabilidade prática.

Desse modo, a história das Normas Brasileiras de Auditoria se confunde com a trajetória profissional do brilhante colega Conselheiro Sebastião Helvecio Ramos de Castro.

Não é de hoje que o Conselheiro Sebastião Helvecio tem uma particular aptidão para acompanhar a evolução do fruto do seu trabalho. Assim como as normas de auditoria, as quais o excelentíssimo conselheiro auxiliou a formar, ainda impúbere, não é ironia do destino que ele tenha começado a sua carreira como médico pediatra. Não quis abandonar os seus pacientes depois que se tornassem adultos e graduou-se em direito para acompanhar a interação do homem com as normas e instituições jurídicas.

Mas, incansável que é, Sebastião foi além. Não quis só estudar a interação com as normas, e sim participar da sua elaboração. Em 1987, foi eleito deputado estadual pelo estado de Minas Gerais. Sim, foi signatário da Constituição do Estado de Minas Gerais, Constituição Compromisso, 1989; foi signatário da Lei Estadual nº 10.057/1989, que implantou a Fundação Hemominas; e foi relator das Leis do Ciclo, entre tantas outras relevantes ações. Do Parlamento à Casa de Auditoria mineira.

Que rica trajetória. O médico de meninos, ao eleger-se parlamentar, passou a cuidar do povo, não mais pela medicina, mas, sim, pelo relevante e democrático ofício do bem legislar. No Tribunal de Contas da Terras das Alterosas, aquele que começou sua jornada profissional cuidando do povo passou a cuidar das coisas e das contas do povo. E, ao bem cuidar das coisas do povo, é como se do povo continuasse a cuidar.

Tornou-se, assim, ainda mais habilitado a acompanhar e a influenciar a trajetória das Normas Brasileiras de Auditoria.

Desde sempre, sua vida profissional é permeada de competência e sucesso, e suas produções bibliográficas se apresentam como de extrema valia para a consolidação da auditora no setor público e para o fortalecimento do controle.

A produção científica intitulada *O uso do controle para melhorar a vida do cidadão*, publicada na *Revista do Tribunal de Contas do Estado do Rio de Janeiro*, revela sua constante preocupação com a finalidade social da norma e com iniciativas que venham ao encontro das necessidades sociais, interferindo diretamente na vida da coletividade. O prezado amigo Sebastião Helvecio discorre brilhantemente como a participação popular e o controle social das políticas públicas são fundamentais na tarefa maior de construção de uma democracia plena. Já o artigo intitulado *O controle e a justiça intergeracional*, publicado na *Revista Técnica dos Tribunais de Contas*, revela a sua preocupação com a equidade e com a solidariedade entre as gerações, que são rótulos empregados para designar um relevante conjunto de preocupações contemporâneas. Com o seu espírito consciente e com a clareza que lhe são peculiares, o nobre Conselheiro Sebastião Helvecio acentua que não decidimos apenas para os que estão vivos. Decidimos para uma comunidade intergeracional, o que deve ser considerado no controle e na aplicação das normas.

No seu discurso, por ocasião da posse do Conselheiro Cláudio Terrão como novo presidente do TCEMG, em 15.02.2017, o Conselheiro Sebastião Helvecio citou a insatisfação como força motriz da alma humana. Comungo com tal afirmação e acredito que somente a insatisfação, juntamente com a indignação, pode nos impulsionar em nossos projetos. Mas é melhor, neste momento, relembrar as palavras do nobre Conselheiro Sebastião Helvecio:

> [...]
> Segunda: entrego, também, essa presidência muito insatisfeito. In-sa--tis-fei-to é o que eu quero dizer! In-sa-tis-fei-to no sentido pleno do que significa. Todos nós sabemos que a satisfação, quando alguém está satisfeito – e eu, como médico, busco essa fundamentação bioquímica –, quem está satisfeito, acomoda. Quem está satisfeito, acovarda. Quem está satisfeito não enfrenta os desafios. Os tempos de hoje são tempos para corajosos. Tempos para aqueles que estão dispostos a sair da zona de conforto e enfrentar aquilo que a sociedade espera das nossas instituições. Eu estou insatisfeito, porque acho que não só o nosso tribunal, não apenas o conjunto dos trinta e quatro tribunais, mas as nossas instituições de um modo geral, elas podem e devem ser mais inclusivas, se focalizarem menos nelas mesmas e olharem para a sociedade. Acho que essa é uma missão que temos que seguir. O nosso jurisdicionado, o nosso prefeito, o nosso dirigente de uma estatal, ele não é nosso adversário. Eu não devo achar de premissa que ele é um mau cidadão; ao contrário, eu devo entender que toda essa riqueza, todo esse aparato do Tribunal deve ser usado para melhorar a administração pública. Digo, de peito aberto, ser parceiro de uma boa administração pública.
> [...]
> E caminhando para o final, estou tranquilo, estou também insatisfeito, estou feliz e estou fundamentalmente melhor do que entrei nessa Casa. Aprendi muito nesses dois últimos anos. Andando pelo Brasil, frequentando simpósios internacionais, melhorando a minha percepção das contas públicas. E aqui, meu caro procurador Tonet, quero dizer de peito aberto para o senhor, estou convencido de que os tribunais de contas são as instituições que mais podem ser úteis ao fortalecimento da democracia. Temos um banco de dados extraordinário. Esse banco de dados não pode ser apenas usado para acusar os outros. Esse banco

de dados precisa de ferramentas de inteligência, precisa de tratamento, para que ele se transforme em conhecimento que se irradia para aqueles que praticam a nossa gestão.

[...]

E finalmente, para encerrar esse meu sentimento, eu quero dizer a todos vocês, com muita alegria também. Estou tranquilo, estou insatisfeito, estou feliz, estou melhor e quero dizer para vocês com um largo sorriso: estou muito apaixonado! Apaixonado pela vida! Quando eu vejo essas manifestações, eu me lembro dos meus tempos de estudante. Se nós não tivermos as pessoas nas ruas, colocando suas ideias, nós não temos uma democracia viva. Democracia é assim mesmo. Temos que nos acostumar a lidar com os conflitos. O que não podemos é ser covardes para tomar a decisão com quem está fazendo a manifestação e não representar todos.

Por conseguinte, homenageamos o Conselheiro Sebastião Helvecio, o *gentleman* da auditoria, com suas próprias palavras. Feliz daquele que, em tempos de redes sociais e registros na rede mundial de computadores, pode ser homenageado com suas próprias palavras. Continue tranquilo, insatisfeito, feliz e apaixonado, meu caro e dileto amigo!

O futuro do controle, das normas de auditoria e, sobretudo, da democracia depende da construção de instituições públicas robustas, capazes de dar respostas efetivas à sociedade. Daí a necessidade constante de seu aprimoramento por meio de medidas que proporcionem a regularidade dos processos e a melhoria da qualidade dos servidores públicos.

Tudo o que até aqui foi relatado sobre controle público somente foi possível porque houve homens da grandeza do Conselheiro Sebastião Helvecio, que, cheios da boa insatisfação, mas felizes, ousaram sonhar. E como poetizou Lô Borges: "Porque se chamavam homens / Também se chamavam sonhos / E sonhos não envelhecem...".

Referências

BORGES, Lô. *Clube da Esquina nº 2*. Disponível em: https://www.letras.mus.br/lo-borges/47023/. Acesso em: 20 nov. 2021.

CASTRO, Sebastião Helvecio Ramos de. *O controle e a justiça intergeracional*. Disponível em: www.irbcontas.org.br/biblioteca/revista-tecnica-dos-tribunais-de-contas-_-ano-3-no-1. Acesso em: 22 nov. 2021.

CASTRO, S. H. R. O uso do controle para melhorar a vida do cidadão. *Revista do Tribunal de Contas do Estado do Rio de Janeiro*, v. 86, p. 14-15, 2016.

CONSELHO FEDERAL DE CONTABILIDADE. *Normas Internacionais de Contabilidade Aplicadas ao Setor Público/International Public Sector Accouting Standards (IPSAS)*. Disponível em: www.cnm.org.br/contadores/img/pdf/normas_internacionais_de_contabilidade/ NornasInternacionaisdeContabilidadeparaoSetorPublico.pdf. Acesso em: 20 nov. 2021.

CONSELHO FEDERAL DE CONTABILIDADE. *NBC TA – de Auditoria Independente de Informação Contábil Histórica*. Disponível em: www.cfc.org.br/tecnica/normas-brasileiras-de-contabilidade/nbc-ta-de-auditoria-independente. Acesso em: 20 nov. 2021.

CONSELHO FEDERAL DE CONTABILIDADE. *NBC TASP – Auditoria de Informação Contábil Histórica Aplicável ao Setor Público*. Disponível em: www.cfc.org.br/tecnica/normas-brasileiras-de-contabilidade/nbc-tasp-auditoria-de-informacao-contabil-historica-aplicavel-ao-setor-publico. Acesso em: 20 nov. 2021.

CONSELHO FEDERAL DE CONTABILIDADE. *NBC TR – de Revisão de Informação Contábil Histórica*. Disponível em: www.cfc.org.br/tecnica/normas-brasileiras-de-contabilidade/nbc-tr-de-revisao/. Acesso em: 20 nov. 2021.

CONSELHO FEDERAL DE CONTABILIDADE. *NBC TO – de Asseguração de Informação Não Histórica*. Disponível em: www.cfc.org.br/tecnica/normas-brasileiras-de-contabilidade/nbc-to-de-asseguracao. Acesso em: 20 nov. 2021.

CONSELHO FEDERAL DE CONTABILIDADE. *NBC TSC – de Serviço Correlato*. Disponível em: www.cfc.org.br/tecnica/normas-brasileiras-de-contabilidade/nbc-tsc-de-servico-correlato. Acesso em: 20 nov. 2021.

CONSELHO FEDERAL DE CONTABILIDADE. *Resolução CFC nº 321/1972*. Aprova as Normas e os Procedimentos de Auditoria. Disponível em: www.cfc.org.br. Acesso em: 22 nov. 2021.

CONSELHO FEDERAL DE CONTABILIDADE. *Resolução CFC nº 700/1991*. Aprova A NBC T 11 – Normas de Auditoria Independente das Demonstrações Contábeis. Disponível em: www.cfc.org.br. Acesso em: 22 nov. 2021.

CONSELHO FEDERAL DE CONTABILIDADE. *Resolução CFC nº 701/1991*. Aprova a NBC P 1 – Normas Profissionais de Auditor Independente. Disponível em: www.cfc.org.br. Acesso em: 22 nov. 2021.

CONSELHO FEDERAL DE CONTABILIDADE. *Resolução CFC nº 820/1997*. Aprova a NBC T 11 – Normas de Auditoria Independente das Demonstrações Contábeis com alterações e dá outras providências. Disponível em: www.cfc.org.br. Acesso em: 22 nov. 2021.

CONSELHO FEDERAL DE CONTABILIDADE. *Resolução CFC nº 821/1997*. Aprova a NBC P 1 – Normas Profissionais de Auditor Independente com alterações e dá outras providências. Disponível em: www.cfc.org.br. Acesso em: 22 nov. 2021.

CONSELHO FEDERAL DE CONTABILIDADE. *Resolução CFC nº 1.328/11*. Dispõe sobre a Estrutura das Normas Brasileiras de Contabilidade. Disponível em: www.cfc.org.br. Acesso em: 22 nov. 2021.

CONSELHO FEDERAL DE CONTABILIDADE. *Resolução CFC nº 1.601/2020*. Altera o inciso IX do Art. 4º da Resolução CFC n.º 1.328/2011, que dispõe sobre a Estrutura das Normas Brasileiras de Contabilidade e sobre a adoção das Normas Brasileiras de Contabilidade Aplicáveis à Auditoria de Informação Contábil Histórica Aplicável ao Setor Público - NBC TASP. Disponível em: www.cfc.org.br. Acesso em: 22 nov. 2021.

DISCURSO de Martin Luther King (28/08/1963). Disponível em: https://www.palmar3 *Operacional*. Disponível em: www.portal.tcu.gov.br/fiscalizacao-e-controle/auditoria/normas-internacionais-das-entidades-fiscalizadores-superiores-issai. Acesso em: 20 nov. 2021.

ORGANIZAÇÃO INTERNACIONAL DE ENTIDADES FISCALIZADORAS SUPERIORES. *ISSAI 400 – Princípios Fundamentais de Auditoria de Cumprimento*. Disponível em: www.portal.tcu.gov.br/fiscalizacao-e-controle/auditoria/normas-internacionais-das-entidades-fiscalizadores-superiores-issai. Acesso em: 20 nov. 2021.

ORGANIZAÇÃO INTERNACIONAL DE ENTIDADES FISCALIZADORAS SUPERIORES. *Normas Internacionais de Auditoria Pública (ISSAI)*. Disponível em: www.issai.org. Acesso em: 20 nov. 2021.

RICARDINO, Álvaro; CARVALHO, L. Nelson. *Breve retrospectiva do desenvolvimento das atividades de auditoria no Brasil*. Disponível em: https://www.scielo.br/j/rcf/a/LyB7pqG6d6ryLbJrpkzPR3F/?lang=pt#. Acesso em: 20 nov. 2021.

SANT'ANNA, Francisco. *As regras têm como objetivo proteger o investimento feito pelo Estadão na qualidade constante de seu jornalismo*. Disponível em: https://politica.estadao.com.br/blogs/fausto-macedo/um-instrumento-eficaz-no-combate-a-corrupcao. Acesso em: 20 nov. 2021.

SECRETARIA DO TESOURO NACIONAL. *Portaria nº 548, de 24 de setembro de 2015*. Dispõe sobre prazos-limite de adoção dos procedimentos contábeis patrimoniais aplicáveis aos entes da Federação, com vistas à consolidação das contas públicas da União, dos estados, do Distrito Federal e dos municípios, sob a mesma base conceitual. Disponível em: www.siconfi.tesouro.gov.br. Acesso em: 20 nov. 2021.

Informação bibliográfica deste texto, conforme a NBR 6023:2018 da Associação Brasileira de Normas Técnicas (ABNT):

ARAÚJO, Inaldo da Paixão Santos. A implantação das normas brasileiras de auditoria do setor público. In: TERRÃO, Cláudio Couto; ANDRADE, Durval Ângelo (Coords.). *Controle externo no século XXI*: homenagem a Sebastião Helvecio - Conselheiro, educador e cidadão do mundo. Belo Horizonte: Fórum, 2022. p. 243-262. ISBN 978-65-5518-338-2.

O CONTROLE EXTERNO DO SÉCULO XXI – OU CONTEMPORÂNEO – VISLUMBRA O BEM-ESTAR E VALORIZA A CIDADANIA: UMA AMOSTRA DE COMO O SISTEMA TRIBUNAIS DE CONTAS DO BRASIL AVANÇA EM SEU MISTER CONSTITUCIONAL

FÁBIO TÚLIO FILGUEIRAS NOGUEIRA

A vitalidade é demonstrada não apenas pela persistência, mas pela capacidade de começar de novo.
(F. Scott Fitzgerald, escritor americano – 1896-1940)

Em 6 de fevereiro de 2020, com grandes expectativas e muitos projetos novos, assumimos um segundo mandato. Não tínhamos, naquela data, nenhum indicador do que estaria por vir – embora, à época, já houvesse sido identificado um novo tipo de coronavírus (SARS-CoV-2) pelas autoridades chinesas. Dias depois da nossa posse, em 20 de março de 2020, a Organização Mundial da Saúde caracterizava a situação de pandemia de COVID-19.

O mundo foi sobressaltado. A população mundial ficou em estado de choque. Tudo se transformou. Projetos tiveram que ser adiados ou alterados. As pessoas tiveram que se isolar socialmente. O comércio foi obrigado a fechar portas; indústrias interromperam suas linhas de produção. Viagens e sonhos foram cancelados. Enquanto isso, crescia vertiginosamente o número de contaminados pelo vírus, e as mortes pela COVID-19 se sucediam, assustadoramente.

Tudo contribuiu para o crescimento das demandas sociais. O tratamento e controle da doença também demandavam iniciativas governamentais, e o sistema tribunais de contas, mais do que em qualquer outra época, precisava cuidar do interesse público. Necessitava assegurar a preservação dos direitos da cidadania. Precisa se reinventar. E assim foi feito.

Desde então, estamos sendo experimentados em nossa resiliência. Estamos sendo testados em nossa capacidade de começar de novo e, consequentemente, comprovando a nossa vitalidade. São dias extremamente desafiadores.

Em nenhum outro momento da história recente ficou tão evidente a importância desse papel institucional do sistema tribunais de contas. A pandemia do novo coronavírus aprofundou as demandas sociais no Brasil, e o controle externo tem sido instado a responder, de forma ainda mais criteriosa e tempestiva, aos anseios da cidadania. A situação emergencial exige o mais contemplativo dos olhares a fim de que se assegure a efetividade da gestão pública.

As perspectivas para o pós-pandemia são tão desalentadoras quanto as dificuldades de enfrentamento a essa doença potencialmente mortal. O desempenho negativo da economia e o incremento das demandas sociais, particularmente nos municípios mais pobres, são fatores para os quais o mundo está se preparando.

O controle externo do século XXI – deste século de dificuldades e de sobressaltos – precisa estar, ainda mais, próximo dos cidadãos. Na verdade, o sistema tribunais de contas adotou um estilo contemporâneo de acompanhamento da gestão pública. Além da avaliação da conformidade e da legalidade, as políticas públicas têm que estar em consonância com os interesses da cidadania e comprometidas com a redução das demandas da sociedade.

Quanto mais efetivo o controle externo, mais seguros estarão os direitos da cidadania e, quando este é associado a um controle social ativo, mais fortalecida estará a democracia. A visão crítica dos cidadãos e sua participação na definição das políticas públicas, na análise da gestão pública, enfim, na solução das demandas sociais, são quesitos republicanos imperiosos.

Para que isso se configure, exige-se do controle externo do século XXI um comportamento pedagógico. A gestão pública precisa ser orientada para produzir resultados satisfatórios. As inconformidades nem sempre se originam da má-fé, nem sempre resultam de condutas dolosas.

As Escolas de Contas[1] – muitas delas com oferta de cursos em nível de pós-graduação – estão presentes em todas as unidades. Elas desempenham papel preponderante nessa missão pedagógica, porque são responsáveis pela capacitação de agentes e de gestores públicos, com resultados significativos na melhoria administrativa, na boa governança dos recursos da sociedade.

Por outro lado, existem as Normas Brasileiras de Auditoria do Setor Público,[2] emitidas pelo Instituto Rui Barbosa (IRB) para apoiar os tribunais de contas no desempenho de suas atribuições constitucionais e legais, em benefício da sociedade. As NBASP são essenciais à atividade de auditoria.

As NBASP são embasadas em padrões de auditoria reconhecidos internacionalmente e, além de fortalecer institucionalmente os tribunais de contas, constituem importante instrumento de melhoria do controle e da gestão pública brasileira.

O sistema tribunais de contas do Brasil aprofundou a interpretação dos dispositivos constitucionais que o incumbem, em linhas gerais, da fiscalização contábil, financeira, orçamentária, operacional e patrimonial da administração pública. Compreendeu-se que, nas entrelinhas, a Constituição Federal exige que o controle externo resulte em boa governança, em gestão pública efetiva, ou seja, recomenda às cortes um alinhamento aos princípios republicanos, em sua mais elevada amplitude.

O controle externo contemporâneo resulta de uma associação de medidas e práticas avançadas. O sistema tribunais de contas do Brasil segue nessa linha. Enquanto eleva o nível de atenção ao comportamento da gestão, por meio de auditorias seguras e de instrumentos de fiscalização associados à inteligência artificial e à tecnologia da informação, também redobra os cuidados com a orientação ao gestor público.

E é graças à sua imensa capacidade técnica que os tribunais de contas têm produzido e oferecido inovações para qualificar a gestão e o gasto do dinheiro público. É o caso da ferramenta *Preço de Referência*,[3] plataforma desenvolvida a partir de parceria entre o Tribunal de Contas do Estado da Paraíba, Governo do Estado da Paraíba e a Universidade Federal da Paraíba.

---

[1] Disponível em: https://irbcontas.org.br/ensino/portal-das-escolas/.
[2] Disponível em: https://irbcontas.org.br/irb-lanca-nova-pagina-das-normas-brasileiras-de-auditoria-do-setor-publico-nbasp/.
[3] Disponível em: https://precodereferencia.tce.pb.gov.br/.

A cada instante, os tribunais de contas, isoladamente ou em conjunto, desenvolvem ferramentas e mecanismos capazes de fornecer informações assaz hábeis à formulação de políticas públicas, ao processo decisório, ao planejamento estratégico, entre outros. Os TCs não se restringem a desenvolver e usar internamente tais instrumentos. Há uma incansável procura de dividir suas funcionalidades e vantagens no seu uso com a administração pública, treinando-a para o melhor aproveitamento daquilo gerado pelas ferramentas oferecidas.

As informações produzidas são de todas as naturezas. Vão desde diagnósticos acerca de quadro de pessoal do setor público, com especial alcance para o planejamento adequado da mão de obra pública, passando por sistemas de gerenciamento georreferenciados de obras,[4] que possibilitam o acompanhamento a distância da evolução de determinados empreendimentos.

O Tribunal de Contas do Estado da Paraíba também passou a usar, a partir de 1º de dezembro de 2021, imagens de satélites de alta resolução para fiscalizar grandes obras. O uso será estendido às auditorias com foco em meio ambiente. Essa possibilidade é fruto da adesão ao REDEMAIS[5] – Termo de Adesão nº 58/2021 –, projeto do Ministério da Justiça e Segurança Pública.

O TCE-PB é o primeiro órgão da Paraíba e o primeiro tribunal de contas do Brasil a incorporar o programa Brasil M.A.I.S, com acesso a uma plataforma de imagens da constelação PLANET, composta por 180 satélites, que fornecem imagens de resolução espacial de três metros, com capacidade de imageamento diário de qualquer lugar do Brasil.

Merece destaque o TC EDUCA,[6] que representa um sistema de monitoramento e expedição de alertas, concebido pela Atricon e pelo IRB, para o acompanhamento das metas do Plano Nacional de Educação (PNE), que, através de indicadores, traça panoramas a propósito da evolução dos estados, do Distrito Federal e dos municípios brasileiros no atingimento das metas do PNE, com destaque para situações ou risco de descumprimento.

Na Ponta do Lápis[7] é outro exemplo dessa permanente busca por soluções para os problemas do cotidiano do ensino público no Brasil.

---

[4] Disponível em: http://paineldeobras.tce.pb.gov.br/.

[5] Disponível em: https://atricon.org.br/tce-pb-passara-a-usar-imagens-diarias-de-satelite-para-fiscalizar-obras-publicas-na-paraiba/.

[6] Disponível em: https://irbcontas.org.br/biblioteca/tc-educa-sistema-de-monitoramento-dos-planos-de-educacao/.

[7] Disponível em: https://www.tce.mg.gov.br/napontadolapis/site/.

O aplicativo foi desenvolvido pelo Tribunal de Contas do Estado de Minas Gerais, com o objetivo de aproximar a comunidade escolar dos gestores da educação pública.

De modo a dar mais realce à aludida transformação, a Atricon, com auxílio de alguns dos seus mais destacados quadros, desenvolveu uma forma/ferramenta de aferir uniformemente, em todo o território nacional, qual o impacto econômico-financeiro de suas ações, sejam elas na repressão dos malfeitos, na sua prevenção ou na propositura de correção deles. Denominado de Manual de Quantificação dos Benefícios do Controle (MQB),[8] esse mecanismo, em franca fase de implantação nas cortes de contas, propiciará à sociedade os dados referentes ao retorno gerado pela atividade dos TCs por unidade monetária nele investida. Dessa forma, o sistema tribunais de contas evidenciará a sua essencialidade à proteção do interesse público e erário, pondo na prateleira do esquecimento os argumentos daqueles que nos acusam de onerosos, perdulários e desnecessários.

Contudo, mudança é porta que se abre por dentro, e nenhuma evolução se opera em sua plenitude apenas considerando o que nos rodeia, o exterior. É de bom-tom esclarecer que a introspecção, o olhar para dentro e o se ver no espelho são exercícios fundamentais e obrigatórios para enxergar os próprios erros e, consciente deles, buscar corrigi-los, ressignificando o seu papel e a sua existência.

O sistema tribunais de contas, por meio da Atricon, não ficou à margem dessa necessidade premente. Em 2013, foi criado um mecanismo de autoexame dos TCs, denominado Marco de Medição de Desempenho (MMD TC),[9] que nada mais é que um amplíssimo diagnóstico a respeito da *performance* das cortes de contas no desenvolvimento de suas funções institucionais.

Após avaliações bianuais realizadas no intervalo da criação ao tempo presente, o Marco de Medição do Desempenho desempenhou um papel significativo nos avanços de todas as unidades de controle externo. A ferramenta de exame serviu (e serve) para que cada instituição examinada identifique quais pontos em sua atuação se mostram claudicantes e em que aspectos operacionais seu agir é destacado, com a possibilidade de ser posto como modelo para os demais.

Enquanto as imperfeições são tratadas internamente, na medida das peculiaridades de cada corte, as boas práticas executadas, além de

---

[8] Disponível em: https://www.atricon.org.br/wp-content/uploads/2020/06/MQB_Manual.pdf.
[9] Disponível em: http://qatc.atricon.org.br/.

estimuladas, são catalogadas e exaustivamente apresentadas, por intermédio de esforços conjuntos do Instituto Rui Barbosa e da Associação dos Membros dos Tribunais de Contas do Brasil, na esperança de que o bem-sucedido exemplo seja replicado, proporcionando ainda mais uniformidade, coesão e engrandecimento do sistema em edificação.

Não há como dissociar o controle externo do século XXI da temática ecológica, das mudanças climáticas, enfim da pauta recentemente discutida por líderes mundiais na Conferência das Nações Unidas sobre Mudanças Climáticas (COP-26), em Glasgow, na Escócia. É preciso aprofundar a nossa relação com a temática ambiental, já inscrita nos mandamentos constitucionais, dos quais estão incumbidos os tribunais de contas. O controle externo precisa se redesenhar, se mostrar diferente e apressar-se no engajamento à Agenda 2030 dos Objetivos do Desenvolvimento Sustentável.

Foquei meu discurso nessa questão na abertura do II Congresso Internacional dos Tribunais de Contas,[10] cuja tema central tratava d'*O mundo em transformação*; portanto, um reflexo do entendimento do quão fundamental é o nosso desempenho como indivíduos e, principalmente, no exercício do controle externo para a solução dos grandes problemas que ameaçam o planeta – e não são poucas as evidências de que a Terra está em grande perigo –, com consequências desastrosas na vida das pessoas: eventos climáticos extremos, cada vez mais frequentes e fortes; derretimento de geleiras; nações insulares ameaçadas com perda de território pela elevação do nível do mar (uma recente reportagem da *Veja* enumerou cinco grandes cidades do mundo, inclusive a bucólica Veneza, que podem desaparecer até 2030).

A dimensão da nossa responsabilidade é imensurável, sobretudo no aspecto pedagógico, para gerar a melhoria da governança pública no Brasil, a fim de que contemple essas urgentes transformações. A tecnologia da informação e a inteligência artificial podem e devem ser importantes aliadas nesse mundo de desafios.

Devemos, além de fiscalizar a gestão, estimular: a adoção de políticas que contemplem a preservação das florestas e dos biomas brasileiros; a utilização de energia limpa; o crescimento econômico sustentável; o descarte adequado dos resíduos sólidos; o controle das emissões de CO_2 e do metano; e a mobilidade urbana.

---

[10] Disponível em: https://atricon.org.br/como-os-tribunais-de-contas-devem-lidar-com-o-mundo-em-transformacao-parametros-desse-desafio-estao-em-discussao-no-ii-congresso-internacional-dos-tribunais-de-contas-even/.

Acredito, absolutamente, na pedagogia como ferramenta de melhoria da gestão pública. Acredito verdadeiramente no potencial dos tribunais de contas para contribuir para que esse "mundo em transformação" nos leve para o bem.

Com essa preocupação, a Atricon firmou parceria com a Transparência Internacional.[11] O propósito é fortalecer o controle externo em temas ambientais e de infraestrutura, com ações integradas ao projeto *Fortalecendo o controle interno e externo na Amazônia: infraestrutura, meio ambiente e uso da terra*, implementado pela TI – Brasil, com apoio da Fundação Moore. O projeto visa fomentar redes e órgãos de controle para que atuem de forma mais estruturada e sistemática nos temas citados, com foco principal no bioma Amazônico.

Como parte do acordo com a Transparência Internacional Brasil, a Atricon editou a Resolução Diretriz nº 02/2021.[12] O documento final é fruto do trabalho de uma comissão multissetorial, constituída em 1º de setembro de 2021 – Portaria Atricon nº 09/2021[13] – com o propósito de uniformizar procedimentos e efetivar o controle externo na gestão florestal.

Por intermédio da norma, a Atricon disponibiliza referencial "para que os Tribunais de Contas, de modo uniforme, aprimorem seus regulamentos, procedimentos, ferramentas e práticas de controle externo e atuem efetivamente no controle da gestão florestal".

A Resolução Diretriz é embasada em princípios constitucionais e legais que regem a administração pública, além de conter inspiração em referenciais de desenvolvimento sustentável, precaução, prevenção, solidariedade intrageracional e intergeracional, legalidade, integridade, transparência e de controle social.

Por intermédio dos exemplos anteriormente citados, presume-se a amplitude da atuação do sistema tribunais de contas do Brasil e quão essencial é o controle externo para a geração do bem-estar social, para a superação dos problemas socioeconômicos e para a defesa dos interesses da cidadania.

---

[11] Disponível em: https://atricon.org.br/transparencia-internacional-e-atricon-firmam-parceria-para-fortalecer-o-controle-externo-em-temas-ambientais-e-de-infraestrutura/.

[12] Disponível em: https://atricon.org.br/resolucao-diretriz-no-02-2021/.

[13] Disponível em: https://atricon.org.br/portaria-no-09-2021/.

1 A importância dos pioneiros

Enumerar avanços sem estabelecer percursos é deixar de reconhecer grandes e abnegados nomes da história do controle externo brasileiro. O presente artigo não se propõe a traçar uma rota histórica. Porém, por dever de justiça, quero me referir a um dos grandes responsáveis por significativos passos na modernização do sistema tribunais de contas.

A aposentadoria recente é mais uma razão para lembrar uma trajetória marcada pela inteligência, comprometimento e uma visão singular do controle externo contemporâneo. Falo de Sebastião Helvecio Ramos de Castro,[14] que legou ao Tribunal de Contas do Estado de Minas Gerais o Núcleo de Avaliação de Programas e Políticas Públicas, que constitui uma demonstração da sua vocação à causa pública.

O Centro de Fiscalização Integrada, Inteligência e Inovação, implantado em 2010 no TCEMG, é outra comprovação do ineditismo e da visão contemporânea de Sebastião Helvecio. O Suricato é uma política de fiscalização integrada, que utiliza *big datas* para o uso de compras públicas, por meio da qual é possível fazer um controle das notas fiscais eletrônicas, com os cruzamentos e análise de política pública em tempo real. Trata-se de uma iniciativa reconhecida e premiada – conquistou o primeiro lugar na edição do concurso entre os países do BRINCS (Brasil, Rússia, Índia, China e África do Sul).

Esses são apenas pequenos exemplos de uma imensa contribuição. Por meio dos quais registro o meu reconhecimento e homenagem a esse extraordinário homem, que honrou toda uma gloriosa trajetória de vida pública. Em Sebastião Helvecio, homenageio a todos os pioneiros do controle externo do século XXI, com a certeza de que a história de cada um é um referencial para seguirmos na rota do aperfeiçoamento, renovando o mais absoluto compromisso com os princípios republicanos.

Informação bibliográfica deste texto, conforme a NBR 6023:2018 da Associação Brasileira de Normas Técnicas (ABNT):

NOGUEIRA, Fábio Túlio Filgueiras. O controle externo do século XXI – ou contemporâneo – vislumbra o bem-estar e valoriza a cidadania: uma amostra de como o sistema tribunais de contas do Brasil avança em seu mister constitucional. *In*: TERRÃO, Cláudio Couto; ANDRADE, Durval Ângelo (Coords.). *Controle externo no século XXI*: homenagem a Sebastião Helvecio - Conselheiro, educador e cidadão do mundo. Belo Horizonte: Fórum, 2022. p. 263-270. ISBN 978-65-5518-338-2.

---

[14] https://irbcontas.org.br/conselheiro-sebastiao-helvecio-se-despede-das-sessoes-de-pleno-do-tcemg/

SEBASTIÃO HELVECIO, O MEU PAI

RENATA RAMOS DE CASTRO

Se você pretende saber quem é o Sebastião Helvecio, eu posso lhe dizer. Entre no nosso carro, na estrada de Juiz de Fora, e você vai o conhecer. Sim, parafraseio o rei Roberto Carlos neste momento, porque, sinceramente, faz muito sentido. Meu pai, o Sebastião Helvecio, gosta das rimas descomplicadas do Roberto e me mostrou, desde sempre, que a poesia não precisa estar escondida atrás de palavras bonitas e rebuscadas. Ao contrário, mora nas coisas mais simples da vida, nos nossos detalhes tão pequenos, nos caracóis dos meus cabelos e na feliz recepção do nosso cachorro que nos sorri latindo. Por isso é que hoje não convido os termos mais campanudos e barrocos do português à baila. Escrevo aqui em tom leve – como é o "meu pai" e como é a vida ao seu lado.

Quando o convite para escrever estas curtas e insuficientes[1] palavras chegou até mim pelo Conselheiro Durval Ângelo, logo comecei a pensar em qual tom queria adotar. Será que deveria escrever sobre "Sebastião Helvecio, o meu pai" ou sobre "o meu pai, Sebastião Helvecio"? Ao mesmo tempo em que lhe quero fazer justiça e escrever sobre todas as suas características *absolutamente* extraordinárias e fora da curva, eu não preciso lhes contar sobre as conquistas e vitórias

---

[1] Digo insuficientes porque é humanamente impossível para mim, enquanto filha caçula, encontrar as palavras adequadas e capazes de descrevê-lo de forma perfeita e completa. Então, ainda que dedicasse toda uma existência e colocasse tudo o que sou em palavras, não seria suficiente. Acredito, entretanto, que o maior testemunho de quem o meu pai é, como pai, seja a minha formação como filha. Digo isso porque tenho a absoluta convicção de que ele transbordou em mim tudo o que há de melhor nele e toda a sua trajetória insculpiu no meu coração o eterno sentimento de superação, de querer fazer "mais e melhor".

profissionais, que são públicas. Por outro lado, o meu pai, Sebastião Helvecio, é um homem reservado e discreto, que sempre se esforçou para manter nossa vida familiar como deve ser: privada. Admiro todo o esforço que ele fez ao longo dos quase 30 anos de vida política[2] e sua continuação em mais 12 anos de vida pública para manter a nossa vida familiar protegida. Imagino que não tenha sido fácil. Então, hoje, ao sentar e começar a rascunhar minhas ideias para lhes apresentar um pouco mais do meu pai, eu não quero arrancar as cortinas que nos protegeram por tantos anos e compartilhar todas as "joias da coroa". Reservo-me o direito de ser um pouquinho egoísta e guardar para mim o melhor lado dele: aquele que aparece no café da manhã de domingo prolongado, flanando por ruas desconhecidas quando viajamos ou assistindo a um belo jogo do Fluzão no Maracanã.

Compartilho, entretanto, o lado humano de um homem público que é (re)conhecido pela sua sobriedade, pela sua retidão e pela sua fidelidade aos seus ideais. A história profissional do meu pai não é desconhecida e, muito menos, inédita a quem nos lê até aqui. Ele, que começou sua carreira ainda menino, dando aulas de francês na nossa querida Juiz de Fora, cresceu na forma de um jovem estudioso e dedicado, descobriu-se com vocação de professor e continuou sendo fiel a esta dando aulas de química. Foi aprovado em primeiro lugar no vestibular de medicina da Universidade Federal de Juiz de Fora (UFJF) e, inquieto como é, não se deu por satisfeito. Abriu seu próprio cursinho pré-vestibular (que virou um colégio!), formou-se médico, pediatra. Atendia seus pacientes com empatia e dedicação. Cultivava sua curiosidade através de pesquisas médicas importantes (como, por exemplo, aquela que tentava entender por que alguns bebês tinham "dificuldade em digerir" o leite de vaca). Ouvindo, ainda, aquela voz da vocação original, preparou-se e foi aprovado em concurso público para professor de pediatria na Faculdade de Medicina da UFJF.

A vida parecia tranquila e encaminhada. Todos os "is" pareciam ter encontrado seus pingos, quando, em meados da década de 1980, enquanto atendia seus pacientes na Santa Casa de Misericórdia de Juiz de Fora, recebeu a visita inusitada de um tal "Dr. Tancredo". No primeiro

---

[2] Traço aqui uma distinção muito clara entre o período de vida política e o período de vida pública. Entendo que, para facilitar a nossa compreensão aqui, a vida política coincide com o período em que ele esteve afiliado a partidos políticos e disputando cargos eletivos. A vida pública é mais abrangente, trata deste período e, também, do período como conselheiro do Tribunal de Contas... afinal, em 2009 quando foi eleito pelos seus pares para o Tribunal de Contas do Estado de Minas Gerais, seria incoerente pensar que haveria, ali, uma vida política. Seria incongruente com a sua nova atividade profissional.

momento, imaginou ser um colega de profissão que acompanhava seu paciente e queria passar orientações. Surpreendeu-se ao descobrir tratar-se do Dr. Tancredo Neves, disposto a convencê-lo a ingressar na vida política. E, naquele momento, Sebastião Helvecio renasceu. Surgiu ali a vontade, impossível de ser ignorada, de continuar atuando na luta pela vida – mas, agora, fora das paredes dos hospitais. A luta pela vida vivida dentro da democracia.[3] Ao invés de tratar de um paciente por vez, enxergou a oportunidade de fazer mais e tratar toda a sociedade mineira, contribuindo diretamente com seu desenvolvimento humano.

Sem tirar os pés da medicina, começou a traçar seu caminho pela política. Quer dizer, talvez ele nunca tenha começado a traçar seu caminho na política, mas, sim, a política tenha vindo para dentro do seu caminho. Gosto da ideia de pensar que não foi ele que entrou na política, mas a política que, com o seu consentimento, entrou nele. E, ali, ele teve a valiosa oportunidade de se redescobrir e pensar como as suas mãos poderiam tratar não somente o paciente que estava na sua frente, mas tantos outros que, por vezes, ele sequer poderia imaginar.

A grande verdade é que o meu pai sempre teve o seu jeito de viajar por todas as estradas da vida com leveza e intensidade, como sua música preferida canta. Trata-se de viver a vida de forma plena, experimentando cada possibilidade, mas, mais do que isso, fazer à sua maneira, de forma autêntica, no seu tempo, não tendo sido sonhada nas brincadeiras de criança, mas com cuidado e fidelidade aos seus valores e ideais.

Posso continuar dizendo da sua vida pública, em linhas gerais e absolutamente superficiais, e, para tal, preciso passar pela sua atuação na Assembleia Constituinte de 1989. Foi ali que surgiu o interesse para fazer uma segunda graduação e, assim, formou-se bacharel em direito. O médico associou-se ao bacharel em direito e deu vida a um parlamentar de excelência, com a cabeça no lugar, os interesses corretos em mente e ações assertivas.

Vejo que a vida parlamentar foi um feliz casamento de ideias, personalidade e capacidade para o meu pai. Ele, que sempre foi observador e curioso, é mestre em encontrar soluções inovadoras para problemas cotidianos, bem como conciliar vontades e interesses aparentemente opostos.

---

[3] Para efeito de contextualização histórica, era este o período das Diretas Já e, neste, o objetivo era a retomada das eleições diretas ao cargo de presidente da República do Brasil, a partir da instauração de uma nova Assembleia Constituinte. Meu pai teve atuação destacada nesse movimento, participando, inclusive, do primeiro comício em Curitiba.

Engraçado que, por ser bom observador, percebe os primeiros "sintomas" há milhas de distância. Quando faz esse diagnóstico, não cede às suas emoções. Ao contrário, mantém o controle, é prático e logo cria um plano de ação. Identifica o sintoma, entende qual patologia ali se esconde e determina como tratá-la. Como pai, não é muito diferente. O joelho ralado logo era esquecido quando a recompensa era um curativo das princesas. A dor de ouvido era tratada com antibiótico e batatinha frita. A asma virava sinônimo de colo enquanto fazia nebulização. E os primeiros sintomas de coração partido da adolescência eram sempre muito bem tratados com sorvete e conversa boa sem pressa na mesa da cozinha.

Não é necessário ser um grande amigo de Sebastião Helvecio para descobrir que, além de admirador do Roberto Carlos, é torcedor do Fluminense. Quer dizer, ele é Fluminense. Se recorrermos ao hino, composto por Lamartine Babo, já vemos que parte do traço da cultura do clube é a disciplina, e este talvez seja o grande trunfo que meu pai guarda sempre debaixo da manga. Disciplinado, não procrastina em fazer o que tem que ser feito. Afinal de contas, como aprendeu do seu pai e repetiu – e talvez ainda repita – todas as manhãs: "Quem quer ter boa fama, não espera o Sol na cama".

Como filha, acho natural que, durante a infância, eu tivesse uma visão romantizada do meu pai. Para encurtar a prosa da admiração infantil, eu esperava que a qualquer momento o telefone poderia tocar ou um sinal poderia ser lançado no céu e, como resultado, ele sairia correndo e desapareceria para salvar o mundo. Acreditava que, enquanto eu vivia uma infância sem preocupações em Juiz de Fora, ele usava capa e salvava o mundo em Belo Horizonte. Brincadeiras à parte, eu me lembro de pensar que o meu pai era, simplesmente, a melhor pessoa do mundo. O mais inteligente porque ele tinha respostas para todas as perguntas que eu incansavelmente fazia ao indagar "como assim, por exemplo?". O mais legal porque, quando ele estava em casa, a atenção dele era exclusivamente minha. O mais protetor porque nada no mundo é melhor do que andar de mãos dadas com ele. O mais carinhoso porque nunca foi capaz de levantar a voz para mim e minha mãe ou desferir palavras maldosas.

Os anos se passam, a tal da "idade adulta" chega[4] e, com ela, algumas percepções nossas se transformam. A ingenuidade e a

---

[4] Embora ele continue me achando uma adolescente e eu o deixe acreditar nisso. Afinal de contas, talvez eu mesma não esteja pronta (e, para falar a verdade, provavelmente nunca

capacidade de acreditar cegamente vão sendo deixadas de lado, alguns dizem que vamos endurecendo nossa alma. Então, natural seria que essa visão romantizada fosse abandonada e eu assumisse uma posição menos... romântica (?). Talvez. Entretanto, o que aconteceu foi o perfeito oposto. Eu continuo com fortes suspeitas de que, de tempos em tempos, ele enxerga um sinal no céu e sai em disparada para fazer do mundo um lugar melhor – e eu tenho fortes evidências disso, as compartilharei em seguida.

Cerca de um mês antes do meu aniversário de seis anos, meu pai ficou como suplente nas eleições para deputado estadual de Minas Gerais. Admito que, na época, eu não entendi o balde de água fria que isso representou para ele (e para minha mãe também). Lembro-me de vê-los tristes, de ouvi-los conversando sobre o que ele faria agora, qual seria o novo plano. Hoje, quando me lembro daqueles dias, consigo imaginar a ansiedade que ele deveria ter sentido e fico absurdamente orgulhosa de ver como foi corajoso e audacioso. Retornou para seu posto de professor universitário na Faculdade de Medicina da Universidade Federal de Juiz de Fora, envolveu-se de perto com aspectos da minha rotina que ele não tinha tido a oportunidade até então e foi fazer o seu doutorado em saúde coletiva na Universidade Estadual do Rio de Janeiro (UERJ). O que era para ter sido um evento traumático foi um evento transformador das formas mais positivas que posso imaginar.

Dois anos depois, ele foi eleito vice-prefeito de Juiz de Fora e, outros dois anos depois, encaramos (como família) uma das campanhas eleitorais mais difíceis que tivemos. Em 2002, após meses de trabalho muito árduo, ele me acordou uma manhã contando: "Fomos eleitos com 50.008 votos e hoje eu vou passar o dia jogando *videogame* com você". Me marcou a forma como ele colocou no plural a eleição e hoje vejo como isso fez sentido. Era o nome dele na urna eletrônica, mas, para chegar até ali, toda a nossa família se envolveu e lutou. Todos tivemos a nossa dose de renúncias durante vários meses para fazer aquela realidade se concretizar. E, durante todo esse período, eu senti a falta dele. Uma criança de nove anos que entendia a ausência do pai, mas isso não fazia com que a saudade fosse menor. Por isso, saber que, no dia seguinte à eleição dele, ele escolheu passar o dia jogando *videogame* comigo foi um carinho no meu coração. Um dia inesquecível.

---

estarei) para deixar de ser sua caçulinha, a "rapinha do tacho". Então, vamos deixar esse papo de que a "idade adulta chega" só entre nós...

Certa vez, acredito que eu tivesse uns 10 ou 11 anos, meu pai chegou em casa com vários volumes encadernados com um espiral enorme (acho que essa é minha maior lembrança) e uma capa vermelha. Na capa, estava escrito "Plano Plurianual de Ação Governamental", e eu, na minha singela curiosidade infantil, fui perguntar do que se tratava aquele "livro" tão grande. Ali tive uma grande aula sobre planejamento público, organização e estruturação de orçamento e alocação de recursos públicos. Comecei a entender, de fato, um pouco do que meu pai fazia naquele prédio tão simpático, de degraus grandes na Rua Rodrigues Caldas, número 30.

Alguns anos depois, quando eu tinha meus 13 anos, meu pai me contou pela primeira vez sobre o "encantamento da possibilidade". Ele me ensinou que nunca devemos perder de vista o encantamento pela possibilidade. O que isso quer dizer é que não precisamos fazer compromissos eternos com a trajetória que imaginamos ter na vida. É perfeitamente aceitável nos encantarmos por outra possibilidade e investirmos nesse encantamento. Você pode mudar de ideia. Você pode mudar de profissão. Você pode mudar e ponto. Pode começar achando que vai ser professor, se tornar médico, se descobrir deputado, se graduar em direito, se tornar doutor em saúde coletiva aos 50 e poucos anos, voltar a ser deputado, se fazer conselheiro do Tribunal de Contas e, então... se reinventar mais uma vez! O importante é garantir que as possibilidades da vida continuem te encantando, que veja os obstáculos como força motriz e que, faça o que fizer, faça o seu absoluto melhor.

No ano seguinte, assisti à defesa da tese de doutoramento dele. Sei que talvez ele desejasse ter tido a oportunidade de fazer o doutorado dele mais cedo, mas sou sincera em dizer que fico muito feliz em ter podido presenciar aquele momento tendo a devida compreensão do que significava. Lembro-me dele dias e noites sentado na sala da nossa casa, com nosso querido cãozinho, Prince, aos seus pés, escrevendo sua tese. Ver toda a sua dedicação na produção acadêmica, vê-lo debruçado sobre seus livros madrugadas a dentro, fez com que eu entendesse, de vez, o valor do estudo. A vida acadêmica, o cuidado com a nossa saúde intelectual e buscar constantemente formas de nos desafiarmos academicamente são valores que compartilhamos hoje. Dividimos nosso escritório e nossa biblioteca em casa. Ele é meu interlocutor preferido para reflexões jusfilosóficas, e eu gosto de acreditar que sou a interlocutora preferida dele para as suas próprias reflexões. Eu aprendo muito com ele e acredito que, volta e meia, ele também aprenda algo comigo.

A última evidência dele como super-herói capaz de enxergar sinais nos céus para ir salvar o mundo é recente. No último dia 24 de novembro de 2021, no Plenário do Tribunal de Contas do Estado de Minas Gerais, assisti à sua última sessão como conselheiro daquela casa. O seu gabinete preparou um belíssimo vídeo com homenagens gravadas de várias pessoas relevantes para a construção social e para toda a comunidade global. Nesse vídeo, vi pessoas de todos os cantos do mundo elogiando sua atuação como disseminador de conhecimento, desenhista de políticas públicas, arquiteto de estados de direito e mestre de governança pública. Orgulhei-me por enxergar e reconhecer que a saudade que eu senti em muitos (e muitos) momentos fez a diferença para o mundo. Em seguida, seus pares dividiram com os presentes (e deixaram registrado na transmissão simultânea ocorrida pelo YouTube) experiências compartilhadas ao longo de todos os anos em que se encontraram semanalmente e trabalharam juntos. Em muitos momentos, vi-me transbordando emoção e admiração. Encantei-me em perceber como todo o seu trabalho intenso da última década, que tanto fez com que ele estivesse fisicamente longe, foi reconhecido.

O trabalho e a dedicação do meu pai me permitiram ter uma vida muito confortável e repleta de privilégios. Entretanto, ele sempre deixou muito claro que eu não era a regra e que, por isso, eu precisava dar a todas as minhas oportunidades função social. Estudar em bons colégios, fazer intercâmbio, cursar faculdade, procurar me especializar em conteúdos, tornar-me mestre e, em breve, doutora, tudo isso só tem real valor se eu conseguir transformar em benefício para a coletividade. De nada adianta ter todas as oportunidades, (1) não estar preparada para aproveitá-las ao máximo e (2) não honrá-las depois. A preocupação social está gravada em algum alelo do nosso código genético compartilhado, porque é parte de quem meu pai é e parte de quem eu sou. É impossível construir um muro ao redor das nossas individualidades e ignorar o que acontece do outro lado. Precisamos construir pontes, prezar pela integração e sustentabilidade. Só evoluímos enquanto sociedade se caminharmos juntos, com respeito e tolerância.

Em uma nota mais leve e já me encaminhando para a conclusão destas breves notas sobre o (e aqui inverto a ordem propositalmente) meu pai, Sebastião Helvecio, quero trazer um elemento fundamental para a sua compreensão como homem privado (e por conseguinte, como homem público também). Há pouco disse que meu pai não é torcedor do Fluminense. Ele é Fluminense. Nosso Fluzão, o verdadeiro tricolor, é representado por três cores: branco, verde e grená. E, da mesma forma, poderia dizer que essas cores representam, com perfeição, o meu pai.

O branco, que traduz paz e harmonia, faz parte da construção de vida que meu pai ensina. Dentro de nós, dentro de casa, no ambiente de trabalho, na família, na sociedade... nosso objetivo deve ser o de construir a harmonia. Dia após dia. O debate, a divergência, a conciliação, a evolução dialética... enfim, o diálogo deve ser harmônico e tolerante. Não há motivo que justifique renunciarmos à paz ou adotarmos posturas violentas. Em toda sua vida, particular e pública, não há uma voz sequer capaz de apontá-lo como sendo uma figura violenta, beligerante ou rude. Ao contrário, é um homem de alma nobre, gentil e bondosa – é incapaz de matar uma formiga (literalmente).

O verde, da esperança e da saúde, inspirou sua decisão pela medicina. Descobrir a cura para doenças que, sem pedir permissão, tiram vidas de pessoas amadas. Inspirou a sua decisão pela política. Construir políticas públicas capazes de melhorar a qualidade de vida dos cidadãos. Inspirou a sua decisão de construir uma família. Encontrar o seu melhor lado.

O grená é vigor e amor. O meu pai é uma das pessoas com mais energia e disposição para o trabalho que eu conheço. Nunca existiu hora, sábado, domingo, feriados... não só para o trabalho ele tem "energia infinita", como eu costumo dizer. Nossas férias sempre foram intensas, com dias muito cheios de passeios, cultura, aprendizados. Ir a uma nova cidade nunca foi "só passear". Sempre incluiu compreender a cultura local, aprender meia dúzia de expressões do idioma local, entender como as pessoas se relacionavam, a história de cada cantinho (e voltar com a mala cheia de *souvenirs* – físicos, culturais e sentimentais). O meu pai é rico, riquíssimo, em *joie de vivre*,[5] e isso transparece no seu jeito sincero de se portar. Não dá bola para "grandes datas", mas faz de dias ordinários, extraordinários.

Eu, que tenho formação jesuíta e inaciana, aprendi que o amor é a partilha do ser e do ter. Se o amor é, de fato, essa partilha, posso afirmar com convicção que o meu pai é sinônimo de amor. Ele compartilha, sem pensar duas vezes, tudo o que ele tem de melhor, não só conosco, da família, mas com quem quiser dele ouvir e dele aprender. Ele compartilha seu saber. Ele compartilha suas experiências. E, sobretudo, ele compartilha sua essência.

Encerro estas breves notas, portanto, com a certeza de que Sebastião Helvecio é um homem público notável, mas... o meu pai, Sebastião Helvecio, é muito mais!

---

[5] *Joie de vivre* é uma expressão em francês que poderia ser traduzida livremente como "alegria de viver", mas, na realidade, é bem mais que isso. A *joie de vivre* define um jeito característico de se aproveitar bem a vida, atribuindo importância às simples alegrias e aos pequenos prazeres. Trata de dedicar-se à vida cotidiana como se essa fosse uma grande obra de arte.

E, Papai, estou ansiosa e curiosa para saber qual é o próximo capítulo dessa sua história tão instigante. Sei que será incrível, porque *you will do it, your way*.[6]

Informação bibliográfica deste texto, conforme a NBR 6023:2018 da Associação Brasileira de Normas Técnicas (ABNT):

CASTRO, Renata Ramos de. Sebastião Helvecio, o meu pai. *In*: TERRÃO, Cláudio Couto; ANDRADE, Durval Ângelo (Coords.). *Controle externo no século XXI*: homenagem a Sebastião Helvecio - Conselheiro, educador e cidadão do mundo. Belo Horizonte: Fórum, 2022. p. 271-279. ISBN 978-65-5518-338-2.

---

[6] Em tradução livre: você fará à sua maneira.

Palavras dirigidas ao
Conselheiro Sebastião Helvecio

CONSELHEIRO WANDERLEY ÁVILA

Caríssimo amigo Conselheiro Sebastião Helvecio, a sequência de singelas homenagens que temos feito em razão de sua aposentação não alcança a envergadura do desejo de nossos corações.

Nosso convívio começou no longínquo ano de 1991, na Assembleia Legislativa do Estado de Minas Gerais, e, após minha vinda ao Tribunal de Contas do Estado de Minas Gerais, alguns anos depois, o ilustre juiz-forano aqui chegava, abrilhantando o controle externo com sua inteligência e inventividade. Aliás, o gentílico apropriado é cidadão do mundo.

Sua capacidade de trabalho e suas ideias não se restringiram a Minas Gerais, como pude ver pelas homenagens prestadas a ele no Congresso da Atricon em João Pessoa. Autoridades acadêmicas e políticas dos mais diversos lugares do mundo reconhecem nele a inteligência e o amor à coisa pública, características essas que tanto aproveitam aqueles que estão ao seu redor.

Para minha satisfação e sorte, eu poderia contar com seu extraordinário poder de criação e execução nos dois anos seguintes em que eu dirigiria o Tribunal de Contas de Minas como presidente. Durante todo o período, a sua participação foi um modelo para todos nós – e é até hoje. Cito um exemplo: a proposta de renegociação da dívida dos estados brasileiros para com a União feita na sua relatoria do Balanço Geral do Estado de 2010, ao se deparar com os elevados juros aplicados à dívida mineira. Passando a percorrer os quatro cantos do país – Assembleia de Minas, depois o Colégio dos Poderes Legislativos Nacionais até chegar ao Congresso Nacional –, Sebastião Helvecio levou sua mensagem acerca da necessidade premente de alteração do indexador da dívida.

Os resultados positivos deste trabalho, de vital importância para o Brasil, foram considerados impossíveis por muitos frente ao cenário político nacional, mas não para mim, que conheço Sebastião Helvecio e sei da sua capacidade intelectual e agregadora, sua perseverança e vitalidade. Pois, enfim, ele mostrou que o impossível é aquilo que ninguém fizera anteriormente.

Rememoro também o vanguardista projeto Suricato, idealizado e implementado por Sebastião Helvecio, agraciado com os prêmios Innovare e CONIP e, mundialmente, pelo Novo Banco Mundial, em Shangai, China. Além disso, a parceria com o Sebrae, que gerou incremento na participação das micro e pequenas empresas nas compras públicas.

Gosto de ouvi-lo dizer, com sua voz grave: "É possível fazer melhor, buscar soluções diferentes". E foi a partir de sua constante disposição para empreender, inovar e fazer acontecer que nasceu o Suricato.

De ideal humanista, meu querido amigo Sebastião Helvecio é, sem dúvida, vocacionado para a causa pública. Como, então, não me referir a outro projeto recente de sua autoria, de robusto embasamento teórico, o qual o TCEMG instituiu no ano passado: o Núcleo de Avaliação de Programas e Políticas Públicas, as diretrizes para tal avaliação e a definição dos procedimentos a serem adotados. Contribuir para o aprimoramento permanente do desempenho do Estado como promotor de políticas públicas coloca a Casa de Minas, mais uma vez, ao lado de entidades representativas do controle externo ao redor do mundo.

Meus caros, uma trajetória que merece todos os nossos aplausos! Mas o mais importante, acima disso tudo: Sebastião Helvecio é uma grande pessoa! É enérgico, física e espiritualmente; e é cavalheiro, é cuidadoso, educado, leal, é sério... é inteligente, é generoso. É correto, é atencioso e é meu irmão!

"Feliz aquele que transfere o que sabe e aprende o que ensina", nos dizeres de Cora Coralina. E foi assim que toda a vida pública de Sebastião Helvecio foi conduzida, ensinando e aprendendo, incansavelmente.

Sentirei muita falta desse companheiro, principalmente nas tardes de trabalho no plenário em que nos sentávamos lado a lado. Paz e bem é o que desejo a você, meu amigo.

Informação bibliográfica deste texto, conforme a NBR 6023:2018 da Associação Brasileira de Normas Técnicas (ABNT):

ÁVILA, Wanderley. Conselheiro Wanderley Ávila. In: TERRÃO, Cláudio Couto; ANDRADE, Durval Ângelo (Coords.). Controle externo no século XXI: homenagem a Sebastião Helvecio - Conselheiro, educador e cidadão do mundo. Belo Horizonte: Fórum, 2022. p. 283-284. ISBN 978-65-5518-338-2.

CONSELHEIRO JOSÉ ALVES VIANA

Sinto-me extremamente honrado em participar de um livro que conte um pouco da história de vida deste extraordinário ser humano, Sebastião Helvecio Ramos de Castro.

Mineiro de Juiz de Fora, notabilizou-se pelo conhecimento e espírito inovador, para além das montanhas de Minas Gerais e do Brasil, sendo respeitado e admirado como cidadão do mundo, principalmente pelo seu trabalho qualificado no controle externo – sistema tribunais de contas.

Agradeço a Deus pelo privilégio de ter desfrutado por mais de vinte anos de convivência como amigo, colega médico pediatra, deputado estadual, conselheiro e pelas muitas orientações que contribuíram para que eu tomasse decisões acertadas.

Cito dois exemplos:

1. Quando estava em plena campanha na Assembleia Legislativa de Minas Gerais (ALMG), buscando votos dos colegas, deputados estaduais, na busca de tornar-me conselheiro do Tribunal de Contas do Estado de Minas Gerais (TCEMG), tivemos um encontro no qual o Conselheiro Sebastião Helvecio me deu orientações, conselhos e dicas importantes que me ajudaram a alcançar a vitória.

2. Eu, já na condição de conselheiro do TCEMG, acatei acertadamente a sugestão para fazer uma pós-graduação em Direito Público: Controle de Contas, Transparência e Responsabilidade, pela PUC Minas (Pontifícia Universidade Católica), ampliando os horizontes do saber.

Sebastião Helvecio é um ser humano especial, detentor de uma sensibilidade à causa pública impressionante, energia incrível, persistente e determinado na busca de seus objetivos.

Ele é realmente um visionário, possuidor de um currículo primoroso, notável, que valoriza e acredita na ciência, tecnologia e inovação como essenciais para o progresso e desenvolvimento do mundo.

É um cidadão prestante à sociedade, a qual atendia com humanidade como pediatra, professor universitário emérito e dedicado, pai de família exemplar, político respeitado e atuante. Conselheiro competente, sempre atual e comprometido com o bem-estar da sociedade.

É um homem que sabe plantar e colher, mãos limpas, coração puro, cuja raiz mais forte é a fé, e sua maior esperança está depositada em Deus.

Trilhou o caminho do bem e tem como propósito de vida o amor. Sebastião Helvecio busca incansavelmente a construção de um mundo mais justo e igualitário.

É merecedor e digno do reconhecimento, dos aplausos, dos agradecimentos por tudo de bom que fez, faz e continuará fazendo, visando sempre beneficiar o cidadão.

Dono de uma inteligência iluminada e extraordinária grandeza de espírito.

Sebastião Helvecio é um ser humano de primeira classe e será sempre nossa referência e o meu "caríssimo comandante".

Que o Divino Espírito Santo continue iluminando sua vida.

Seja muito feliz!

Informação bibliográfica deste texto, conforme a NBR 6023:2018 da Associação Brasileira de Normas Técnicas (ABNT):

VIANA, José Alves. Conselheiro José Alves Viana. *In*: TERRÃO, Cláudio Couto; ANDRADE, Durval Ângelo (Coords.). *Controle externo no século XXI*: homenagem a Sebastião Helvecio - Conselheiro, educador e cidadão do mundo. Belo Horizonte: Fórum, 2022. p. 285-286. ISBN 978-65-5518-338-2.

CONSELHEIRO SUBSTITUTO
HAMILTON COELHO

Quando fui honrado com o convite para registrar algumas palavras nesta obra, surpreendi-me com a proposta da contribuição: estava descrita como "testemunho". É a primeira vez que me manifesto a esse título.

Ao avançar na descrição da obra, contudo, não apenas compreendi perfeitamente a proposta, como experimentei certo alívio: o impressionante rol de juristas e autoridades que assinam capítulos deste livro me assegurou de que poucos dos temas caros ao homenageado – no vasto panorama de seus estudos, artigos, projetos e decisões – ficariam de fora e de que todos seriam abordados com profundidade e precisão compatíveis com Sebastião Helvecio.

Dizer que alguém "entrou para a história" é uma expressão que tem sido banalizada ultimamente. Sebastião Helvecio é um dos poucos sobre quem a utilizo sem medo de hipérbole. Aliás, vou além: no âmbito do constitucionalismo mineiro, das políticas sanitárias e do controle externo, o homenageado entremeou-se com a história, ajudou a construí-la e com ela se confunde.

Daí o alívio a que me referi: sobre a história, os artigos e ponderações técnicas se perdem em versões, enfoques e pontos de vista, porque a história é maior do que os indivíduos, inclusive daqueles que a fazem. A história do homenageado deste livro ultrapassa, portanto, a dimensão de um homem. E sobre a história, que nos abarca a todos de inúmeras formas diferentes, cada um só pode dar o seu modesto depoimento, evidenciar um recorte particular.

Dou-me conta de que foi exatamente essa a postura que adotei alguns anos atrás – a conduta da testemunha da história – quando me coube proferir algumas palavras por ocasião do fim do mandato de

Sebastião Helvecio como presidente do Tribunal de Contas de Minas Gerais. Registrei que ele tomou as adversidades que se acumulavam durante sua gestão para transformá-las num porvir frutífero, que enxergou a dificuldade e optou por fazer o que era difícil precisamente porque era difícil, porque era o que havia a ser feito.

Pontuei que o então conselheiro erigiu a ponte para o futuro ao direcionar a *expertise* do controle externo ao amplo emprego das novas técnicas de coleta e tratamento de dados proporcionadas pela tecnologia da informação. Estava, como agora, tecendo uma breve pequena crônica histórica – Sebastião Helvecio marcou o crítico ponto de inflexão entre ir buscar a informação em papéis, gavetas e estantes e fazer a informação chegar até nós, no formato ideal para a fiscalização da coisa pública. E seria redundante discorrer aqui sobre o Suricato – a história é notória e de conhecimento coletivo.

O que posso, sim, registrar, do meu ponto de vista pessoal, é a satisfação de dividir a tribuna com Sebastião Helvecio, de me ombrear com a personificação de uma história que, se não for a de todos os brasileiros, certamente é de todos que assinam e leem este livro. Posso redigir a crônica de quem viu o homenageado, depois de tantas proezas à frente da Casa de Contas, não repousar sobre suas glórias, mas, ao contrário, retomar o trabalho de fortalecimento dos tribunais de contas país afora com disposição incansável.

Uma característica incontroversa da história é a continuidade. E aí me permito evocar o início da trajetória da Atricon e dos esforços do saudoso Conselheiro Moura e Castro pela sua consolidação, que tive o privilégio de acompanhar algumas décadas atrás. Porque, provavelmente, Sebastião Helvecio foi um dos protagonistas do aprofundamento dessa história, ligada à articulação de um verdadeiro *sistema* nacional de controle externo, interligado no intercâmbio de informações e técnicas, confederando os tribunais do Brasil sob a causa comum da eficácia da despesa pública.

O protagonismo do Instituto Rui Barbosa, a nacionalização do IEGM, o compartilhamento de sistemas e métodos desenvolvidos no âmbito do TCEMG e em outras instituições para todas as demais, coroado pelo amplo reconhecimento internacional, deixaram claro a esta testemunha – cada vez mais admirativa – que a tentativa de resumir a história de Sebastião Helvecio naquela sessão de anos atrás, se não incorreta, era obviamente incompleta, porque capítulos profícuos ainda estavam por escrever-se.

Hoje, como todo cronista curioso, continuo a observar atentamente a história acontecer e me pergunto que façanhas ainda nos reserva Sebastião Helvecio para além dos portões do Tribunal de Contas mineiro.

Informação bibliográfica deste texto, conforme a NBR 6023:2018 da Associação Brasileira de Normas Técnicas (ABNT):

COELHO, Hamilton. Conselheiro Substituto Hamilton Coelho. *In*: TERRÃO, Cláudio Couto; ANDRADE, Durval Ângelo (Coords.). *Controle externo no século XXI*: homenagem a Sebastião Helvecio - Conselheiro, educador e cidadão do mundo. Belo Horizonte: Fórum, 2022. p. 287-289. ISBN 978-65-5518-338-2.

CONSELHEIRO JOSÉ DE RIBAMAR CALDAS FURTADO

Sebastião Helvecio Ramos de Castro é muito mais que médico, bacharel em direito, doutor em saúde coletiva, especialista em análise de dados aplicados ao controle externo, em controle externo e avaliação da gestão pública, em didática do ensino superior e em pediatria.

É um homem público exemplar e sempre pronto a contribuir na construção de uma sociedade melhor. Esse mineiro de Juiz de Fora/MG também nos legou sua participação como político quando, entre outros feitos, destacou-se pela criação do primeiro banco público de sangue de Minas Gerais, o Hemominas, implantado durante sua gestão como secretário estadual de Saúde. Exerceu seis mandatos consecutivos na Assembleia Legislativa de Minas Gerais e foi vice-prefeito de Juiz de Fora/MG entre 2001 e 2002.

Mas o que gostaria de destacar neste bom amigo é a sua atuação como servidor público, inspirador de grandiosas contribuições para o controle externo brasileiro, um excelente conselheiro do Tribunal de Contas do Estado de Minas Gerais e um atuante membro do Instituto Rui Barbosa (IRB).

Como presidente do IRB, Sebastião Helvecio foi o grande difusor do Índice de Efetividade da Gestão Pública Municipal (IEGM). Em seu trabalho *Indicador de efetividade da gestão municipal: contribuição dos tribunais de contas para a melhoria da gestão pública*, ao lado de Marília Gonçalves de Carvalho, o conselheiro destaca: "No sentido de melhorar a gestão pública e o diálogo com a sociedade, o Instituto Rui Barbosa – a casa do conhecimento dos Tribunais de Contas do Brasil – lançou a Rede Nacional de Indicadores Públicos com objetivo de compartilhar instrumentos de medição do desempenho da gestão pública brasileira, boas práticas e o conhecimento deles advindos na avaliação da gestão pública, através da aplicação do Índice de Efetividade da Gestão Municipal (IEGM)".

Tendo sido concebido pelo Tribunal de Contas do Estado de São Paulo (TCESP), o programa foi expandido para os demais tribunais de contas com apoio do Instituto Rui Barbosa, na gestão de Helvecio. O objetivo do IEGM é verificar se a visão e objetivos estratégicos dos municípios foram alcançados de forma efetiva e, com isso, oferecer elementos importantes para auxiliar e subsidiar a ação fiscalizatória exercida pelo controle externo.

Instrumento de transparência e controle social, já que a sociedade pode verificar por meio dele a efetividade das políticas públicas em áreas fundamentais, o IEGM revelou-se uma ferramenta preciosa para o trabalho dos tribunais. O índice contribui para o planejamento das auditorias, além de orientar a gestão pública, tendo em vista suas deficiências.

Outra grande contribuição de Sebastião Helvecio Ramos de Castro para o controle externo brasileiro refere-se à realização das jornadas científicas feitas pelo Instituto Rui Barbosa, em parceria com os tribunais de contas do Brasil, com o objetivo de contribuir para o aperfeiçoamento contínuo das atividades das cortes de contas, mediante desenvolvimento de um programa de capacitação com temas de interesse do controle externo. Uma delas aconteceu no Tribunal de Contas do Maranhão (TCE/MA), durante minha gestão como presidente, em 2017.

Iniciadas em 2015, as jornadas já percorreram várias cortes de contas, sempre com temas de interesse do controle externo, constituindo-se em um verdadeiro programa de capacitação para membros e servidores. As jornadas têm suas atividades gravadas e disponibilizadas na sessão videoteca do portal IRB para que o maior número possível de participantes tenha acesso ao conteúdo e seja capacitado.

Para a jornada no Maranhão, foi escolhido o tema Objetivos do Desenvolvimento Sustentável (ODS), um conjunto de metas estabelecidas pela Organização das Nações Unidas (ONU) em áreas como saúde, meio ambiente, combate à miséria, entre outras, que devem ser alcançadas pelos países signatários da instituição até o ano de 2030. Tivemos a honra de contar com a presença de Sebastião Helvecio, que declarou, na ocasião, ser a discussão pertinente e relevante para todo o país, *destacando que a escolha do tema pelo TCE maranhense foi absolutamente fundamental e também moderna.*

Dentre tantas contribuições desse grande brasileiro, achei por bem ressaltar estas duas: a disseminação desse instrumento de medição, o IEGM, impactando significativamente a melhoria da prestação dos serviços públicos para a população; e a realização das jornadas científicas, que nos remete ao processo de crescimento e amadurecimento profissional.

E aproveito este mote para encerrar estas poucas e merecidas palavras a esse ilustre mineiro: as caminhadas ou percursos feitos por Sebastião Helvecio em diversas áreas são sempre sinônimos de êxito, eficiência e resultados positivos. Suas contribuições são inestimáveis à sociedade brasileira e só o que podemos desejar é que sua mente brilhante continue nos brindando com ideias e projetos que só agregam ao desenvolvimento do nosso Brasil.

Informação bibliográfica deste texto, conforme a NBR 6023:2018 da Associação Brasileira de Normas Técnicas (ABNT):

FURTADO, José de Ribamar Caldas. Conselheiro José de Ribamar Caldas Furtado. *In*: TERRÃO, Cláudio Couto; ANDRADE, Durval Ângelo (Coords.). *Controle externo no século XXI*: homenagem a Sebastião Helvecio - Conselheiro, educador e cidadão do mundo. Belo Horizonte: Fórum, 2022. p. 291-293. ISBN 978-65-5518-338-2.

CONSELHEIRO ESTILAC MARTINS RODRIGUES XAVIER

Prezado amigo e professor Sebastião Helvecio Ramos de Castro, permita-me, inicialmente, a honra de saudá-lo como amigo e a justiça de lembrar sua condição de professor, missão que exerceu na Universidade de Juiz de Fora e que, de alguma forma, caracteriza suas contribuições para muito além das salas de aula. Ocorre, prezado conselheiro, que somos todos seus alunos, porque, ao longo de sua vida pública e, notadamente, nesses anos de convívio no sistema de controle externo do Brasil, aprendemos muito com suas intervenções, com seus alertas e com suas sugestões sempre oportunas e precisas.

Registro uma breve observação a partir da sua formação, apenas para que eu possa destacar duas características que, penso, o situam no coração de nosso tempo – um tempo com cada vez menos coração.

Ocorre, primeiramente, que o senhor agregou um conjunto de experiências que poucas pessoas têm a chance de somar. De um lado, sua trajetória na área da saúde como um destacado profissional médico especializado em pediatria, doutor em saúde pública e também como secretário estadual de Saúde de Minas Gerais; de outro, sua formação jurídica, seu percurso como deputado e como vice-prefeito da sua Juiz de Fora.

Com esse acúmulo, o senhor chegou ao cargo de conselheiro do TCEMG, trazendo para a Corte de Contas o olhar de quem esteve não apenas "nos dois lados do balcão", mas nos muitos lados da vida pública em que se atua tendo presente o bem comum. Foi nessa etapa de sua vida que as nossas histórias se encontraram quando conheci, na sua pessoa, uma vontade singular que se destacou no TCE mineiro sob sua administração. Sua visão estratégica sobre o papel da tecnologia de informação para o controle externo e o papel dos tribunais de contas na prevenção, pela sua perspicácia, abriu caminhos para o futuro hoje presente no cotidiano dos tribunais de contas.

E, na condição de conselheiro, o amigo seguiu estudando, alcançando duas novas especializações, em análise de dados aplicados ao controle externo e em controle externo e avaliação da gestão pública.

O que quero destacar nessa complexa caminhada é que há nela, visivelmente, uma enorme vontade de conhecer e, por decorrência, a admiração pela ciência. Ao mesmo tempo, pode-se observar em sua trajetória a dedicação às pessoas, o percurso de quem sempre propôs o cuidado, a atenção, a cura.

É preciso ter um coração generoso para se dedicar aos outros e pretender tratar das mazelas, sejam individuais, sejam sociais, que adoecem e matam as pessoas. Ao mesmo tempo, é preciso dedicação e humildade para se perguntar pela verdade ao invés de proclamá-la do alto das ruínas daqueles que se acham donos da verdade e do destino; é preciso, em síntese, um amor pelo conhecimento para se dedicar à ciência e estar aberto às surpresas que só os experimentos genuínos nos propiciam.

O amigo é dono desse coração, dessa dedicação, o que o coloca em uma posição muito distinta daqueles que, desde as sombras, governam com ódio, se nutrem da mentira e pretendem desconstituir o conhecimento e as ciências.

Homenageá-lo, prezado amigo, no momento de sua aposentadoria no TCEMG é, por isso mesmo, um ato de reconhecimento ao trabalho permanente, à dedicação, à inquietude que nos faz vivos e sujeitos; enfim um louvor à humanidade, compromisso maior da sua vida íntegra e exemplar.

Muito obrigado, professor!

Informação bibliográfica deste texto, conforme a NBR 6023:2018 da Associação Brasileira de Normas Técnicas (ABNT):

XAVIER, Estilac Martins Rodrigues. Conselheiro Estilac Martins Rodrigues Xavier. In: TERRÃO, Cláudio Couto; ANDRADE, Durval Ângelo (Coords.). *Controle externo no século XXI*: homenagem a Sebastião Helvecio - Conselheiro, educador e cidadão do mundo. Belo Horizonte: Fórum, 2022. p. 295-296. ISBN 978-65-5518-338-2.

CONSELHEIRA LILIAN DE ALMEIDA VELOSO NUNES MARTINS

Bons sentimentos vieram ao meu espírito ao ser uma das escolhidas para testemunhar essa pessoa extraordinária, que é o Conselheiro Sebastião Helvecio. Por necessidade ou por ser militante da revolução da brevidade, tenho que resumir o possível. Queria mesmo era falar do Sebastião Helvecio humano, falar de vida, de vivência, da nossa boa convivência ou talvez incluir um pouco de tudo. Seria impossível neste espaço. Os que fazem o controle externo no nosso país e fora dele já o conhecem e são testemunhas da sua competência, altivez, firmeza e sabedoria. Na realidade, as virtudes do Conselheiro Helvecio nem precisam tanto de plateia, de aplausos, pois suas virtudes já são sua própria recompensa.

Conheci o então corregedor-geral do TCEMG, Conselheiro Sebastião Helvecio, no dia 04 de maio de 2012, exatamente três dias após minha posse como conselheira no TCEPI. Foi emblemático. Ele veio para uma palestra aqui no Tribunal do Piauí tratar sobre a renegociação das dívidas dos estados. Já nesse evento, ficou claro que aquela amizade não seria baseada só na empatia inicial, mas em cultivo, que seria irremediavelmente consolidado. Nossa amizade não exigiu tempo, mas disposição, e o rumo certo foi muito mais importante do que a velocidade. Sua gentileza naquele dia foi um toque de classe em um mundo pragmático, apressado, indiferente. Ser gentil fez a amizade acontecer como se fosse ao som de uma boa música. Nem precisava, mas fez toda a diferença. Da minha parte, ficou realmente um tanto de admiração com começo de construção de memória.

Em 2016, ele, presidente do TCEMG e também do Instituto Rui Barbosa (IRB), mais uma vez palestrou no TCEPI a meu convite, na Jornada Científica do Instituto, sobre Rede Nacional de Indicadores

Públicos. Nesse momento, já se mostrava como um dos conselheiros mais brilhantes, defensor arguto da necessidade de se avançar no controle externo.

Foram muitos encontros profissionais Brasil afora. Além das naturais experiências que buscava para meu desempenho e para minha instituição com ele, compus chapa no Conselho Fiscal do IRB. Eleita, presidi o Comitê de Meio Ambiente da entidade, onde comandei atividades importantes na área de sustentabilidade. Respaldada, consegui desenvolver um trabalho relevante, lastreado pelo sentimento de confiança mútua que sempre permeou nossa relação.

Impressionava-me sua capacidade de trabalho. Nas suas apresentações, sempre tomava nota do que conseguia. Possuidor de uma postura que naturalmente impunha respeito, saber prender a atenção das pessoas pela forma e conteúdo era especialmente uma de suas grandes qualidades. Tudo era motivo de estreitamento de laços. Qualquer encontro, uma oportunidade de crescimento pessoal e profissional. O TCEMG passou a ser uma das minhas principais referências de tribunal avançado, onde buscava respostas e exemplos de ações efetivas para algumas das minhas inquietações sobre o sistema TCs.

Sebastião Helvecio é o que chamo de um vencedor, não exatamente como um herói ou um ser distinto. Sua trajetória dignamente construída se entrelaça e descortina histórias de conhecimento, determinação, de renúncia e de extrema disciplina. Reconheço também que nenhuma vitória é órfã. Ela é, no geral, coletiva. Valéria, sua mulher, e Renata, sua filha, por quem nutro singela amizade, e, com certeza, outros da família são também protagonistas dessa história.

O senhor tem meu reconhecimento e gratidão. Durante sua vida de homem, profissional da medicina, parlamentar ou julgador, aprendeu e orientou com toda a dedicação, empenho e paciência a preparar mentes do futuro. Uma verdadeira inspiração. Fez as melhores trocas, ajudando a descobrir nossas possibilidades e, com ousadia, forneceu bases para o atingimento dos nossos objetivos.

Suas asas são longas e estão sempre em direção ao Sol, mas ao contrário de Ícaro, nunca vão se derreter porque não são feitas de cera. São feitas de muito trabalho, de pequenos milagres, de pequenos pedaços de amor, todos colecionados ao longo dos anos da sua vida. São poucas as pessoas que têm sua disposição, é um mais-valia para qualquer equipe.

Uma pessoa é gigante para você por vários motivos. O carinho que não precisava chegou desacompanhado de um motivo especial; então, o senhor acabou sendo um verdadeiro gigante para mim.

Informação bibliográfica deste texto, conforme a NBR 6023:2018 da Associação Brasileira de Normas Técnicas (ABNT):

MARTINS, Lilian de Almeida Veloso Nunes. Conselheira Lilian de Almeida Veloso Nunes Martins. *In*: TERRÃO, Cláudio Couto; ANDRADE, Durval Ângelo (Coords.). *Controle externo no século XXI*: homenagem a Sebastião Helvecio - Conselheiro, educador e cidadão do mundo. Belo Horizonte: Fórum, 2022. p. 297-299. ISBN 978-65-5518-338-2.

CONSELHEIRO ADIRCÉLIO DE MORAES FERREIRA JÚNIOR

O mundo é bão, Sebastião!
O mundo é teu, Sebastião!
(Nando Reis)

A canção de Nando Reis, cujos versos inspiram o título deste testemunho e permeiam o presente texto, revisita um tema sempre recorrente na obra do compositor, que são as relações familiares e pessoais e a sua visão de mundo a partir dessas ligações.

A mensagem trazida na composição pode, em um primeiro momento, soar ingênua ou pueril, mas, na verdade, procura transmitir, a partir do reconhecimento das imperfeições e iniquidades do nosso universo, uma mensagem implícita de otimismo e de esperança em um mundo melhor, principalmente por meio da utilização de elementos presentes na realidade e no imaginário infantil.

Nem tanto por usar um adjetivo que muito bem representa o bom (ou seria *bão*) *mineirês*, mas, sim, por lançar mão do nome do nosso homenageado, a música foi por mim lembrada, quase que instantaneamente, assim que recebi o honroso convite de escrever algumas linhas em referência a Sebastião Helvecio.

Mas, para além da coincidência de nomes dos dois personagens, a mensagem e alguns dos simbolismos trazidos pela composição traduzem, também, de alguma forma, a passagem de Sebastião pelo sistema tribunais de contas, período a que me dedico por ter sido aquele no qual tive o privilégio de conhecê-lo e de desfrutar de sua enriquecedora convivência.

As virtudes de Sebastião Helvecio são muitas: fidalguia, lhaneza, lucidez, conhecimento, sabedoria, discernimento, erudição, criatividade, inovação, coragem, ousadia, empatia, alteridade, sensatez, liderança, humanismo. E todas elas muito úteis ao sistema tribunais de contas.

A complexidade de sua formação, seja ela acadêmica (medicina e direito), seja ela profissional, com vasta experiência na vida pública (como secretário municipal de saúde, vice-prefeito, deputado estadual e conselheiro de uma Corte de Contas), evidencia a envergadura e a dimensão técnica e política desse mineiro de Juiz de Fora e guarda relação direta com a atuação transdisciplinar das cortes de contas.

Isso, por si só, já seria suficiente para concluirmos pela grande valia de sua experiência para o aprimoramento do controle e da gestão públicas.

O fato, porém, é que a atuação de Sebastião, ao longo de sua vida profissional, trouxe uma inestimável contribuição ao controle externo da administração pública brasileira, o que termina por dar concretude e legitimar a configuração política e técnica escolhida pelo constituinte para a composição dos tribunais de contas.

Por quatro anos, Sebastião presidiu, com autoridade e legitimidade, a Casa do Conhecimento dos Tribunais de Contas, entidade que se dedica à capacitação de membros e servidores dos órgãos de contas, imprimindo suas características e toda sua experiência na execução da tarefa de proporcionar crescimento pessoal e profissional ao componente humano dessas instituições.

Assim como no mundo de seu homônimo, o de Sebastião Helvecio "é feito de ideias", e suas diversas iniciativas e projetos foram "como soltar o mundo inteiro com asas" e representaram significativos avanços para as cortes de contas, as quais, a partir delas, alçaram voos muito mais altos.

Da mesma forma, a união, o fortalecimento e a transformação, levadas a efeito por Sebastião por meio de suas muitas ações, poderiam ser sintetizadas na metáfora "tão fortes somos todos outros Titãs", utilizada pelo cantautor.

O mundo é *bão* e é teu, Sebastião! E você contribui para que ele se torne cada vez melhor. E esperamos que todos nós possamos continuar a fazer parte e a desfrutar do seu rico universo e de sua agradável e engrandecedora companhia mesmo após a sua aposentadoria.

Informação bibliográfica deste texto, conforme a NBR 6023:2018 da Associação Brasileira de Normas Técnicas (ABNT):

FERREIRA JÚNIOR, Adircélio de Moraes. Conselheiro Adircélio de Moraes Ferreira Júnior. *In*: TERRÃO, Cláudio Couto; ANDRADE, Durval Ângelo (Coords.). *Controle externo no século XXI*: homenagem a Sebastião Helvecio - Conselheiro, educador e cidadão do mundo. Belo Horizonte: Fórum, 2022. p. 301-303. ISBN 978-65-5518-338-2.

CONSELHEIRA DULCINÉA BENÍCIO DE ARAÚJO

Vislumbre!!!

Ao ser convidada pelo caro amigo Durval Ângelo para falar da grandeza do homenageado, o Conselheiro Sebastião Helvecio Ramos de Castro, senti-me desafiada e agraciada por tão honrosa tarefa. É com felicidade que registro nesta missiva a admiração que nutro por esse mineiro de Juiz de Fora, referência para o controle externo nacional e internacional.

Dentre as inúmeras virtudes de Sebastião Helvecio, destaco a generosidade, qualidade de quem compartilha por bondade. Como corregedor do Tribunal de Contas de Minas Gerais, esteve no Acre e em outros estados, palestrando sobre o indexador das dívidas estaduais, buscando, a partir de debates coletivos junto às unidades federadas, uma solução para esse grave problema que afeta todo o Estado brasileiro.

Destacou-se ainda na luta pelo aprimoramento do controle externo nacional, compartilhando as experiências e inovações do Tribunal de Contas mineiro com as demais cortes de contas.

Homem de muitos saberes, além de amável e gentil, algo raro nestes tempos modernos, Sebastião Helvecio possui vasta atuação no campo social: é médico pediatra, doutor em saúde pública e bacharel em direito, foi deputado, secretário de Estado, conselheiro de contas, além de possuir uma formação humanista extraordinária e ser um educador nato.

No TCEMG, sua atuação foi voltada para a melhoria e o fortalecimento da fiscalização da gestão pública, contribuindo com o trabalho tanto dos gestores quanto dos fiscalizadores, tornando-se responsável por uma verdadeira revolução na área de controle externo do Brasil e aprimoramento significativo das auditorias, sendo o criador, inclusive, do excelente Sistema Suricato.[1] De modo que faço minhas as palavras da Conselheira Naluh Gouveia (TCE-AC): "A generosidade e a disposição são características desse mineiro! Os Tribunais de Contas devem a ele as melhorias nas auditorias. Seu papel foi fundamental para o aprimoramento, tanto no Brasil como no exterior, dessa importante ferramenta de trabalho do controle externo".

Seguindo seu exemplo de solidariedade, em meu relato pessoal também deixo o registro de outros companheiros do TCE-AC, a exemplo do Conselheiro Valmir Ribeiro: "Trago um pouco da minha admiração e respeito ao homem sábio, visionário, líder, competente e inovador! Meu dileto amigo Dr. Sebastião Helvecio. Homem iluminado por seus meritosos feitos. Desejo que ainda por muitos anos seja este abençoado 'Raio de luz' a ser seguido pela sociedade. Deus te abençoe. Segue em frente, velho amigo! Os teus caminhos são iluminados pelos teus grandes legados, referência para todos nós".

"Poucos brasileiros colocaram a imaginação política caminhando paralelamente com o controle externo, ressaltando sempre o desafio de caráter social e colocando a inovação tecnológica e institucional no centro do debate das entidades do controle externo do país. Helvecio é uma referência de luta e compromisso com a democracia e o desenvolvimento, com equidade que as novas gerações devem enfrentar", observa o presidente do TCE-AC, Conselheiro Ronald Polanco Ribeiro.

Transcrevo ainda as palavras do Conselheiro Ribamar Trindade sobre nosso honroso homenageado: "Sua eminente trajetória no TCEMG junto ao Instituto Rui Barbosa, somada a uma vida dedicada à sociedade brasileira, em diferentes esferas da saúde pública, educação e no Direito, demonstra que todas as homenagens prestadas são dignas de suas lutas e conquistas".

Prosseguindo, destaca o Conselheiro Antônio Malheiro: "Com alegria, orgulho e tristeza acompanhamos os atos de sua aposentadoria e ao escutarmos os demais depoimentos sobre sua trajetória, percebemos em todos uma justa e honrosa admiração, ao qual nos juntamos. Desejo-lhe que continue tendo muitas alegrias ao longo da vida, e que continue com sucesso nas atividades que irá desenvolver".

---

[1] A ferramenta Suricato (TCEMG) foi reconhecida como "melhor detetive" do mundo pelo *blog* espanhol *Levante El Mercantil Valenciano*. O projeto já é recomendado pela Agência Valenciana Antifraude (AVAF) para utilização pelos órgãos que combatem o enriquecimento ilícito na Espanha. Em 2016, o projeto foi finalista do 13º Prêmio Innovare, que tem como objetivo identificar, divulgar e difundir práticas que contribuam para o aprimoramento da justiça no Brasil.

Desse modo, finalizo este singelo relato externando a minha admiração por Sebastião Helvecio, pois carrego no peito o sentimento de muita gratidão e desejo que continue muito feliz, podendo a partir de agora dedicar mais tempo à sua família.

O legado que Sebastião Helvecio nos deixa é não só o conhecimento, mas, sobretudo, a importância de reconhecermos o quanto as boas práticas se multiplicam quando compartilhadas, de modo que a nossa gratidão é imensa por tamanha grandeza de atuação diante da vida e da sociedade.

Obrigada, querido amigo, por tudo que fez em favor de um controle externo forte, independente, moral e eticamente sustentável. Em meu nome, assim como do Tribunal de Contas do Estado do Acre e de todos os demais colegas que compõem a Corte de Contas acreana, expresso a gratidão pelas grandes transformações e inovações no campo do controle externo brasileiro. Siga iluminando o Brasil e o mundo.

E neste momento em que você se ressignifica para, no dizer de Thiago de Mello, iniciar uma nova forma de caminhar, valho-me do poema *Senhor*, de Jamil Snege, para desejar-lhe muitas felicidades em seu novo marejar:

Já inspecionei a proa,
amarrei a carga,
desatei a vela.
O vento sopra forte e
enfuna meu coração de alegria.
Agora é contigo, Senhor.
Toma o leme e risca
o rumo do meu barco – não
penses que irei por esse mar sozinho.

Informação bibliográfica deste texto, conforme a NBR 6023:2018 da Associação Brasileira de Normas Técnicas (ABNT):

ARAÚJO, Dulcinéa Benício de. Conselheira Dulcinéa Benício de Araújo. In: TERRÃO, Cláudio Couto; ANDRADE, Durval Ângelo (Coords.). *Controle externo no século XXI*: homenagem a Sebastião Helvecio - Conselheiro, educador e cidadão do mundo. Belo Horizonte: Fórum, 2022. p. 305-307. ISBN 978-65-5518-338-2.

CONSELHEIRO DOMINGOS AUGUSTO TAUFNER

É indiscutível que a carreira do médico e advogado Sebastião Helvecio Ramos de Castro é brilhante, tanto pelo número de cargos e funções que ocupou (sempre obtidos de maneira legítima) quanto pela qualidade em sua atuação, além de sua formação acadêmica.

Nesses 12 anos (2009-2021) em que atuou como conselheiro do Tribunal de Contas do Estado de Minas Gerais, qualificou em muito a referida Corte de Contas, em especial no período que a presidiu (2015-2016), em que foram implantados inúmeros projetos inovadores.

Sua atuação não se restringiu ao brilhante trabalho realizado no TCE mineiro. Ela ultrapassou fronteiras, brindando não só o Brasil, como também o mundo, com as suas ideias e, principalmente, com as suas práticas.

No âmbito nacional, destaco o período de seu exercício da presidência do Instituto Rui Barbosa (IRB) por dois mandatos (2014-2018), instituto esse que congrega todos os tribunais de contas brasileiros, tem natureza educacional e é responsável, principalmente, pela formação dos membros e servidores do controle externo, bem como pela formação de servidores da gestão pública e de membros da sociedade.

O Conselheiro Sebastião Helvecio exerceu com maestria a presidência do IRB, inaugurando uma nova fase na referida instituição. Fez eventos em cooperação com cada tribunal de contas da federação, participando presencialmente de todos os eventos, tornando-se um conhecedor privilegiado do controle externo no Brasil, em todos os seus contornos.

O fato dele ter experiência como professor universitário contribuiu muito em sua gestão à frente de uma entidade ligada à educação e, mesmo após o encerramento do seu segundo mandato à frente do

IRB, continua colaborando de maneira permanente com a instituição, pois faz parte de sua diretoria e possui uma postura ativa no instituto.

No âmbito internacional, não consigo aqui enumerar todos os países que visitou para conhecer o controle externo local, levando também um pouco de nossas experiências na sua atividade junto com as entidades internacionais de controle externo, buscando sempre o seu fortalecimento.

Seu bom caráter, sua formação e sua atuação anterior foram fundamentais para que tivesse esse desempenho marcante no controle externo. Colocou toda a sua experiência adquirida ao longo da vida à disposição de nós, que pudemos aproveitar muito do seu conhecimento.

Um ponto importante que enfatizo em seu trabalho é a defesa permanente, incansável e inegociável da *democracia*. O direito para que as pessoas sejam livres para escolher seus representantes e, também, para participar diretamente de algumas das decisões mais importantes sempre esteve em pauta ao longo de toda a sua trajetória.

Outro fator que o acompanha junto com a defesa da democracia é o seu compromisso com as causas sociais, algo indissociável da democracia plena. Todo o seu trabalho sempre está pautado com o objetivo de incluir pessoas, de proporcionar acesso à dignidade para todos e todas.

As palestras do nosso prezado Conselheiro Sebastião Helvecio são brilhantes, pois ele consegue falar de filosofia – assunto visto por alguns como chato – para qualquer plateia e demonstrar de maneira inequívoca que aquelas reflexões filosóficas são úteis para o nosso dia a dia, convencendo qualquer público com exemplos verdadeiros.

Daqui para a frente, tenho certeza de que ele continuará atuando com a disposição de sempre, que, inclusive, é bem maior do que a dos mais jovens, atuando nas nossas entidades e também em outras da sociedade. Muita coisa ainda há de contribuir com a construção de uma sociedade justa e fraterna.

Informação bibliográfica deste texto, conforme a NBR 6023:2018 da Associação Brasileira de Normas Técnicas (ABNT):

TAUFNER, Domingos Augusto. Conselheiro Domingos Augusto Taufner. *In*: TERRÃO, Cláudio Couto; ANDRADE, Durval Ângelo (Coords.). *Controle externo no século XXI*: homenagem a Sebastião Helvecio - Conselheiro, educador e cidadão do mundo. Belo Horizonte: Fórum, 2022. p. 309-310. ISBN 978-65-5518-338-2.

CONSELHEIRO JOAQUIM ALVES DE CASTRO NETO

Seria lugar comum expressar algo sobre os feitos do Conselheiro Sebastião Helvecio Ramos de Castro. Algo como combater os moinhos de vento de D. Quixote para salvar Dulcineia de Toboso.[1] Todos no controle externo, nos últimos doze anos, lhe rendem homenagens, exaltam seus atos, suas virtudes. Ele, em clara exceção a Nelson Rodrigues, é uma unanimidade sábia.

Então me pergunto o que falar. Nesse ambiente do controle, sou infante. Mas não Sebastião. Ele sabe desde antes esse ofício dos tribunais de contas. Parece que já nasceu com as ferramentas. Tem o imprescindível: a caneta, o buril, o estetoscópio, o bisturi preciso. Aqui, apropriando-me de Cora Coralina, digo que ele sabe dar a vara de pescar, mas "(...) pensando bem, não só a vara de pescar, também a linhada, o anzol, a chumbada, a isca, apontar um poço piscoso e ensinar a paciência do pescador".[2]

E segue a minha dúvida. Eu me esforço para cumprir as demandas gigantes e urgentes das atribuições que esperam que cumpra com desvelo e sem cansaço. Sebastião passeia pelos quatro cantos da Terra, se é que isso existe. Vai que essa nave em que estamos é plana e não sabemos...

Todos têm uma história para contar, um elogio a fazer, um episódio pessoal de convivência, uma imagem gravada na memória. Eu me esforço até localizar Sebastião Helvecio no I Fórum de Processualística dos Tribunais de Contas, na aquecida Palmas de setembro de 2016. Ele desfila as macrotendências do controle externo. Passos firmes, serena voz, domínio do tema, clareza, objetividade. Uma única certeza me

---

[1] Da obra *Dom Quixote de La Mancha*.
[2] Do poema *Conclusões de Aninha*.

vem à mente: Sebastião estudou muito e claramente dormiu pouco. E a saga continua: no Instituto Rui Barbosa, o aprimoramento do sistema, pelas melhores normas de auditoria internalizadas... o Brasil na OCDE tem um dedo de Sebastião. Pensando bem, tem ele inteiro, de corpo e alma, apaixonado pelo que faz...

Os dias passam, acumulam-se em semanas, meses, anos, e Sebastião não passa, não para, não estaciona, talhado para o combate, com uma energia que só pode vir de uma Luz Superior. Mas chega o marco do *front*. Então, penso: lá vem a pausa merecida. Mas ele não quer. Ainda bem, para o Tribunal de Contas da União. Afinal, para Altos Estudos, só Altas Pessoas, do gabarito dele.

À medida que as linhas crescem, minha admiração aumenta e meu espírito se inquieta. Como reconhecer alguém que já recebe tantos aplausos por tantas realizações? Talvez pela gratidão? Sim, certamente sou grato. O conselho sereno, as intervenções ponderadas, a habilidade de navegação nas águas revoltas da gestão e da governança das instituições de controle são qualidades admiráveis, que busco compreender e introjetar na minha conduta, que pretendo espelhar nos melhores exemplos.

Mesmo assim, pode não ser suficiente. Por isso, acabo por me render. Busco o silêncio e, reverentemente, recolho-me. Almejo que nessa atitude contemplativa repouse o louvor pelo exemplo de Sebastião Helvecio. Em silêncio, assim, espero aprender a sabedoria.

Informação bibliográfica deste texto, conforme a NBR 6023:2018 da Associação Brasileira de Normas Técnicas (ABNT):

CASTRO NETO, Joaquim Alves de. Conselheiro Joaquim Alves de Castro Neto. *In*: TERRÃO, Cláudio Couto; ANDRADE, Durval Ângelo (Coords.). *Controle externo no século XXI*: homenagem a Sebastião Helvecio - Conselheiro, educador e cidadão do mundo. Belo Horizonte: Fórum, 2022. p. 311-312. ISBN 978-65-5518-338-2.

EX-GOVERNADOR FERNANDO PIMENTEL

Um mineiro exemplar!!!
Conheci pessoalmente Sebastião Helvecio quando ele ocupava o posto de vice-prefeito de Juiz de Fora, creio que no início dos anos 2000. Eu era na época vice-prefeito de Belo Horizonte, mas tinha assumido o mandato de prefeito em virtude do afastamento do Dr. Célio de Castro, por motivo de saúde. Já ao primeiro contato impressionou-me a inteligência e a profundidade das análises que o então gestor municipal juiz-forano fazia nas várias oportunidades em que tivemos de conversar sobre as questões administrativas das nossas cidades.

Desde então, nos seus sucessivos mandatos de deputado estadual, pude acompanhar a trajetória desse amigo, com crescente admiração e respeito por sua conduta sempre serena, íntegra, democrática e, acima de tudo, profundamente comprometida com o interesse público.

Foi sem dúvida essa trajetória que o levou a ser indicado, com todos os méritos, para conselheiro do Tribunal de Contas do Estado, de onde agora se afasta pela regra da aposentadoria compulsória. E o faz merecendo todas as homenagens de quem o conhece e reconhece seu trabalho por Minas Gerais.

No meu período de governador, pude testemunhar o empenho e a dedicação de Sebastião Helvecio à frente daquela Corte de Contas, buscando soluções adequadas, dentro da legislação, para resolver problemas da cidadania mineira que, muitas vezes, podem se agravar por uma gestão equivocada das contas públicas. Foi a providencial interferência de Sebastião que, atendendo à solicitação de nosso governo, permitiu construir uma modelagem eficaz em contrato de parceria público-privada e, com isso, assegurar à COPASA a execução de obra de captação de águas no rio Paraopeba, no ano de 2015. Sem essa obra, a Região Metropolitana de Belo Horizonte teria sido submetida a um inevitável regime de racionamento na distribuição de água em função do baixo nível dos reservatórios na ocasião.

Esse é só um exemplo, entre muitos, da postura diferenciada do nosso agora ex-Conselheiro Sebastião Helvecio, empenhando sempre seu conhecimento e capacidade técnica na construção republicana do bem comum.

Reitero aqui, de público, meu agradecimento sincero e minha admiração e amizade a esse mineiro, cuja vida pública nos orgulha e honra as melhores tradições políticas da nossa Minas Gerais. Parabéns, caro amigo! Desfrute agora do merecido descanso da aposentadoria, mas, por favor, não nos prive da sua inteligência, da sua experiência e – por que não dizer – da alegria de seu convívio.

Informação bibliográfica deste texto, conforme a NBR 6023:2018 da Associação Brasileira de Normas Técnicas (ABNT):

PIMENTEL, Fernando. Ex-governador Fernando Pimentel. *In*: TERRÃO, Cláudio Couto; ANDRADE, Durval Ângelo (Coords.). *Controle externo no século XXI*: homenagem a Sebastião Helvecio - Conselheiro, educador e cidadão do mundo. Belo Horizonte: Fórum, 2022. p. 313-314. ISBN 978-65-5518-338-2.

DR. JAIR SANTANA

É extraordinariamente indescritível o que se pode ver ao olhar para trás.

Parece não ter fim; e, de fato, quase não se tem.

Lá se vão as décadas, os anos, os meses, os dias, as horas, os minutos, os segundos e todas as menores frações de tempo que podemos imaginar.

E realmente quase não tem fim tudo o que pertence ao que já é passado; afinal, são centenas de milhares de horas.

Talvez até mesmo o amigo não consiga se apropriar dessa quase infinidade de coisas que ficam para trás. É natural que assim seja.

Mas eu – que sou uma honrada testemunha de pequena parte disso – posso seguramente dizer que o rastro do teu passado muito se assemelha aos incontáveis feixes de luzes produzidos por determinados corpos celestes.

Certeza minha, meu amigo, que, com a sua bagagem, você ilumina, sempre iluminou e sempre iluminará. E por razões muito simples que se explicam através da observação da natureza cósmica e de todas as demais coisas que nos cercam.

Prefiro dizer, meu caro, de modo simples, que o brilho é mesmo uma nata propriedade da estrela; é a sua função e a sua meta, juntamente com o virtuoso colorido que anima a sua (e a nossa, ainda bem!) existência.

Brilho e cores, predicados básicos das estrelas, são verdadeiras dádivas postas à frente dos nossos olhos.

Sou grato por enxergar e desfrutar do espetáculo que você propicia a você mesmo e a muitos outros.

Saúde e paz ao amigo.

Informação bibliográfica deste texto, conforme a NBR 6023:2018 da Associação Brasileira de Normas Técnicas (ABNT):

SANTANA, Jair. Dr. Jair Santana. *In*: TERRÃO, Cláudio Couto; ANDRADE, Durval Ângelo (Coords.). *Controle externo no século XXI*: homenagem a Sebastião Helvecio - Conselheiro, educador e cidadão do mundo. Belo Horizonte: Fórum, 2022. p. 315-316. ISBN 978-65-5518-338-2.

HOMENAGEM AO CONSELHEIRO SEBASTIÃO HELVECIO / NOVEMBRO DE 2021

Antônio Arias Rodrigues – Universidad de Oviedo/Astúrias
"Meu querido amigo Sebastião, estamos em Espanha esperando-o. Sempre esteve conosco! Recordo-me de importantes seminários de que participou na Universidade de Salamanca, na Comunidade de Madri, na Universidade Castilla-La Mancha, em Barcelona, quando compartilhamos mesa. Esperamos poder vê-lo aqui, já que se aposentou, e possa seguir nos dando toda a sabedoria que tem. Para nós é muito importante receber de você toda a experiência que tem."

Carlos Mauricio Cabral Figueiredo – German International Cooperation (GIZ)
"Conselheiro Sebastião Helvecio, muito sucesso nesta nova fase da sua vida, muito obrigado por ter emprestado a sua inteligência, sua energia, sua disposição para cooperar, para nos ajudar na África. O nosso programa de boa governação financeira da Cooperação Internacional Alemã é muito grato por todo o apoio, por toda a cooperação; eu sou testemunha de quão valioso foi o seu apoio. Muitas felicidades nessa nova fase!"

Jamile Bergamaschine Mata Diz – Centro de Excelência Jean Monnet (UFMG)
"Eu gostaria de agradecer, imensamente, ao Dr. Sebastião Helvecio pelo apoio permanente, incansável, que deu a nosso projeto *Cátedra Jean Monnet* em Direito, da Universidade Federal de Minas Gerais, apoio esse que nos permitiu, posteriormente, consolidar nossos estudos em matéria de União Europeia para o Centro de Excelência Europeu, um polo disseminador sobre o conhecimento das mais distintas áreas da

União Europeia. Fica aqui a minha imensa gratidão por todos os esforços envidados pelo Dr. Sebastião Helvecio para que esse projeto, financiado pela Comissão Europeia, pudesse colher resultados tão significativos como foi a obtenção do Centro de Excelência Europeu. Nosso muito obrigado ao Dr. Sebastião Helvecio e toda a equipe do TCE por esse apoio e parceria inigualável."

Maristela Baioni – Programa das Nações Unidas para o Desenvolvimento (PNUD)
"Prezado Dr. Sebastião Helvecio, registro aqui os nossos agradecimentos pela parceria que foi fundamental para aproximar o Programa das Nações Unidas (PNUD) e os órgãos de controle no Brasil. Seu empenho pessoal, liderança e compromisso foram chaves para a construção dessa parceria. Considerando sua grandiosa capacidade de trabalho, liderança, inovação, articulação e experiência, tenho certeza de que o seu compromisso com o desenvolvimento do Brasil continuará nos unindo em novas oportunidades e colaboração. O nosso muito obrigado e que o senhor seja muito feliz nessa nova fase da sua vida. Grande abraço!"

Antônio Augusto Anastasia – Senador da República
"Estimado amigo Conselheiro Sebastião Helvecio, há quantos anos nos conhecemos, trabalhando juntos em diversas missões no serviço público de Minas Gerais. Eu tenho a grata satisfação de dizer que, ao longo das últimas décadas, estivemos juntos em muitas oportunidades. O ilustre amigo – como deputado estadual, líder partidário, secretário de Estado e, depois, como conselheiro e presidente do Tribunal de Contas do Estado de Minas Gerais – esteve sempre à frente de bandeiras importantes em prol da boa governança e da boa gestão. Nesse momento de sua aposentadoria no Tribunal de Contas de Minas, eu gostaria de registrar aqui meu testemunho, meu elogio, minha admiração pelo caro amigo. Saudá-lo pela trajetória realizada, pelas conquistas alcançadas e, sobretudo, pelo reconhecimento da sociedade mineira, não só de Juiz de fora, da Zona da Mata, de Belo Horizonte, mas de toda a Minas e, também, do Brasil, pelo trabalho que realizou ao longo desses anos. Parabéns, saia com a cabeça erguida e com o sentimento do dever cumprido. Um abraço, caro amigo Sebastião Helvecio."

Jacoby Fernandes – Professor e Advogado
"Neste momento muito especial do Tribunal de Contas do Estado de Minas Gerais, em relação a Sebastião Helvecio Ramos de Castro, que se despede, eu queria participar dizendo que é uma das pessoas

mais inteligentes que conheci na minha vida em termos de devoção à sociedade, ao país. Advogado, médico, doutor em Saúde Coletiva, Sebastião Helvecio dirigiu o Tribunal de Contas e dirigiu a imagem do Tribunal de Contas do Estado de Minas Gerais no Brasil inteiro e no exterior, dignificando todos os seus passos. Eu tenho muito orgulho de dizer que sou amigo de Sebastião Helvecio e tenho certeza de que todos vocês lamentam, como eu, que ele deixe o serviço público. Mas, conhecendo-o bem, é só uma porta que muda no seu trabalho. A sua devoção ao Brasil e à sociedade vai continuar a mesma. Felicidades a você, Sebastião Helvecio!"

Magdalena Cordero – Tribunal de Contas Europeu
"Do Tribunal de Contas Europeu, aqui em Luxemburgo, mando-lhe um forte abraço. Separa-nos todo um oceano, mas nos une o interesse pela inovação, progresso e conhecimento. Recordo com especial emoção minha viagem ao Brasil e recordo muito bem todas as viagens nas quais nos encontramos aqui na Europa e, em particular, aqui no Tribunal de Contas Europeu. Tenho certeza de que seu futuro estará cheio de projetos, porque é uma pessoa viajante, curiosa, com muitos interesses. E neste futuro cheio de projetos, desejo-lhe o melhor. Um abraço!"

Marcelo Barros Gomes – Cooperação e Parcerias Internacionais (TCU)
"Dr. Sebastião Helvecio, receba todo o meu reconhecimento, o meu carinho e também um abraço neste momento importante, nesta nova trajetória de sua vida, que certamente será coroada de êxito, como tudo que até aqui realizou. Esperamos todos que continue construindo esses relacionamentos interpessoais – como ninguém, o senhor constrói – e, ao mesmo tempo, lutando por um país mais igual e por um país mais justo e mais desenvolvido. Um abraço e continuaremos juntos!"

Marcos Bonturi – Diretor de Governança Pública (OCDE)
"Eu gostaria de homenagear o Dr. Sebastião Helvecio e mandar um agradecimento especial pelo trabalho que nós realizamos, em conjunto com a OCDE, em que ele teve uma participação essencial na troca de boas práticas a nível internacional. Muito obrigado, Dr. Sebastião Helvecio, por representar tão bem os interesses e as perspectivas brasileiras na OCDE."

Ivan Lelis Bonilha – Presidente do IRB / Conselheiro do TCEPR
"Eu quero aqui prestar singela e objetiva homenagem àquele que eu considero o maior benfeitor do controle externo e da qualificação

técnica dos tribunais de contas que eu conheci: Sebastião Helvecio. Não somente pela sua capacidade de gestão notável, mas pela sua sensível interlocução com todos os tribunais e, acima de tudo isso, seu incomparável compromisso com a boa gestão dos recursos públicos. Sebastião Helvecio, receba o meu agradecimento sincero e muito próximo por tudo isso que fez. Creio que ainda será, no futuro, companheiro nosso em muitas outras lutas e questões atinentes ao controle externo do nosso Brasil. Muito obrigado!"

Friedrich Pammer – Presidente da EURORAI
"Prezado Sebastião Helvecio, gostaria muito de agradecer, em nome da EURORAI, seu comprometimento com nossa instituição. Ao longo de todos esses anos, você esteve presente em muitos dos eventos organizados pela nossa instituição. Gostaria de destacar sua participação, como palestrante, no seminário que ocorreu em Varsóvia, em 2019. Obrigado, mais uma vez, por fazer parte da família EURORAI. Cuide-se e aproveite sua valiosa e merecida aposentadoria."

Mauri Torres – Presidente do TCEMG
"É com muita alegria e satisfação que dirijo estas palavras de homenagem ao Conselheiro Sebastião Helvecio, com quem tive oportunidade de conviver inicialmente no parlamento mineiro; quando lá cheguei em 1991, já encontrei o deputado, que fez a Constituinte Mineira de 1989. Com ele convivi na bancada do PMDB, numa composição de 21 deputados, e tive a honra de ser líder dessa bancada tendo Sebastião Helvecio como o meu vice-líder – um grande parlamentar dedicado à vida pública, secretário de Estado ainda no seu 1º mandato. Depois, tive a oportunidade de contribuir para que viesse para o Tribunal de Contas do Estado de Minas Gerais. Passaríamos uma longa tarde, ou longos dias, enumerando as grandes realizações, os grandes trabalhos que Sebastião Helvecio fez por Minas Gerais e pelo Brasil. Também lembro grande trabalho feito no Instituto Rui Barbosa como seu presidente por duas vezes. Fica aqui o nosso abraço, nosso carinho, nosso respeito, pedindo a Deus que ilumine os passos do nosso querido Conselheiro Sebastião Helvecio e seus familiares."

Raquel de Oliveira Miranda Simões – Gabinete do Conselheiro Sebastião Helvecio
"Dr. Sebastião Helvecio, depois de mais de uma década trabalhando juntos, a sua aposentadoria nos privará de sua atuação independente, corajosa e inovadora. Seus projetos, Conselheiro, sempre arrojados,

e decisões técnicas de extremo senso público não só qualificaram a atuação do TCE de Minas, como também a colocaram no pódio de grandes premiações nacionais e internacionais. Deixará, sem dúvida nenhuma, inestimável legado a todo o sistema de controle externo e um sentimento enorme de gratidão no coração de cada um de nós de sua equipe pelas incríveis oportunidades e aprendizado que nos proporcionou. Tenha certeza de que nos fará muita falta, Conselheiro. Um abraço afetuoso de toda a sua equipe!"

POSFÁCIO

Aprioristicamente, gostaria de agradecer ao Conselheiro Durval Ângelo, corregedor do Tribunal de Contas do Estado de Minas Gerais (TCEMG), pela iniciativa de editar a presente obra intitulada *Controle Externo no Século XXI: homenagem a Sebastião Helvecio – Conselheiro, educador e cidadão do mundo*. Adito a minha gratidão a todos os colegas do sistema tribunais de contas, aos presidentes das nossas entidades de representação, Conselheiro Fábio Tulio Nogueira, da Atricon, Conselheiro Ivan Lelis Bonilha, do Instituto Rui Barbosa, e Conselheiro Joaquim Castro, da ABRACOM, ao presidente do TCEMG, Conselheiro Mauri Torres, aos trinta e cinco articulistas e testemunhos que integram este livro e, de modo especial, aos organizadores – Conselheiro Cláudio Couto Terrão e Durval Ângelo de Andrade. Ainda, agradeço a todas e todos os servidores do controle externo, no Brasil e alhures, que foram o incentivo presente no acolhimento da minha chegada ao sistema em 23 de setembro de 2009 e baluartes desta travessia que culmina com a minha jubilação em 24 de novembro de 2021.

Reza o dicionário que posfácio é uma advertência colocada no fim de um livro. A técnica literária recomenda que este seja breve e conciso, já que não faz parte da história. Nesta esteira, observarei a técnica e, portanto, serei objetivo: apresentarei quatro advertências que são resultado do meu compêndio de aprendizados pessoais e experiências vividas nos últimos 12 anos com o controle externo.

A primeira advertência vem da minha caminhada pessoal e me acompanha desde os bancos da escola. Sempre acreditei que o conhecimento nos instrumentaliza a resolver problemas: quer sejam esses problemas do tempo presente ou do tempo futuro. Em outras palavras, mesmo quando temos a impressão de que determinado conhecimento será inútil, é importante dedicar-se a dominá-lo, porque, logo à frente na nossa caminhada, poderá ganhar relevância. Assim, acredito que os segredos do mundo estão nos livros (ou, hodiernamente, na internet)! Dito em outras palavras e acorde com o famoso golfista Arnold Palmer, "quanto mais treino, mais sorte tenho". Estude, dedique-se, busque interesses diferentes e estimule sua criatividade.

Uma segunda advertência, de especial destaque, trata justamente da capacidade de resolver problemas. Procure se aproximar das pessoas que gostam de estudar e que tenham visão plural do problema. Se, por um lado, os computadores de hoje nos permitem dominar qualquer tema sem que seja necessário sair de casa, por outro o pensamento sistêmico só se consolida com a socialização e visão transdisciplinar. O movimento dialético faz parte da construção do conhecimento, por permitir a construção daquilo que chamamos de absoluto. Este, por sua vez, nas palavras de Hegel, nada mais é que a verdade, o conhecimento na sua forma mais pura. E, mais do que isso, é importante saber dar um passo atrás e olhar a situação como um todo. Ao focar nos detalhes, podemos deixar escapar por entre os dedos a solução. Combine inteligências e habilidades, converse, encontre soluções e evolua na escada de conhecimentos.

A terceira advertência que selecionei para apresentar hoje é marcadamente gerencial, mas isso não faz com que tenha menor importância: faça planos! O planejamento é essencial para o sucesso, quer seja institucional (como bem aponta Daron Acemoglu ao falar das *instituições inclusivas ou extrativistas*) ou pessoal. Nesse sentido, nos ensina a INTOSAI ao apontar a importância de se "liderar pelo exemplo". O planejamento permite que saibamos quando alocar recursos em cada atividade e, ao fazê-lo, que saibamos como maximizar os resultados positivos. Na dicção de Carlos Matus, o plano só se consolida com a ação. Planejar é importante, para não dizer primordial; entretanto, não devemos encará-lo como uma prisão. As possibilidades que aparecem no horizonte devem ser aproveitadas. Por isso, mais do que planejar, esteja atento às oportunidades e possibilidades. Não devemos nos privar de algo "melhor" porque temos algo "bom".

A quarta (e última) advertência trata dos inimigos do presente. Vivenciamos o uso massivo de tecnologia da informação e, portanto, atesto pela absoluta necessidade do controle externo ser protagonista na aferição dos algoritmos. A pergunta "quem controla o controlador?" sofre necessária mutação e se apresenta como "quem audita o algoritmo?". Realço aqui, em especial, o avanço na Holanda, Reino Unido e nos países anglo-saxônicos em geral, no sentido de valorizar as estatísticas e algoritmos a favor do bem público. A título de ilustração, destaco o escândalo *Ofqual*, no Reino Unido, em que o Ada Lovelace Institute e o Escritório de Regulação de Estatísticas desmascararam o algoritmo de seleção de estudantes para o acesso universitário. No caso mencionado, verificou-se que o algoritmo em questão selecionava alunos medíocres de boas escolas e distritos de alta renda em detrimento a bons alunos de escolas não tão bem ranqueadas e situadas em distritos com menor importância econômica. Recomendo a leitura do documento *Auditing Machine Learning Algorithms*, elaborado em outubro de 2020, em conjunto pelos tribunais de contas da Alemanha, Holanda, Reino Unido, Noruega e Finlândia, com as diretrizes para essa nova dimensão do controle externo. Concluo, assim, a apresentação das minhas quatro advertências necessárias ao controle externo no século XXI.

Em resumo, devemos atuar sempre focados nas pessoas e em como podemos ser úteis para melhorar a qualidade da administração pública, inserindo o controle externo na agenda de combate às desigualdades e oferta de boas políticas para o cidadão, já que o controle externo é o pilar da essência democrática.

Uma advertência extra – final, pessoal e não menos importante: sejam felizes!

Sebastião Helvecio

NOTAS TAQUIGRÁFICAS DA 28ª SESSÃO ORDINÁRIA DO TRIBUNAL PLENO DO TCE/MG – DIA 24.11.2021

Despedida e homenagem ao Conselheiro Sebastião Helvecio
COMPOSIÇÃO DO DIA
CONSELHEIRO PRESIDENTE MAURI TORRES
CONSELHEIRO JOSÉ ALVES VIANA
CONSELHEIRO WANDERLEY ÁVILA
CONSELHEIRO SEBASTIÃO HELVECIO
CONSELHEIRO CLÁUDIO COUTO TERRÃO
CONSELHEIRO JOSÉ ALVES VIANA
CONSELHEIRO DURVAL ÂNGELO
CONSELHEIRO SUBSTITUTO ADONIAS MONTEIRO
Ministério Público junto a este Tribunal de Contas
PROCURADOR DANIEL DE CARVALHO GUIMARÃES

CONSELHEIRO PRESIDENTE MAURI TORRES:

[...], quero passar a palavra e convidar para ocupar a tribuna, o doutor Sérgio Pessoa, Advogado Geral do Estado, que fará uma manifestação para o Conselheiro Sebastião Helvecio.

DOUTOR SÉRGIO PESSOA DE PAULA CASTRO:

Senhor Presidente, senhores Conselheiros, senhor representante do Ministério Público, senhoras e senhores servidores do Tribunal de Contas do Estado de Minas Gerais, demais presentes, eu agradeço a oportunidade.

Fiz questão, Conselheiro Sebastião Helvecio, de estar, presencialmente, prestando homenagens em meu nome pessoal, em nome da Instituição que represento, a Advocacia-Geral do Estado e, também, trago uma palavra de abraço, de muito carinho do Governador Romeu Zema que, certamente, já fez contato com o senhor ou o fará oportunamente.

Mas dizer que, na trajetória curta de servidor público –, estou há 23 anos no exercício da atividade de Procurador do Estado –, sempre tive pelo senhor melhor referência: uma pessoa que tem trajetória de homem público e com inúmeros legados, tanto no exercício de cargos do Poder Executivo, como Prefeito de sua querida cidade, Juiz de Fora; como Secretário de Estado; como Parlamentar que ajudou a criar um ordenamento jurídico constitucional em Minas Gerais, como constituinte da nossa Constituição do Estado de Minas Gerais.

Os depoimentos que ouvimos aqui no vídeo relatam a sua personalidade respeitada não apenas nas fronteiras do nosso Estado ou do nosso País, mas um nome respeitado internacionalmente, sobretudo por uma postura de sempre valorizar o ser humano, a dignidade da pessoa humana, de buscar realmente efetivar a política pública na sua excelência.

Mais recentemente, além dos inúmeros feitos do Conselheiro Sebastião Helvecio para o Tribunal de Contas, fora sua carreira de homem público, tive a grata oportunidade, representando o governador Romeu Zema, de participar de um encontro com um representante da OCDE que, inclusive, testemunhou a sua vivência com o senhor ali no vídeo, e ficou, ali, para mim e para a experiência como servidor público, a perspectiva de realmente trazer a melhor governança para Minas Gerais, com integridade e com o princípio, que reputo dentre os princípios constitucionais que orientam a administração pública, o da moralidade, o do trato com respeito do recurso da sociedade.

Então, em meu nome, em nome da minha Instituição, Advocacia-Geral do Estado, presto essa homenagem e desejo ao senhor muito êxito, muito sucesso nos novos desafios e que a saúde sempre o acompanhe.

Forte abraço!
Obrigado.

CONSELHEIRO PRESIDENTE MAURI TORRES:

Eu vou ouvir o extrapauta dos Conselheiros.

Vou ouvir o Conselheiro Wanderley Ávila, saltar o Conselheiro Sebastião Helvecio, para deixar para o final.

CONSELHEIRO WANDERLEY ÁVILA:

Pois não, senhor Presidente.

Hoje é uma sessão de emoção, pois me faz rememorar o longínquo ano de 1991, quando eu e o Conselheiro Sebastião Helvecio compúnhamos a mesma legislatura na Assembleia Legislativa do Estado de Minas Gerais. Esse convívio fraterno de aprendizado perdurou até a minha chegada nesta Corte de Contas, em 2004.

No entanto, alguns anos depois, em 2011, esta Casa se abrilhantou ainda mais com a inteligência, a inventividade desse ilustre juiz-forano. Aliás, o gentílico para o Conselheiro Sebastião Helvecio deve ser "cidadão do mundo".

Sua capacidade de trabalho e as suas ideias não se restringiram à Minas Gerais, como pudemos ver aqui pelo nosso telão e pelas homenagens prestadas a ele no Congresso da Atricon, em João Pessoa. Autoridades acadêmicas e políticas dos mais diversos lugares do mundo reconhecem nele a inteligência e o amor à causa pública, características essas que tanto aproveitam aqueles que estão ao seu redor.

Para minha satisfação e sorte, eu poderia contar com seu extraordinário poder de criação e execução nos dois anos seguintes que eu dirigi o Tribunal de contas de Minas como presidente. Durante todo o período, a sua participação foi um modelo para todos nós e é até hoje. Cito como exemplo a proposta de renegociação da dívida pública para com a União feito na sua relatoria do Balanço Geral do Estado de 2010. Ao se deparar com os elevados juros aplicados a dívida mineira, passando a percorrer os quatro cantos do país, Assembleia Legislativa, depois o colégio de poderes legislativos nacionais até chegar ao Congresso Nacional, Sebastião Helvecio levou a sua mensagem acerca da necessidade premente de alteração do indexador da dívida. Os resultados positivos desse trabalho, de vital importância para o Brasil, foram considerados impossíveis por muitos ao cenário político nacional, mas não era para mim que conheço Sebastião Helvecio e sei da sua capacidade intelectual e agregadora, sua perseverança e vitalidade, pois, enfim, Sebastião Helvecio mostrou que o impossível é aquilo que ninguém fizera anteriormente.

Voltando, ainda, ao ano de 2011, essa casa conseguiu aprovação de importante diploma legislativo, no qual foram reestruturados os cargos em comissão e as funções gratificadas, notadamente alinhados ao que se chama de Administração Gerencial. No entanto, o orçamento para 2012 e as limitações impostas pela LRF trariam consigo um obstáculo que para muitos seria intransponível, mas foi nesse momento que atribui uma tarefa político-jurídica digna de um homem de Estado com qualidades ímpares, qual seja, a repactuação do índice para despesa de pessoal entre o TCE e Assembleia Legislativa de Minas Gerais ao nosso homenageado. Ao olhar de todos, rever os percentuais ali consignados desde a vigência da LRF era missão impossível. No entanto, a tenacidade, inteligência e articulação política do Conselheiro Sebastião Helvecio fizeram com que o TCE garantisse a elevação do índice e pudesse continuar sua trajetória de readequação e melhoria nas condições de trabalho. O impacto dessa elevação repercutiu seus efeitos até mesmo na viabilidade de se realizar o último concurso público dessa casa, além de garantir o pleno exercício de nossas competências constitucionais, em prol da sociedade mineira com melhor aparato técnico e físico.

Outro feito glorioso e que merece aqui ser lembrado, refere-se ao diagnóstico e apoio que o Conselheiro Sebastião Helvecio realizou juntamente com o IRB e o Sebrae, nos idos de 2013 e 2014, tendo como mote a implementação do tratamento diferenciado para micro e pequena empresa, inaugurado pela Lei Complementar 123/2006 nas licitações municipais. Essa parceria possibilitou a capacitação de inúmeros jurisdicionados, a fim de fomentar as compras públicas de micro e pequenas empresas locais, gerando implemento de 60% da participação dessas sociedades empresárias nos contratos com o poder público.

São muitas ações, atividades que possam recordar. Ainda em 2010, o Tribunal de Contas do Estado de Minas Gerais implementou de forma inédita no controle externo brasileiro a política de fiscalização integrada – Suricato, projeto de autoria do Conselheiro Sebastião Helvecio. Gosto de ouvi-lo dizer com sua voz grave "é possível fazer melhor, buscar soluções diferentes". E foi a partir de sua constante disposição para empreender, inovar e fazer acontecer que nasceu o Suricato, possibilitando ao TCE dar grande salto de qualidade no modo de atuação fiscalizatória e de acompanhamento.

Em fevereiro de 2017, ao término de sua gestão na presidência da Casa, inaugurou-se a Central Suricato de Fiscalização Integrada, Inteligência e Inovação, uma moderna edificação adequada às atuais tecnologias e mudanças organizacionais para a execução das atividades de Controle Externo.

Basta dizer que o Suricato foi premiado, nacionalmente, mais de uma vez – Innovare, CONIP – e mundialmente, em Shangai na China, quando o trabalho "O uso de big data para monitoramento de compras públicas", baseado na experiência do Tribunal de Contas mineiro com a implementação da Política de Fiscalização Integrada, conquistou o primeiro lugar na edição 2019 do concurso lançado pelo Novo Banco de Desenvolvimento entre os países do BRICS (Brasil, Rússia, Índia, China e África do Sul).

De ideal humanista, meu querido Sebastião Helvecio é, sem dúvida, vocacionado para a causa pública. Como, então, não me referir a outro projeto recente de sua autoria, de robusto embasamento teórico, o qual o TCEMG instituiu no ano passado? O Núcleo de Avaliação de Programas e Políticas Públicas, as diretrizes para tal avaliação e a definição dos procedimentos a serem adotados. Contribuir para o aprimoramento permanente do desempenho do Estado como promotor de políticas públicas coloca a Casa de Minas, mais uma vez, ao lado de entidades representativas do Controle Externo ao redor do mundo.

Vale lembrar que o Nobel de Economia deste ano de 2021 laureou três pesquisadores que atuam na chamada economia de evidências exatamente pela contribuição para o aperfeiçoamento do modo de avaliar as políticas públicas.

Meus caros, uma trajetória que merece todos os nossos aplausos! Mas o mais importante, acima de tudo, Sebastião Helvecio é uma grande pessoa! É enérgico, física e espiritualmente; e é cavalheiro, é cuidadoso, educado, é sério, é inteligente, é generoso. É correto, é atencioso e é meu irmão!

Antes de encerrar, frase lapidada da poetisa e pensadora Cora Coralina e absolutamente aplicável ao meu amigo: "Feliz aquele que transfere o que sabe e aprende o que ensina.". E foi assim que toda a vida pública de Sebastião Helvecio foi conduzida, ensinando e aprendendo, incansavelmente.

Sentirei falta deste companheiro, principalmente nas tardes de trabalho no plenário em que nos sentamos lado a lado. Paz e bem é o que desejo a você, meu amigo.

(Aplausos)

CONSELHEIRO CLÁUDIO COUTO TERRÃO:

Senhor Presidente, como já vimos até aqui, por suas qualidades, não é missão difícil prestar qualquer tipo de homenagem ao Conselheiro Sebastião Helvecio Ramos de Castro.

Como já disse, também os que me antecederam, em especial, o Conselheiro Wanderley Ávila, homem público, detentor de notória e exemplar qualificação, com inigualável visão de mundo, de futuro, titular de um currículo admirável, pai de família, amigo gentil, médico, político, jurista, julgador consciente e ponderado.

Enfim, também já tiveram a oportunidade de dizer, enumerar, aqui, as muitas e muitas qualidades dessa personalidade que é o Conselheiro Sebastião Helvecio. Nós passaríamos aqui muito tempo.

Então, posso afirmar que tive a honra de conviver com Sua Excelência neste Tribunal de Contas, ao longo desses mais de doze anos, compartilhando os desafios vividos na função de Controle Externo, na luta incansável em prol da melhoria dos sistemas dos Tribunais de Contas.

E, essa troca diária de experiência muito me fez aprender, Conselheiro.

E é, nesse aspecto de imensa gratidão, como também disse o Conselheiro Wanderley Ávila, gratidão que sinto, que gostaria de enfatizar a minha homenagem.

Conselheiro Sebastião Helvecio, agradeço-lhe pela parceria empreendida em todo o período em que Vossa Excelência esteve neste Tribunal de Contas.

Agradeço pela convivência amiga, pelos debates muitas vezes incisivos, mas sempre de alto nível, alto nível técnico e de indubitável elegância de Vossa Excelência, ao menos por parte de Vossa Excelência. Aliás, uma elegância serena que também é atributo de sua personalidade.

Agradeço-lhe por todas as vezes que me levou a perceber o mesmo fato por um outro ângulo, um prisma diferente, a enxergar as mesmas questões, sobre uma outra ótica e pela maneira sempre respeitosa com que Vossa Excelência travou essa relação, essa boa relação.

Agradeço-lhe por todo apoio prestado desde o momento em que nos conhecemos nessa Casa.

Como disse o Conselheiro Wanderley Ávila, vou sentir saudade de Vossa Excelência, dos encontros efêmeros no elevador, tendo em vista que os nossos gabinetes estavam lado a lado, de sua presença no assento ao lado, das inúmeros reuniões para contribuir com o controle externo. Mas permanecerá também em mim, Conselheiro, o orgulho por participar com Vossa Excelência, ou por ter podido participar com Vossa Excelência da composição dessa instituição histórica que é o Tribunal de Contas de Minas Gerais.

Por outro lado, também não tenho dúvidas, que o encerramento desse ciclo representa apenas o início de um novo e ainda mais virtuoso começo para Vossa Excelência.

Por isso, singelamente, desejo a Vossa Excelência, que os novos caminhos sejam de muitas realizações e sucesso, tanto profissional como pessoal e lembro, por fim, a Vossa Excelência que sempre que quiser encontrará, aqui, neste Tribunal de Contas um amigo na expectativa do prazer do reencontro.

É simples, com muita emoção, que eu desejo a Vossa Excelência, enfim, de fato, muito sucesso, sorte, paz e bem no espírito franciscano, como também fez referência o Conselheiro Wanderley Ávila, deixando o meu singelo, forte abraço.

(Aplausos)

CONSELHEIRO JOSÉ ALVES VIANA:

Estimado colega, meu amigo Conselheiro Sebastião Helvecio.

Deus nos dá a vida para que durante a nossa existência possamos fazer o possível para transformarmos o mundo sempre para melhor.

Viemos para realizar o Divino em nós e você trilhou sempre o caminho do bem. Seu propósito maior sempre foi o amor e o amor à causa pública.

Você é merecedor do reconhecimento, por ser um médico pediatra dedicado e qualificado, professor universitário emérito, pai de família exemplar, político respeitado e um Conselheiro competente e determinado.

É uma pessoa que busca, incansavelmente, o conhecimento e a inovação, vivendo à frente do seu tempo, e com a leveza impressionante, os divide com maestria.

Possuidor de uma inteligência brilhante e grandeza de espírito extraordinária.

Você, Sebastião Helvecio, é um ser humano de primeira classe, nossa referência. Para mim será sempre o comandante, o meu comandante, o nosso comandante.

Que Deus continue te abençoando e iluminando a sua vida.

Um fraterno e amigo abraço, sucesso e também com emoção, continue sendo muito feliz!

(Aplausos)

CONSELHEIRO GILBERTO DINIZ:

Senhor Presidente, eu não tenho matéria extrapauta, mas me associo às manifestações dos Conselheiros que me antecederam, em relação à aposentadoria do estimado colega Conselheiro Sebastião Helvecio.

Neste momento, lembro o poeta espanhol Antônio Machado que imortalizou em seus versos o seguinte: *se hace camino al andar*. E o conselheiro Sebastião Helvecio caminhou e continuará caminhando nesta vida, sobretudo em razão de seu espírito dinâmico, visionário, inovador.

Sebastião Helvecio trilhou na vida pública de Minas, neste Tribunal, o caminho do trabalho, norteado por um senso extraordinário de humanismo. Sebastião Helvecio deixa isso registrado perenemente na afeição e na amizade que nutrimos por ele, bem como nos empreendimentos que abraçou e executou neste Tribunal e no Instituto Rui Barbosa – IRB, que presidiu de forma brilhante.

Parafraseando o Dr. Hilton Rocha, o Conselheiro Sebastião Helvecio não planta hortaliças, ele planta carvalhos. E os carvalhos plantados por Sebastião Helvecio e os carvalhos que ele ainda plantará rendem e renderão muita sombra para seus familiares, para seus amigos, entre os quais eu me incluo, para este Tribunal e para o sistema Tribunais de Contas.

Cumprimento o colega Sebastião Helvecio por mais esse caminho percorrido e por mais essa conquista.

Até breve, Sebastião, até sempre aqui conosco! Seja feliz!

(Aplausos)

CONSELHEIRO DURVAL ÂNGELO:

Senhor Presidente, nesta data tão significativa para este Tribunal, que eu não chamaria como uma data de despedida do Conselheiro Sebastião Helvecio, nem de sua aposentadoria. Eu acho que o Sebastião vai continuar com seu trabalho nos órgãos de controle externo no Brasil. Por isto afirmo: Até breve!!!

Inclusive, a importância para nós em Minas Gerais, é bom que tenhamos claro, que o Instituto Rui Barbosa, que é a escola de pensamento do controle externo no Brasil, mudou, no último congresso, o seu estatuto, para que o Conselheiro Sebastião Helvecio continuasse como diretor da entidade, prestando esse inestimável serviço que ele presta ao Brasil e ao mundo.

E, ao mesmo tempo, o Tribunal de Contas da União, ao definir agora, no segundo semestre deste ano, um grupo de notáveis, de pensadores, de intelectuais, de gente especializada da academia, do saber científico no Brasil, indicou, como único Conselheiro do Brasil para fazer parte desse grupo de interlocução com a sociedade, o Conselheiro Sebastião Helvecio.

Então, eu acho que ele não está se despedindo.

Como no poema de Tiago de Melo, a gente sabe que o Sebastião não vai ter um caminho novo, vai ter só um jeito novo de caminhar.

Eu tenho recebido aqui manifestações de vários amigos e Conselheiros do Brasil todo que pedem que eu registre aqui, hoje, manifestações de saudações ao Conselheiro Sebastião Helvecio. Eu poderia começar de norte a sul, de sul a norte, leste, oeste, e gostaria de citar algumas manifestações e uma delas eu vou ler.

O Conselheiro Presidente do Tribunal de Contas do Rio Grande do Sul, Conselheiro Estilac Xavier, pediu que eu trouxesse um abraço muito carinhoso ao Conselheiro Sebastião. O Conselheiro Presidente do Tribunal de Santa Catarina também fez a mesma manifestação, o Conselheiro Adircélio. O Presidente do Tribunal de Contas, João Antônio, do Tribunal de Contas do Município de São Paulo, que já foi homenageado por esse Tribunal, pediu que eu registrasse um abraço muito carinhoso. E eu poderia falar do Conselheiro Caldas Furtado do Maranhão, que encaminhou recentemente, ontem, um longo texto de saudação ao Conselheiro Sebastião Helvecio. De todas essas manifestações eu quero ler a manifestação do Corregedor do Tribunal de Contas do Amazonas que pediu que eu fizesse, formalmente:

"Excelentíssimo senhor Presidente, senhores Conselheiros, Procuradores e servidores, nesta seção em que marca o encerramento das atividades laborais do Tribunal de Contas do Estado de Minas Gerais do destacado Conselheiro Sebastião Helvecio, venho prestar as minhas homenagens pelo exemplo de servidor público e pelos anos dedicados ao sistema Tribunais de Contas do Brasil. Helvecio fará muita falta, mas seremos compensados com sua constante colaboração na atividade que exercerá junto ao TCU - Tribunal de Contas da União, participando de um grupo de notáveis pensadores e executando tarefas para melhoria do controle externo do Brasil, bem como a sua presença no Instituto Rui Barbosa. Sua visão moderna, futurística e atuação exemplar certamente continuará causando orgulho a todos nós que compartilhamos com seus ideais republicanos. Helvecio, que Deus lhe dê muita saúde para dar sequência nessa nova missão visando a melhoria do nosso sistema tão necessitado de mentes brilhantes como a sua. Forte abraço do amigo Júlio Pinheiro."

Gostaria também de dizer e tornar público na sessão, que por uma iniciativa dos Conselheiros desta Corte, nós vamos ter recentemente um reencontro de novo com o Conselheiro Sebastião Helvecio. Eu e o Conselheiro Cláudio Terrão fomos designados para coordenar a publicação de um livro sobre o trabalho, sobre a vida do Conselheiro Sebastião Helvecio, para ficar como exemplo. E a provocação desse livro já é bem expressa no seu título – "Órgãos de Controle do Século

21 – Homenagem a Sebastião Helvecio, conselheiro, educador e cidadão do mundo".

Eu acho que essas três palavras são síntese de quem conhece Sebastião Helvecio, quem conviveu com ele, nas lides em Juiz de Fora ouvindo relatos do seu trabalho como educador de uma grande Universidade, que é a Universidade Federal de Juiz de Fora, no curso de medicina, quem ouviu relatos do seu início da vida pública e, principalmente, nós, que fomos seus colegas na Assembleia Legislativa. O grande destaque que o Sebastião Helvecio teve na Constituição Mineira, um legado que ficará para posteridade de Minas Gerais.

Se tivemos um texto de Constituição Estadual progressista, resgatando a democracia, no momento em que está tão fragilizada no Brasil, e tão ameaçada. Um texto que resgatou a necessidade de políticas públicas, com medições, com mediações e com eficácia, como nós vemos presente no texto da Constituinte Mineira, alguém que soube, no texto da Constituinte, priorizar um olhar para a sociedade mineira.

Convivemos com ele, eu, particularmente, numa área muito específica da defesa dos direitos humanos, muito esquecida, no momento em que nós vivemos no Brasil, onde falar de direitos humanos e falar de democracia é como se nós tivéssemos falando de dois tabus, no momento em que essas bandeiras não são valorizadas. Sebastião Helvecio, na Constituinte, no seu trabalho como Deputado, resgatou a importância dessas duas faces fundamentais do republicanismo: democracia e direitos humanos.

E, aqui, no Tribunal talvez todos vocês já conheçam muito bem a trajetória, a postura futurística, a necessidade do uso de novas tecnologias de se utilizar Inteligência Artificial, como uma ferramenta importante de defesa da sociedade, de combate à corrupção, de transparência e de eficácia das políticas públicas. O Suricato é o grande exemplo, que, com toda certeza, chama Suricato em função daquele animal pequeno, mas muito atento, muito vigilante, muito desperto para as coisas, especialmente para os perigos, muito atento ao que acontece ao seu redor. Tenho certeza que essa ferramenta Suricato poderia se chamar ferramenta Sebastião Helvecio, com justiça.

Através do trabalho desse livro, que eu e o Cláudio já estamos recebendo os primeiros artigos, as primeiras contribuições, será de muita valia. Talvez, não, para homenagear o Sebastião, que ele não precisa disso. Ele tem clareza e consciência do que representa a sua vida e a dimensão do seu trabalho. Estou dizendo para as pessoas com quem eu tenho entrado em contato em outros estados, gente dos órgãos de controle, gente da Academia: nós não queremos só prestar homenagem ao Sebastião, queremos aprender com ele.

Ao escrever no livro sobre as contribuições do Sebastião Helvecio, queremos aprender como fazer, como valorizar a coisa pública, como colocar a política na dimensão do bem comum. E já nos dizia o Padre Debret (1897-1966): "Que a política é a arte, a ciência e a virtude do bem comum".

Então, a política, nessa dimensão de arte, de virtude e de ciência do bem comum, a gente tem muito a aprender com o Conselheiro Sebastião Helvecio. A gente tem que agradecer a Deus, por ter convivido com ele, por ter aprendido suas lições e que seu exemplo, que nós vamos trazer nesse livro, sirva de estímulo, de motivação, para todos nós.

Muito obrigado!

(Aplausos)

CONSELHEIRO SUBSTITUTO ADONIAS MONTEIRO:

Senhor Presidente, eu gostaria de aderir a todas as homenagens já efetuadas ao Conselheiro emérito Sebastião Helvecio e parabenizá-lo por toda a sua vida pública, como deputado estadual, deputado constituinte mineiro, Secretário de Estado e em especial como Conselheiro desse Tribunal de Contas nos últimos anos.

Sua atuação destacada no controle externo, com certeza ultrapassou o nosso Tribunal, as nossas montanhas mineiras e se espraiou pelo mundo, como podemos testemunhar pelas homenagens efetuadas por diversos dirigentes de organismos multilaterais do mundo.

Então, gostaria de, nesse momento, desejar saúde ao Conselheiro Sebastião Helvecio e muitas realizações nos seus futuros projetos, tanto pessoais, como profissionais.

(Aplausos)

CONSELHEIRO PRESIDENTE MAURI TORRES:

Também gostaria de dirigir algumas breves palavras ao Conselheiro Sebastião Helvecio, para depois ouvir o doutor Daniel e passar a palavra ao nosso Conselheiro Sebastião Helvecio.

Então, eu quero cumprimentá-lo Sebastião, cumprimentar seus familiares, todo o seu gabinete, seus servidores, pessoas que te acompanharam nesse período todo, aqui, no Tribunal, com muita dedicação, muito respeito. Tenho certeza que aprenderam muito com você.

E nós que o conhecemos, quando veio para Belo Horizonte, como deputado estadual, depois Secretário de Estado e Conselheiro do Tribunal de Contas, aprendemos demais.

E essa convivência foi muito salutar e muito agradável para todos nós.

Então, nós aqui que fomos companheiros seu na Assembleia, como o Wanderley, o Viana, o Durval, tivemos a alegria de conviver com você mais tempo, do que a nossa turma aqui do Tribunal. Mas eu fico pensando que nós ainda ficamos no prejuízo, porque quem conviveu com você lá desde jovem em Juiz de Fora como estudante, como médico, como professor universitário, como pai de família, as pessoas que conviveram esse tempo todo com você, devem ter tido uma oportunidade muito maior que a nossa.

Então, quero dizer isso para você, que a juventude é muito bonita. E quem pôde, já quando veio para a capital mineira, fazer tudo que você fez em prol da sociedade, em prol do Tribunal, em prol da Assembleia, o seu trabalho na Constituição de 89, isso tudo foi muito importante para todos nós e para todo o povo mineiro e transcendeu o estado para o país e para o exterior.

Então, eu quero deixar aqui uma palavra de reconhecimento de tudo que você fez, por você, por seus familiares, por seus amigos mais próximos, pelos seus conterrâneos em Juiz de Fora. Sei que você fez muito sucesso antes de vir para a vida pública, como professor universitário, dono de cursinho pré-vestibular, uma pessoa de muitas realizações, um excelente médico e um médico com muito conhecimento.

Então, isso nos alegra muito.

Quero pedir a Deus que continue te iluminando, te encaminhando e tenho certeza que você não vai parar, agora, com essa sua aposentadoria aqui.

Pensando no seu trabalho, na sua dedicação, na sua vontade de servir, a gente começa a pensar que aposentar aos 75 anos está cedo.

Então, há pessoas diferentes e você é uma pessoa diferente e muito especial.

Então, eu quero agradecer e dizer da minha felicidade da convivência com você ao longo de uns 32 anos, não é? Foi a parte da Assembleia e a parte daqui, mas ainda tenho certeza que fiquei muito no prejuízo.

Então, que Deus te ilumine e te abençoe.

Muito obrigado!

(Aplausos)

PROCURADOR DANIEL DE CARVALHO GUIMARÃES:

Senhor Presidente, senhores Conselheiros, todos aqui presentes.

Conselheiro Sebastião Helvecio, quis o destino que eu presenciasse essa especial sessão, que é a última de Vossa Excelência, aqui, no Pleno dessa Casa.

Como tive a oportunidade de dizer na ocasião da sua posse como Presidente, Vossa Excelência alcançou o nível de um homem público completo.

Foi Deputado Estadual, inclusive um dos feitores da nossa Constituição Compromisso; foi Secretário de Estado da Saúde; e veio ao Tribunal de Contas exercer essa nobre função de julgar, mas não o julgamento da vida alheia, mas o julgamento amplo de aconselhamento, de orientação.

Isso não é pouco, mas não é só!

Como vimos no vídeo de homenagem, percebemos a quantidade de pessoas e a abrangência da sua atuação dentro do controle externo, que ela se esprai muito além dos limites das nossas Minas Gerais e até do nosso país.

Vossa Excelência que, ao mesmo tempo, é um pensador, um curioso, um insatisfeito por natureza, também é um empreendedor, um realizador, que conduziu o controle externo mineiro e nacional a outro patamar, com adoção de novas tecnologias e técnicas de investigação e auditoria.

Em particular, Conselheiro Sebastião, tive a honra de compartilhar com Vossa Excelência a administração do controle externo em Minas Gerais, no período de 2015/2017, quando exerci o cargo de Procurador-Geral. Um período que foi recheado de dificuldades econômicas e fiscais, mas Vossa Excelência, com a inventividade que lhe é peculiar e com esse sentimento de insatisfação permanente, nos conduziu a soluções concretas e inovadoras, que conseguiu levar o Estado de Minas Gerais, em especial o Tribunal de Contas, a passar por esse período de dificuldade praticamente ileso.

Eu queria acrescentar um fato na lista que o Conselheiro Wanderley Ávila trouxe sobre o Conselheiro Sebastião Helvecio, o impossível. Eu recebi de Sua Excelência uma indicação literária que em minha vida fez uma grande diferença. Indicação literária que foi o livro "Porque as nações fracassam". Uma obra, apesar de escrita há algum tempo, é de significado atual e que deve ser lida e aprendida. E, depois de pesquisar um pouco sobre a obra e o autor, Conselheiro Sebastião Helvecio disse: "Vamos fazer um congresso internacional aqui, Daniel, e pretendo trazer o autor desse livro". Depois de pesquisar sobre o autor, eu pensei comigo: Impossível, o Conselheiro pretende trazer uma autoridade acadêmica, festejada, de uma obra que é inovadora, no meio de uma agenda lotada, que provavelmente o palestrante teria. Mas não! O palestrante, Daron Acemoglu, fez a sua exposição no Congresso Internacional aqui na nossa Belo Horizonte. E quantas portas aquela palestra abriu para pessoas que ainda não conheciam daquela obra! Quanto se abriu na cabeça das pessoas o conceito de instituições inclusivas, que temos que enriquecer nesse país, em todo mundo, para que o mundo possa caminhar para frente! E veja, Conselheiro, alguma coisa diferente aconteceu! E isso foi só um aspecto da admiração que nutro pelo senhor.

Essa admiração, creio, foi realçada aqui no vídeo de apresentação das homenagens. E veja, veja ao seu redor, Conselheiro, não só nesse Plenário, ao seu redor, na sua cidade, na sua família, fora dos limites de Minas e quiçá do Brasil! Olhe a quantidade de pessoas que o senhor conseguiu influenciar! E isso, para mim, é a maior obra humana de todas!

Então, Conselheiro, eu, em nome do Ministério Público de Contas, trago essa palavra de homenagem, de respeito e de admiração, pelo profissional que Vossa Excelência é, pelo educador, Conselheiro e humanista.

Receba o nosso forte abraço e que a vida lhe traga sempre muita saúde e muita disposição, porque para nós foi uma honra imensa conviver com o senhor, e creio que toda a humanidade, todo o povo mineiro e brasileiro precisa ainda de Sebastião Helvecio Ramos de Castro.

Muito obrigado.

(Aplausos)

CONSELHEIRO PRESIDENTE MAURI TORRES:

Agora nós vamos ouvir o nosso homenageado, Conselheiro Sebastião Helvecio.

CONSELHEIRO SEBASTIÃO HELVECIO:

Meu caro Presidente Mauri Torres, Presidente desta Seção e do nosso Tribunal de Contas do Estado de Minas Gerais.

Nesse entardecer tão bonito de novembro, o mês que particularmente para mim é muito marcante, não só pelo meu aniversário, mas o da minha esposa e de filhos, eu olho para vossa Excelência e vejo o dístico de Minas Gerais, *Libertas que sera tamen*. Se um lado nos remete aos inconfidentes, que talvez sejam a grande marca dos mineiros, dessa rebeldia, dessa irreverência de estarmos sempre, conforme muito bem colocou o Doutor Daniel, insatisfeitos e à busca do melhor, ela me lembra também um querido líder político, muito especial para todos nós, Doutor Tancredo Neves que, ao assumir o governo de Minas lançou uma frase atualíssima até hoje, "O outro nome de Minas é liberdade". Nós temos um compromisso, os mineiros, inarredável na defesa da liberdade. Eu ouso dizer, meu caro Presidente Mauri Torres, neste momento tão importante e tão emotivo para mim, que eu quando leio ali - Tribunal de Contas do Estado de Minas Gerais - eu posso ler que o outro nome dos tribunais de contas são Os Defensores da Democracia.

O momento que o Brasil vive, o momento que o mundo vive exige de todos nós uma postura muito ativa em favor da defesa da Democracia. Em inúmeros países, que jamais podíamos imaginar, nós estamos vendo o sangrar da democracia. Esse sangrar da democracia é exatamente a visualização de cada vez mais injustiça social, cada vez mais o abismo da diferença entre as pessoas. Me refiro a este momento muito especial em que todos nós vivemos, de um grau elevado de intolerância e, muitas vezes, intolerância essa alimentada pela vida partidária ou pelas ideologias. E aí surgem os tribunais de contas. Na Constituição da República Federativa do Brasil, 1988, aqueles constituintes tiveram uma visão de futuro, de criarem essa instituição, Tribunal de Contas, como sendo exatamente uma instituição independente, com um status constitucional, nem ligada ao poder Legislativo, nem ao Judiciário e nem ao Executivo.

Então, se é natural que essas tensões ocorram no Executivo, se é natural que essas discussões acaloradas façam parte do dia a dia do legislativo, e consequentemente na produção de leis que fazem com que o julgador tenha dificuldades, o Tribunal de Contas fica numa posição de defensor da democracia.

Porque nós não temos compromisso algum com partido ou governo, temos compromisso com uma visão de Estado, com uma visão de cidadania.

E, aqui, olhando nos olhos de Vossa Excelência, se me perguntasse a grande conquista que assisti nesses últimos doze anos na evolução dos tribunais de contas do Brasil foi, exatamente, essa.

Lembro-me muito bem que, quando aqui cheguei e começamos a trabalhar, nacionalmente, nessa compreensão do sistema, o que se entendia eram os tribunais de contas como guardião do erário. E, hoje, nós saímos desse patamar contista para um patamar muito mais elevado. E os trinta e três tribunais de contas do Brasil, todos eles, com uma palavra ou com outra, na sua missão, anotaram que a função, a missão dos tribunais de contas é ajudar, auxiliar a Administração

Pública a favor da sociedade, a favor do cidadão. Este é o brilho nos olhos, que não podemos perder. Essa é a razão que me motiva todo dia a aprimorar a visão do controle externo: sermos úteis ao cidadão. Tantas vezes aquele mineiro, aquele brasileiro, o cidadão do mundo, que não pode se beneficiar de uma boa política pública. E, com essa qualidade técnica que temos, com essa estrutura constitucional que temos, nós podemos sim, ser verdadeiros guardiões da democracia e, para isso, precisamos mitigar o risco da frustração, oferecendo ao cidadão boas políticas públicas.

É por esse motivo, meu caro Mauri, que quando cheguei aqui, há doze anos, no meu discurso de posse, eu disse que sempre usaria o metro da razoabilidade, a visão do contexto e trazer para o âmbito dos tribunais o tema da avaliação de políticas públicas. Sete anos foram necessários para que essa semente germinasse; não apenas, aqui no Brasil, mas, também, em outros tribunais de contas. Passou a época, doutor Sérgio, daquele momento que nós vimos, com muita tristeza, que os tribunais de contas eram ranqueados como aqueles que mais multavam. O Tribunal de Contas de Roraima multou mil e quinhentos gestores – aquilo era a manchete. Essa época, felizmente, está superada. Os tribunais de contas não são mais meros cachorros de caça, de ficar procurando quem é que cometeu uma desconformidade. Nós evoluímos para sermos realmente, hoje, o que chamamos de cães-guia, que podemos ajudar o gestor, porque ele é que é o detentor do poder, porque tem o voto a tomar a melhor decisão possível.

Então, vejo essa contribuição como, talvez, a contribuição que a gente possa enumerar como mais importante: essa mudança de patamar, essa mudança de compreensão. E, para a nossa alegria, o Tribunal de Contas de Minas, pela decisão de todos os conselheiros e pela iniciativa da nossa presidência, é hoje o primeiro Tribunal de Contas do Brasil a ter um núcleo de avaliação de políticas públicas, embasado na Norma de Auditoria de Serviço Público – NBASP 9020, que nos orienta, tecnicamente, como fazer esta avaliação.

Então, meu caro Presidente Mauri Torres, ao me despedir deste plenário, eu brado essa linha de defesa.

Vossa Excelência com toda liderança que tem e os nossos colegas de Pleno, jamais se apequenem a achar que somos um Tribunal de Contas, um Tribunal de conformidade. Nós somos muito mais! O coração da nossa atividade são as auditorias. Se as de conformidades são muito importantes e são para identificar essas desconformidades, as auditorias operacionais e as auditorias financeiras representam o caminho de futuro dos nossos tribunais.

Felizmente, o nosso Tribunal de Contas de Minas Gerais já é hoje, praticamente, uma referência nacional nas auditorias operacionais, baseadas na NBASP 100, NBASP 200, 300 e 400.

Mas, não perca de vista, meu caro Presidente, daqui a dois anos, muito rapidamente, em 2023 o Brasil será a sede da INTOSAI. Todo o espírito investigativo de auditores do mundo inteiro estarão olhos para o Brasil. O TCU vai assumir a presidência da INTOSAI. E olha que não foi fácil. Foi uma eleição disputada voto a voto com o Tribunal de Contas Europeu.

Então, essa presença muito rápida nos encoraja a fazer uma aventura pelo mundo da avaliação de políticas públicas. O meu sonho é que cada um dos nossos 33 Tribunais possa, nesse congresso da INTOSAI, apresentar um programa de avaliação de políticas públicas dentro das normas da NBASP 9020.

Bem, feito esse comentário institucional, eu quero também manifestar a minha gratidão.

Eu fiquei pensando, e o Durval comentou ali rapidamente, qual o tom que eu daria nessa nossa conversa de hoje e escolhi, meu caro Mauri, o tema da gratidão.

Primeiro, eu sou muito grato ao Tribunal de Contas do Estado de Minas Gerais, porque se é verdade que conseguimos realizar alguma coisa, só o fizemos por essa harmonia em que nós estamos inseridos, pela qualidade das pessoas que nos cercam e pelas condições orçamentárias para a realização desses trabalhos.

De modo que o primeiro ponto que eu quero deixar muito forte é a minha gratidão à instituição Tribunal de Contas do Estado de Minas Gerais.

E eu tenho certeza que todos nós que militamos aí na vida pública, podemos colocar os dois no mesmo altar cívico da democracia: o poder legislativo e o Tribunal de Contas, com missões diferentes, mas focados nessa melhoria do cidadão.

A segunda gratidão que eu quero aqui manifestar é espiritual. E me socorro do meu guia espiritual Dom Walmor Oliveira Azevedo, que foi padre numa pequena igreja em Juiz de Fora, onde nós aprendemos a ter esse primeiro contato, hoje nosso grande arcebispo. Mas ele faz a algum tempo uma pregação enaltecendo a vida do Padre Eustáquio e sintetiza, acredito eu, num binômio que pode ser muito salutar para todos nós, esses dizeres de Dom Walmor na interpretação do Padre Eustáquio que é exatamente saúde e paz. São dois valores importantíssimos para que a gente possa desfrutar realmente de uma boa qualidade de vida.

Depois, eu quero fazer um agradecimento muito grande a minha família, desde os meus pais que eram pessoas muito simples, Senhor Inácio e Dona Alzira, que eu tenho certeza, estariam aqui muito orgulhosos do que nós estamos assistindo nessa tarde. E foi deles que herdei essa vontade da perseverança.

É muito importante que a gente aprenda na vida a ter exatamente isso, a humildade de quem reza. É extremamente importante você ter sempre uma visão mais humilde, com relação aos problemas que você vai enfrentar. E essa minha família se renova, essa minha família se amplia com o meu casamento. Deus colocou mais uma vez na minha frente uma mulher extraordinária, minha companheira de lutas, a Valéria, que, em todas as etapas que superei, esteve lado a lado comigo, carinhando nas horas difíceis, motivando quando necessário, mas, fundamentalmente, sendo a musa da minha motivação.

(Aplausos)

Então, o meu agradecimento eterno por ter vivido, estar vivendo e viver este amor, que, eu tenho a certeza, é um dos motores da motivação que a gente encontra para enfrentar o dia a dia. E, junto com ela, lado com ela, os meus filhos, Fernanda, Linus e Renata, cada um ao seu modo, mas que trazem para todos nós esse encantamento de viver. Eu, particularmente, acho que esse convívio fraterno da família é realmente um ponto de apoio muito importante para o enfrentamento do dia a dia de todas as dificuldades.

E, aí, chegamos ainda nesse sentido da gratidão, aos amigos, aos colegas. E, aqui no Tribunal, eu também fui muito abençoado. Aqui, quando cheguei, fui acolhido por essa pessoa extraordinária, que é o meu irmão Conselheiro Wanderley Ávila. Talvez não tivesse pessoa mais bondosa para receber aquele Conselheiro que chega do que o Conselheiro Wanderley Ávila. E essa missão que ele me deu, a primeira, missão de fazer... E você estava na Assembleia, nessa época, e sabe bem como que é era a dificuldade daquela luta de compartilhar os 3% entre o Poder Legislativo e o Tribunal de Contas. Eu tinha acabado de sair da Assembleia, tinha saído em setembro e nós estamos aqui comentando de outubro/novembro. Eu me lembro muito bem que os deputados que compunham a Mesa da Assembleia brincavam comigo exatamente nesse sentido: Tião, você acabou de ir para lá e está querendo levar o dinheiro da Assembleia para o Tribunal de Contas? Mas a argumentação técnica era muito forte e, felizmente, conseguimos alterar esse índice e, depois com a sua contribuição, com a contribuição daqueles que vieram à frente conseguimos até judicialmente sedimentar e dar essa estabilidade. Mas, esteja certo Wanderley, que aquela missão foi realmente um desafio muito bonito. Jamais vou me esquecer da sua alegria, quando eu consegui trazer o papel assinado, que formalizava aquele entendimento.

(Aplausos)

Falar do Cláudio Terrão é para mim uma alegria muito grande, porque tem idade para ser meu filho! Mas tem uma inquietude, que também é próprio da juventude. Então, tem horas que o Cláudio com todo esse ímpeto, às vezes, exige da gente um pouquinho de serenidade. Mas em compensação o interesse pelo estudo, a qualidade técnica dos seus pronunciamentos, Cláudio, é sempre um momento de aprendizado. Quantos e quantos votos-vista que você produziu, e você é muito zeloso nessa observação, pode ter certeza, melhoraram muito a minha qualidade de julgador. Então, com a idade de ser seu pai e como Conselheiro na última Sessão, eu vou te dar um conselho: procure sempre ser um pouco mais sereno e, às vezes, naquela hora da explosão, lembra aqui do Sebastião.

(Aplausos)

O Viana, meu colega praticamente três vezes, né? Porque colega médico, colega pediatra, colega na Assembleia e sempre foi essa paz. Quantas e quantas sessões daquelas intermináveis na Assembleia –, o Viana era o vice-Presidente, o Presidente tinha outras funções, ele ficava a nos comandar no plenário – e ele jamais alterava esse humor. Sempre paciente, nos acolhendo, e depois tive a felicidade de conversando com ele, um pouquinho antes da eleição –, porque é uma eleição dificílima, né, Mauri, essa do Conselheiro que vinha para cá –, ter o diagnóstico de que as coisas estavam muito favoráveis e, rapidamente, depois se confirmou e tivemos esse convívio muito grande com meu querido Dr. Viana. Esteja certo, Viana, que seu jeito paciente, amigo, ele sempre estará comigo em todos os caminhos que eu for percorrer. Tenho um grande carinho, uma grande amizade por essa visão que você tem, humanitária e, ao mesmo tempo, agregadora.

(Aplausos)

O Gilberto é para todos nós o pronto-socorro das dificuldades. Conhecedor emérito de toda situação aqui da Casa, não só por essa vida extensa como servidor estudioso que é, toda vez que temos uma decisão dificílima a tomar, lá está o Gilberto para, com aquele jeitão bem mineiro, apontar uma possibilidade alternativa, apontar uma solução. Eu sou muito grato, Gilberto, por todos os ensinamentos. Quantas e quantas vezes te pedi para você ir na sala, na época que estávamos na presidência, e mesmo nos nossos gabinetes, para trocarmos ideias que sempre melhoraram a minha tomada de decisão. Então, também guardarei sempre de você essa imagem de um mineiro, na acepção da palavra. Às vezes muito tímido, mas com o coração sempre aberto e um incentivo enorme à melhoria das nossas decisões técnicas.

(Aplausos)

O Durval é o mais novo de todos nós aqui no TCE, mas mesmo sendo o mais novo, é o mais arrojado. Quem conhece o Duval, desde os tempos de defensor intransigente dos direitos humanos na Assembleia, se eu falei ali que o outro nome de Minas é Liberdade, eu também poderia falar que o outro nome do Durval Ângelo é Defensor dos Direitos Humanos. Me lembro tantas e tantas vezes que passava naqueles corredores da Assembleia, e não importava o tipo de pressão que era, se era um delegado de polícia, se era um daqueles cangaceiros, mas estava lá o Durval, sempre, a fazer a defesa da qualidade. Eu quero olhar nos seus olhos, Durval, e dizer o seguinte, tive uma grande alegria quando o governador Pimentel decidiu pelo seu nome e a Assembleia o referenciou por unanimidade, mostrando o carinho, o respeito que você tem naquela Casa Legislativa, e nós sabemos como é difícil ter ali uma votação unânime. Fiquei muito feliz com a sua vinda, mas eu quero te falar uma coisa em que você me surpreendeu. Nesse tempo que você aqui chegou eu tenho percebido, cada vez mais, o seu interesse em conhecer o sistema, em estudar o Controle Externo, e eu não tenho a menor sombra de dúvidas que o seu caminho aqui no Controle Externo Brasileiro será também um caminho de muito sucesso, porque você tem essa qualidade inarredável, e acho absolutamente fundamental, de colocar as pessoas em primeiro lugar. Então, é isso que eu rogo para o Durval Ângelo. Que mantenha sempre esse espírito guerreiro, esse espírito arrebatador, e que possa contribuir com todo o Tribunal de Contas de Minas, para estar cada vez mais próximo das pessoas e dos temas que possam melhorar a qualidade de vida das pessoas.

(Aplausos)

E, finalmente, o nosso querido Adonias, que eu tive a felicidade de saber que será o meu substituto até que a Assembleia decida quem será o próximo Conselheiro que aqui estará.

E, também assim, logo que o Conselheiro Adonias Monteiro chegou tivemos essa fase difícil da pandemia, que tivemos uma vida on-line, os votos nossos on-line, mas, sempre que eu via os votos do Adonias, eu percebia também essa qualidade, esse compromisso e sempre aberto para a inovação. Lembro-me de um debate muito interessante que fizemos daquela possibilidade ou não da utilização do robô em licitações, o que exigiu de todos nós um estudo profundo. E o Adonias, também, a cada dia, vai se mostrando o que será, com a sua juventude, não apenas pela estatura, mas um grande Conselheiro aqui no nosso Tribunal, em Minas e, também, respeitado pela sua condição técnica e pela sua característica de defesa do controle externo. Mas para você, Adonias, vou lhe dar uma boa notícia: meu caro Presidente Mauri, quando aqui cheguei, há 12 anos, recebi o gabinete, na época, do Conselheiro Licurgo, que estava fazendo a substituição do meu querido saudoso Conselheiro Simão Pedro Toledo, dia 23 de setembro de 2009, com um montante de 879 processos. É o que estava lá no meu gabinete. Nesses doze anos de trabalho, foram distribuídos para mim e redistribuídos 42.898 processos. É o que consta aqui nos dados do SGAP e da Corregedoria. Quero te dizer meu caríssimo Adonias, com muita alegria, que entrego hoje para você o meu gabinete com zero processo, nenhum.

(Aplausos)

Então, nessa pauta de hoje, eu não relatei. Não relatei porque eu não tinha mais processos para relatar. E, por que isso foi possível? Só foi possível, porque eu tenho, no meu gabinete, uma equipe fantástica. Mais uma vez Deus colocou, na minha vida, pessoas extraordinárias. Além de dois que, conforme o Mauri comentou, militam comigo já há mais de quarenta anos, o Ronaldo e o Saada, que ficavam na assessoria e chefia de gabinete, eu tive a oportunidade de contar com o empenho, o zelo profissional, mas muito mais do que isso, com a atenção de uma servidora pública, de uma servidora desse nosso Tribunal, que eu digo, é a minha musa do controle externo. Refiro-me a Raquel de Oliveira Simões.

(Aplausos)

Se o Wanderley adjetivou, com algumas qualidades, eu posso, sem sombra de dúvidas, dizer: a Raquel é zelosa, a Raquel é estudiosa, é comprometida com o Tribunal de Contas e, mais importante que tudo isso, faz todas essas tarefas sempre com um sentimento de amor e sorriso.

Talvez, Mauri, a grande alegria que eu tive de trabalhar, nesses doze anos no Tribunal, foi esse convívio harmonioso com a nossa equipe. Quando eu olho ali, por exemplo, a Letícia tão jovem, já praticamente uma discípula da Raquel, eu vou vendo que nesta Casa a gente vai produzindo por osmose. É uma boa pessoa que convive com outra, que passa, não apenas o conhecimento técnico, mas também esse modo humanístico de se relacionar.

Então, na figura de todos os colegas do gabinete, que me apoiaram em todas as decisões, eu quero também fazer um muitíssimo obrigado!

Jamais teríamos conseguido todo esse trabalho, tanto no âmbito da produção de votos, como no âmbito da administração da Presidência, como no âmbito desta produção de trabalho, se não tivesse na frente junto conosco esse pessoal maravilhoso que compõe o gabinete do Conselheiro Sebastião Helvecio.

Então, minha gratidão a todos que nos ajudaram.

E partindo para o final, eu queria agradecer ao Doutor Sérgio, que aqui também trouxe o seu incentivo e agradecer na figura do Sérgio a todos os governadores com que lidei. Todos eles sempre com esse espírito fantástico de Minas Gerais. Ali no vídeo tivemos o depoimento do Professor Anastasia, professor da nossa escola, uma ligação muito grande com todo o nosso controle externo, também um exemplo de homem público, mas poderia ser o Governador Fernando Pimentel, poderia ser o Governador Romeu Zema. Foi sempre com esses governadores uma relação de muito respeito e uma relação também de muita liberdade.

Nunca tive assombração nenhuma! Nunca houve uma conta de governador, um voto que fosse dado que eu tivesse recebido algum tipo de pressão, algum tipo de tentativa de manuseio.

Então, também agradeço muito aos nossos governadores por manter com o Tribunal uma relação cordial, mas reconhecendo a nossa independência funcional.

E terminando, agradecer ao doutor Daniel, a quem eu faço a extensão dos meus votos à doutora Elke, que é a nossa Procuradora-Geral, mas a todos os procuradores e procuradoras. É um quadro que nos ajuda demais nessa condução, nessa certeza que temos que aquilo que estamos decidindo está sendo correto pelo olhar do Ministério Público de Contas. E tenho certeza que essa instituição vai sempre contribuir para a melhoria dos Tribunais de Contas do Brasil e aqui, especialmente, em Minas Gerais, onde vemos esse ambiente de tanta harmonia para que possamos manter esse trabalho.

Bem, termino, e até aqui eu fui bem, muito emocionado e dizendo a todos vocês que realmente não é uma despedida. Eu não conseguirei viver longe de vocês, longe desse Tribunal.

Então, se eu vier ao encontro de vocês, não achem que é um Conselheiro aposentado, que está querendo conversar fiado. É um amigo que está procurando outro amigo para reforçar esses laços que nós aqui construímos e que Deus nos deu a oportunidade de terminarmos do mesmo jeito que começamos: cheios de esperança e muito animados para aquilo que está por vir.

Um grande abraço Mauri, e quando eu te abraço eu quero abraçar a todos os nossos servidores, não apenas do meu gabinete. Hoje pela manhã eu recebi visitas de servidores de outros gabinetes. Segunda-feira mesmo junto com o Marconi e com o Pavan a quem eu também agradeço muito todo apoio recebido, uma homenagem muito bonita da unidade do SURICATO. E a gente fica assim muito emocionado.

Então, tinha muito medo aqui, de fraquejar, mas graças a Deus consegui chegar ao final. Um abraço e muito obrigado!

(Aplausos)

CONSELHEIRO PRESIDENTE MAURI TORRES:

Antes de encerrar sessão, eu queria agradecer a presença de todas as pessoas que vieram aqui nessa tarde importante e histórica para nós, na despedida do Conselheiro Sebastião Helvecio. Queria cumprimentar a todas as mulheres, na pessoa da Valéria, esposa do Conselheiro Sebastião Helvecio e da Raquel, e cumprimentar a todos os homens que estão aqui na pessoa do dr. Sérgio e na pessoa do Telmo Passareli, nosso Conselheiro, que veio também nos prestigiar aqui nesse Plenário.

Foi uma tarde realmente muito feliz, muito agradável e nós estamos de coração aliviado, porque a gente sabe, o Sebastião falou no final, que não vai distanciar daqui e nem do controle externo. Nós vamos contar com sua presença sempre.

Nada mais havendo a tratar, [...] declaro, assim encerrada a presente Sessão.

SOBRE OS AUTORES

Adircélio de Moraes Ferreira Júnior
Doutor e Mestre em Direito pela Universidade Federal de Santa Catarina (UFSC). Bacharel em Direito pela Universidade Federal do Rio Grande do Sul (UFRGS) e em Ciências Contábeis pela Universidade Federal de Pernambuco (UFPE). Especialista em Contabilidade e Auditoria pela UFRGS. Presidente e Conselheiro do Tribunal de Contas do Estado de Santa Catarina. Vice-Presidente do Conselho Nacional de Presidentes dos Tribunais de Contas do Brasil (CNPTC). Diretor de Desenvolvimento do Controle Externo da Associação dos Membros dos Tribunais de Contas do Brasil (Atricon).

Benjamin Zymler
Ministro do Tribunal de Contas da União.

Bruno Quick Lourenço de Lima
Diretor Técnico do Serviço Brasileiro de Apoio às Micro e Pequenas Empresas (Sebrae).

Cezar Miola
Especialista em Direito, Políticas Públicas e Controle Externo pela Universidade Nove de Julho (UNINOVE), de São Paulo/RS. É especialista em Direito Processual Civil pela Universidade de Passo Fundo (UPF), Passo Fundo/RS, Brasil. Graduado em Ciências Jurídicas e Sociais também pela Universidade de Passo Fundo (UPF), Passo Fundo/RS, Brasil. Conselheiro do TCE-RS, Vice-Presidente de Defesa de Direitos e Prerrogativas e Assuntos Corporativos da Associação dos Membros dos Tribunais de Contas do Brasil (Atricon), Presidente eleito da Atricon para o biênio 2022/2023 e Presidente do Comitê Técnico da Educação do Instituto Rui Barbosa (CTE-IRB). *E-mail*: cezar@tce.rs.gov.br.

Cláudio Couto Terrão
Conselheiro do Tribunal de Contas do Estado de Minas Gerais.

Domingos Augusto Taufner
Conselheiro do Tribunal de Contas do Estado do Espírito Santo. Membro da Diretoria do IRB. Formado em Engenharia Mecânica e Direito. Pós-Graduado em Direito Tributário. Mestre em Direitos e Garantias Fundamentais.

Dulcinéa Benício de Araújo
Conselheira do Tribunal de Contas do Estado do Acre.

Durval Ângelo
Conselheiro Corregedor do Tribunal de Contas do Estado de Minas Gerais.

Edilberto Carlos Pontes Lima
Conselheiro Presidente do Tribunal de Contas do Estado do Ceará (biênio 2022/2023). Presidente do Instituto Rui Barbosa (biênio 2022/2023).

Edilene Lobo
Advogada. Doutora pela Pontifícia Universidade Católica de Minas Gerais (2010). Mestre em Direito pela Universidade Federal de Minas Gerais (2005). Professora Universitária.

Elke Andrade Soares de Moura
Procuradora-Geral do Ministério Público junto ao Tribunal de Contas do Estado de Minas Gerais.

Estilac Martins Rodrigues Xavier
Conselheiro do Tribunal de Contas do Estado do Rio Grande do Sul.

Fábio Túlio Filgueiras Nogueira
Conselheiro do Tribunal de Contas do Estado da Paraíba. Presidente da Atricon.

Fernando Pimentel
Economista, Professor da UFMG, ex-Prefeito de Belo Horizonte, ex-Ministro do Desenvolvimento Indústria e Comércio Exterior, ex-Governador de Minas Gerais.

Francisco Sérgio Maia Alves
Auditor Federal do Tribunal de Contas da União.

Gilberto Pinto Monteiro Diniz
Conselheiro do Tribunal de Contas do Estado de Minas Gerais.

Hamilton Coelho
Conselheiro Substituto do Tribunal de Contas do Estado de Minas Gerais.

Inaldo da Paixão Santos Araújo
Mestre em Contabilidade. Conselheiro do Tribunal de Contas do Estado da Bahia Professor da Universidade do Estado da Bahia. Escritor.

Ivan Lelis Bonilha
Conselheiro do Tribunal de Contas do Estado do Paraná.

Jair Santana
Mestre em Direito do Estado pela Pontifícia Universidade Católica de São Paulo (PUC-SP). Parecerista e Professor.

João Antônio da Silva Filho
Conselheiro Presidente do Tribunal de Contas do Município de São Paulo. Doutorando em Direito pela Universidade Nove de Julho. Mestre em Filosofia do Direito pela Pontifícia Universidade Católica de São Paulo. Autor de vários livros.

Joaquim Alves de Castro Neto
Conselheiro Presidente do Tribunal de Contas dos Municípios do Estado de Goiás. Presidente do Conselho Nacional de Presidentes dos Tribunais de Contas.

José Alves Viana
Médico Pediatra e Anestesista. Foi Vereador e Prefeito de Curvelo/MG. Deputado Estadual por quatro mandatos na ALMG e, atualmente, Conselheiro do Tribunal de Contas do Estado de Minas Gerais, por quase 10 anos.

José de Ribamar Caldas Furtado
Conselheiro do Tribunal de Contas do Estado do Maranhão.

Júlio Assis Corrêa Pinheiro
Conselheiro do Tribunal de Contas do Estado do Amazonas.

Lilian de Almeida Veloso Nunes Martins
Conselheira Presidente do Tribunal de Contas do Piauí.

Onofre Alves Batista Júnior
Professor Associado de Direito Público do Quadro Efetivo da Graduação e Pós-Graduação da Universidade Federal de Minas Gerais (UFMG). Mestre em Ciências Jurídico-Políticas pela Universidade de Lisboa. Doutor em Direito pela UFMG. Pós-Doutoramento em Direito (Democracia e Direitos Humanos) pela Universidade de Coimbra. Diretor Científico da Associação Brasileira de Direito Tributário (ABRADT). Conselheiro Curador da Fundação de Amparo à Pesquisa do Estado de Minas Gerais (FAPEMIG). Ex-Coordenador do Centro de Estudos da Advocacia-Geral de Minas Gerais (AGE). Conselheiro Consultivo do Colégio Nacional de Procuradores-Gerais do Estado e do Distrito Federal (CONPEG). Ex-Advogado-Geral do Estado de Minas Gerais. Ex-Procurador do Estado de Minas Gerais. Advogado e Parecerista.

Paulo Roberto Cardoso
Mestre e Doutor em Filosofia do Direito pela Universidade Federal de Minas Gerais (UFMG).

Raquel de Oliveira Miranda Simões
Servidora do Tribunal de Contas do Estado de Minas Gerais. Assessora do Conselheiro Sebastião Helvecio desde a sua posse no TCEMG.

Raul Velloso
Ph.D. em economia pela *Yale University*, EEUU.

Renata Ramos de Castro
Filha do Sebastião Helvecio. Doutoranda e Mestre em Direito na Faculdade de Direito da Universidade Federal de Minas Gerais. Especialista em Direito Público. Bacharel em Direito pela Pontifícia Universidade Católica de Minas Gerais.

Ricardo Henrique Carvalho Salgado
Doutor em Direito pela Universidade Federal de Minas Gerais (2008). Possui Graduação em Direito pela Universidade Federal de Minas Gerais (2001). Mestrado em Direito pela Universidade Federal de Minas Gerais (2004). Atualmente, é Professor Adjunto da Faculdade de Direito da UFMG e Membro do Corpo Permanente do Programa de Pós-Graduação em Direito da UFMG. Tem experiência na área de Direito, com ênfase em Filosofia do Direito, atuando principalmente nos seguintes temas: Hermenêutica Filosófica, Kant e Neokantismo, Idealismo Alemão e Filosofia da Linguagem. *Lattes*: http://lattes.cnpq.br/7930853933089106. *E-mail*: rhcsalgado@gmail.com.

Rodrigo Marzano Antunes Miranda
Doutorando do Programa de Pós-Graduação em Cidadania e Cidadania, Direitos Humanos, Ética e Política da Faculdade de Filosofia, da Universitat de Barcelona, linha de pesquisa: 101157 Filosofias do Sujeito e da Cultura (UB 2019-), orientado pelo Prof. Dr. Gonçal Mayos Solsona. Mestre em Direito pela UFMG (2019). Especializado em Formação Política (lato sensu) PUC-RJ (2007). Graduado em Filosofia (bacharel licenciado) pela PUC Minas (2005). Membro de dois grupos de pesquisa: o Grupo de Pesquisa dos Seminários Hegelianos (UFMG) e o Grupo internacional de Pesquisa em Cultura, História e Estado (UFMG-UB). Sócio efetivo colaborador da Sociedade Hegel Brasileira. *Lattes*: http://lattes.cnpq.br/8767343237031091. *E-mail*: agendamarzano@gmail.com.

Sidney Estanislau Beraldo
Conselheiro do Tribunal de Contas do Estado de São Paulo.

Wanderley Ávila
Conselheiro do Tribunal de Contas do Estado de Minas Gerais.

Esta obra foi composta em fonte Palatino Linotype, corpo 10
e impressa em papel Pólen Bold 70g (miolo) e Supremo 250g (capa)
pela Gráfica Formato.

Cláudio Couto Terrão

Possui graduação em Ciência da Computação pela Universidade Católica de Pernambuco (1996), graduação em Direito pela Universidade Federal de Pernambuco (2000) e é mestrando em Direitos Fundamentais pela Universidade de Lisboa. Atualmente é conselheiro do Tribunal de Contas do Estado de Minas Gerais (TCEMG).

Durval Ângelo Andrade

Possui graduação em Teologia pela Pontifícia Universidade Católica de Minas Gerais (1979), graduação em Filosofia – Seminário Arquidiocesano Santo Antônio (1977) e graduação em Teologia – Seminário Arquidiocesano Santo Antônio (1978). Deputado estadual – Assembleia Legislativa do Estado de Minas Gerais – por seis mandatos. Conselheiro do TCEMG.